THE EU
IN THE EYES OF
CHINESE DIPLOMATS
FRONTLINE REPORTS

零距离解读欧盟

外交官的前沿报告

主编 关呈远

副主编 李福顺 高德毅

中国人民大学出版社
· 北京 ·

本书编委会

（按姓氏笔画为序）

马燕生　尹宗华　关呈远　李　延　李福顺

杨小茸　钟荣来　索　朗　高德毅　韩　军

序　一

　　欧盟的诞生是 20 世纪后半叶国际关系史上的重大事件。它完全改变了欧洲国家几个世纪相互残杀、不断争斗的历史。1952 年法、德、意、荷、比、卢 6 国率先建立煤钢联盟，并以此为契机建立关税同盟、共同市场、经济货币联盟和政治联盟，逐步走向联合自强，目前已形成由 27 个成员国组成、人口约 4.9 亿、一体化程度最高的区域合作组织。欧盟的建设经过几代人的不懈努力，已经取得了举世瞩目的进展，在当今全球政治经济大格局中正发挥越来越重要的作用。

　　中国与欧盟关系在中国对外政策中占有重要地位。自 1975 年正式建交以来，中欧双方在政治、经济、科技、文化、教育和其他各领域开展了多层次、宽领域的交流与合作，取得了丰硕成果。目前中欧已建立起全面战略伙伴关系，政治互信不断加深，经贸、科技、能源、环保等各领域合作迅猛发展，欧盟已成为中国最大的贸易伙伴。中国支持欧盟一体化进程，希望欧盟在国际事务中发挥更大的作用。欧盟也高度重视中国的地位和影响，把对华关系列为其外交政策的优先考虑。作为世界政治和经济舞台上两支正在上升的重要力量，中欧关系保持长期、健康、稳定发展不仅造福于中欧人民，也有利于促进世界的和平与繁荣。

　　作为曾经和正在中国驻欧盟使团工作的外交官和专业技术人员，我们深切地感受到，要深入了解欧盟这个庞大而复杂的组织不容易，要正确认识和把握中欧关系更不容易。因此，我们感到有责任向公众做最准确、最全面的情况介绍。本着这一精神，我们集体编写了《零距离解读欧盟——外交官的前沿报告》一书。此书内容丰富，资料翔实，时间跨度很大，是了解欧盟和中欧关系的权威性参考读物。希望通过此书让社会各界人士更多地了解欧盟并为中欧关系的健康发展而共同努力！

全国政协委员、原中国驻欧盟大使

关呈远

2009 年 4 月于北京

序　二

在过去 10 年里，特别是自 2003 年欧盟与中国建立战略伙伴关系以来，欧中关系取得了非常快速和巨大的发展。关呈远先生在北京和布鲁塞尔始终密切地关注着这一进程。他先是担任中国外交部主管欧洲事务的司长，后来于 2001 年至 2008 年出任中华人民共和国驻欧洲共同体使团团长、大使。事实上，他是唯一出席了 1998 年至 2007 年间的全部 10 次欧中首脑会晤的高级官员。他是一位受人尊重的同事，为推进欧中关系作出了重要贡献。我个人有机会与他在许多场合接触，因此了解他坚定致力于深化和扩大欧中关系，这对维护全球稳定和共同应对欧中面临的全球挑战十分重要。

关呈远先生担任大使期间，欧盟经过 2004 年和 2007 年两次扩大，现已拥有 27 个成员国。丰富的阅历使他能非常好地洞悉欧盟机构的运作规律，对欧洲一体化进程的最新阶段拥有第一手经验，因此，他和他的同事所写的书对向中国公众介绍欧盟大有助益。

但最为重要的是，本书在拉近欧盟与中国人民的距离方面尤具价值。关呈远大使和他的同事非常了解，扩大和深化欧中关系的关键在于促进双方社会相互理解，在人民之间构筑桥梁，使欧中不断相互接近。我坚信，这本书必将有助于实现上述目的，提升人们对有时复杂但始终互利的欧中关系的认识。

欧盟委员会主席
巴罗佐
2008 年 12 月于布鲁塞尔

序　三

　　我很高兴应邀为本书作序。这给我提供了一个机会来表明欧盟对与中国发展全面战略伙伴关系的坚定承诺，这也是我个人的坚定承诺。

　　欧盟由 27 个成员国组成，人口约 4.9 亿，中国人口有 13 亿。欧中关系的重要性是如何估量都不为过的。这种关系在经贸和其他领域都在以飞快的速度扩大和深化。欧中关系也日益复杂，影响到越来越多人的日常生活。

　　我们致力于同中国发展全面战略伙伴关系，这种关系有着造福于欧洲和中国的巨大潜力。此外，欧中在全球关注的问题，包括气候变化和能源安全等问题上开展合作也能对整个世界作出贡献。

　　当然，一切都是全新的，并在以不同方式改变人们的生活。中国人民正在经历自己国家的开放，个人财富的增长，越来越多地接触到国外的生活方式，而欧洲对此发挥了重要作用。对欧洲人来讲也是如此。很多欧洲人都在逐渐发现一个新的中国，2008 年奥运会的举办国。

　　随着欧中之间的交往不断扩大，我们需要进一步加强互信。欧盟是一个复杂的组织，有时连欧洲人都难以解析。因此我热烈欢迎一切来解释欧盟，使欧盟在边境之外更加深入人心的努力。中国和欧盟都有很多出版物探讨欧中关系，不过只有很少一部分是把重点放在推动双方关系发展的欧盟机构的运作上，至于对欧盟有着第一手资料和了解的作者，则就少之又少。

　　因此，这本书的出版是非常及时和有益的。本书的几位作者在布鲁塞尔工作多年，同欧盟机构有着非常密切的工作关系，对欧盟决策过程有着具体深入的了解。他们最了解中国读者的特别关注，因而是把欧盟介绍给广大公众最好的作者。

　　我希望本书能成为所有对欧盟感兴趣的中国人，包括官员、学者和其他人在内的有价值的工具。这本书也具体体现了我的中国驻欧盟使团的各位朋友对欧盟以及对发展中欧全面战略伙伴关系的重视和感情。

　　我希望这种努力能够启发欧方亦更加主动地深化和加强欧中之间的互相理解和信任。

欧盟理事会秘书长兼外交与安全政策高级代表

索拉纳

2008 年 12 月于布鲁塞尔

编写说明

  中国驻欧盟使团位于对欧工作第一线，具有长期对欧工作的丰富经验和翔实资源积累，对欧盟有较为完整、深入的了解。为系统地介绍欧盟情况和中欧关系的过去与现状，共享全面的信息资源，提升对欧工作水平，促进中欧关系进一步发展，使团工作人员以客观公正的态度，通过辛勤工作和通力合作，编写了《零距离解读欧盟——外交官的前沿报告》一书。本书是全面反映欧盟情况和中欧关系发展的专著，可以作为外交官、政府官员、学者和专家开展对欧工作或研究欧盟及中欧关系的参考书，也可以作为宣传中欧关系发展的公共读物。

  本书的编委会成员是：

主　编　关呈远　全国政协委员　原中国驻欧盟大使

副主编　李福顺　中国驻加蓬大使　原中国驻欧盟使团公使衔参赞

    高德毅　中国驻莱索托大使　原中国驻欧盟使团政务参赞

编　委　索　朗　中国驻欧盟使团公使衔参赞

    韩　军　中国驻欧盟使团公使衔参赞

    尹宗华　中国驻欧盟使团公使衔参赞

    钟荣来　中国驻欧盟使团公使衔参赞

    李　延　中国驻欧盟使团公使衔参赞

    杨小茸　中国驻欧盟使团参赞

    马燕生　中国驻欧盟使团参赞

  参加本书撰写和审稿的人员有：关呈远、李福顺、索朗、杨小茸、张红虹、高德毅、林大建、孙学工、华春莹、于江、李翊、李卫东、白洁、石晓滢、王军、陈晓冬、马震平；钟荣来、刘萍、高向阳、张宏；韩军、任世平、高洪善、陈宏生；马燕生、李伟坤、刘万亮；李延、张征、袁子伟、叶果亮；尹宗华、王家宝、王宝忠、陈海洋、刘超、王洋、张晓通、黄洪勇、刘慧娟、孟岳、郑江、王优酉。

  校对与编排：贺燕雯、孙景生。

目　录

Contents

第一篇　欧盟概况

第二篇　中欧关系

第一篇
欧盟概况
Introduction to the EU

第一章

欧盟一体化发展史

第一节 欧盟概述

欧洲联盟（European Union）简称欧盟（EU），由欧洲共同体（European Communities）发展而来，是目前世界上综合实力最强、一体化程度最高的区域经济政治联盟。欧盟由 27 个成员国组成，面积约 432 万平方公里，人口约 4.9 亿。欧盟地理范围覆盖了欧洲大部分地区，西起大西洋，东临独联体，南到地中海，北跨波罗的海，囊括除独联体、西巴尔干地区外的几乎所有欧洲国家。欧盟总部设在比利时首都布鲁塞尔。

一、欧盟的组成

自 1952 年法国、联邦德国、意大利、比利时、卢森堡、荷兰 6 国建立欧洲煤钢共同体以来，欧盟历经六次扩大，其成员由 6 国增至 27 国，包括法国、德国、意大利、比利时、卢森堡、荷兰、英国、丹麦、爱尔兰、希腊、葡萄牙、西班牙、奥地利、瑞典、芬兰、爱沙尼亚、拉脱维亚、立陶宛、波兰、捷克、斯洛伐克、匈牙利、斯洛文尼亚、马耳他、塞浦路斯、保加利亚和罗马尼亚。

半个世纪的欧洲一体化建设，经历了关税同盟、共同市场、经货联盟、政治联盟四个阶段，欧洲联合的深度和广度不断发展，实力大幅增强。欧盟还建立了申根区和欧元区。1985 年 6 月 14 日，法国、德国、比利时、卢森堡、荷兰 5 国在卢森堡小城申根签署了《申根协定》，相互开放边界。此后申根区不断扩大，截止到 2009 年 1 月 1 日，申根区参加国扩大到 25 国，人口达到 4 亿，包括法国、德国、比利时、卢森堡、荷兰、西班牙、葡萄牙、意大利、希腊、奥地利、芬兰、丹麦、挪威、冰岛、瑞典、波兰、匈牙利、捷克、立陶宛、拉脱维亚、马耳他、爱沙尼亚、斯洛文尼亚、斯洛伐克、瑞士。1999 年 1 月 1 日，欧元投入流通，德国、比利时、奥地利、荷兰、法国、意大利、西班牙、葡萄牙、卢森堡、芬兰、爱尔兰11国成为首批使用欧元的国家。此后，希腊、斯洛文尼亚、塞浦路斯和马耳他、斯洛伐克分批加入。截至2009年1月1日，欧元区国家已达16个。

二、欧盟的标志

欧盟的盟旗由蓝底和12颗金星图案组成，象征着欧洲的团结和统一。图案中的12颗星并不代表国家数目，12在欧洲传统文化中象征着完美、富饶和团结，12颗金星组成的圆环代表着欧洲人民之间的团结与和谐。1985年，欧洲共同体各成员国政府批准接受该旗帜，从此蓝底金星旗成为欧洲共同体（欧盟前身）的盟旗。此后，欧盟历经数次扩大，盟旗始终未变。

欧盟的盟歌为贝多芬第九交响曲中的《欢乐颂》。该盟歌没有歌词，旨在用音乐的普世语言表达对欧洲自由、和平与团结的赞美。1985年欧洲共同体各国政府批准将其作为正式盟歌，同时规定该盟歌并不替代各成员国的国歌，以此显示多样化中的团结和共同价值。

欧盟的铭言为"多元一体"。

欧盟的统一货币是欧元（Euro）。1999年1月1日开始启用，账面欧元投入流通，德国、比利时、奥地利、荷兰、法国、意大利、西班牙、葡萄牙、卢森堡、爱尔兰、芬兰等11国成为首批使用欧元的国家。2002年1月1日欧元现钞投入流通。2002年2月28日，欧元成为欧元区国家唯一法定货币。此后，欧元区几经扩大，到2009年1月1日已达16国。

欧洲日是5月9日。1950年5月9日，法国外长罗伯特·舒曼发表了著名的《舒曼宣言》，建议成立欧洲煤钢共同体，以维护欧洲国家之间的持久和平。这一宣言便成为欧洲一体化的发端。为了纪念这个重大日子，欧盟将5月9日定为欧洲日，并在每年这一天举行丰富多彩的纪念活动，以增进欧洲民众对欧盟的了解。目前，欧洲日已与盟旗、盟歌、铭言和欧元一起，成为欧盟作为政治实体的象征。

三、欧盟各国基本情况统计

各国基本情况见表1—1。

表1—1 　　　　　　　　　　欧盟27国基本情况统计表

国家	入盟（年份）	人口（百万人）	面积（平方公里）	GDP（亿美元）	人均GDP（美元）
奥地利	1995	8.2	83 858	3 070.36	37 528
比利时	1952	10.4	30 538	3 720.91	35 750

续前表

国家	入盟 （年份）	人口 （百万人）	面积 （平方公里）	GDP （亿美元）	人均 GDP （美元）
保加利亚	2007	7.7	110 900	267.19	3 459
塞浦路斯	2004	0.8	9 251	166.52	20 214
捷克	2004	10.2	78 866	1 236.03	12 106
丹麦	1973	5.4	43 094	2 597.46	47 999
爱沙尼亚	2004	1.4	45 227	131.08	9 727
芬兰	1995	5.2	338 150	1 934.91	37 013
法国	1952	60.5	549 087	21 058	33 733
德国	1952	82.5	357 031	27 973	33 921
希腊	1981	11.1	131 957	2 228.78	20 082
匈牙利	2004	10.0	93 030	1 094.83	11 217
爱尔兰	1973	4.1	70 925	1 997.22	48 350
意大利	1952	58.4	301 338	17 661	30 450
拉脱维亚	2004	2.3	64 589	166.48	7 192
立陶宛	2004	3.5	65 300	257.26	7 511
卢森堡	1952	0.5	2 586	341.81	75 130
马耳他	2004	0.4	316	54.28	13 736
荷兰	1952	16.3	35 518	6 252.71	38 333
波兰	2004	38.2	312 685	3 005.33	7 875
葡萄牙	1986	10.5	91 916	1 834.36	17 438
罗马尼亚	2007	22.3	238 400	985.66	4 539
斯洛伐克	2004	5.4	49 035	467.63	8 646
斯洛文尼亚	2004	1.9	20 273	340.3	17 066
西班牙	1986	43.1	505 124	11 265.6	27 225
瑞典	1995	9	449 974	3 588.19	39 657
英国	1973	60.1	244 101	22 014.7	36 599
欧盟		489.4	4 323 069	135 711.6	29 200

资料来源：欧盟统计局、《世界知识年鉴》等。GDP 和人均 GDP 是以 2005 年当年价格计算。

第二节　欧盟的起源

　　欧洲曾是历史上发生大战最多的地区，长期饱受兵燹之苦。仅法国与德国之间自 9 世纪中叶至 20 世纪上半叶，就有二十多次大战，平均每 50 年一战。17 世纪以来，卢梭、康德、圣西门等一大批思想家都提出过通过欧洲联合、实现持久和平的思想，法国文学家、思想家雨果提出成立"欧洲合众国"的设想，但在当时的历史背景下,上述主张只停留在哲学思辨阶段,未能转化成现实政治行动。20世纪,欧洲成为两次世界大战的策源地和主战场,人民饱受战争之苦,国家受到重创,失去了昔日的辉煌。欧洲一大批有识之士开始重新思考欧洲的前途,提出超越敌对、实现持久和平的主张。让·莫内、阿登纳、丘吉尔等政治家号召人们超越时代纷扰,建立一个以共同利益为基础,以法律为保障,以各国平等为条件的欧洲组织。1946年9月19日丘吉尔在苏黎世大学发表演说时,提出建立"欧罗巴合众国"。这些主张对后来的欧洲一体化,起到了引导和推动作用。

在这一时期,各种欧洲联合运动就"建立什么样的欧洲"展开了激烈争论。联邦主义者和邦联主义者各执一词,联邦主义者主张立刻将全部国家主权转让给一个超国家机构,而另一派则主张只搞政府间合作。在当时的历史条件下,第二次世界大战后多数欧洲国家刚刚收回了主权,让其立刻放弃,难以实现。为了绕过这一障碍,避免无休止的争论阻碍欧洲联合的脚步,欧洲政治家们找出了一个创造性的解决办法,即由主权国家先在个别具体领域实现一体化,然后根据功能的需要,以搭积木的方式逐步扩大,将国家主权一点一点转交给超国家机构。这种观点被称为功能主义,其与联邦主义的最大区别在于,功能主义并不预先确定一体化的终极目标,而是根据功能的需要,逐步实现主权转移和一体化。这一理论的出现,为欧洲一体化奠定了思想基础。

1950年,欧洲一体化启程的历史性时刻到来了。5月9日,法国外交部长罗伯特·舒曼宣读了法国政府计划,提出建立欧洲煤钢共同体,这就是欧洲历史上著名的《舒曼宣言》。该计划吸收了被誉为"欧洲共同体之父"的让·莫内的某些创见,建议法国和联邦德国加上任何其他愿意参加的欧洲国家,把煤炭、钢铁这两种当时的重要军事战略物资集中起来,建立共同市场,使煤炭和钢铁的生产和流通实现一体化。这一计划的意义在于,通过扩大利益联系,让法国、德国这两个积怨甚深的宿敌,不但在经济上,也在政治上融合起来,最终实现法德不再战的目标,维护欧洲的长期和平与繁荣。1950年6月3日,法国、联邦德国、意大利、比利时、卢森堡、荷兰6国正式表示赞同《舒曼宣言》。1951年4月18日,6国在巴黎签署《建立欧洲煤钢共同体条约》;该条约于1952年7月23日生效。

欧洲煤钢共同体成立后,运行情况良好。6国取消了这两种物资的内部关税和进口数量限制,都从中获得较大经济收益。在欧洲煤钢共同体的成功运作的鼓舞下,6国在短短几年后决定进一步整合经济,将经济一体化由两种物资扩大到全部产品。

1956年4月21日,比利时外交大臣何罗-亨利·斯巴克领导的委员会向欧洲煤钢共同体提交一份报告,建议成立欧洲经济共同体和欧洲原子能共同体,旨在建立一个包括所有产品的共同市场。这个计划有利于经济振兴，受到 6 国欢迎。1957 年 3 月 25 日，6 国在意大利首都罗马签署了《建立欧洲经济共同体条约》和《建立欧洲原子能共同体条约》，这两个条约后被统称为《罗马条约》。1958 年 1 月 1 日《罗马条约》正式生效，欧洲经济共同体（EEC）和欧洲原子能共同体（EURATOM）诞生。

第三节　欧盟的深化

自 1957 年《罗马条约》签署以来，欧洲一体化建设在半个世纪里取得了长足进展，欧洲联合的深度和广度不断发展，由关税同盟发展到统一市场和统一货币，由经济联合开始迈向政治联合。

一、建立关税同盟阶段

欧洲经济共同体成立后，便开始建设关税同盟。《罗马条约》规定，共同体机构的主要任务是在成员国之间建立共同市场，其内容包括：一是建立关税同盟，即在成员国之间取消商品关税和限额，对外则实行统一的关税政策；二是在成员国之间实现商品、资本、人员、服务业四大自由流通的共同政策。

二战后初期，欧洲各国政府实行高度的贸易保护政策，采取了关税、财政、行政和技术等种种保护措施，面对其他欧洲国家和国际社会建立起重重贸易壁垒。但这些政策不利于调动经济发展的活力，引起消费者、生产者和经营者的普遍不满，要求贸易自由化的呼声日高。当时，各国政府在如何实现贸易自由化上，存在两种选择：一种是建立自由贸易区，即取消对进口伙伴国产品的关税等，但保留各国对进口第三国产品的关税决定权，建立自由贸易区更多是一种政府间合作，不涉及让渡国家主权；另一种则主张实现一体化，向共同体机构让渡部分主权，建立关税同盟，对内取消商品关税和限额，对外统一关税率，并进而在农业、财政、竞争、贸易等领域实行共同政策，为建立真正的内部统一大市场、实现四大自由流通创造条件。欧盟 6 个创始国，选择了后者。

关税同盟从开始实施到基本完成，大约用了十年时间。欧洲共同体于 1961 年和 1968 年按计划相继取消了贸易限额和内部关税，对外实行统一关税。而关税同盟最终建成，则是在 1992 年伴随单一市场的实现而完成的。关税同盟的建立，是年轻的欧洲共同体的一次成功实践，它有力地推动了成员国之间的经贸发展，促进了欧洲政治家和民众的意识开始从"民族国家优先"转向"共同体优先"，为未来欧洲一体化的发展奠定了扎实基础。

此外，1965 年 4 月 8 日，法国、德国、意大利、荷兰、比利时、卢森堡 6 国签订《布鲁塞尔条约》，决定将欧洲煤钢共同体、欧洲经济共同体、欧洲原子能共同体三个机构合并，统称欧洲共同体。三个共同体原来各自拥有的委员会和理事会合并为一个欧共体委员会和一个理事会，但三个组织仍然存在，具有独立的法人资格。这一条约简化了机构，提高了办事效率，有利于欧洲一体化进一步发展。

二、建立共同市场阶段

建立关税同盟只是欧洲共同体建立共同市场的第一步。欧洲共同体虽然取消了内部关税和贸易限额，但内部贸易壁垒并未真正拆除，货物、人员、服务和资本的流通远未完全实现自由化。特别是 20 世纪 70 年代的两次石油危机，导致欧洲经济陷入萧条。欧洲共同体成员国之间相互转嫁危机，贸易壁垒呈现增加之势，"欧洲悲观论"开始蔓延，甚至有些人预言欧洲一体化进程将以失败告终。

1984 年雅克·德洛尔被任命为欧洲共同体委员会主席。德洛尔是欧洲一体化的积极倡导者，他上任伊始便提出，于 1992 年取消内部边界管制，建立一个真正的、没有内部边界的共同市场。20 世纪 80 年代初，欧洲共同体内部的政治大气候开始向着有利于贸易一体化的方向发展，一些成员国出现了强烈支持自由市场经济的倾向。英国保守党重新上台执政，其虽继续反对向欧洲共同体转让主权，但对符合贸易自由化思想的欧洲单一市场计划表示支持。法国密特朗政府部分放弃了原来社会党色彩浓厚的经济执政纲领，开始进行私有化。联邦德国以基民盟为首的右翼执政联盟上台。这种有利的政治环境，为欧洲共同体推动建立单一市场提供了契机。

1985 年 6 月，欧洲共同体米兰首脑会议通过了欧共体委员会提交的《建成内部市场》白皮书，决定召开政府间会议，对欧洲共同体原有条约进行必要的修改。同年 12 月，欧洲共同体卢森堡首脑会议批准了旨在修改原有欧洲共同体条约的《欧洲单一文件》，并于 1986 年 2 月 17 日和 18 日正式签署。《欧洲单一文件》分别对《欧洲煤钢共同体条约》、《欧洲经济共同体条约》和《欧洲原子能共同体条约》进行了修改，其主要内容为：一是明确提出在 1992 年底前建成内部大市场，为实现商品、服务、人员和资本四大自由流通规定了明确时限；二是针对成员国在理事会滥用一票否决制，决定将一些原来需全票通过的议题改为有效多数表决制，这些议题主要涉及消除成员国四大流通壁垒，对建立内部大市场具有重要意义。

此外，1985 年 6 月 14 日，法国、比利时、德国、卢森堡、荷兰 5 国在卢森堡小城申根签署了《申根协定》，相互开放边界，协定签字国不再对公民进行边境检查，取消了5国内部所有边境检查站，第三国公民只要得到5国中任何一国签证，就可在整个5国内自由进出。这一协定的签署大大方便了人员和货物的自由流动，加速了欧洲统一进程。1990年6月，西班牙、葡萄牙、意大利、希腊4国加入《申根协定》。1995年3月26日，《申根协定》正式在法国、比利时、德国、卢森堡、荷兰、西班牙、葡萄牙7国之间生效，意大利、希腊因内部困难暂未参加。1997年10月至1998年4月，《申根协定》先后在意大利、希腊和奥地利生效。2001年3月25日，芬兰、丹麦、挪威、冰岛和瑞典5国加入《申根协定》。2007年12月31日，波兰、匈牙利、捷克、立陶宛、拉脱维亚、马耳他、爱沙尼亚、斯洛文尼亚、斯洛伐克9国正式加入《申根协定》。2008年12月12日，瑞士正式加入《申根协定》。至此，《申根协定》参加国扩大到25国，申根区人口达到4亿。

在此后的六年多中，欧洲共同体采取了289项措施，基本消除了对四大流通的各种有形和无形的壁垒，于1993年1月1日如期建成了统一大市场，实现了欧洲共同体12个成员国之间的商品、资本、人员、服务四大自由流通。此外，欧洲共同体还与欧洲经济联盟共同签署了建立欧洲经济区条约，把欧洲单一市场扩大到欧洲自由贸易区国家。欧洲统一大市场形成了一个包括17国，3.7亿人口，商品、人员、资本、服务可以不受内部边界管制自由流通的巨大统一经济空间。它是世界上最大的内部市场，其规模比当时美国市场大三分之一，是日本市场的三倍。它的实现大大降低了欧洲生产、运输和行政管理成本，有力地推动了欧洲共同体国家的经济结构调整，提高了欧洲经济的竞争力和活力，也为下一步建立欧洲经货联盟打下了基础。

但另一方面，内部统一大市场仍存在一些漏洞，例如各国政府在吸纳就业人员最多、产值最大的服务行业仍有不少保留，即便内部大市场有关法律转化成各国国内法，实施起来也有不少困难。直至今日，欧盟仍在不断对内部大市场进行完善，以求更好地发挥经济一体化的效益。

三、建立经货联盟阶段

《罗马条约》没有提出实现货币一体化的目标，这一政策是随着经济一体化的需要逐步发展起来的。欧洲共同体建立了关税同盟和统一大市场后，感到货币问题仍然阻碍着四大自由流通的实现。欧洲共同体各国使用国别货币，成员国之间的贸易和投资需要换汇，而汇率波动的风险和换汇成本对经济贸易发展不利。20世纪60年代的美元危机导致布雷顿森林体系崩溃，"美元与黄金挂钩、各国货币与美元挂钩"的格局被彻底打破。欧洲各国货币受到巨大投机压力，共同体内部的货币体系一度出现混乱。这一形势使共同体内部贸易和投资环境恶化，关

税同盟和共同农业政策受到冲击。因此，欧洲共同体开始考虑采取共同金融政策，建立一个稳定的欧洲货币体系。

欧洲共同体建立货币联盟的进程十分曲折。1971年欧洲共同体通过《威尔纳报告》，准备在10年内建立经货联盟，并为此建立了成员国货币联合浮动的"蛇形浮动汇率机制"和用于各成员国中央银行间结算的欧洲货币计算单位EMUA。这次尝试最终因为经济危机和各成员国间经济传统和政策差异未能成功，但为今后建立欧洲货币联盟提供了经验。

1979年1月1日，在法德两国领导人的建议下，欧洲共同体正式建立欧洲货币体系，包括作为内部核算指标的欧洲货币单位埃居（ECU）、联合浮动汇率机制和欧洲货币合作基金。欧洲货币体系对于稳定参加国的汇率起到了重要作用，但该货币体系毕竟是由不同国家货币组成，其抵御内部离心力和外部金融冲击的能力有一定限度。特别是90年代初两德统一后，德国为应对巨额财赤和通胀压力大幅提息，造成金融市场抛售其他弱币抢购德国马克，致使欧洲其他货币所受压力增大，英镑和意大利里拉不得不退出欧洲货币体系。

1988年德洛尔领导的小组在欧洲货币体系的基础上，开始研究起草《通向经济和货币联盟的具体方案》，提出分阶段实现货币联盟的设想。1991年12月，欧洲共同体马斯特里赫特首脑会议通过了德洛尔方案，同意将其列入《欧洲联盟条约》（即《马斯特里赫特条约》），该条约于1992年2月7日正式签署，1993年11月1日生效。德洛尔方案与以往的最大不同是，不再建立各国货币的联动体系，而是要建立一个统一货币。该条约为此还提出了三阶段时间表，第一阶段从1990年至1993年，旨在完善汇率机制，促使各国经济货币政策趋同。第二阶段从1994年至1996年，进一步协调各国货币政策，建立欧洲货币局作为未来欧洲中央银行的过渡机构，为发行统一货币做准备。第三阶段最早从1997年开始，最晚不迟于1999年1月1日，各国应达到经济趋同标准，锁定汇率，成立欧洲中央银行，各国货币政策决定权上交欧洲中央银行。

《马斯特里赫特条约》认为，使用同一种货币需要各国经济运行和经济政策高度一致，为此制定了各国经济趋同标准，即通胀率不得超过最低3个国家最近一年平均水平的1.5%，财政赤字不得超过该国当年国内生产总值的3%，国家债务不得超过该国国内生产总值的60%等。1996年12月，欧盟都柏林首脑会议还通过了《稳定与增长公约》，进一步规定使用单一货币的国家不仅在加入前要达标，加入后也要保持达标状态，否则将予以惩罚。此后，欧盟于2005年根据该公约执行情况进行了修改，增加了灵活性条款，即一国赤字超标，不会自动进入惩罚程序，而是将参考多方面因素具体分析。

1999年1月1日，欧洲经济货币联盟正式启动，欧元投入流通，德国、比利时、奥地利、荷兰、法国、意大利、西班牙、葡萄牙、卢森堡、爱尔兰、芬兰11国成为首批使用欧元的国家。希腊因未达标，未能首批加入。英国、丹麦、瑞典对单一货币持怀疑态度，决定暂时留在欧元区外。同年 6 月 30 日，欧洲中央银行正式运作，原欧洲货币局局长杜伊森贝赫任第一任行长。1999 年流通的只是账面欧元，2002 年 1 月 1 日欧元纸币和硬币投入流通，2002 年 2 月 28 日，欧元区成员国本国货币全部退出流通，欧元成为欧元区国家唯一法定货币。2001年，希腊加入欧元区。2007 年，斯洛文尼亚加入欧元区。2008 年 1 月 1 日，塞浦路斯和马耳他加入欧元区。2009 年 1 月 1 日，斯洛伐克正式加入欧元区。至此，欧元区国家已达 16 个。

四、迈向政治联盟阶段

欧洲经济一体化不断深入发展，为建立政治联盟奠定了扎实的基础。1992年签署的《马斯特里赫特条约》规定，将原来的经济联盟扩展成经济和政治联盟，其目标是在建立经济货币联盟、实现单一货币的同时，维护联盟在国际舞台上的同一性，实行共同外交与安全政策，争取实现共同防务政策；实行欧洲联盟公民权，加强对成员国公民权利和利益的保护，发展成员国间司法与内务方面的密切合作。该条约为欧洲联盟设定了三个支柱，第一支柱是原来的三个共同体，统称为欧洲共同体，并将建立经济与货币联盟；第二个支柱是共同外交与安全政策；第三个支柱是共同司法与内务合作。

1997 年 10 月 2 日，欧盟又签署了《阿姆斯特丹条约》。该条约是《马斯特里赫特条约》的修改版，旨在解决《马斯特里赫特条约》中遗留的改革决策机制等问题，但因讨论《阿姆斯特丹条约》的政府间会议未能达成一致，这一问题推至以后《尼斯条约》中得到了解决（见本章第四节）。但《阿姆斯特丹条约》在建立第三支柱司法与内务合作上取得突破，规定"建立自由、安全与司法空间"，以便有效打击有组织的跨国犯罪，将签证政策、签发移民居住政策、避难政策、规范民事领域的司法合作规则等纳入欧洲共同体机制。同时，《阿姆斯特丹条约》还规定设立共同外交与安全政策高级代表。

20 世纪 90 年代，欧洲外交和安全形势均发生了深刻变化。冷战结束，华约解体，欧盟所处的国际政治环境相对宽松，力图在外交上发挥更大作用。但当时各成员国在外交政策上只是处于相互磋商和协调阶段，在应对重大热点问题时往往分歧很大、各说各话，也缺乏有力的手段实施自己的政策。此外，在安全上，尽管欧盟国家不再面临传统大规模安全挑战，但新型安全威胁开始出现，跨国境的恐怖主义、大规模杀伤性武器扩散、由种族民族纠纷引发的战争和冲突不断出现。特别是前南地区的分裂，重新点燃了巴尔干这一欧洲火药桶。德国在未与欧盟委员会及其他成员国达成共识的情况下，率先承认了克罗地亚和斯洛文尼亚的独立，使欧盟处境被动。此后，波黑塞族和穆族大规模流血冲突，造成难民大量外流，欧盟因缺乏有效应对机制和手段，难有作为。欧盟面对新的挑战，共同外交与安全不足的弱点暴露无遗。正是这一形势，促使其通过《马斯特里赫特条约》和《阿姆斯特丹条约》，下决心在司法与内务、外交与安全上形成共同政策，并建立共同防务机制。

在其后的十多年里，欧盟加紧建设第二支柱和第三支柱。在共同司法与内务合作上，欧盟成立了欧洲警察署，加强了移民、避难、签证政策协调，确立了欧洲公民身份及其享有的权利和义务。特别是美国"9·11"事件后，欧盟加强了成员国跨边境警务及情报合作，建立了安全信息网、实行统一逮捕令，并任命了反恐专员。在共同外交与安全上，欧盟完善了共同外交与安全决策机制，在重大国际问题上加强成员国间政策协调。1992年，法德首脑会晤宣布建立欧洲军团。1998年，法英圣马洛首脑会晤决定建设欧盟的自主决策和干预能力。1999年，欧盟赫尔辛基首脑会议宣布正式启动欧盟安全与防务政策，并决定于2003年建成6万人的欧盟快速反应部队。此后，欧盟在非洲等许多地区执行了联合国的维和任务。2003年，欧盟推出首份安全战略文件，确定了欧盟面临的新安全威胁和安全观，并首次把中国等作为欧盟的全球战略伙伴。但总的看，欧盟共同外交与安全仍属于政府间合作范畴，成员国拥有一票否决权，因而仍有较大的局限性。

进入21世纪，欧盟建设政治联盟的步伐进一步加快。为了简化决策机制，提高运行效率，2001年12月，欧盟拉肯首脑会议决定成立制宪大会，任命法国前总统德斯坦任主席，负责起草欧洲宪法草案。其后，又召开政府间会议对宪法草案进行修改。2004年10月29日，欧盟各国首脑在罗马签署了《欧洲宪法条约》。但此宪法条约因思想超前，难以得到欧洲民众的认可，于2005年5月29日和6月1日分别被法国和荷兰全民公投否决，《欧洲宪法条约》胎死腹中。

但欧盟建设的步伐并未就此止歇。经过近三年的努力，2007年12月13日，欧盟27国领导人在里斯本签署了《里斯本条约》。这实际上是《欧洲宪法条约》的简化版，删除了盟旗、盟歌等具有宪法特征的条款，但保留了简化决策机制的实质内容。该条约赋予欧盟独立法人地位；设立欧盟理事会常任主席和相当于欧盟外长的外交与安全政策高级代表一职，扩大特定多数表决制范围，增加欧洲议会权力和决策透明度等。该条约于2008年进入各成员国议会表决或公投批准阶段，一旦获得27国批准，将于2009年1月1日正式生效。这是欧盟应对21世纪形势发展需要、加强政治一体化的一个重要条约，将对欧盟政治联盟进程起到积极推动作用。

第四节　欧盟的扩大

自 1952 年法国、德国、意大利、比利时、荷兰、卢森堡成立欧洲煤钢共同体以来，欧盟先后经历了六次扩大，成员国由当初的 6 国增至 27 国。欧盟的扩大，大致可分为冷战前后两个阶段，冷战前主要是向西欧、南欧国家扩大；冷战后则大规模向中东欧国家扩大。目前，欧盟扩大进程并未停止，土耳其和一些尚未入盟的西巴尔干国家正在积极申请加入欧盟。

一、欧洲共同体向西欧、南欧扩大阶段

此阶段，欧洲共同体进行了四次扩大，几乎囊括了除瑞士、挪威、冰岛、列支敦士登之外的所有西欧和南欧国家：

1973 年 1 月 1 日第一次扩大，英国、丹麦、爱尔兰加入欧洲共同体。

1981 年 1 月 1 日第二次扩大，希腊加入欧洲共同体。

1986 年 1 月 1 日第三次扩大，西班牙、葡萄牙加入欧洲共同体。

1995 年 1 月 1 日第四次扩大，奥地利、芬兰、瑞典加入欧盟。

这其中，英国加入欧洲共同体的历程最为曲折。英国地处英伦三岛，对欧洲一体化的态度历来较为保守，曾长期游离于共同体之外。1952 年欧洲煤钢共同体成立之前，其发起人法国外长舒曼曾向包括英国在内的所有欧洲国家发出邀请，但英国希望采取自由贸易区和政府间合作方式，不愿向共同体让渡自身的部分主权，因而没有加入。此后，随着欧洲共同体的成功建立和不断发展，英国开始对其拒绝加入欧洲共同体的后果进行反思，感到自己如果长期置身于欧洲一体化进程之外，不利于维护英国在欧洲和世界的政治影响力。因而，1961 年 8 月英国首次正式申请加入欧洲共同体。丹麦、挪威、爱尔兰也紧随其后，提出了申请。

然而英国等加入欧洲共同体的进程并非一帆风顺。4 国的申请遭到了法国总统戴高乐的反对。戴高乐总统对英国提出申请的意图提出质疑，于 1963 年中断了谈判。英国第一次申请无果而终。1967 年，英国与丹麦、挪威、爱尔兰一起再次提出申请，但因法国仍持保留态度，谈判长期没有进展。1969 年戴高乐辞职，形势才有转机。经过艰苦谈判，英、丹、挪、爱 4 国于 1972 年与欧洲共同体签署条约，英、丹、爱 3 国于 1973 年 1 月 1 日正式加入欧洲共同体。挪威却因本国公民投票否决，未能加入。此后，挪威又于 1995 年再次举行加入欧盟的全民公投，仍以失败而告终，挪威至今未能加入欧盟。

第一章　欧盟一体化发展史

希腊、西班牙、葡萄牙等南欧国家加入欧洲共同体也都经过了长期艰苦的谈判。南欧国家经济发展水平与原有成员国相比相对较低，这些国家看到欧洲共同体的迅速发展和经济一体化带来的巨大好处，强烈希望加入一体化进程。希腊于1975年正式提出加入欧洲共同体的申请，经过近六年的谈判，于1981年1月1日加入。西班牙、葡萄牙于1977年正式提出申请，历经八年谈判，于1986年1月1日加入。此后，奥地利、芬兰、瑞典也加入了欧盟，至此欧盟成员国增至15国。

二、欧盟向中东欧扩大阶段

此阶段欧盟进行了第五次和第六次扩大，其中第五次一举吸收中东欧10国入盟，是欧盟扩大史上最大的一次。经过这两次扩大，欧盟已吸收了独联体地区的绝大部分国家：

2004年5月1日第五次扩大，波兰、匈牙利、捷克、斯洛伐克、斯洛文尼亚、爱沙尼亚、拉脱维亚、立陶宛、塞浦路斯、马耳他加入欧盟。

2007年1月1日第六次扩大，保加利亚、罗马尼亚加入欧盟。

1989年柏林墙倒塌、冷战结束后，一些中东欧国家纷纷申请加入欧盟。欧盟抓住这一历史性机遇，力图以和平方式实现东西欧的统一，促进欧洲的稳定和经济发展。为此，1993年欧盟哥本哈根首脑会议为候选国加入欧盟制定了三项标准：一是要求候选国尊重民主、法制、人权，保护少数民族权利；二是要求候选国建立行之有效的市场经济，能够应对欧盟内部市场的竞争压力；三是要求候选国能够履行入盟职责，遵守欧洲政治联盟、经货联盟的目标，能够执行欧盟法律。候选国需将全部2.6万项、总数达8万页的共同体法律转化为本国法。总的看，此次欧盟扩大主要是出于政治考虑，但经济上困难重重。中东欧国家经济发展水平与欧盟相差较远，由计划经济向市场经济转轨面临许多问题。为此，欧盟启动了对候选国的财政、农业、交通、环境、教育培训等援助计划，向其提供了410亿欧元财政援助，帮助候选国尽快达标。

1998年3月31日，欧盟开始与爱沙尼亚、波兰、捷克、匈牙利、斯洛文尼亚和塞浦路斯6国正式进行入盟谈判。1999年12月，欧盟又决定开始与拉脱维亚、立陶宛、斯洛伐克、罗马尼亚、保加利亚和马耳他6国正式进行入盟谈判。欧盟对谈判的总体态度是既争取一揽子解决，也要视情况区别对待。与各候选国的谈判分成31个专题，谈妥一项，了结一项。这场谈判十分复杂、历时数年，其中争论最大的就是涉及资金分配的共同农业政策和地区结构基金两项内容。一些从上述政策中受益较多的老成员国担心新成员国加入，将对其产生不利影响，立场强硬。最终，各方达成妥协。关于共同农业政策，欧盟与候选国达成协议，决定实施"逐步到位制",新成员国农民 2004 年至 2006 年可以取得 408.3 亿欧元的补贴,此后逐年增加,2013 年达到老成员国所得补贴的 100%。关于结构基金也将采取渐进方式,即根据新成员国在使用结构基金时提供配套资金的能力,采取"逐步纳入体制"的办法。

欧盟在进行东扩谈判的同时,也在加紧进行自身决策和运行机制的改革。当时的欧盟决策机制是为 6 个创始国设计的,扩大至 15 国后已倍感不适,远远不能适应欧盟扩至 27 国的需要。面对东扩后成员增多、决策机制运转难度加大的问题,下决心简化决策机制。为此,欧盟 15 国召开政府间会议,并于 2001 年 2 月 26 日签署了《尼斯条约》。该条约重新分配了成员国在理事会的加权票数,并确定了 12 个入盟候选国的加权票数,其中德国、法国、英国、意大利各 29 票,西班牙、波兰各 27 票,其他国家根据人口规模大小依次递减。该条约还将原需一致通过的 70 个领域中的 35 个改为特定多数表决制,即:在这些领域,只要获得全部加权票的 74.5%、所代表的国家占成员国一半以上、所代表的人口占欧盟总人口的 62%,就可获得通过。此外,该条约还决定限制欧盟委员会的规模,实行一国一席制,法国、德国、英国、意大利、西班牙将原来两名委员减至一名。《尼斯条约》解决了欧盟东扩的机制运转问题,是欧盟借扩大促深化、以深化为扩大铺路的一个成功范例。

至此,欧盟已经为大规模东扩做好了基本准备。2002 年 12 月 13 日在欧盟哥本哈根首脑会议上,各成员国一致同意,结束与除保加利亚、罗马尼亚之外的 10 个候选国的入盟谈判,正式邀请 10 国于 2004 年 5 月 1 日加入欧盟,而保加利亚、罗马尼亚则推迟至 2007 年入盟。此外,欧盟首脑会议还宣布,一旦土耳其达到入盟标准,欧盟将开始与土的入盟谈判。欧盟第五次扩大的规模和意义都远远超过前四次,新入盟国数量超出前四次扩大之和,使欧盟人口增加 20%,面积增加 22%,形成一个 4.9 亿人口、400 多万平方公里、GDP 逾 10 万亿美元的"大欧盟"。从此,欧盟西起大西洋、东临独联体、南到地中海、北跨波罗的海,囊括除独联体、西巴尔干外的几乎所有欧洲国家。但另一方面,新入盟 10 国 GDP 总量仅为欧盟的 5%,人均收入只为老成员国的 40%,农业面积则占欧盟的一半。东扩初期,欧盟人均 GDP 下降约 20%,贫富差距由原先的 3:1 扩大至 7:1,可享受欧盟扶贫援助的人口比例由原先的 18% 增加到 26%,这给欧盟的就业市场、农业补贴基金和地区基金造成巨大压力。10 国入盟后,欧盟继续向新成员国实行倾斜政策,从 2004 年至 2006 年,向新成员国提供了约 480 亿欧元的农业补贴和地区援助资金,帮助其尽快发展。因而,经过此番大规模东扩,欧盟成员国对今后扩大进程开始反思,决定将来如果欧盟规模超出 27 国,将重新举行政府间谈判,讨论其消化能力和机制运转问题。

第一章 欧盟一体化发展史

2005 年 4 月，欧盟与罗马尼亚和保加利亚签署了入盟条约。2007 年 1 月 1 日，欧盟正式接纳两国入盟，完成了第六次扩大。至此，欧盟成员国增至 27 国。

三、欧盟未来扩大前景

1957 年《罗马条约》规定：所有欧洲国家均可申请成为共同体成员。欧盟经过六轮扩大，前进步伐并未止歇。目前，欧盟已与土耳其和克罗地亚两个候选国开始入盟谈判，并把阿尔巴尼亚、波黑、塞尔维亚和黑山等西巴尔干国家纳入欧洲一体化进程。

土耳其于 1963 年成为欧洲共同体联系国，1987 年成为入盟候选国，2005 年 10 月开始了入盟谈判。但该国位于欧亚大陆交界处，信奉伊斯兰教。由于地理、宗教、历史、政治、经济等差距较大，欧盟成员国对是否吸收土耳其入盟长期存在意见分歧，由此引发的关于"欧盟最终边界到底在哪里"、"欧盟的属性是什么"的争论十分激烈。土耳其何时能够入盟，欧盟尚未作出明确决定。

欧盟于 2005 年 10 月启动了与克罗地亚的入盟谈判，并于同年给予马其顿入盟候选国地位。作为获得候选国地位的前期准备阶段，欧盟与阿尔巴尼亚等签署了《联系与稳定公约》。总的看，欧盟在积极消化上两轮东扩成果的同时，扩大的进程仍在继续。

> **专题一**

欧盟一体化的经验与启示

欧盟从 1952 年成立以来，经过半个世纪的不懈努力，已成为当今世界一体化程度最高、综合实力最强的区域合作组织。它不但为欧洲赢得了难能可贵的和平环境，树立了通过区域合作解决地区争端的成功典范，也为各成员国创造了互利共赢的发展环境，其成员无论大国小国、富国穷国均实现了经济快速发展。欧盟的模式在建立新型国际关系上进行了成功探索，其在长期一体化实践中积累了丰富的经验和教训，对其他区域合作具有重要借鉴意义。

一、坚持以经济为先导，由易到难，循序渐进

欧洲先贤从一体化之始就提出政治联合、实现持久和平的目标，但却从见效快、阻力小的经济一体化起步。通过经济利益的不断融合，化解历史宿怨，形成相互依存的经济格局，进而逐步实现政治一体化。

欧洲经济联合本身也经历了从自由贸易到统一货币的由易到难、循序渐进的过程，主要分为三个阶段：第一阶段从建立煤钢共同体到原子能共同体、经济共同体，合作领域逐渐从煤钢等重要战略物资扩展到整个经济领域，从生产延伸到

流通。第二阶段从建立关税同盟到统一大市场，实现了商品、人员、资本和服务四大自由流通。第三阶段从建立货币联合浮动体系到启动单一货币欧元，最终建成经货联盟。经济一体化不但促进了欧盟国家的经济发展和繁荣，也成为推进共同外交与安全、司法与内政合作的助推器。

二、坚持依法行事，增强了欧盟的透明度、可信性和有效性

欧盟高度重视建立完善的法律框架，每前进一步都以法律方式加以确定。从成立初期的《罗马条约》、80年代建立共同市场的《欧洲单一文件》、90年代建立欧洲经货联盟和政治联盟的《马斯特里赫特条约》和《阿姆斯特丹条约》、2000年改革欧盟决策机制的《尼斯条约》，到将为欧盟下一步发展理顺机制的《里斯本条约》，都对一体化的发展起到了关键性作用。欧盟把上述条约以及理事会通过的各种法律文件，包括法规、指令和决定统称为共同体法，规定共同体法高于成员国国内法，对成员国具有强制性约束力，并设立欧洲法院负责护法，规定了惩罚措施，以保证各项法律得到切实执行。欧盟内部相互关系的法制化，大大提高了成员国行为的透明度和相互间的信任度，从而有效地保障了一体化的发展。

三、坚持有予有取，为成员国解决分歧、平衡利益、不断前进提供了有效手段

欧盟成员国利益不同，常常争执激烈，有人说发生危机是欧盟的常态。但纵观欧盟半个世纪发展历程，欧盟总是能够战胜危机、达成妥协、不断前进。究其原因，就是采取了有取有予、互利共赢的策略。成员国向欧盟让渡部分主权，表面上有所失，但通过主权共享，经济上获得了更大的发展空间，政治上发挥了超出本国实力的作用，总的看取大于予。德国是欧盟最大的净出资国，每年分摊的费用约占欧盟财政预算的四分之一，但通过统一大市场，获得了巨大的经济好处，德国50多年来GDP增长了40多倍。一些发展水平相对较低的欧盟成员国，通过欧盟地区结构基金和共同农业政策等，得到了大量援助，亦促进了自身经济加速发展。

四、坚持扩大与深化相辅相成的策略，根据形势发展不断改革体制

欧盟发展至今已经历六次扩大，成员由6个创始国增至27国。20世纪70年代的首次扩大带来欧洲货币体系和共同农业的发展，80年代的两次扩大带来统一市场的实施和实现，90年代以后的几次扩大，推动全面落实《马斯特里赫特条约》目标，使欧盟加快由经济一体化向政治一体化过渡。同时，在每一次扩大之前，欧盟为避免扩大造成机制运转不畅，往往把改革决策机制、深化一体化合作作为扩大的前提条件。欧盟扩大与深化并举，以扩大促深化、以深化促扩大，是其能够不断发展的重要动因。

五、坚持大国带头，大小国平等互动

50 年前的法德和解开启了欧洲一体化的进程，"法德轴心"因而也一直被公认为欧洲联合的"发动机"。可以说，欧盟历次发表的宣言或条约，都离不开法德的协调和推动。此外，欧盟坚持大小国平等协商的原则，无论国家大小，一国拥有一票，这保证了欧盟决策的平等和有效，能够真正形成共同利益，推动欧盟不断向前发展。

总的看，欧盟一体化的成功实践，一方面得益于成员国经济水平相近、文化宗教传统类似等有利因素，另一方面，也是更主要的，要归功于欧盟在长期实践中逐步摸索出一套行之有效的一体化发展模式。当然，欧盟在发展的过程中也曾有不少失误和教训，欧盟的经验值得深入研究。

第二章

欧盟机构设置

第一节　欧盟主要机构

一、理事会

欧洲理事会（European Council）和欧盟理事会（Council of the European Union）是欧盟最主要的决策机构。前者负责确定欧盟大政方针，后者负责欧盟立法和日常决策。欧洲理事会和欧盟理事会实行主席国轮任制，任期半年，主席国在任期内全面主持工作，包括组织和主持所有理事会会议。欧洲理事会和欧盟理事会对外实行"三驾马车"代表制，由现任、候任主席国及欧盟理事会和欧盟委员会代表组成。

（一）欧洲理事会

即欧盟首脑会议，是由欧盟成员国国家元首或政府首脑及欧盟委员会主席定期召开会议的一种机制。欧洲理事会首次会议于 1975 年在爱尔兰都柏林举行，此后便机制化。根据欧盟现行做法，在每个主席国任期内原则上举行两次首脑会议，也可根据形势需要召开特别首脑会议。正式会议一般在布鲁塞尔欧盟总部举行，非正式会议在主席国举行。轮值主席国国家元首或政府首脑作为欧洲理事会主席主持会议。根据惯例，欧洲议会议长也应邀出席欧洲理事会会议并发表讲话。

欧洲理事会不是欧盟常设机构，也不行使立法职能，但在欧盟决策过程中发挥着特殊和决定性的作用。1992 年通过的《马斯特里赫特条约》将欧洲理事会定位为："联盟政治动议的主要推动者及对部长理事会未能达成共识的争议问题的仲裁机制"。凡欧盟理事会无法解决的问题均提交欧洲理事会讨论决定，内容涉及修订欧盟条约、政治一体化方向、经货联盟建设、共同预算、新成员入盟、欧盟机构改革、共同外交与安全政策、在重大国际问题上的共同立场、司法和内务合作等诸多方面。因此，欧洲理事会不仅是欧洲联合的"政治发动机"，也是事实上的欧盟最高决策机制。

在每次欧洲理事会会议前，通常召开一次欧盟总务和外长理事会，协调会议议程及相关内容，为领导人会议做准备。欧洲理事会采取"协商一致"的原则作出决策，并以"主席国结论"的形式公布会议内容及所作决定。由于欧洲理事会讨论的问题大多涉及欧盟一体化发展方向及各成员国核心利益，与会领导人为了维护本国利益经常互不相让，有时甚至进行"马拉松"式的讨价还价。但欧盟领导人着眼于欧盟一体化发展这一最高目标，多数情况下能在最后关头找到相互妥协的办法。随着欧盟一体化建设的深入发展，欧洲理事会在欧盟中的地位和作用越来越重要。

（二）欧盟理事会

即欧盟部长理事会，简称"理事会"，由成员国政府相应部长组成，代表成员国政府行使欧盟绝大部分立法和决策投票权，在一些领域与欧洲议会共享立法权。欧盟理事会又被称为成员国利益的代表者。

1. 组织结构与主要职能

根据所主管领域不同，欧盟理事会划分为总务和外长理事会，农业和渔业理事会，经济和财政事务理事会，竞争理事会，交通、通讯和能源理事会，环境理事会，就业、社会、健康和消费理事会，司法和内务理事会以及教育、青年和文化理事会等九个理事会，分别负责相关领域的立法和决策。总务和外长理事会在欧盟理事会中最为重要，主要负责规划和协调欧盟理事会整体工作，筹备欧洲理事会会议，制定欧盟共同外交与安全政策以及驻地外贸易、发展合作和人道主义援助等欧盟整体对外政策。

每个专业理事会基本上每月举行一次例会，多在布鲁塞尔欧盟总部举行，但夏季一些会议也在卢森堡举行。主席国部长作为理事会主席召集并主持会议，欧盟委员会委员根据主管领域参加相关理事会会议。

2. 主要运行机制

（1）总秘书处。负责欧盟理事会日常行政事务，包括准备理事会日程、起草会议文件、提供法律顾问意见等。总秘书处最高负责人为秘书长，下设8个总司和1个法律处。根据欧盟目前规定，理事会秘书长同时兼任欧盟共同外交与安全政策高级代表，代表欧盟协调处理有关外交与安全事务。秘书长兼高级代表经成员国协商一致后由欧盟理事会任命。现任秘书长兼高级代表为哈维尔·索拉纳（Javier Solana）。

（2）常驻代表委员会（Permanent Representatives Committee，简称COREPER）。又分为常驻代表委员会和常驻副代表委员会两部分，分别由成员国常驻欧盟代表团大使和其副手组成，同时欧盟委员会派代表参与常驻代表委员会的工作。每周分别召开例会。受欧盟理事会委托，多数立法和决策问题事先由常驻代表和副代表委员会审议把关，前者主要从政治上进行审议，后者则主要从技术角度进行评估，然后向理事会提交报告，为理事会进一步讨论做好准备。如果常驻代表委员会对某项立法和决策取得一致意见，则建议欧盟理事会直接批准通过，无须再对此进行讨论。

（3）政治与安全委员会（Political and Security Committee，简称 PSC）。由各成员国常驻欧盟代表团一名大使级代表、欧盟理事会秘书长代表以及欧盟委员会的代表组成。主要负责跟踪国际形势发展，就共同外交和安全政策提出建议，并监督相关政策的执行，是欧盟处理共同外交、安全及防务事务、确定应对危机措施及后续行动的核心部门，由欧盟共同外交与安全政策高级代表索拉纳直接领导。每周举行两次例会。同理事会一样，政治与安全委员会实行轮值主席国制，对外实行"三驾马车"代表制。

3. 未来发展方向

如果《里斯本条约》经各成员国批准生效，欧洲理事会和欧盟理事会都将发生变化。欧洲理事会将成为欧盟的常设机构，但仍由各成员国国家元首或政府首脑组成。为确保工作的连续性，对外更好地代表欧盟，现行的欧洲理事会轮值主席国制将被取消，取而代之的是设立一位欧洲理事会主席，任期两年半并可连任一届。欧洲理事会主席负责每半年召集两次会议，如因特殊需要，可召集特别首脑会议。欧洲理事会仍以"协商一致"的方式作出决定。

欧盟理事会方面，总务理事会将与外长理事会分开，前者主要负责规划和协调欧盟理事会整体工作，筹备欧洲理事会会议，后者根据欧洲理事会确定的方针，制定欧盟整体对外政策。欧盟理事会主席国轮任制也将有所变化。理事会将把目前的欧盟共同外交与安全政策高级代表与欧盟委员会对外关系委员两职合并，统称欧盟外交与安全政策高级代表，担任外长理事会主席并兼任欧盟委员会副主席，全面负责共同外交和安全政策以及欧盟对外合作。其他专业理事会的主席仍由成员国代表按公平原则轮任。同时，理事会将进一步扩大特定多数表决制的适用范围。

二、欧盟委员会

欧盟委员会（European Commission，简称委员会）是欧盟的常设执行机构，类似于一个主权国家的政府，与欧盟理事会、欧洲议会和欧洲法院构成欧盟四大核心权力机构。总部设在布鲁塞尔。

（一）委员会组成

本届委员会共 27 名成员，每个成员国有一名代表，任期 5 年。主席为若泽·曼努埃尔·巴罗佐（Jose Manuel Barroso），2004 年 11 月 22 日正式就职。主席为最高负责人，由欧洲理事会（即欧盟首脑会议）协商一致共同决定，并经欧洲议会表决产生，负责决定各委员职责分工和委员会其他组织构成，确定工作方针，并指导委员会工作。委员由成员国政府推荐并与委员会主席协商后决定提名人选，分管一个或多个具体领域工作。委员会每周举行例会，并根据情况召开特别会议，决策实行多数表决制。委员会下设 36 个总司级单位，是欧盟目前最庞大的机构，有工作人员 2 万多人。

（二）主要职能

委员会在欧盟现行机构框架中处于枢纽地位，负责向欧盟理事会和欧洲议会提出政策建议和立法创议，实施欧盟条约及欧盟理事会作出的决定，监护欧盟法律、法规，管理欧盟的资金，代表欧盟进行对外联系和经贸等方面的谈判。委员会代表欧盟整体利益，独立行使职责，不寻求也不接受任何成员国政府指示。

1. 立法创议

委员会素有欧盟"政策发动机"之称。根据欧盟法律规定，对外贸易、关税同盟、内部市场竞争规则、渔业等为欧盟专属职能权限，委员会是唯一有权在上述领域提出立法创议的机构。农业、环境、能源、交通、消费者权益、区域发展与合作为欧盟与成员国分享职能权限，委员会与成员国分享立法创议权。在共同外交与安全政策和司法与内务方面，委员会与成员国及欧盟理事会分享立法创议权。委员会还可应欧盟理事会或欧洲议会要求就有关问题提交立法创议。在提出立法创议前，委员会通常要咨询不同利益团体、技术专家委员会和成员国政府的意见。为实施欧盟政策，委员会每年颁发 5 000 多份指令、规定和决定等具有法律效力的文件。

2. 监督管理

委员会委员参加各相关部长理事会会议，并协调成员国落实欧盟共同政策。委员会负责监督成员国、其他欧盟机构执行欧盟法规的情况，必要时可诉诸欧洲法院，由法院作出裁决，对违反欧盟法规的成员国、企业、机构进行制裁。委员会负责起草欧盟年度预算草案，并在理事会批准后组织实施，同时负责管理欧盟各种名目的基金。因此，委员会也被称作欧盟"政策的捍卫者"。

3. 对外关系

根据欧盟法律法规，委员会代表欧盟与非成员国和国际组织进行贸易、国际合作等方面的谈判，如与他国进行入世谈判、商签有关合作协定谈判等。同时，还负责与申请入盟的国家进行入盟谈判。委员会掌握欧盟对外发展援助资金，在欧盟向第三国提供发展援助方面发挥着重要作用。此外，委员会主席作为欧盟整体代表与英、法、德三国领导人一道出席"八国集团"首脑会议。委员会本着发展双边关系、开展对外合作、宣传欧盟价值观、提升欧盟在世界各国形象的宗旨，目前已向一百多个国家和国际组织派出了常驻代表团。因对外关系仍属欧盟成员国合作范畴，委员会对外不能完全代表欧盟，而是与现任主席国、下任主席国及欧盟理事会共同组成"三驾马车"，作为欧盟对外关系的权威代表。

（三）与欧盟其他机构的关系

委员会在欧盟机制中处于执行者的特殊地位，与其他欧盟机构均保持着密切的联系。在欧盟立法过程中，委员会需与理事会、欧洲议会密切配合，为此经常出席欧盟理事会和欧洲议会会议。委员会主席作为重要一方出席欧盟首脑会议。委员会以欧盟整体名义与其他国家商签重大合作协定或项目时，通常需事先得到欧盟理事会的授权。欧洲议会不但对委员会成立有表决权，还可通过决议罢免整个委员会。委员会须应欧洲议会议员要求就其政策举行听证，进行解释，平时还须对议员提出的各种问题以书面或口头方式作出答复。根据规定，委员会须向欧盟理事会和欧洲议会提交有关欧盟法律、法规等方面的年度执行报告。

（四）未来调整趋势

如果《里斯本条约》经各成员国批准生效，委员会的组成、权限等都将发生变化。自 2014 年起，委员会委员人数将减至成员国数量的三分之二，委员人选将在考虑成员国人口、地域等平等原则基础上，通过公平轮任的方式产生。同时，欧盟未来新设的外交与安全政策高级代表将兼任委员会副主席，具体负责执行欧盟对外政策，确保对外行动的一致性。

三、欧洲议会

（一）概况

欧洲议会是欧盟三大机构（欧盟理事会、欧盟委员会、欧洲议会）之一，为欧盟的立法、监督和咨询机构，其地位和作用及参与决策的权力正在逐步扩大。

1．历史沿革

欧洲议会的前身是 1952 年成立的欧洲煤钢共同体大会，当时由法国、联邦德国、意大利、荷兰、比利时、卢森堡 6 个成员国的 78 名议员组成。

1958 年，欧洲经济共同体和欧洲原子能共同体成立，三个共同体共有一个议会，时称"欧洲大会"（European Assembly），成员增至 142 名。1962 年改称"欧洲议会"（European Parliament），正式取代了"欧洲大会"。

1986 年，欧洲共同体扩至 12 国（英国、爱尔兰、丹麦、希腊、西班牙、葡萄牙先后加入），欧洲议会议员增至 518 名。

德国统一后，1992 年底欧洲共同体爱丁堡首脑会议决定将欧洲议会议员增加到 567 名。1995 年 1 月，奥地利、芬兰、瑞典正式加入后，欧洲议会议员达到 626 名。

2004 年 5 月 1 日，波兰、捷克、匈牙利、斯洛伐克、立陶宛、拉脱维亚、斯洛文尼亚、爱沙尼亚、塞浦路斯、马耳他 10 国加入欧盟，6 月，欧洲议会举行大选，议员人数增至 732 人。

2007 年 1 月 1 日，罗马尼亚和保加利亚入盟，欧盟成员达 27 国，议员人数增加 53 人，欧洲议会现有议员总数达 785 名。

根据人口比例，欧洲议会目前的 785 个议席按国别分配如下：德国 99 席，法国 78 席，英国 78 席，意大利 78 席，西班牙 54 席，波兰 54 席，罗马尼亚 35 席，荷兰 27 席，比利时 24 席，希腊 24 席，葡萄牙 24 席、捷克 24 席，匈牙利 24 席，瑞典 19 席，奥地利 18 席，保加利亚 18 席，芬兰 14 席，丹麦 14 席，斯洛伐克 14 席，爱尔兰 13 席，立陶宛 13 席，拉脱维亚 9 席，斯洛文尼亚 7 席，卢森堡 6 席，爱沙尼亚 6 席，塞浦路斯 6 席，马耳他 5 席。

2. 职能与权力

随着欧盟有关条约的修订，欧洲议会的职权逐步有所扩大，现主要包括以下方面：

（1）参与立法权。《罗马条约》所规定的欧洲共同体立法程序为：委员会提出建议，理事会征询欧洲议会意见后作出决定。1986 年签署的《欧洲单一文件》加强了欧洲议会对欧洲共同体立法的影响。《欧洲联盟条约》则规定，在大市场、科研、泛欧运输网络、消费者保护、教育、文化及卫生等领域，欧洲议会与理事会拥有"共同决策权"；在欧盟接纳新成员国和同第三国签订国际协定方面有审批权；在农产品价格方面有咨询权。目前，欧洲议会的共同决策权不断扩大，主要涉及社会、经济、文化、就业、海关、环境保护、卫生、海洋事务等领域。欧盟三分之二的法律法规由欧洲议会和欧盟理事会共同制定。

（2）部分预算决定权。欧洲共同体开支分两大类：一是强制性开支，包括占总预算近一半的共同农业政策开支和有关执行国际协定的开支等，这类开支的决定权属理事会；二是非强制性开支，包括结构基金、科研、环境、能源、产业政策及对第三国的发展援助等，对这部分预算，欧洲议会有共同决定权。

（3）监督权。《欧洲联盟条约》规定，新的欧盟委员会主席及其成员在任职前接受欧洲议会的质询。欧盟委员会每年需向欧洲议会报告工作并由欧洲议会审议。《阿姆斯特丹条约》则进一步规定，欧盟委员会主席及其委员的任命需得到欧洲议会的批准。欧洲议会通过行使"共同决定权"影响理事会和委员会的决策。主席国需向欧洲议会定期汇报工作计划和工作总结。欧洲议会可向委员会和理事会以口头或书面形式质询，并可成立调查委员会。欧洲议会可以三分之二多数（法定有效人数需过半数）弹劾委员会，迫其集体辞职。

（4）接受申诉和平反冤案。《欧洲联盟条约》赋予欧洲议会正式权力对冤情进行平反。任何欧盟的公民可以向欧洲议会就任何应由欧盟负责的事件进行申诉。欧洲议会接手案件后，将指派一名检察员听取该公民或者成员国居民的申诉意见，这些申诉包括指控欧盟机构不正当的行政活动，但不包括欧洲法院及初审法院的司法活动。检察员具有独立地位，只有欧洲法院才有权力解除其职务。检察员根据欧洲议会转交的申诉书进行调查。欧洲议会可以在四分之一的议员要求下成立调查委员会调查检察员发现的违反欧盟法律的问题。

（5）施加其他各种政治影响。

3. 运行机制

（1）领导机构。

欧洲议会设议长 1 人，副议长 14 人，总务官 6 人，组成议长执行局（Bureau of the European Parliament），由议员选举产生，负责领导议会及其机构的日常行政工作。现任议长汉斯-格特·波特林（Hans-Gert Poettering，德国基民盟成员，原人民党党团主席）于 2007 年 1 月 16 日当选。

副议长来自各党团。欧洲人民和民主党党团有 4 位副议长，欧洲社会党党团有 5 位副议长，欧洲自由和民主党党团有 2 位副议长，民族欧洲联盟党团有 1 位副议长，绿党和欧洲自由联盟党团有 1 位副议长，欧洲左翼联盟和北欧左翼绿党党团有 1 位副议长。

总务官（Quaestors）由全会在议员中选举产生，负责议员的行政和财政事务，在执行局会议上仅有咨询权。

议长和各党团主席组成党团主席联席会议（Conference of Presidents），负责协调议会各项政治决策和确定全会的会议议程。

（2）会议制度。

1992 年 12 月爱丁堡首脑会议决定，欧洲议会每年的 12 次全体会议继续在斯特拉斯堡举行，12 次以外的欧洲议会全会则改在布鲁塞尔进行。欧洲议会的全体会议一般开 4 天，每月在斯特拉斯堡的议会大厅举行，8 月为休会期。同时，每月在布鲁塞尔召开两个半天的小型全会。

党团会议在布鲁塞尔举行，一般情况下，每月有一周时间为党团会议会期。党团会议不对外开放。各党团利用这一会期，就欧洲议会全会即将讨论的议题进行协商并确定本党团立场。

各专门委员会会议在布鲁塞尔举行，一般情况下，每月有一周时间为委员会的会期。委员会会议对外开放。各委员会利用这一会期，审议该委员会即将提交欧洲议会全会讨论的报告并提出审议修改意见或决议草案。

（3）工作机构。

欧洲议会总秘书处设秘书长 1 人和副秘书长若干人。

总秘书处负责保障欧洲议会日常行政工作和后勤服务，其机构设置参照欧盟委员会秘书处的方式组成。

总秘书处名义上设在卢森堡，但因机构设置和工作需要，大多数工作人员常驻布鲁塞尔。

（二）欧洲议会政治党团

欧洲议会的政治分野是党团。议员以党团划分，党团则以政党性质和政治倾向组合。一个党团需有至少五分之一欧盟成员国的 20 名议员组成。议会全会以党团为基本单位，议员不是按姓名字母顺序，而是按党团就座。

党团在欧洲议会的组织方面发挥着主导作用，在决策方面也具有重要影响。议长、副议长均以党团名义推选，各专门委员会、主席、副主席的人选也是由党团协商后确定。党团主席联席会议由议长和各党团主席组成，负责确定议会工作的计划与组织，各专门委员会和代表团的职能与组成，与欧盟机构、欧盟成员国议会和外国议会的关系以及全会日程。党团主席联席会议通过协商或根据各党团议员人数投票表决作出决定。独立议员可有两名代表与会，但无表决权。各委员会在作出重大决策之前不仅要征求各党团意见，还要努力协调各党团立场。

党团在欧洲议会工作和重大决策中的立场由各党团内部协商决定，原则上议员可自行决定其投票意向。

欧洲议会现有 7 个党团，基本情况如下：

（1）欧洲人民和民主党党团（PPE-ED），简称人民党党团，由欧洲议会中基督教民主党、保守党及其他中右翼政党的议员组成，拥有 289 个议席，占议席总数的 37%，为欧洲议会第一大党团。人民党党团由来自欧盟 27 国的 51 个政党组成，包括法国人民运动联盟、德国基民盟－基社盟、意大利力量党、波兰公民纲领党等。人民党党团在欧洲议会中拥有许多重要职务，包括议长、4 位副议长、20 个专门委员会中的 8 个主席等职位。现任党团主席为法国人民运动联盟的约瑟夫·多尔（Joseph Daul）。

（2）欧洲社会党党团（PSE），简称社会党党团。由欧洲议会中社会党、社民党、工党等中左翼政党的议员组成，拥有 215 个议席，占议席总数的 27%，为欧洲议会第二大党团。社会党党团由来自欧盟 25 国的 32 个政党组成，包括法国社会党、德国社民党、英国工党、葡萄牙社会党、意大利左民党、匈牙利社会党等。社会党党团在欧洲议会中拥有 5 位副议长、20 个专门委员会中的 7 个主席等职位。现任党团主席为德国社民党的马丁·舒尔茨（Martin Schulz）。

（3）欧洲自由和民主联盟党（ALDE），简称自由党党团。拥有 102 个议席，占议席总数的 13%，为欧洲议会第三大党团。自由党党团由欧盟 22 国的 34 个政党组成，包括英国自民党、法国民主联盟、德国自民党、波兰自由联盟等。自由党党团在欧洲议会拥有 2 位副议长、3 个专门委员会主席等职位。现任党团主席为英国自民党的格雷汉姆·华生（Graham Watson）。

（4）民族欧洲联盟党团（UEN），拥有 44 个议席，为欧洲议会第四大党团。由来自欧盟 6 个成员国的 9 个政党组成，包括意大利民族联盟、爱尔兰共和党等。该党团在欧洲议会中拥有 1 位副议长和 1 个专门委员会主席的职位。现任党团两主席分别为布莱恩·克劳莱（Brian Crowley，爱尔兰籍）和克里斯蒂娜·姆斯卡蒂尼（Cristiana Muscardini，女，意大利籍）。

（5）绿党和欧洲自由联盟党团（VERT/ALE），简称绿党党团。是欧洲绿党在欧洲议会中的代表，拥有 42 个议席，为欧洲议会第五大党团。由欧盟 13 国的 19 个绿党及地方主义组织组成，包括德国绿党/90 联盟、法国绿党、瑞典环境党、荷兰绿色左翼联盟、意大利绿党等。议会的 1 位副议长来自该党团。现任党团两主席为德国绿党/90 联盟的丹尼尔·科恩-本迪（Daniel Cohn-Bendit）和意大利绿党的莫尼卡·弗拉索尼（Monica Frassoni）。

（6）欧洲左翼联盟和北欧左翼绿党党团（GUE/NGL），简称左翼联盟党团。拥有 41 个议席，为欧洲议会第六大党团。由来自欧盟 13 国的 17 个政党组成，包括法国共产党、德国左翼党、意大利重建共产党、希腊共产党、塞浦路斯劳进党等，左翼联盟党团在欧洲议会拥有 1 个副议长、1 个专门委员会主席职位。现任党团主席为法国共产党的弗朗西斯·乌尔茨（Francis Wurtz）。

（7）独立和民主党团（IND/DEM），由来自欧盟 9 国的 24 名议员组成，其中英国独立党占有 10 个席位。现任党团两主席分别为奈吉尔·法拉吉（Nigel Farage，英国籍）和简斯-彼德·邦德（Jens-Peter Bonde，丹麦籍）。

各党团议员人数会随议员的退出或加入时有变化。

（三）欧洲议会委员会

欧洲议会共有 20 个专门委员会。所有的议员都参加一个或多个委员会的工作。涉及对外关系的主要有三个专门委员会：一是外事委员会（简称"外委会"），主席为人民党党团议员雅克·萨利尤兹-沃尔斯基（Jacek Saryusz-Wolski，人民党党团议员、波兰公民纲领党成员），下设人权和安全与防务两个分委会；二是发展委员会，主席为何塞·博雷利（Josep Borrell，社会党党团议员、西班牙工人社会党成员）；三是国际贸易委员会，主席为赫尔米特·马尔科夫（Helmuth Markov，左翼联盟党团议员、德国左翼党成员）。另有预算委员会，预算监督委员会，经济与货币事务委员会，就业与社会事务委员会，环境、公共卫生和食品安全委员会，工业、研究与能源委员会，内部市场和消费者保护委员会，运输与旅游委员会，地区发展委员会，农业与农村发展委员会，渔业委员会，文化和教育委员会，司法事务委员会，公民自由、正义和内部事务委员会，宪法事务委员会，妇女权利和男女平等委员会，诉愿（Petitions）委员会（见表2—1）。

表2—1　　　　　　　　　　欧洲议会各委员会一览表

序号	委员会名称
1	外事委员会
2	发展委员会
3	国际贸易委员会
4	预算委员会
5	预算监督委员会
6	经济与货币事务委员会
7	就业与社会事务委员会
8	环境、公共卫生和食品安全委员会
9	工业、研究与能源委员会
10	内部市场和消费者保护委员会
11	运输与旅游委员会
12	地区发展委员会
13	农业与农村发展委员会
14	渔业委员会
15	文化和教育委员会
16	司法事务委员会
17	公民自由、正义和内部事务委员会
18	宪法事务委员会
19	妇女权利和男女平等委员会
20	诉愿委员会

委员会和分委会的主要职能是审查立法草案和准备提交相关问题的决议草案。委员会的会议经常邀请欧盟委员会委员和其他官员出席，就相关问题直接提出质询。

欧洲议会可视情况成立特别调查委员会，调查违反欧盟法律的事件和问题。

委员会中席位的分配视党团的政治影响而定。欧洲人民和民主党党团有8个专门委员会主席职位，欧洲社会党党团有7个专门委员会主席职位，欧洲自由和民主联盟党有3个专门委员会主席职位，民族欧洲联盟党团和左翼联盟党团各有1个专门委员会主席职位。

（四）欧洲议会选举制度

1. 选举概况

从1958年到1979年，欧洲议会的议员由各成员国议会指派任命。自1979年6月起，改由欧洲共同体成员国直接选举产生，每5年举行一次选举，时间定在 6 月份。每届议会任期五年。本届议会是于 2004 年由欧盟 25 个成员国直接选举产生的，2007 年 1 月，罗马尼亚和保加利亚入盟，53 名议员加入欧洲议员行列。

欧洲议会议长、副议长及各委员会领导人每两年半改选一次，可连选连任。目前的议会领导人都是在 2007 年 1 月中期改选中产生的。

2. 选举特点

在欧洲议会选举中，各成员国必须遵循一些共同原则，但各国因国情不同，仍保留了各自的特点。各成员国按本国国情和习惯决定选区设置、选举权、选举日等具体选举方式。可以说，欧盟 27 个成员国有多种不同的选举模式。主要情况如下：

（1）比例代表制（proportional representation）。根据 1997 年签署的《阿姆斯特丹条约》，成员国在"共同原则"基础上进行欧洲议员的选举，所有成员国必须实行"比例代表制"的选举制度，即一个党派所得议席同其所得选票大致成正比。但因国别政治情况不同，这一选举制度，一直未完全执行。目前，除英国外（不包括北爱尔兰），欧盟成员国都采用比例代表制，但没有统一的程序。

（2）选区划分。由于各成员国选举传统不同，对欧洲议员选举中选区的安排也各不相同。27 国中有 20 国采取全国单一选区的办法；而比利时、意大利、英国、法国、爱尔兰则将全国分成若干个选区；德国和波兰则采取两者混合的办法，即一部分欧洲议员由全国选举产生，另一部分由若干个选区选举产生。一般来说，全国选区制更能体现民意，有利于小党的竞争，但也容易让一些政治主张比较激进的小党进入议会，所以部分国家对政党获得议席设置一个"门槛"，比如法国、德国、立陶宛等为 5%；奥地利、瑞典为 4%；希腊为 3%。地区选区制则更有利于一些大党的竞争，且被认为更贴近选民，能充分体现地区利益，但对小党不利。

（3）"政党列表法"（party list）。大部分成员国目前都采取"政党列表法"，即各政党按所获选票得到相应议席，把这些议席分给候选人。

（4）"单一可转移投票法"（single transferable vote）。选民投人不投党，这是一种比较复杂的选举模式。首先要计算出"当选商数"（electoral quota），即候选人当选所应获的票数的最少百分比数。通常每张选票上列有两名以上的多名候选人，选民在选票上依次选定其第一选择、第二选择的候选人。投票后，先按选票上第一选择进行计票，凡得票超过当选商数的候选人即宣告当选。有剩余席次没有分配完毕，则需进行第二次计票。爱尔兰、马耳他以及英国的北爱尔兰选区采用的是这种"单一可转移投票法"。这种方法更加尊重选民的选择，能更好地体现候选人所获的支持率，但计算复杂，不易推广。

（5）候选人资格。各国对候选人资格规定也不同，候选人的最低年龄从 18 岁到 35 岁不等（如波兰为 35 岁）。根据 1993 年 12 月欧盟理事会指令，任何欧盟成员国公民都可以代表其祖国或居住国参与欧洲议员选举。历史上，英国、法国、德国、意大利、比利时等国都有其他成员国候选人代表本国公民被选为欧洲议员。英国甚至允许英联邦成员国候选人代表本国进入欧洲议会。

（6）不兼容性（incompatibilities），是指欧洲议员不能同时担任其他政治组织的职务。根据欧盟有关规定，欧洲议员不能担任欧盟成员国内阁成员及欧盟其他机构或欧洲中央银行董事会的成员等。2002 年欧盟理事会会议决定，从 2004 年欧洲议会选举开始，除英国和爱尔兰以外，不再允许欧洲议员兼任本国议会议员。目前，有一些成员国允许欧洲议员同时担任地方市长一职，不过有的也对当选市长的城市规模作了限定，即欧洲议员不能担任规模较大的城市市长。

3. 欧洲议会席位的分配

按照"国家代表性原则"，欧洲议会议员的议席总体上按各国人口数量决定，并按人口比例进行分配。理论上讲，一个席位应在各成员国内相应代表同等数量的选民。但实际上，每一名欧洲议会议员代表的选民人数不尽相同。为了保证某些小国的代表性，在分配议席时向其有所倾斜。所以相对而言，小国在席位分配上更占有优势。比如在第一人口大国——德国，每 829 000 名公民选出 1 名欧洲议员，而在卢森堡，每 72 000 名公民即可选出 1 名欧洲议员（见表 2—2）。目前，各成员国中，占有席位最多的为德国 99 席，最少的为马耳他 5 席。

新成员国入盟两年后参加欧洲议会议员的选举。此前，它们由本国议会指定的代表出席欧洲议会。

下表是 27 个欧盟成员国在欧洲议会席位的分配情况。

表 2—2 　　　　　　　　　　　　各国欧洲议员数及相对人口比例

国家	人口（百万）	议员数 (2004—2009)	议员数 (2009 以后)	人口/议员 (2009)
德国	82.07	99	99	829 000
英国	59.26	78	72	823 000
法国	58.97	78	72	819 000
意大利	57.60	78	72	800 000
西班牙	39.40	54	50	788 000
波兰	38.66	54	50	773 000
罗马尼亚	22.47	35*	33	681 000
荷兰	15.76	27	25	630 000
希腊	10.55	24	22	479 000
捷克	10.29	24	22	468 000

续前表

国家	人口（百万）	议员数（2004—2009）	议员数（2009 以后）	人口/议员（2009）
比利时	10.21	24	22	464 000
匈牙利	10.09	24	22	459 000
葡萄牙	9.98	24	22	454 000
瑞典	8.85	19	18	492 000
保加利亚	8.23	18*	17	484 000
奥地利	8.08	18	17	475 000
斯洛伐克	5.39	14	13	415 000
丹麦	5.31	14	13	409 000
芬兰	5.16	14	13	397 000
爱尔兰	3.74	13	12	312 000
立陶宛	3.70	13	12	308 000
拉脱维亚	2.44	9	8	305 000
斯洛文尼亚	1.98	7	7	283 000
爱沙尼亚	1.45	6	6	241 000
塞浦路斯	0.75	6	6	125 000
卢森堡	0.43	6	6	72 000
马耳他	0.38	5	5	76 000

＊保加利亚、罗马尼亚议员数自 2007 年 1 月起。

4. 欧洲议会议员的组成

欧洲议会有部分议员是本国的知名政治家，包括各政党的重要人物。他们的声望可能不低于本国议会议员，但在本国政坛的地位却不如本国议员高。每一届欧洲议会中都会包含一些各国的前议员、前部长，甚至前总理或副总理及前欧盟委员会委员。欧洲议员成分五花八门，分别来自教育界、法律界、工商界、金融界、新闻界、工会、科技界、医学界和农场主等。

第二节　其他机构

一、欧洲法院

（一）欧洲法院的由来及职能

欧洲法院是欧盟的最高法院，位于卢森堡。其前身是依据 1951 年签订的《欧洲煤钢共同体条约》所建立的欧洲煤钢共同体法院（1952—1958）。由于1957 年签订的《欧洲经济共同体条约》和《欧洲原子能共同体条约》也分别规定设立法院，根据同年签订的《关于欧洲共同体某些共同机构公约》，欧洲煤钢共同体法院改称为欧洲共同体法院（The Court of Justice of the European Communities，1958—1993），通常称为欧洲法院，统一行使在上述三个条约中规定的管辖权。《欧洲联盟条约》于1992年签订后，上述法院随之成为了欧盟框架下的司法机构（1993年以来），但名称未变。

该法院具有宪法法院和行政法院的职能。其职责在于确保欧盟法律得到认真贯彻和执行，条约得到正确解释和运用。欧洲法院有权审查由欧盟议会和欧盟理事会共同制定法令的合法性；审查由欧盟理事会、欧盟委员会、欧盟中央银行以及欧盟议会制定的旨在对第三方直接产生法律效力的法令的合法性（《欧洲联盟条约》第230条）；有权裁决和认定欧盟成员国是否按条约规定履行义务；以及欧洲议会、理事会或委员会是否按规定行事。欧洲法院也是唯一能够应各国法院要求，对条约进行解释以及对欧盟法律的效力进行解释并作出裁决的机构。这种制度安排确保了欧盟法律在整个欧盟以同样的方式进行解释和运用，即行使司法审查权，监督欧盟统一规则适用的一致性。欧洲法院还有权审查欧盟立法是否尊重欧盟公民的基本权利，对涉及个人的自由和安全问题作出裁决。

（二）欧洲法院的组成及工作程序

欧洲法院的法官来自各成员国。每个成员国各选派一名。截至目前有法官27名。每个法官任期六年，期满后可连任。每三年更换部分法官。法官中选出一名主席，为首席法官，任期三年，可连选连任。欧洲法院还设有8名大律师（Advocate-General）协助法官工作，负责对提交法院的案件起草裁决理由。其中5名来自欧盟五大国（英、法、德、意、西），其余由其他成员国按国名字母顺序轮流选派。这些法官和大律师都是从那些能够保证独立并且具备在其本国担当最高司法职务条件的人员中，或从具有卓越才能的法学家中挑选，并经成员国政府一致同意予以任命。欧盟理事会有权应法院的要求，以一致通过的方式增加法官和大律师的总人数。一般在新成员国加入后，欧洲法院成员的人数就会相应增加。

法院决策采取表决制，少数服从多数，但对外宣布为一致同意。欧洲法院的诉讼程序分为书面程序、口头程序和评议程序。审理案件的法庭组成采用两种形式，即分庭审理和全庭审理。法院的判决对所有成员国都有约束力，有权对不执行法院判决者处以罚款。

法院审理案件可采用任一欧盟成员国的官方语言。开庭时使用当事国的官方语言，有同声传译。法院内部交流使用法语。

欧洲法院还有一些辅助性机构和内部行政管理机构，如书记官、研究室、翻译室、行政处等。

为了缓解法院案件的压力，理事会应欧洲法院的要求，根据 1987 年的《单一欧洲文件》，于 1988 年通过决议增设一审法院，即初审法院，从属于欧洲法院，仅拥有从欧洲法院分出的优先管辖权。每个成员国选派一名法官，法官中再选出一名主席。目前没有设大律师这一职位。分工上，欧洲法院受理由国家法院提起的先决裁定质询和成员国或欧盟机构提起的诉讼，初审法院受理和决定由自然人和法人提起的案件或程序。隶属于初审法院的还有一个民事庭（The Civil Service Tribunal），于 2005 年成立，由 7 名法官组成。初审法院主要审理：欧盟机构与其职员之间发生的人事案件；由自然人或法人提起的关于企业竞争规则的诉讼以及损害赔偿之诉；由煤炭和钢铁企业对委员会提起的诉讼；有些合同条款的裁决以及有权审理的倾销案件等。

欧洲法院的工作量随欧盟条约产生的机构和政策变化而不断增加。关于各个细节的解释引发的纠纷，进一步增加了案件的数量。由于每个案子周期太长，再加上文件都要翻译成欧盟各种正式语言，使得法院的工作更加繁重。

欧洲法院将随《里斯本条约》的生效而会成为正式的名称，涵盖前述两级法院。当然，还会有诸如大律师的人数增加等其他一些变化。

（三）欧洲法院的司法管辖权

欧洲法院不同于一般国内法院，具有超国家性质，其管辖权均由有关条约作出明确的授权，范围也有清楚、明确和穷尽性的列举。

（1）对以欧盟机构为被告的案件，欧洲法院的管辖权包括：

1）对欧盟理事会、委员会、议会、欧洲中央银行的法令和有关文件进行司法审查。类似西方的宪法法院，欧洲法院有权对这些规定的效力作出认定并可裁决其无效。成员国、欧洲议会、理事会、委员会、欧洲审计院、欧洲中央银行，以及自然人或法人（在一项针对其作出的决定或者虽是向他人作出，但与其具有直接和个人关系的条例和决定时），均可提起这类司法审查的诉讼。

此外，欧洲法院原则上还享有对欧盟第二和第三支柱框架下政府间合作措施进行审查的权力。

2）对欧盟机构行为的司法管辖权，主要受理针对理事会和委员会在立法和行政上不作为的诉讼。

（2）对成员国不履行条约义务有管辖权。此类案件多是委员会对成员国提起诉讼或成员国对成员国提起诉讼。

（3）先行裁决管辖权。即欧洲法院对成员国法院提出的有关条约的解释、机构章程的解释、有关法令效力的解释作出裁决。它在一定程度上保证了欧盟法在成员国的统一解释和适用。

（4）对不服初审法院判决的上诉案件有管辖权。

欧盟委员会是向欧洲法院提出起诉最多的机构，同时也是在欧洲法院中被起诉最多的机构。

（四）欧洲法院的作用

欧洲法院是欧盟的重要机构。在司法实践中，该法院大胆突破传统国际法的理论与实践，为欧盟司法制度的确立与发展作出了重大贡献。法院通过自己的判例补充了欧盟法的不足，成为推进欧盟一体化进程的重要因素。

二、欧洲审计院

欧洲审计院成立于 1975 年，是欧盟五大常设机构之一，总部设在卢森堡。其工作宗旨是促进提高欧盟各个层面财务管理的水平，以确保欧盟花的钱能为欧盟人民谋求最大利益。

审计院成员为每个成员国各一人，任期六年。获得各成员国任命的审计成员选举产生一名审计院院长，任期三年。审计院有大约 800 名雇员，其中包括译员、管理人员和审计员。审计员分成若干"审计小组"，各小组根据院方的决定起草报告。

审计院的工作除了独立审计欧盟资金收入支出管理是否合规外，还有通过审计来评估欧盟各个机构资金用途的职责。

审计院检查欧盟各机构及欧盟拨给各成员国的资金（80％以上由各成员国政府管理）财务运作是否正确地记录在案，是否依法、合规则地收支和管理，以保证资金的使用节约、高效、准确、透明。一旦发现问题，审计院可以随时送交报告给欧盟委员会及成员国政府。

审计院常规工作中重要的一项是为欧洲议会和理事会准备每年的审计报告。欧洲议会在决定是否批准欧盟委员会的预算案之前要仔细审查年度审计报告。如果审计满意，审计院将向议会和理事会提交担保书及如何更好使用欧盟人民钱财的建议报告。审计院还通过出版物公开发表客观的定期报告。

三、欧洲经济社会委员会

欧洲经济社会委员会（European Economic and Social Committee，以下简称经社委员会），是代表欧盟各利益集团的咨商机构，也是各利益集团对欧盟事务表达意见的平台。它通过给部长理事会、欧盟委员会和欧洲议会提出意见和建议，在欧盟的决策中发挥着重要作用。

（一）发展过程

1957 年经社委员会根据《罗马条约》成立，成立初期仅就《罗马条约》规定的有关问题和部长理事会或欧盟委员会委托的问题征集意见，提出建议。《单一欧洲文件》（1986）和《马斯特里赫特条约》（1992），扩大了委员会和部长理事会向经社委员会咨商的领域，特别是一些新的领域如地区和环境政策等；《阿姆斯特丹条约》（1997）进一步扩大了向经社委员会征询意见的领域，并批准经社委员会取得欧洲议会的咨商地位。

（二）成员

经社委员会现共有344名委员，来自欧盟成员国工、农、商、贸、金融、交通运输、文化等各行业。委员由欧盟各国政府提名，部长理事会指定，任期四年，可以连任。委员名额分配如下：德国、法国、意大利、英国各24名，西班牙、波兰各21名，罗马尼亚15名，比利时、希腊、荷兰、葡萄牙、奥地利、瑞典、捷克、匈牙利、保加利亚各12名，丹麦、爱尔兰、立陶宛、芬兰、斯洛伐克各9名，爱沙尼亚、拉脱维亚、斯洛文尼亚各7名，卢森堡、塞浦路斯各6名，马耳他5名。经社委员会划分成三个集团：雇主集团、雇员集团和其他利益集团。成员们分属这三个集团。

（三）组织

1. 主席和执行局

主席和执行局由经社委员会选举产生，任期两年。执行局由1名主席、2名副主席以及37名成员组成。主席和两位副主席分别在上述三个集团的人中选举产生。主席主持经社委员会的全面工作，负责协调与欧盟其他机构的关系。在对外交往中，主席代表经社委员会。副主席协助主席工作，并在主席缺席时代行其职权。经社委员会与其他国际组织的联合声明由执行局和主席共同发布。执行局的主要任务是指导分委会的工作、布置任务，协调内部机构的运作。秘书长对主席负责并代表执行局。

2. 分委会

经社委员会下设六个分委会：农业、农村地区发展和环境分委会，经货联盟和经济、社会融合分委会，就业、社会事务和公民分委会，对外关系分委会，单一市场、生产和消费分委会，交通、能源、基建和信息社会分委会。分委会的业务范围涵盖了《罗马条约》涉及的主要领域，其职责是向全会提交对主管领域问题的看法和建议。分委会下设研究小组，负责草拟分委会的意见和看法。每个研究小组一般由分委会中的12名成员组成，包括一名报告人，报告人通常有专家协助工作。

3. 总秘书处

总秘书处是经社委员会的办事机构，归秘书长管辖。目前，有130多人专门为经社委员会工作，另外还有500多人既为经社委员会服务，也为地区委员会服务。

4. 全会

根据议事规则，经社委员会每年举行 9 次全会。全会审议和表决分委会提交的意见和看法。经社委员会将获简单多数通过的书面意见和看法递交欧盟有关机构，并在欧盟公报上发表。

经社委员会总部设在比利时首都布鲁塞尔，但委员们均在所属成员国工作，只在召开经社委员会会议时才来布鲁塞尔。经社委员会的经费从欧盟预算中支出。

（四）作用

经社委员会的作用是多方面的：主要通过向欧盟委员会、部长理事会以及欧洲议会提出观点参与到欧盟的决策中；使欧盟的公民社会组织参与到欧洲的事业中，并拉近欧洲与公民的距离；通过对话，加强与之建立联系国家的公民社会组织的作用。在发挥这一作用的过程中，经社委员会可以就欧盟委员会、部长理事会和欧洲议会所交办事情提出建议；也可自发地表达意见；还可以按照欧盟委员会、欧洲议会的要求，就某一特定问题提出探索性的观点，随后向欧盟委员会提出建议。近年来，经社委员会在禁止歧视行为、就业人员自由流动、社会政策和就业、男女平等、教育与职业培训、移民的社会保障、经济与社会的协调、欧洲社会基金、有组织的公民社会在欧洲建设中的作用和贡献、世贸组织的透明度和公民社会的参与等等方面提出了大量的意见，成为理事会决策的重要依据之一。

（五）与中国的关系

2002 年 7 月，中国经济社会理事会（CESC）与欧洲经社委员会签署了合作协议。2005 年 10 月，欧洲经社委员会访问中国经社理事会，双方签署了加强合作的补充协议，提出每年召开一次主席级会议，保持双方的正常对话。根据 2006 年 9 月 9 日在赫尔辛基召开的第九次中欧领导人会晤发表的联合声明，中国经济社会理事会与欧盟经济社会委员会联合决定建立中欧圆桌会议机制。2007 年，中国经社理事会与欧洲经社委员会分别在北京和布鲁塞尔举行了第一次和第二次圆桌会议。

四、欧盟地区委员会

（一）宗旨及授权

欧盟地区委员会（European Regional Committee）是一个政策建议汇集机构。它的任务是把欧盟各个地区、地方政府的意见收集归纳起来传达给欧盟的决策核心。

欧盟地区委员会成立于 1994 年。它的成立基于两个考虑：第一，大约四分之三的欧盟法规是在地方或地区层面上执行的。因此，在制定新的欧盟法规时一定要听取地方/地区的意见。第二，欧盟的政策向前推进时，最基层的民众总是会落后半拍。因此，让最接近选民的地方/地区政府层面成为欧盟动力之一是弥补这半拍之差的途径之一。

地区委员会的职权范围有明确的法律规定。《马斯特里赫特条约》规定了5个领域：经济和社会凝聚、泛欧基础设施网络、公共卫生、教育、文化。后来的《阿姆斯特丹条约》又增加了5个领域：就业政策、社会政策、环境、职业训练、交通。这10个领域基本上涵盖了欧盟整个活动范围。这两个条约规定：只要在上述10个领域内有新的与地方/地区有关的提案，欧盟委员会及理事会必须征求地区委员会的意见。

在以上10个领域之外的提案，欧盟委员会、理事会及欧洲议会还可根据该提案与地方/地区的关联程度征求地区委员会的意见。

地区委员会工作最重要的三个原则是：独立性、亲民性和合作性。独立性意即欧盟的决策必须在最接近民众的层面上作出，不必屈从于各成员国、地区以及地方政府的意志。亲民性要求成员国的各级政府工作应该瞄准"接近市民"这一目标。各级政府各个部门的工作必须透明，细致周到，要使人民知道何人在负责何方面工作、他们的意见如何能被负责人听到及听到与否。合作性旨在实现"充分的欧洲管理"，意即欧洲、国家、地区/地方政府在一起进行工作。这四个层面缺一不可，都要参与到决策过程中来。

（二）机构组成

地区委员会有344名成员，还有相同名额的候补委员。他们的任期同为四年，由各成员国提名，欧洲理事会任命。每个成员国根据自己的方式选择本国的委员，所推选的委员一定要能够均衡地反映出各自国家政治、地理的分布。

地区委员会委员中有的是地方民众选举出来的，有的是当地重要的知名人士活动家，有的是该地方/地区政府的官员。

委员会下设六个专家委员会，全部由地区委员会成员组成，负责审查地区委员会提出的或起草的提案细节。

地区委员会每年召开一次全体大会起草意见书并进行讨论。如果议题通过，就作为地区委员会的正式文件送交欧盟委员会、欧洲议会和理事会。

地区委员会也会采纳政治方案的决议。在地区委员会中有四个政治团体代表，分别代表欧洲主要的政治派别：欧洲社会党（PES），欧洲人民党（EPP），欧洲自由民主同盟（ALDE），欧洲国家联盟及欧洲同盟（UEN-EA）。

地区委员会肩负着"让欧盟贴近人民"这一使命。鉴此，不管地区委员们各自身份如何，平时都生活和工作在各自所代表的地区内，确保在各类社会关注的问题上与所在地民众保持紧密接触。他们把基层的要求带到布鲁塞尔的地区委会会议上，让民众的呼声反映到欧盟核心决策过程中。同样，委员们的纽带作用也使当地民众能够了解欧盟的运作机制及正研究的问题。形式上，除了一年一次的例会外，地区委员会的其他会议都不在布鲁塞尔，而是在各个成员国的地区召开。

五、欧洲中央银行

欧洲中央银行（European Central Bank，ECB，简称欧洲央行），是根据1992 年《马斯特里赫特条约》的规定而设立的欧元区中央银行，是共同货币政策的制定者、实施者、监督者。它是欧洲经济一体化的产物，是世界上第一个管理超国家货币的中央银行，也是为了适应欧元发行和流动而设立的金融机构。其前身为设在法兰克福的欧洲货币局（European Monetary Institute，EMI）。1998年 6 月 1 日，欧洲理事会正式任命欧洲央行行长、副行长及执行董事会的 4 位成员，欧洲中央银行正式成立。1999 年欧元正式启动后，欧元区 12 个成员国的货币政策让渡给欧洲中央银行，欧洲央行在欧元区货币政策领域行使独享管辖权。欧洲央行行长正常任期为 8 年，现任行长为法国人特里歇。

欧洲央行总部设在德国金融中心法兰克福，其主要组织机构包括：执行董事会（The Executive Board）、监管理事会（Governing Council）、扩大委员会。其中，执行董事会由行长、副行长和 4 名董事组成，负责欧洲央行的日常工作。监管理事会由执行董事会和 15 个欧元国的央行行长共同组成，是负责确定货币政策和保持欧元区内货币稳定的决策性机构。扩大委员会由央行行长、副行长及欧盟所有 27 国的央行行长组成，其任务是保持欧盟中欧元区国家与非欧元区国家之间的沟通。

欧洲央行的职责和结构以德国联邦银行为模式，独立于欧盟机构和各国政府之外。《马斯特里赫特条约》第 105 条规定，欧洲央行的首要目标是维持欧元区物价的稳定，在不影响物价稳定的前提下，支持欧盟的总体经济政策，促进总体经济活动的协调与均衡发展。为此，欧洲央行所确立的职能是"维护货币的稳定"，管理主导利率、货币储备与发行，以及制定欧洲货币政策。

货币政策的权力虽然集中了，但是具体执行仍由欧元区各国央行负责。欧元区各国央行仍保留自己的外汇储备，欧洲央行的储备由各成员国央行根据本国在欧元区内的人口比例和国内生产总值的比例来提供。

六、欧洲投资银行

欧洲投资银行（European Investment Bank，EIB）是根据《罗马条约》于1958 年设立的欧盟发展银行。与其字面意义不同，其不是投资银行；与商业银行不同，其不管理个人银行账户。作为欧盟的政策银行，该行的宗旨是促进欧盟政策目标的实现。对内主要目标是推动欧洲一体化、欧盟的平衡发展以及各成员国的经济和社会统合；对外主要目标是加强与第三国的发展合作。该行可向公共部门和私人部门提供贷款，具体投向欧盟区域发展、中小企业、环境工程、交通、能源、研发与创新，以及欧盟与140多个国家签署的合作协议。

欧洲投资银行总部设在卢森堡，由欧盟成员国出资合营，享有独立法人地位，现任行长为比利时人菲利浦·马斯塔德。欧盟委员会经济与货币事务总司负责与其联络。为了信贷的安全，欧洲投资银行从不对一个项目进行全额贷款，一般只提供项目投资额的30％～40％。

欧洲投资银行主要通过提供低息或无息贷款，为欧盟公共机构和私营企业的项目提供资金便利，以支持欧盟落后地区的发展和产业转轨，并促进欧盟交通、通讯和能源等方面的发展。欧洲投资银行设有专项资金，通过"综合贷款"间接地为中小企业投资筹措资金。欧盟为此每年给予欧洲投资银行10亿欧元的利率补贴。近几年来，欧洲投资银行对欧盟落后地区的贷款占其总贷款额的70％左右。其中，90％用于欧盟不发达地区的项目，其余10％用于东欧国家或者与欧盟有联系的发展中国家。此外，欧盟投资银行还占有欧洲投资基金40％的捐赠资本。

欧洲投资银行也可以根据欧盟与第三国签订的发展援助或合作计划，对欧盟以外地区的项目进行投资。1993年以来，其贷款额已经超过世界银行，成为世界上最大的多边优惠信贷提供者。

七、欧洲统计局

欧洲统计局位于卢森堡，属欧盟经济和货币委员阿尔穆尼亚管辖，是欧盟统计工作的最高行政机构。其基本任务是为欧盟决策提供独立、公正、透明、可靠、适当和有效的统计数据。

欧洲统计局最早源于1953年成立的欧洲煤钢共同体统计处。1958年欧洲经济共同体建立，同时成立了欧洲统计局前身，并于1959年正式更名为欧洲统计局。1997年，欧盟通过《阿姆斯特丹条约》，其中285章确定了欧洲统计局的法律基础。

欧洲统计局并非单独执行欧盟统计工作，而是依赖一个称为"欧洲统计系统"（European Statistical System）的工作网络。该统计体系由欧洲统计局、欧盟成员国及冰岛、挪威和列支敦士登的统计机构和中央银行共同组成。成员国机构负责收集本国统计数据并进行编辑，欧洲统计局的作用则是与各成员国统计机构紧密合作，协调、整合统计资源，按照欧盟的需要汇总分析成员国提供的统计数据。

欧洲统计局统计范围涵盖欧盟经济社会活动的主要方面，包括经济、就业、研发创新、环境、公共健康、国际账户收支、对外贸易、消费价格、农渔业、交通、能源、科技等。其统计报告及统计数据定期在其官方网站上发布。此外，欧洲统计局还负责帮助入盟候选国改善其统计系统，代表欧盟与联合国、经合组织及其他非欧盟国家开展统计合作等。

欧洲统计局现有总司长、副总司长、总司长助理各一名，工作人员 870 人，下设 7 个司，分别负责行政事务、统计理论与统计工具、国别和欧盟账户、经济和地区统计、农业和环境统计、统计合作、社会统计、信息统计、商业统计等。

第三节　在布鲁塞尔研究欧盟的主要智库

一、欧洲政策研究中心

欧洲政策研究中心（Centre for European Policy Studies，以下简称 CEPS）于 1983 年在布鲁塞尔成立，是当今活跃在欧盟的最有经验和最有权威性的智库之一。

CEPS 的特点不仅在于其本身是一个有影响力的论坛，而且其内部有一支强有力的研究队伍，同时还有遍及全球的伙伴研究机构网络。CEPS 的研究领域主要在欧盟的经济政策、金融市场、能源、气候变化、可持续发展、欧盟与相邻地区的关系、外交与安全政策、司法与内务、政治与机制、贸易发展与政策制定等。其宗旨有五项：运用先进的方法和技术进行政策研究，为欧洲当前面临的挑战提供解决方案；致力于精湛的高水准学术研究并保持独立性；在欧洲政策研究和决策过程中，为所有的利益攸关者提供讨论的平台；建立研究人员、政策制定者、企业代表共同参与的全欧研究合作网络；通过定期出版物及公开活动传播研究成果和各种观点。

为保证其独立性，CEPS 的资金来源渠道很多，主要有会员缴纳的会费、官方机构捐款、基金会赞助、会务和出版物收入以及项目课题经费等，欧盟机构也向其提供项目经费。

CPES 地址：1, PLACE DU CONGRES, 1000 BRUSSELS, BELGUM

网址：Http://www.ceps.be

二、欧洲政策中心

欧洲政策中心（European Policy Centre，以下简称 EPC）于 1997 年在布鲁

塞尔成立，是研究欧盟的重要智库之一。

EPC 自称是一个独立的非营利性学术机构，致力于欧洲一体化的研究并为决策者献计献策。EPC 目前已有超过 400 家的会员，来自不同的利益集团，如大型企业、行业和商会、贸易联盟、外交团体、国际和区域组织、区域和地方实体、基金会以及代表民间社会的各类非政府组织等。为了加强政府与工商界的联系，EPC 设立了顾问理事会，大都是欧盟内大企业集团的总裁。EPC 的经费主要来自会员会费、博杜安基金会等三家战略伙伴的捐款、会务收入、项目经费等，其中 2% 来自欧盟拨款。

EPC 的研究工作主要在三个领域展开：欧盟一体化和公民义务、欧洲的政治经济、位于世界中的欧洲。

十年来，为完成其使命，EPC 每周都要举办多种活动。通过政策对话、吹风会、研讨会等多种形式，以及其网站和刊物《挑战欧洲》，EPC 对影响欧洲一体化的关键问题及时进行政策研究分析，鼓励学者、公众、不同利益集团之间进行公开、平等讨论，并将讨论结果和优秀研究成品，提交到欧盟政策制定者手中，起到了专家、民众、企业和政策制定者之间相互沟通和影响的媒介作用。欧盟委员会委员、欧洲议会议员、欧盟各机构的高层官员，以及各国的部长、国际事务著名专家等，都是 EPC 举办各种活动的常客。因此，EPC 能在一定程度上影响欧盟决策。

EPC 地址：155，RUE DE LA LOI，RESIDENCE PALACE，1040 BRUS-SELS，BELGIUM

网址：Http://www.epc.eu

三、欧洲之友

欧洲之友（Friends of Europe，以下简称 FOE）于 1999 年在布鲁塞尔成立，是研究分析讨论欧盟政策的著名智库之一。

FOE 自称无任何国籍和政治偏见，是完全独立的非营利性学术机构。FOE 自成立以来一直致力于开放性地讨论欧洲前景，为欧盟和国家政策制定者、非政府组织、企业家、媒体以及民间社会提供自由论坛。FOE 多种形式的活动均带有非正式的活泼风格，超越传统的智库模式，吸引着欧盟的领导人物、国际知名人士和媒体。

FOE 主要研究领域集中在五个方面：欧盟的机制改革、促进欧盟与其公民的沟通、欧盟的睦邻友好关系、能源与环境以及欧洲的社会挑战等。FOE 的研究成品清晰、受众易读。其以《欧洲世界》（*EUROPE'S WORLD*）为名的刊物，是同行中唯一的泛欧洲出版物，所登载的权威人士的文章，欧盟和各国领导人亦常拜读。

FOE 接受董事会的领导，董事来自不同行业中负责欧洲事务的高级别人士。该智库的经费来源主要是会费、捐助、项目课题费等。其会员数量还在不断增加，主要来自公司、贸易协会、非政府组织、外交团体、商会、研究机构、新闻媒体以及地方实体等。

FOE 地址：BIBLIOTHEQUE SOLVAY，137 RUE BELLIARD，PARC LEOPOLD，1040 BRUSSELS，BELGIUM

网址：Http://friendsofeurope.org

四、其他

研究欧盟的重要智库有些设立在欧盟的成员国内。比如，设在巴黎的欧盟安全研究所（European Union：Institute for Security Studies，网址：Http://www.iss-eu.org），又如，设在伦敦的欧洲改革中心（Center for European Reform，网址：Http://www.cep.org.uk）。在布鲁塞尔还有其他研究欧盟的智库，如布鲁塞尔欧洲和全球经济研究室（BRUEGEL，网址：Http://www.bruegel.org），致力于影响经济政策的制定。许多大学内也有专门研究欧盟的研究所。

第三章

欧盟的决策运行程序

　　欧盟的决策程序非常特殊和复杂，它是建立在一整套欧盟法律文件的基础上，并通过特定的运作机制来实施，宗旨是要建立效率、民主合法性和成员国代表性之间的平衡关系。根据所涉领域的不同，欧盟三大支柱采取不同的决策方式和程序。

第一节　两种决策程序

一、共同体决策方式和政府间合作的区别

　　《马斯特里赫特条约》规定，欧盟三大支柱采取不同的决策方式和程序。在第一支柱下，即欧洲共同体范围内，采用共同体决策方式，第二（共同外交与安全政策）、第三（共同司法与内务合作）支柱则采取政府间合作的决策方式。

　　在欧盟一体化进程中，各成员国将一部分主权让渡给欧盟机构，通过条约授予欧盟机构在一些特定领域拥有某些超国家的管辖权。这些领域构成了欧盟的第一支柱。而第二支柱、第三支柱因涉及领域敏感，目前还是成员国的主权范畴，并不存在主权让渡的情况。从整个欧盟层面来说，只能以政府间合作方式进行情况沟通和政策协调。当然，欧盟的长远目标是要建立共同外交与安全政策、共同内务与司法区，但这都还是一个漫长的过程。

　　（一）共同体决策方式的主要特征

　　共同体的决策由欧盟主要机构（欧盟委员会、欧盟理事会、欧洲议会等）按照法定程序进行，决策方式和决策结果都要受《欧洲共同体条约》（TEC）和《欧盟条约》（TEU）约束。在这种情况下，欧盟委员会独享创议权，欧盟理事会较多采取特定多数表决制进行决策，欧洲议会以建议、修正案等形式不同程度地参与决策过程，欧洲法院有权依据《欧洲共同体条约》和《欧盟条约》对共同体决策方式的程序和结果进行审理和裁决。共同体决策体现出主权让渡，其决策有法律强制约束力，可直接适用于各成员国而不必通过国内法转化。

（二）政府间合作方式的主要特征

委员会与成员国分享创议权。欧洲议会只能发挥咨询作用，其意见和决议对成员国不具法律约束力。由于不存在主权让渡，理事会必须以"协商一致"的原则进行决策，成员国有一票否决权。形成的决定不能直接适用于欧盟各成员国，必须经成员国用国内法形式转化后才能实施。欧洲法院没有管辖权，也无权裁决。由此可见，在这一决策过程中，成员国尤其是主席国发挥着主导作用，欧盟委员会等超国家机构的作用相对有限。

（三）区分两种决策机制的典型案例

例一：经货联盟属于第一支柱事务。2003 年，欧盟委员会以法、德两国财政赤字超过《稳定与增长公约》3％的红线为由要求对其罚款，两国联合其他国家在理事会上否决了委员会建议。委员会将理事会告上欧洲法院。2004 年 7 月，欧洲法院正式裁决，支持委员会建议，判决理事会决议无效。

例二：2003 年伊拉克战争前后，欧盟出于共同外交与安全政策考虑，希望以一个声音对外，但各成员国立场大相径庭，最后只能各成员国自行其是。欧盟机构未能形成统一立场。

（四）中欧关系中的两个问题

中欧关系发展过程中有两个比较典型的问题，一是欧盟给予中国完全市场经济地位问题，二是欧盟解除对华军售禁令问题。这两个问题性质完全不同，前者属于欧盟的共同贸易政策，按共同体方法进行决策，欧盟委员会意见是决策的重要基础，欧盟理事会按照多数表决制作出最终决定。后者属欧盟共同外交与安全政策范畴，成员国的意见起决定作用，要形成决定必须由所有成员国协商一致。

市场经济地位问题的决策流程：

欧盟委员会贸易总司→133 委员会→常驻代表委员会 1→常驻代表委员会 2→部长理事会

对华军售问题的决策流程：

人权小组 ┐
亚大工作组 ├──→政治安全委员会 → 常驻代表委员会 2 →
武器工作组 ┘ 外长理事会 → 首脑会议

二、共同体决策方式下的四种具体程序

在第一支柱下，根据所涉议题的不同，欧盟确立了四种不同的决策程序，分别是咨询程序、同意程序、合作程序和共同决策程序。四种决策程序的过程大体相同，即：除个别情况外（如欧洲央行享有欧元货币政策的提案权与决策权），只有欧盟委员会享有提案权。委员会（或应欧洲议会要求）提出立法动议，根据

提案涉及内容由委员会相关总司主管处室起草法案，在征求法律专家意见后由主管委员签署并提交理事会和欧洲议会。根据议题所适用的不同决策程序，由理事会单独行使，或与欧洲议会共享决策权。期间，还视情况咨询经社理事会和地区委员会意见。理事会曾经是欧盟政策的主要决策者，随着理事会与欧洲议会共同行使决策权的领域不断增加，欧洲议会在决策过程中的影响力在日益加强。

（一）咨询程序

咨询程序是共同体内最早的一种决策程序。特点是理事会决策前须征求欧洲议会意见，但最终决定不受欧洲议会意见约束。目前咨询程序的应用范围相当有限，通常在对一些非强制性文件（如理事会或委员会的意见或建议）进行表决时使用，此外还包括共同农业政策、竞争政策、税收及共同运输政策等。

咨询程序过程：委员会某一总司主管处室制定出法律草案。委员会以建议方式提交给理事会和欧洲议会，由前者向后者咨询意见。此类咨询依据不同的法律基础规定有时是必须的，有时是非强制性的。议会表达意见的形式可以是赞成、反对或修正案。若议会提出修正案，委员会自行决定是否接受。如接受，则委员会需向理事会提交修改后的新法案。最终理事会决定是否通过此法案。

（二）同意程序

由 1987 年《欧洲单一文件》引入，使欧洲议会可对理事会的一些决定表示同意或反对意见。如欧洲议会不同意，相关法律则不能通过；但欧洲议会不能对委员会法案进行修改。采用这一程序的领域有：强化合作、接纳新成员国、与第三国的基本协定、欧洲中央银行特定职能、修改欧洲央行体系章程、结构基金和融合基金、对某一成员国侵犯人权行为进行制裁等。

同意程序过程：委员会将法案提交理事会和欧洲议会。若理事会通过此法案，但欧洲议会不批准，则此法案不能最终被通过。欧洲议会只能按简单多数（即参加投票议员数半数以上，但涉及吸纳新成员国和投票程序两个问题时，需取得议员总人数的简单多数）选择批准或不批准，但不得提修正案。

（三）合作程序

由 1987 年《欧洲单一文件》引入，相较于咨询程序，该程序通过建立二读程序赋予欧洲议会更大影响力，但最终决定权仍由理事会掌握。自《阿姆斯特丹条约》生效后，目前实行合作程序的仅有经济货币联盟领域。《里斯本条约》生效后，这一程序将被弃之不用。

合作程序过程：首先由委员会将法案提交欧洲议会一读，议会表达意见后将法案移交给理事会，后者按特定多数表决后形成共同立场。在二读过程中，议会审查理事会的共同立场，可对其采取通过、修改或否决的方式。通常会产生以下几种情况：

第一种情况：议会按简单多数（在场议员人数的多数）通过共同立场或在限定时间内未发表意见，理事会则按共同立场颁布法律。

第二种情况：议会经绝对多数否决了共同立场。在此情况下，委员会决定是否撤回法案。若委员会决定坚持其法案，理事会经一致同意后仍可按共同立场颁布法律。

第三种情况：议会经绝对多数修改了共同立场，委员会将有1个月时间来考虑议会的修正案。

● 如委员会对法案进行修改，理事会可以有效多数方式通过法案，或以一致同意方式对其修改。

● 如委员会拒绝接受议会修正案，理事会须经一致同意决定是否通过法案。若理事会在限期内未作出决定，则该法案流产。

（四）共同决策程序

由1993年《马斯特里赫特条约》引入，是对合作程序的发展。2001年《阿姆斯特丹条约》进一步扩大了其适用范围。特点是理事会和欧洲议会共享决策权，可能出现三读情况，在这种情况下将成立协商委员会寻求解决。目前共同决策程序适用于内部市场建设（如四大流通）、地区基金、科研、卫生、反走私、偷税漏税及营私舞弊、职业培训等35个领域。《里斯本条约》通过后，共同决策程序将成为欧盟第一支柱下使用范围最广的决策程序，适用领域增加至80多个。伴随着共同决策程序，理事会内部通常采用特定多数表决制。

共同决策程序过程：一读时首先由委员会将法案提交给欧洲议会，欧洲议会表达意见后将法案移交给理事会。如议会没有修改意见，或理事会赞成议会修正案，则理事会可经绝对多数通过法案，以理事会和议会的名义共同颁布法律。

如理事会不赞成议会修正案，则理事会形成一份共同立场。共同立场将再次回到欧洲议会，经历议会二读。二读限时3个月，经理事会同意可延长1个月。议会二读后可能出现以下几种情况：

第一种情况：议会按简单多数（在场议员人数的多数）通过共同立场或在限定时间内未发表意见，则理事会和议会按共同立场共同批准颁布法律。

第二种情况：议会经绝对多数否决了共同立场，在此情况下该法案将不能被通过。

第三种情况：议会经绝对多数修改了共同立场，委员会将有1个月时间来考虑议会修正案，然后，委员会提出一个关于议会修正案的意见递交理事会。

● 如理事会经有效多数通过议会修正案，则理事会将与议会共同颁布此法律。

● 如理事会不同意议会修正案，则理事会与议会各派出相同人数的代表组成协调委员会，委员会也派代表参与讨论。协调委员会有 6 周时间来形成一个共同法案。若协调委员会形成共同法案，则此法案必须在 6 周内经理事会有效多数及议会绝对多数同意，理事会与议会才能最终共同批准颁布此法律，否则法案不能被通过，委员会的一切工作必须从头重来。

三、政府间合作的基本表现形式

当欧盟就第二（共同外交与安全政策）、第三（共同司法与内务合作）支柱内的问题进行决策时，采用的是政府间的合作方式。

具体到第二支柱，欧盟的共同外交与安全政策总体指导方针是由欧盟首脑会议制定的。首脑会议按照"协商一致"原则制定"共同战略"。欧盟外长理事会负责具体落实和实施，按"协商一致"原则作出相关决定，主要有两种形式，一是共同立场，通常用来表明欧盟对某一特定地区或专门问题上的态度；二是共同行动，通常涉及欧盟拟采取的制裁措施或对第三国选举派出观察员等行动。

具体到第三支柱下，欧盟的目标是通过强化在警务和刑事领域的司法合作，建立共同自由、安全和司法区。欧盟司法和内政部长理事会是主要决策机构，通过的决定通常有以下两种形式：一是框架决定，用于协调成员国间的法律、法规，通常由委员会或某一成员国提出动议，理事会以一致通过方式作出裁决。二是决定，用于协调成员国法律法规之外的其他警务和司法合作目标，理事会以特定多数方式表决通过。框架决定和决定都不直接适用于成员国，通常只规定最终要达成的结果和目标，具体落实需由各成员国通过制定国内法予以实施。

四、需要提及的决策链上的几个重要环节

（一）常驻代表委员会

《欧洲共同体条约》规定，"一个由成员国常驻代表组成的委员会负责准备理事会的工作，同时负责完成理事会交办的任务"。常驻代表委员会（COREPER）在欧盟决策过程中发挥着重要作用。不仅是成员国代表对话的平台，同时也对专家组工作提供政治上的指导和监督。

常驻代表委员会最主要的职责是在理事会召开前，就即将审议批准的议题预先进行讨论，协商彼此立场。如果所有成员国就某个议题在常驻代表委员会范围内达成一致意见，那么该议题就被列入理事会"议程 A"，在理事会上直接通过。如常驻代表委员会无法就某些议题达成一致，则列入理事会"议程 B"，理事会期间将进行讨论，并进行表决。在实际操作中，理事会很少对存在分歧的"议程 B"中的议题进行表决。一般情况下，部长们经过讨论协商后拿出一个总体的原则性解决方案，之后将议题退回常驻代表委员会继续谈判，力争在常驻代表委员

会层面最终达成一致，再列入以后的"议程 A"，以便在理事会顺利批准通过。

常驻代表委员会有两个组成形式：（1）由各成员国驻欧盟代表团的副团长（大使衔）及欧盟委员会代表组成，负责处理技术性事务；（2）由各成员国驻欧盟代表团的团长（大使衔）及欧盟委员会代表组成，负责处理政治、贸易、经济及涉及欧盟机制的事务。

（二）各类委员会和专家组

在欧盟决策过程中产生影响的还有各种各样的委员会和专家组，它们有的是由各成员国代表组成，代表的是成员国利益，有的是代表各社会团体的利益。它们参与了欧盟的法案起草、审议、批准和实施的整个决策过程，是欧盟决策机制的庞大基础。这些委员会、专家组参与欧盟决策的机制被称作"委员会制度"（comitologie）。其中比较重要的有负责欧盟共同贸易政策的 133 委员会等。需要指出的是，133 委员会和常驻代表委员会都是理事会的工作机构。虽然 133 委员会通过的内容在形式上要经过常驻代表委员会，但两者间没有上下级的关系，彼此独立。

第二节　三种表决机制

欧盟理事会在充分讨论的基础上，以投票表决的方式进行决策。根据所涉领域不同，欧盟一系列条约中具体规定了"协商一致"、"简单多数"和"特定多数"三种表决方式。一般来说，成员国决策权让渡越多的领域程序就越简单，成员国政府保留主权越多的领域则更多地采取协商一致原则。

一、"协商一致"表决制

这种表决方式要求各成员国代表对所讨论问题一致赞同才能通过。只要有一个成员国持反对态度，决议就不能通过，因此也叫做"一票否决制"。自《欧洲单一文件》生效后，在欧盟的第一支柱下采取"协商一致"原则决策的领域逐渐减少。但目前第二、第三支柱仍主要采取政府间合作的决策方式，尽管《尼斯条约》将特定多数表决制引入个别领域，但"协商一致"仍是最主要的表决方式。

实行"协商一致"表决制的领域主要有：涉及修改基础条约及外交安全、内政司法、税收、宪法事务、社会保障机制、能源、文化等敏感领域。由于所有成员国都有一票否决权，而各成员国利益多元协调困难，因此这种表决制的适用领域决策效率通常比较低下。随着欧盟不断扩大，成员国利益冲突的几率更高，如对"协商一致"表决制的适用范围不加以限制，欧盟决策将会经常陷于瘫痪。因此欧盟委员会前主席普罗迪曾将这一表决机制比作"欧洲的手铐"。各成员国也普遍认为改革这一表决制势在必行。但因涉及主权让渡，各国在具体讨论哪些领域应取消"一票否决制"时总是争吵不休难以达成一致意见。

《里斯本条约》决定进一步减少"协商一致"的适用领域，保留领域将包括税收、社会保障、外交、国防和司法等60多个。此外，条约还规定了一个"通道"机制，为某些领域由"协商一致"表决制改用"特定多数"表决制创造了可能。如《里斯本条约》能够顺利获得批准并实施，欧盟的决策效率和行动能力将进一步提高。

二、"简单多数"表决制

这种表决方式主要限于对少数程序性问题及某些共同商业政策问题的决策（如反津贴和反倾销税）。在这种情况下，每个成员国平等拥有一票，只要赞同票超过半数就可以通过决定。

三、"特定多数"表决制

也叫"有效多数表决制"。依据这一机制，欧盟内每个成员国拥有不同的加权票数（见表3—1）。要通过一项决定或法案，必须赞同票达到特定的比例。但为照顾到小国的代表性，避免出现欧盟事务完全由大国主宰的局面，虽然人口是计算各成员国加权票数的基础依据，但最终分配方案并非绝对按人口比例确定。

欧盟理事会内实行"特定多数"表决制由来已久。《欧洲单一文件》、《马斯特里赫特条约》、《阿姆斯特丹条约》都进一步扩大了其适用范围。随着欧盟成员国的不断增加，"特定多数"表决制的计算方法也经历了多次调整。目前在欧盟内涉及内部市场、某些教育事务、环境、消费者事务、地区基金等问题一般都采用"特定多数"表决机制。《里斯本条约》将使用"特定多数"表决制的领域扩大到除税收政策、社会安全、移民、知识产权、服务贸易等的45个新领域。随着"特定多数"表决制逐渐取代一票否决制，欧盟内部的决策效率将不断得以提高。

（一）目前正在使用的"特定多数"表决制

欧盟扩大至27国后的"特定多数"表决制是由《尼斯条约》确定的。条约规定了部长理事会中各成员国拥有的加权票数。要通过一项法案，赞成票最低需达到总票数345票中的255票。此外，任何一个成员国可以要求复核上述多数至少占欧盟总人口的62％，否则决议不能通过。如对一项决议的反对票超过91票，决议亦不能通过。

表 3—1　　　　　　　　　　欧盟成员国加权票数

	2004 年 4 月 30 日	2004 年 11 月 1 日	2007 年 1 月 1 日
德国	10	29	29
法国	10	29	29
意大利	10	29	29
英国	10	29	29
西班牙	8	27	27
波兰		27	27
罗马尼亚			14
荷兰	5	13	13
比利时	5	12	12
希腊	5	12	12
匈牙利		12	12
捷克		12	12
葡萄牙	5	12	12
奥地利	4	10	10
保加利亚			10
瑞典	4	10	10
丹麦	3	7	7
芬兰	3	7	7
爱尔兰	3	7	7
立陶宛		7	7
斯洛伐克		7	7
塞浦路斯		4	4
爱沙尼亚		4	4
拉脱维亚		4	4
卢森堡	2	4	4
斯洛文尼亚		4	4
马耳他		3	3
总数	87	321	345

（二）《里斯本条约》确定的"特定多数"表决制

为进一步简化欧盟内部的决策过程，《里斯本条约》确定了新的"特定多数"表决制计算方法。这是一种双重多数表决制，即自 2014 年起，欧盟理事会通过一项决议至少需获得 55% 成员国（现有 27 国中的 15 国）及总人口 65% 支持。此外，为避免出现人口多的少数国家阻碍决议通过的情况，条约还规定"阻碍集团"至少要有 4 个国家，否则即便未达到"特定多数"所要求的人口条件也可视作决议通过。新的表决制将自 2014 年 11 月 1 日起实行，2014 年 11 月 1 日至2017 年 3 月 31 日为过渡期，期间如任何一个成员国提出要求，可改用《尼斯条约》确定的现有表决计算方式。自 2017 年 4 月 1 日后新的"特定多数"表决制将全面实行。

欧盟反倾销决策机制

2007 年 1 月 1 日，欧盟成员国由 25 个扩大到 27 个，27 个成员国实施共同贸易政策，对外采取统一的反倾销措施。

一、欧盟反倾销表决机制

欧盟理事会在作出一项反倾销决定时必须遵循相应的表决机制。在反倾销中，欧盟理事会主要采用简单多数和加权多数两种表决机制。加权多数仅适用于理事会改变欧盟委员会临时措施、改变欧盟委员会接受承诺的决定、改变欧盟委员会终止反倾销调查的决定共三种情形，但实践中几乎没有发生过。因此，简单多数是反倾销表决机制中最常用的方式。

简单多数表决机制是建立在一国一票的基础上，即欧盟大国如德国和小国如马耳他一样，都只有一票的表决权。2004 年 3 月 8 日，欧盟理事会第 461/2004 号规则对第 384/96 号规则进行了修正，反倾销表决机制发生了根本性变化。根据原规则，对于欧盟委员会提交的反倾销最终措施、各类复审、反规避调查、反吸收调查的建议案，应以欧盟理事会简单多数同意后才能通过，否则即被视为没有被通过从而自动终止反倾销调查。也就是说，只有在 15 个成员国中有 8 个成员国投赞成票的情况下，欧盟委员会的建议案才能获得通过。但根据修正后的规则，只要欧盟 27 个成员国中没有过半数即 14 个成员国明确反对欧盟委员会建议案，建议案即获通过（习惯上称此为反向简单多数，弃权票由原来计为反对票转为计成赞成票）。另外，原法规规定，欧盟委员会上述反倾销/反补贴措施相关提案如在 3 个月之内未获理事会同意，则被视为废止。新法规则明确规定，理事会在 1 个月之内未能以简单多数否决欧盟委员会提案，则该项提案视为已被通过。

由于欧盟反倾销表决机制在绝大多数情况下采取"反向简单多数"的表决方式，在一个具体案件中要争取 14 个成员国明确反对欧盟委员会采取反倾销措施建议案的难度大大增加。目前，连欧盟内部都对"反向简单多数"的表决机制产生了怀疑，瑞典、荷兰等成员国已强烈要求对该表决机制进行修改。

二、欧盟委员会在欧盟反倾销决策中的作用

根据《欧洲共同体条约》规定，欧盟委员会负责共同贸易政策的制定和实施。反倾销作为欧盟共同贸易政策的重要组成部分，欧盟委员会理所当然地在其中扮演着"前台主角"作用。具体表现在，欧盟委员会负责立案、调查（包括原

始调查和复审调查，其中复审调查又可以分为临时复审、日落复审、新出口商复审、退税、反规避、反吸收以及部分临时复审等）、决定终止调查、接受承诺、采取临时反倾销措施、提交采取最终反倾销措施并最终征收临时反倾销税的建议案等。

从法律规定上看，欧盟委员会的权限覆盖了从立案到最终采取反倾销措施之前的所有阶段，仅仅把最终采取反倾销措施的决定权交给了部长理事会。

三、成员国在欧盟反倾销中的作用

尽管欧盟委员会在反倾销中发挥着"前台主角"作用，但成员国利益的综合协调是欧盟委员会工作的指针。从反倾销立案之前一直到欧盟委员会向部长理事会提交最终措施建议案，成员国可通过反倾销咨询委员会、常驻代表委员会、133委员会等机制对欧盟委员会施加影响。

可以说，从立案前到最终采取反倾销措施的整个过程中，成员国都发挥着极其重要的"幕后指挥"作用。在实践中，成员国海关负责具体执行反倾销措施。成员国的影子对欧盟委员会无时不在。

（一）反倾销咨询委员会

成员国在反倾销调查的各个阶段有权过问和监督反倾销事务。欧盟反倾销基本条例为此专门规定设立咨询委员会磋商机制，即反倾销咨询委员会。

反倾销咨询委员会由欧盟委员会和每个成员国的各一名代表组成，由欧盟委员会代表担任主席。应成员国的要求或欧盟委员会的提议，咨询委员会即可召开会议。在任何情况下，磋商均应在反倾销基本条例规定的所允时限内举行。

根据欧盟反倾销基本条例的规定，需要成员国进行磋商的情形多达14种，几乎涵盖了反倾销调查的全部范围。

反倾销咨询委员会的磋商是欧盟反倾销基本条例中的一项强制性要求。某些决定必须在咨询委员会代表没有异议的情况下作出。条例明确规定，欧盟委员会的某些建议必须考虑咨询委员会代表的意见。虽然咨询委员会的磋商结果未必是强制性的，但享有最终决定权的机构是由成员国部长组成的欧盟理事会。在实践中，欧盟委员会不可能不审慎考虑由成员国代表组成的咨询委员会的意见。

（二）常驻代表委员会

每个成员国都在欧盟总部布鲁塞尔设有常驻代表团，由27个成员国常驻代表团团长组成的定期会议决策机制即为"常驻代表委员会"（COREPER）。COREPER不是真正意义上的决策机构，但它要对理事会即将研究批准的议题进行预讨论和协商，以沟通彼此的立场。如果27个成员国团长就某个议题达成一致意见，则该议题就被列入理事会"议程A"，理事会无须讨论就直接表决。如果COREPER无法就某一议题达成一致，则列入理事会"议程B"，理事会需要进行讨论，然后再进行表决；或部长们经过协商后拿出一个解决框架，再交给 COREPER 继续谈判、细化、协商，以便最终达成一致，交理事会批准通过。但在实践中，理事会很少对存在分歧的"议程 B"中的议题进行表决，而是经过讨论后拿出一个原则性的解决方案，再交由 COREPER 继续细化并沟通落实，力争在 COREPER 达成一致，列入"议程 A"。由此可见，COREPER 是成员国沟通和协商的重要场合，成员国的意见和利益在这里将得到最大限度的沟通和妥协。

例如，欧盟委员会强行将皮鞋反倾销建议案提交部长理事会后，COREPER 两次将建议案否决，使欧盟委员会颜面尽失。欧盟委员会被迫按照 COREPER 意见修改建议案，并在积极做成员国工作之后，使该建议案最终在成员国达成政治妥协的情况下以一票优势获得通过。本案重创后，欧盟委员会越来越重视成员国的意见，在提出建议案前较注意充分听取成员国意见，以确保在理事会顺利过关。

（三）133 委员会

除 COREPER 之外，133 委员会在欧盟共同贸易政策的决策中也扮演着不可替代的角色。133 委员会为欧盟理事会的一个下设机构，监督并协助欧盟委员会实行其专属权力范围内的欧盟共同贸易政策内容如反倾销等。133 委员会可以就涉及欧盟共同贸易政策的所有事务向欧盟委员会和部长理事会提供咨询意见，并参与政策制定。欧盟委员会在共同贸易政策方面只有倡议权，但批准权在理事会。所以，欧盟委员会在推出一项提案（包括重大反倾销建议案）之前，往往会通过 133 委员会先试探成员国的态度。其间，成员国会加入自己的意见，在欧盟委员会贸易政策的拟定阶段就施加影响、发挥作用。

在理事会决策程序中，涉及贸易的问题通常要先经过 133 委员会。如果 133 委员会内部达成一致，在理事会讨论时，就列入"议程 A"，无须讨论就可通过。由于 133 委员会成员均为各成员国的资深贸易官员，部长们一般不会对他们的意见提出异议，除非此问题有很强的政治敏感性。

综上所述，即使在欧盟独享管辖权的反倾销领域，其最终决策权也掌握在成员国手里。成员国在欧盟立法、法律批准、法律实施的各个层面，通过反倾销咨询委员会、133 委员会，到表达政治意愿的常驻代表委员会乃至理事会，都在尽力实现本国的意志。

第四章

欧盟经济与贸易

第一节　欧盟共同贸易政策

一、概述

欧盟共同贸易政策（Common Commercial Policy，CCP）是规范欧盟成员国统一执行的、针对第三国的贸易政策、共同海关税则和法律体系。最初其内容仅涉及关税税率的改变、关税和贸易协定的缔结，进出口政策在《阿姆斯特丹条约》之前只包括货物贸易，《阿姆斯特丹条约》将其覆盖范围扩展到大部分服务贸易，《尼斯条约》又将其扩及所有服务贸易和与贸易相关的知识产权。共同贸易政策还包括为应对倾销和补贴等采取的贸易救济措施。

按照《欧洲联盟条约》第 3 条规定，共同贸易政策为欧盟独享管辖权，理事会拥有最终决策权，具体由其总务和外长理事会管辖。《尼斯条约》规定，自2005 年 1 月 1 日起，欧盟涉及共同贸易政策的决策方式由过去的协商一致改为特定多数决策。唯一例外的是，在欧盟对第三国采取反倾销或反补贴最终措施时，欧盟部长理事会实行简单多数表决机制。

在共同贸易政策的决策中，133 委员会作为理事会的一个机构，可以就涉及共同贸易政策的所有事务向欧盟委员会和部长理事会提供咨询意见；监督并协助欧盟委员会实行其独享管辖权的共同贸易政策，包括所有的对外贸易与关税谈判；参与制定欧盟共同贸易政策，有立法建议权。欧盟共同贸易政策决策链中的另一个重要环节是成员国常驻代表委员会，按照《欧洲共同体条约》第 207 条规定，其负责准备部长理事会的工作，同时负责完成部长理事会交办的任务。

二、进出口管理法规

（一）进口管理法规

欧盟进口管理法规为 1994 年制定的《关于对进口实施共同规则的（EC）

3285/94 号法规》以及《关于对某些第三国实施共同进口规则的（EC）519/94 号法规》。后者适用于欧盟定义的"国有贸易国家"。

鉴于纺织品和农产品在多边贸易框架中的特殊安排，欧盟分别制定了纺织品和农产品的进口管理法规。适用于纺织品的进口贸易立法主要包括《关于对某些纺织品进口实施共同规则的（EC）3030/93 号法规》和《关于对某些第三国纺织品实施共同进口规则的（EC）517/94 号法规》，后者随着 2005 年 1 月 1 日世界纺织品贸易实现一体化而终止。农产品进口贸易立法主要包括《关于实施乌拉圭回合农业协议所需采取措施的（EC）974/95 号法规》、《关于农产品共同关税术语调整程序的（EEC）234/79 号法规》、《关于某些农产品加工产品的贸易安排的（EC）3448/93 号法规》等。

欧盟进口许可制度主要包括监控、配额、保障措施三类。此外，欧盟还将各种技术标准、卫生和植物卫生标准作为进口管理手段。目前，欧盟采取进口监控措施的产品包括来自第三国的部分钢铁产品、部分农产品、来自中国的纺织品。

（二）出口管理法规

欧盟鼓励出口，一般产品均可自由出口，仅对少数产品实施出口管理措施。出口管理法规主要包括《关于实施共同出口规则的（EEC）2603/69 号法规》、《关于文化产品出口的（EEC）3911/92 号法规》、《关于危险化学品进出口的（EEC）2455/92 号法规》、《关于出口信贷保险、信贷担保和融资信贷的咨询与信息程序的（EEC）2455/92 号决定》、《关于在官方支持的出口信贷领域适用项目融资框架协议原则的（EC）77/2001 号决定》、《关于设定农产品出口退税术语的（EC）3846/87 号法规》以及《关于建立两用产品及技术出口控制体系的（EC）1183/2007 号法规》等。

根据欧盟出口管理法规，当短缺物资、敏感技术、初级产品出口将导致共同体产业损害时，成员国须马上通报欧盟委员会及其他成员国。欧盟委员会和成员国代表组成咨询委员会启动磋商，采取出口数量限制等措施减小损害。保护措施可针对某些第三国或针对某些欧盟成员国的出口。原则上讲，此类措施应由理事会以有效多数作出，欧盟委员会在紧急情况下也可直接采取措施。欧盟法规还规定，出于公共道德、公共政策、人类和动植物健康保护、国家文化遗产等需要，或为防止某些重要产品供应出现严重短缺，欧盟委员会和成员国政府有权对出口产品实行限制。

欧盟出口贸易限制政策属于欧盟共同外交与安全政策的一部分，如欧盟对我的武器出口禁令。此外，欧盟还对两用产品和技术实行出口管制。欧盟理事会第1183/2007 号法规附有一份禁止出口长单，并详细规定了共同体出口授权体系、信息交换条例、成员国间磋商等内容。

三、贸易救济措施

欧盟实施的贸易救济措施主要有反倾销、反补贴、保障措施、针对中国的特殊保障措施和纺织品特殊限制措施等。

（一）反倾销

欧盟反倾销的法律依据是欧盟理事会 384/96 号基本条例。根据该基本条例，欧盟采取反倾销措施必须符合四个条件：倾销、损害、因果关系及反倾销措施符合欧盟利益。欧盟委员会负责对申诉材料的核实和评估、采取临时征税措施等，但最终征税决定必须由理事会作出。

欧盟反倾销调查一般包括以下程序：

1. 申诉

任何自然人或法人，或不具备法人资格的团体，只要代表欧盟产业（代表欧盟该类申诉产品总产量至少 25%），就可以向欧盟委员会（或成员国政府）提交书面申诉。如果申诉书符合表面证据，欧盟委员会即可在收到申诉材料 45 天内启动反倾销程序。

2. 立案调查

欧盟委员会贸易总司贸易救济司负责反倾销调查。从《欧盟官方公报》发布启动调查公告起，中国企业可以在 10 日之内就公告中的替代国选择发表意见，15～21 日之内提交市场经济地位（或分别裁决）问卷，向欧盟委员会提交详细反倾销问卷（大问卷）的期限则根据案件具体情况确定，40 日之内提交其关于欧盟产业损害的意见。如果反倾销案件中应诉企业数量众多，欧盟委员会可要求进行抽样，以确定计算倾销的代表性企业。希望被抽样的企业必须在立案公告 10 日之内提交产量、国内价格和出口价格等详细信息。

3. 实地核查

欧盟委员会在立案之后 3 个月之内确定获得市场经济地位的企业名单。实际上，这一时限通常难以满足，立案公告发布之后 3～4 个月内，欧盟委员会还将对初步获得市场经济地位的企业进行实地核查，以确保企业提交的信息真实可信。

4. 采取反倾销措施

反倾销案件调查应当在立案之后 15 个月内完成，在立案调查最初 9 个月之内可征收临时反倾销税。欧盟委员会也可能经过调查以无税结案，或由理事会决定征收最终反倾销税，或以接受出口企业的价格承诺结案。最终反倾销税的确定依据是倾销幅度或损害幅度，以低者为准。反倾销征税期限一般为终裁实施之后的 5 年，其间可经过临时复审进行税率调整。到期时如有利益团体提出复审请求，将进行日落复审。若证明倾销依然存在，则该项措施一般将延长 5 年。

5. 司法审查和上诉至世界贸易组织（WTO）争端解决机制

出口企业可以就最终反倾销税裁决向欧洲初审法院提出上诉，还可以就裁决过程中存在的法律问题向欧洲法院提出上诉。第三国政府还可以就欧盟在案件处理过程中违反 WTO 反倾销协定向世贸组织提起争端解决。

欧盟对华反倾销中存在的最大问题是市场经济地位问题。欧盟反倾销基本条例将过去的国营贸易国家列为非市场经济国家，另一些国家则为转型经济国家。对非市场经济国家采取反倾销措施，在实地核查时不是采用该出口国的价格，而是采用所谓的"替代国"的价格来确定是否构成了倾销。在征收反倾销税时，采用"一国一税制"的原则，即该案所有出口企业都采用统一的反倾销税。对转型经济国家的出口企业，欧盟允许其申请市场经济地位，但制定了苛刻的"五条标准"。申请市场经济地位的企业必须达到所有五条标准要求，才能获得市场经济地位。欧盟的五条标准为：

第一，公司在价格和成本，包括投入、人工、产出、投资上的决策是依据反映供求关系的市场信号作出的。

第二，公司具有一套清晰的依照国际财务标准、运用所有目的并经由审计的基本财务记录。

第三，公司生产成本和资金状况没有因转制造成极大的扭曲，尤其是资产折旧、冲销、易货贸易、债务偿还等问题。

第四，涉案公司受保障企业经营确定性和稳定性的破产法和财产法管辖。

第五，货币兑换率按照市场牌价进行。

欧盟反倾销基本条例还规定，转型经济国家的企业还可申请分别待遇，即以获得分别待遇的企业本身的出口价格确定倾销幅度。企业要申请欧盟分别待遇，也必须符合下列五条标准：

第一，企业的资金和利润能够自由汇出（适用于外资企业或者合营企业）。

第二，出口价格和数量、销售条件和条款能由企业自行决定。

第三，企业的多数股份由私人持有，董事会或者关键管理职位上的政府官员明显为少数，或者能够证明该企业在政府干预方面具有足够的独立性。

第四，外汇兑换按市场汇率进行。

第五，如企业获分别待遇，则政府的干预不会导致（通过该企业）规避反倾销措施。

欧盟反倾销基本条例中的市场经济地位条款构成了对非市场经济国家或转型经济国家企业的严重歧视。为争取在欧盟市场的公平竞争权利，中国政府已要求欧盟承认完全市场经济地位，欧盟委员会评估工作正在进行之中。

第四章
欧盟经济与贸易

2002 年，欧盟给予俄罗斯完全市场经济地位的同时，对 384/96 号反倾销基本条例进行了修改，其中加入了"特殊市场状况"的条款。根据该条款，获得欧盟市场经济地位的国家，如其出口企业存在人为低价、重大易货贸易及非商业性加工安排等现象，则该企业将被剥夺反倾销调查中的市场经济待遇。这一修改的实质是将过去针对"转型经济国家"的五条标准变相延伸到所有第三国，为欧盟继续利用反倾销措施限制第三国进口提供了法律依据。

（二）反补贴

欧盟反补贴基本条例为理事会 2026/97 号基本条例。除了补贴定义和补贴计算自成一体外，反补贴基本条例其他方面与反倾销基本条例基本相同，尤其是在损害确定、欧盟产业定义、立案程序、征收临时反补贴税和最终反补贴税、结案程序等方面。

欧盟反补贴措施的实施前提是：

第一，补贴的专向性。必须是一种出口补贴，或专门针对一家企业、一个行业或一组企业。

第二，对欧盟产业的实质性损害。进口产品已经导致或威胁损害欧盟产业，如市场份额减少、价格下降，造成生产、销售、生产效率和就业的压力等。

第三，欧盟利益。采取反补贴措施对欧盟来说利大于弊。

根据 WTO 定义，补贴可以分为以下三种：

● 禁止性补贴：对出口的补贴和以进口替代为目的的补贴。这两种补贴的存在，本身就是非法的，而无须证明其实施对其他 WTO 成员造成的不利影响。

● 可诉性补贴：如果某些补贴的实行对其他 WTO 成员内部产业造成损害，或者阻碍、损害其作为 WTO 成员的权益，或者造成对其利益的严重歧视，则该成员可以针对该种补贴采取行动。

● 不可诉性补贴：这一类的补贴被认为具有对整体有利的作用从而是不可诉的。比如政府对贫困落后地区的发展援助、对于教育的补贴等。

欧盟对第三国产品实施反补贴措施主要为禁止性补贴和部分可诉性补贴。

（三）保障措施

欧盟统一市场建立之后，根据《关贸总协定》制定了一系列共同贸易政策，其中《关于对进口实施共同规则的（EC）3285/94 号法规》及《关于对某些第三国实施共同进口规则的（EC）519/94 号法规》涉及保障措施条款。前者针对 WTO 成员，后者则针对非 WTO 成员，主要是原"国营贸易国家"。过去中国向欧盟出口的产品（纺织品除外）在 2003 年 3 月以前一直受到此法规的管辖。2003 年欧盟通过制定 427/2003 号法规，将中国从其 519/94 法规的附录中删除。目前中国向欧盟出口产品受到欧盟 3285/94 号法规（一般保障措施）和 427/2003

号法规（特殊保障措施）的双重管理。

总体而言，欧盟对来自WTO成员的进口采取三种保障措施，一是依据《WTO保障措施协定》，二是依据《WTO农业协定》第5条"特殊保障条款"（SSG），三是针对中国的特保措施和纺织品特限措施。

与反倾销和反补贴前提不同，保障措施针对的是来自第三国的公平贸易竞争。即某种产品大量进入欧盟市场，对欧盟生产者造成严重损害，或具有造成严重损害的威胁。

欧盟3285/94号法规对严重损害、严重损害威胁、磋商程序、调查程序（包括启动调查和从出口国和利益团体中收集信息）、保障措施的实施方式等作了详细规定。

保障措施分为临时措施和最终措施两类，前者实施期限不得超过200日，通常通过提高关税方式以控制贸易流量；后者采用数量限制，最多为期4年，其间根据市场发展采取逐渐自由化，也可经过复审再延长4年。如果一项保障措施调查以实施配额结案，则应当考虑传统进口规模、当前存在的合同出口数量和方式等因素。一般来说，保障措施下的配额量不应低于保障措施实施之前三个连续年度的平均年进口量，对有重大利益的出口国可以采用国别配额分配。

为避免"双重保护"，欧盟保障措施对正在实施反倾销或反补贴措施的产品采取特别措施，即在实施保障措施期间修改、中止、撤销反倾销或反补贴措施，也可对上述产品豁免保障措施。

（四）针对中国的特殊保障措施

中国加入WTO时签署的《中国加入WTO议定书》第16条规定：其他WTO成员可以依据此条在2013年12月11日之前针对中国产品实行"特定产品过渡性保障措施"（简称"特保措施"）。

根据此条，2002年6月，欧盟委员会向欧盟理事会提交了将此特保机制引入欧盟法规体系的法案。2003年3月8日，欧盟在《欧盟官方公报》上公布了欧盟部长理事会第427/2003号法规，修改了关于欧盟从某些第三国进口规则的欧盟理事会第519/94号法规，正式把此特保机制纳入欧盟法规。427/2003号法规即为针对中国的特保法规。

427/2003号法规规定，当欧盟一成员国政府指控中国某产品在欧盟市场数量增长或达到某种状况，从而导致或预示将导致市场扰乱，或由于某一WTO成员采取对中国产品特保措施引起中国产品出现贸易转移时，欧盟委员会将启动针对中国的特保调查。与欧盟一般保障措施法规（3285/94）相比，特保法规具有如下特点：

第一，启动门槛低，以"市场扰乱"（实质损害）而不是"严重损害"作为启动调查的依据。

第二，增加了新的内容："启动调查"条款新增"贸易转移"内容，以更容易启动调查。

第三，没有明确终裁措施期限，同时增加了人为的不确定因素。

根据《中国加入 WTO 议定书》规定，上述特保措施使用期限最迟不得超过 2013 年 12 月 11 日。

1. 立案

启动调查是特保措施立案的标志。首先，成员国应向欧盟委员会通报需采取特保措施或防止贸易转移措施的进口趋势情况，随后欧盟委员会（或应成员国申请）启动咨询委员会内部磋商程序。若欧盟委员会认为已有充分证据表明应该启动调查，必须向中方通报欧盟将启动调查。此通报可附带与中方磋商的邀请。若欧盟委员会提出了与中方磋商的邀请但磋商没有成果，或欧盟委员会根本未提出磋商邀请，欧盟委员会（或应成员国申请）将启动特保或防止贸易转移措施的调查，并同时必须在《欧盟官方公报》上公布立案通知。立案通知应宣布启动特保调查、调查范围、涉案产品及欧盟委员会已掌握信息的概要，并规定有关利益方介绍自己、书面发表意见、提供信息及申请听证的时限。

2. 调查

有关利益方可以在调查阶段发表意见、提供信息及申请听证，并可申请查阅欧盟委员会获得的信息（内部文件除外）。应请求，欧盟委员会也可组织立场相反的有关利益方的辩论会。一项特保措施调查应当在 9 个月内结束，特殊情况下最多可延长 2 个月（即最长为 11 个月）。欧盟委员会在调查期内若认为无须采取特保或防止贸易转移措施，在与咨询委员会磋商后，可决定终止调查。

3. 临时保障措施

经调查，若（1）欧盟委员会初步调查证实进口的增加导致市场扰乱或者市场扰乱威胁；（2）情况紧急下，延缓采取措施将导致难以弥补的损失；（3）欧盟利益要求立即采取行动，则欧盟委员会应当或经商成员国或在极端紧急的情况下通知成员国后（但通报后 10 日之内仍需启动与成员国的磋商）采取临时特保措施，形式为提高该产品的进口关税或（和）设立数量限制。临保措施期不得超过 200 日。欧盟委员会应把有关临保措施的决定通报给欧盟理事会，欧盟理事会在收到通报的 3 个月内可通过有效多数撤销欧盟委员会的决定。若最终证明采取临保的条件并未满足，撤销了临保措施，临保期多征的关税应该尽快退回。

4. 最终特保或贸易转移措施

若调查结果证明实施特保或防止贸易转移措施的条件满足，并且符合欧盟利益，欧盟委员会必须邀请与中国进行磋商，以期寻找双方都满意的解决方案。若中方收到磋商邀请后的 60 日内，双方未达成满意的解决方案，欧盟委员会将采取最终特保措施或防止贸易转移措施，形式为提高该产品的进口关税或（和）设立数量限制。欧盟委员会应把是否采取特保或防止贸易转移措施的决定通报给部长理事会和所有成员国。若任一成员国对此决定不满，可在收到欧盟委员会通报后一个月之内把此决定提交到欧盟部长理事会。欧盟理事会通过有效多数制可肯定、修改或撤销欧盟委员会的决定。若欧盟理事会 3 个月内没有作出决定，则欧盟委员会的决定被视为撤销。

5. 实施期限

特保或防止贸易转移措施通常不应超过 4 年（含临保措施实施期）。如果符合特定的条件和程序，特保或防止贸易转移措施实施期还可延长，理论上可延长至 2013 年 12 月 11 日。延长后的措施不得严于第一次措施实施期末的限制水平。在实施期中，欧盟委员会（或应成员国申请）可召集咨询委员会会议对正在实施的措施进行审议，以确定措施实施是否必要。

（五）针对中国的纺织品特别限制措施

根据《中国加入 WTO 工作组报告书》第 242 段关于针对中国纺织品特殊限制的内容，2003 年 1 月 28 日，欧盟理事会公布第 138/2003 号法规，对理事会第 3030/93 号法规作出相应的修改，在原法规正文增设第 10a 条，专门规定"适用于中国的特殊保障措施条款"，包括双边磋商及可能采取的具体进口限制措施等内容。这就是欧盟对中国纺织品的特保法规。为便于与前面所述的特保措施区别，该法规又被称为"纺织品特限法规"，针对中国纺织品的特保措施也被称为"纺织品特限措施"。

《纺织品特限法规》规定："若欧盟进口的源于中国且在《WTO 纺织品服装协议》（ATC）涵盖下的纺织品和服装，由于扰乱市场，对此类产品贸易的有序发展产生了阻碍威胁时，可以在 2008 年 12 月 31 日之前对此类进口适用特殊保障措施。"与欧盟针对中国的特保法规（427/2003 号法规）比较，可以看出两者同为专门针对中国的特保法规，同为保护欧盟产业，但后者只针对《WTO 纺织品服装协议》下的中国纺织品，前者实施对象为所有其他中国产品（包括非《WTO 纺织品服装协议》下的纺织品）。

《纺织品特限法规》还规定："不得对同一产品同时运用此段的措施和《中国加入 WTO 议定书》中第 16 条的有关条款。"也就是说，在 2001 年 12 月 11 日至 2008 年 12 月 31 日之间，欧盟对中国的纺织品采取特保措施既可选择采用《中国加入 WTO 议定书》中第 16 条的特定产品过渡性保障措施，也可选用纺织品特限措施，但两者不可同时使用。后经中欧双方谈判商定，欧盟承诺对中国部分纺织品克制使用特限措施。

1. 立案

与前面所述的特保措施程序相同。在纺织品特保措施程序中，欧盟委员会向中方提出磋商请求是立案的标志。而提出磋商请求的前提是"成员国（政府）申请或欧盟委员会自身发起"。启动磋商必须遵循"纺织品委员会"的程序，即欧盟委员会与中方启动磋商之前应获得"纺织品委员会"有效多数通过。若"纺织品委员会"未通过而欧盟委员会坚持启动磋商，欧盟委员会应将启动磋商的建议提交欧盟部长理事会，欧盟理事会必须通过有效多数否决此建议，才能阻止欧盟委员会启动磋商。

2. 磋商

"纺织品特限法规"规定磋商的时间框架为，"除非双方同意延长，否则在收到磋商请求的 30 日内双方必须启动磋商，磋商期为收到此请求后的 90 日内。"该法规还要求中国在收到磋商请求后的磋商期间就开始采取自限，"必须将磋商所涉及的类别的纺织原料或纺织品对欧盟的发货量进行控制，增长量不得超过在提出磋商请求当月之前 14 个月的头 12 个月内向欧盟出口水平的 7.5%（羊毛产品为 6%）。"

3. 特限措施

纺织品特限措施的实施方式只有一种，即数量限制。数量限制水平的确立应该基于中国在收到欧方磋商请求后对欧盟发货量的控制水平。此数量限制的实施期将直至提出磋商请求当年的 12 月 31 日，或在提出磋商请求时，当年剩余的时间已经等于或少于 3 个月的情况下，实施期为提出磋商申请后的 12 个月内。由此可见，此数量限制每一次的实施期至少为 3 月＋1 天，最多为 12 个月。

根据此法规，欧盟委员会采取数量限制措施必须获得"纺织品委员会"以有效多数的方式通过。当"纺织品委员会"的意见与采取数量限制的法案不一致时，或"纺织品委员会"没有提出任何意见时，欧盟委员会应该立即把待通过的法案提交欧盟理事会，由欧盟理事会依照有效多数制决定。若欧盟理事会在收到法案后的一个月之内没有作出任何决定，欧盟委员会应该采取有关数量限制措施。

四、共同海关税则

1992 年欧盟理事会制定了《关于建立欧盟海关法典的第（EEC）2913/92 号法规》，对共同海关税则（包括商品分类目录、一般关税率、优惠关税措施以及普惠制等方面）、原产地规则（包括一般规则和特殊规则）以及海关估价等作了统一的规定。

欧盟关税税则编码根据世界海关组织（WCO）《商品名称及编码的协调制

度》制定，其协调编码为 8 位数，其中前 6 位数为协调编码税目。欧盟还对一些商品采用 10 位数编码进行监管，称为 TARIC 术语，用于区分和识别特殊政策措施下的进口产品。TARIC 术语产品通常冠以 4 个附加编码，分别代表农产品合成物、反倾销税、两用产品和出口补贴，各成员国采用统一术语。

欧盟以委员会指令的形式每年对外发布一次更新后的税率表。欧盟的关税征收方式较为复杂。除对大多数产品适用从价税税率，欧盟对部分农产品、化工品，以及盐类、玻璃、钟表零部件等产品适用复合税、混合税或其他技术性关税的非从价税税率。在混合税中，欧盟又使用了 7 种不同的征税方式。此外，欧盟对部分农产品设置了包括季节性关税在内的多种技术性关税。

另外，欧盟还实行自主关税暂停征收和配额制度。该制度对某些进口产品全部或部分免征正常关税。如该制度适用于数量有限的货物，则属于配额；如其适用的货物数量没有限制，则属于关税暂停征收。原则上，该制度的适用范围仅限于欧盟境内无法获得的原材料、半成品，不包括成品。

欧盟对进口产品和本地产品征收相同增值税和消费税，欧盟制定并提倡统一税率（15％）增值税率和消费税税率，但各成员国执行各自不同的税率。欧盟对第三国倾销产品或补贴产品征收反倾销税或反补贴税。

欧盟同时实施非优惠原产地规则和优惠原产地规则，前者为欧盟共同税则及其相应执行法规明文规定者，后者则体现在欧盟与贸易伙伴签署的优惠贸易协定或安排中。非优惠原产地规则主要用于贸易救济，进口监控或限制，出口退税和贸易统计。享受进口优惠原产地规则的商品需要原产地证书，优惠原产地规则可采用累积方法，即使用享受优惠原产地国家的原料可被视为原产于出口国。

五、市场准入战略

2007 年 4 月 18 日，欧盟委员会发布了新的市场准入战略。该战略是征询各方意见和建议后，对欧盟 1996 年的市场准入战略的修改与更新，旨在适应过去 10 年国际市场、贸易壁垒和欧盟自身的变化，通过加强欧盟委员会、成员国、商协会和企业之间的协调与合作，帮助欧盟企业进入第三国市场，增加欧盟出口。

（一）新市场准入战略的背景

1. 国际市场的变化

10 年来，以中国为代表的新兴经济体发展迅速，市场容量逐渐扩大。欧盟对这些国家的投资和出口不断增加，而对美国则呈下降趋势。在投资方面，1999—2003 年间，欧盟对新兴经济体的直接投资占其对外投资总额的比重已由 18.9％升至 23.9％。在出口方面，1999—2006 年间，欧盟对金砖四国（中国、俄罗斯、印度、巴西）的出口占其总出口额的比重已由8.7%升至14.8%，而对美国的出口则从26.7%下降到22.5%。在未来一段时间里，新兴经济体经济增长、市场扩大的速度仍将超过美国，欧盟出口增长将更加依赖新兴经济体。在这种情况下，欧盟相应调整了其市场准入战略，以帮助欧盟企业进一步打开新兴经济体市场，扩大出口。

2. 主要贸易壁垒的变化

10年前，欧盟面对的贸易壁垒主要是关税壁垒。随着WTO多边谈判进一步推进和全球贸易自由化进程加快，关税壁垒已大为削弱，而非关税壁垒，特别是边界后壁垒等问题逐渐成为欧盟企业进入第三国市场的主要阻力。不必要的法规、歧视性标准、较差的知识产权保护、烦琐的海关手续等非关税壁垒，增加了欧盟企业的出口成本，削弱了其产品竞争力。

3. 欧盟自身的变化

1996年市场准入战略的主要目的是帮助15个老成员国的企业进入第三国市场。10年来，经过两次扩大，欧盟成员国从15个增加到27个。新成员国的加入使欧盟产业结构和出口商品结构都发生了变化。

（二）全球经济中的贸易壁垒

新市场准入战略列举了全球经济中的10大贸易壁垒，包括关税壁垒；繁复的海关进出口审批流程和不公平、歧视性的税收规定和操作；与WTO《技术性贸易壁垒协定》不符的技术法规、标准和合格评定程序；滥用与WTO健康和安全规定不符的SPS措施；对获取生产原料进行限制，包括征收出口关税及双重定价机制；缺乏对知识产权的保护，执法力度不够；通过采用外国股比限制、合资要求等歧视性措施，在服务贸易和外国直接投资领域设置壁垒；限制性的政府采购规定和实践，使欧盟企业不能有效参与第三国公共采购项目竞标；滥用贸易救济措施；不公平地使用国家补助和其他形式的补贴。

（三）推进新市场准入战略的措施

新市场准入战略的核心是"进一步加强合作以扩大市场准入"，重点是加强和完善现有市场准入政策的工作框架。具体措施如下：

1. 综合运用多种政策措施

欧盟委员会认为，借助单一措施或机制难以应对形式多样的贸易壁垒，转而应该综合运用双边、多边方式和其他正式或非正式手段。为此，欧盟要积极推动多哈回合谈判取得成功，加大使用WTO争端解决机制的力度；充分借助双边FTA谈判化解目标市场的贸易壁垒；进一步加强与重点国家在重点问题上的合作。同时，要巩固自身在国际标准化组织中的地位，推动标准化进程，协助部分国家尽快建立有效的竞争法制度和高效的技术管理系统。

欧盟委员会强调，在多种手段的综合运用中，工作重点是敦促协议签署国认真、全面执行相关协议，提议在 TBT 协议中增加对违反协议方的申诉内容，以期协议各项内容的落实。政治和外交手段应成为中长期政策的补充，在应对壁垒工作中将发挥重要作用。

2. 建立新的合作关系和机制

尽管欧盟委员会在贸易政策方面起着重要作用，但为高效起见，欧盟委员会提出加强与成员国、欧盟企业和商协会的协调与合作；建立相关数据库和市场准入专项工作网；与"市场准入咨询委员会"建立联席会议，定期召开专题研讨会；更加关注具体案件的分析和讨论。

在目标市场所在国，要充分利用驻外机构的优势，及时发现问题，在对方相关法律处于起草阶段时就积极施加外交压力；同时在该国建立"市场准入工作组"，由欧盟委员会驻该国代表团商务参赞、成员国使馆贸易外交官及企业代表组成，以便有效消除贸易壁垒。

3. 制定合理的贸易壁垒解决方案

在贸易壁垒众多而资源有限的情况下，要对贸易壁垒进行分析判断，找出最主要壁垒，优先予以解决。判断壁垒是否重要的依据包括：中短期内对欧盟潜在经济利益的整体影响，是否严重违反多双边协议，有无可能在合理的时间段内予以解决，国别（除最不发达国家外）、行业、问题类别（如 IPR 问题）等。

4. 优化对企业的服务

建立预警机制，充分利用 TBT 协议的通报机制。通过驻在国"市场准入工作组"的及时反馈，让企业及时了解预警信息。要改善应对程序，提高应对效率和消除壁垒的成功率，并将工作进展及时、定期反馈给企业。建立市场准入数据库，及时充实有关国家的问题、欧方反映和工作进展等内容，供欧盟委员会、成员国和企业共享。为此，要与有关国家建立联合数据库，分享信息；企业应高度关注各国贸易壁垒动态，将相关问题及时纳入数据库；驻在国的市场准入工作组应定期提交贸易壁垒报告，将有关内容纳入数据库。

(四) 新市场准入战略的影响

新市场准入战略是《全球化欧洲》政策文件不可分割的组成部分。为出台此战略，欧盟委员会精心准备了近两年时间。成员国、欧盟企业和商协会紧密配合，提供了大量信息与建议。各方尤其是商界对此战略的实际效果期待甚高。

1. 有利于欧盟、成员国与产业界形成合力

由于欧盟与成员国权限不同，欧盟委员会主要负责贸易自由化，成员国主要负责贸易促进，两者在开拓第三国市场方面难免存在各自为战、信息不通和资源不共享等弊端。新战略建议由欧盟、成员国与产业界组成市场准入工作组，以便

第四章 欧盟经济与贸易

更好地利用现有渠道与机制，加强三者之间沟通与协调。

2. 欧盟的经济外交资源将会重点倾斜

通过实施新市场准入战略，欧盟委员会和成员国很有可能仿效美国的拓展外交，在加强外交官职数的同时，将更多外交资源向重点国家倾斜，如中国、俄罗斯、巴西、印度等新兴经济体，还有美国、瑞士、东盟等欧盟主要或潜在经济伙伴。同时，在知识产权保护、非关税壁垒等欧盟关注问题上，外交资源也会得到加强。

六、贸易壁垒规则

为了打开第三国市场，欧盟在采取鼓励出口的其他有关措施并制定相应法律法规的同时，效仿美国301条款制定了其贸易壁垒规则，旨在受理对第三国贸易壁垒及其对欧盟产业所带来影响的指控，并采取相应措施予以保护。目前适用的基本法规是1995年1月1日生效的《贸易壁垒法规》（《EC》3286/1994号法规）。

在1984年之前，欧盟的贸易政策仅限于贸易救济措施，缺乏拓展海外市场和对第三国市场准入政策及有关贸易壁垒进行还击的办法。1984年，欧盟制定了《共同贸易政策规则》（第2641/84/EEC号理事会规则），旨在打击第三国不正当贸易行为对欧盟产业造成的损害或损害威胁。

为应对全球贸易自由化进一步深入和全球竞争加剧的形势，1994年底，欧盟根据乌拉圭回合协议制定了《贸易壁垒规则》（第3286/94/EC号理事会规则），1995年1月1日正式实施。它是以1984年制定的《共同贸易政策规则》为基础，并根据1994年签署的乌拉圭回合协议有关规定，重新制定的一项旨在维护欧洲企业利益，支持企业拓展海外市场的法规。与《共同贸易政策规则》相比，《贸易壁垒规则》由保护型贸易政策转变为攻守兼备的贸易政策工具。它加入了市场准入的内容，以市场准入为旗帜，以WTO规则为依据，迫使第三国向欧盟出口企业开放市场，成为欧盟实施其市场准入战略的有效法律工具。

欧盟贸易壁垒调查的针对范围广泛，不仅包括货物贸易领域，也包括服务领域和知识产权保护等。只要有证据表明第三国采取了有违国际贸易规则的壁垒措施，并且影响到欧盟出口或对欧盟市场造成实质损害，成员国、产业界甚至单个企业就有权要求欧盟委员会就此发起调查。申诉书需要具备以下三个条件：

- 证明壁垒措施存在；
- 证明壁垒措施有违国际贸易规则；
- 该壁垒措施影响了贸易或对欧盟市场造成损害。

欧盟委员会接到相关申诉后，将向成员国征询意见。一旦欧盟委员会认为申诉书提供了显著证据，而且发起调查符合欧盟利益，欧盟委员会将公告宣布正式发起调查。

调查期限一般为 5 个月，如因案情复杂需要延期，也不得超过 7 个月。调查过程中，欧盟委员会调查机关将进一步收集被诉壁垒措施的证据（包括听取相关利益方陈述、赴被诉国实地调查等），同时与被诉国政府部门探讨消除壁垒措施的可能性。调查结束后，调查报告的保密版本将提供给成员国讨论，同时公布调查报告的非保密摘要。

贸易壁垒调查导致的最终解决途径主要有以下三种：

● 调查过程中或调查结束后，如被诉国采取了消除壁垒的措施，欧盟委员会将中止或终止调查，但欧盟委员会将建立一定的监控体系，以保证被诉国切实履行其承诺。

● 在调查的任何阶段，如被诉国愿意与欧盟就被诉壁垒措施进行谈判或磋商，调查程序将暂时停止。如谈判取得积极成果，欧盟将正式结束贸易壁垒调查。

● 如调查证实壁垒存在，而欧盟与被诉国无法就消除壁垒达成一致，欧盟委员会将就相关壁垒向 WTO 争端解决机制提出申诉。

自 1995 年贸易壁垒法规实施以来，欧盟共发起贸易壁垒调查 24 起，涉及美国、加拿大、巴西、智利、哥伦比亚、阿根廷、乌拉圭、日本、韩国、印度、土耳其、泰国、中国台湾等 13 个国家和地区，涉案产品涵盖农产品、飞机、汽车、化妆品、电子产品、食品、水产品、皮革、音像制品、有机化学品、医药、钢铁、轮胎、酒类、纺织品等。在 24 起贸易壁垒调查中，12 起的被诉国采取了消除壁垒的措施，1 起因无法证实壁垒存在而终止调查，1 起仍在调查之中，5 起正在复审中，5 起被提交 WTO 争端解决机制，其中 4 起欧盟部分或全部胜诉。

七、对外贸易国别政策

欧盟从自身的利益出发，按政治经济体制、地理区域、历史渊源及与欧盟的关系等，将世界各国划分为五类：欧洲自由贸易区国家、洛美协定国家（即非洲、加勒比海与太平洋地区国家）、中东欧与地中海沿岸国家、其他 WTO 组织成员、非 WTO 成员。欧盟对来自前四类国家和地区的进口，一般均给予优惠关税和不受数量限制的待遇（目前中国例外）。对于来自非 WTO 成员的进口，则采取较为严格的管制措施。

欧盟的绝大部分贸易伙伴都能通过与欧盟的各种双边或区域安排，享受超最惠国待遇。目前，只能享受欧盟最惠国待遇的国家，只剩下 9 个 WTO 成员。在对外贸易安排中，享受最多优惠的是对欠发达国家的"除武器一切通行"（EBA）

计划，其次是非加太国家（ACP）和与欧盟缔结自由贸易协定的国家，再次是享受欧盟普惠制的国家。中国曾经属于欧盟普惠制对象。但自 2005 年起，中国绝大部分产品已经毕业，因此与享有欧盟最惠国待遇国家一样。欧盟与瑞士通过签订多项协定，扩展了自由贸易协定的范围。

（一）欧盟与 WTO

目前，欧盟的所有成员国和欧洲共同体都是 WTO 的成员。根据共同贸易政策的规定，几十年来，欧盟委员会根据部长理事会的授权，在多边贸易谈判中一直是积极活跃的角色。欧盟机构决策权力的扩大受多边贸易谈判，特别是乌拉圭回合谈判的影响。多边谈判内容的不断增加，要求欧盟机构在更大范围内代表其成员国的立场，因此，欧盟机构的权力也得到不断加强。

欧共体成立初期，国际贸易议题比现在要狭隘得多，关注的问题主要是关税。正因如此，《罗马条约》第 113 条规定的属于欧盟机构独享管辖权的共同贸易政策仅包括关税、反倾销和补贴。当时的欧共体还不是多边谈判的主要角色，美国在多边贸易自由化中发挥了领导作用。《欧洲共同体条约》第 228 条（今第 300 条）赋予欧盟与第三国缔结贸易协定的权利。

在东京回合（1973—1979）多边贸易谈判议程中，首次增加了非关税壁垒（NTR），其后进一步扩大到服务业、环境保护、食品安全、动物福利等领域（乌拉圭回合 1986—1994）。多边贸易谈判议题的增加，使欧盟将其共同贸易政策中的独享管辖权进一步扩大到上述领域。WTO 议题的深化意味着其规则已经触及到新的广泛的民众利益，其中包括关注国际贸易政策中环境保护目标的社团。这就给欧盟决策机制的透明化和可预见性带来压力。

由于欧盟一体化程度的加深，以及美国在国际贸易谈判中意愿和能力的下降，欧盟在当今国际贸易谈判中发挥着核心作用。欧盟作用的发挥还在于它已占国际贸易的 20%（加上盟内贸易则高达 44%）和外国直接投资总量的 30%。欧盟单一市场的建立，确保了欧盟共同贸易政策发挥重要的杠杆作用，因为它可以决定世界上最大单一市场的准入条件。欧盟作用的增强，还因为其成员数量的不断增加和 1999 年欧元的引入。

随着美国对多边谈判兴趣的减弱，欧盟在多边舞台上的作用还将增强。建立更加透明、民主、高效的欧盟决策机制，将是欧盟适应多边谈判及其作用发挥的必然。未来欧盟面临两种选择：虚心倾听多方意见，借助自己的力量促进多边市场开放协定，成为可以信赖的国际贸易谈判领头羊；借助自己的力量促进多边市场开放协定，受制于内部决策，简单地保护内部市场。

相对而言，欧盟在经济全球化和贸易自由化方面走在了世界前列。主要表现在两个方面：一是总体关税较低，二是与绝大部分贸易伙伴签有优惠贸易协定或安排。

在乌拉圭回合谈判中，欧盟在关税减让方面比美国、日本的力度要大，欧盟关税100％为约束税率，2002年最惠国简单平均关税税率为6.4％，其中非农产品简单平均关税税率为4.1％，加权平均关税税率为3.6％，农产品简单平均关税税率为16.1％，但加工农产品贸易存在关税升级现象。欧盟在食品、饮料、烟草和纺织品等商品进口方面明显存在关税高峰。工业方面，部分鞋类产品的进口关税高达17％，服装平均税率也达11.9％。

欧盟是新一轮多边谈判的主要倡导者，主张进一步实现货物贸易、服务贸易和投资自由化，并制定合理的时间表；强化WTO现行规则，推动新规则的制定和发展；强调发展中国家全面参与多边决策进程，帮助其融入世界经济；通过与其他团体和机构的合作，确保WTO规则的开放性、可预见性和有效性。

在产品市场准入方面，欧盟主张全面实现自由化，而不是个别领域的率先开放；多边谈判应当有助于发展中国家产品更好地进入发达国家；发展中国家应当大幅度削减相互间的贸易壁垒。在农业领域，主张削减农产品进口关税，并降低农业补贴，取消与发展中国家利益相关产品的出口补贴。同时强调，农业谈判应当考虑非农关注和地理标识的更好保护。

在服务贸易方面，欧盟已向世贸组织提交了要求第三国进一步开放市场的100多项建议；自身共有14项综合后的承诺，即1995年以前的12个成员国共同承诺，奥、芬、瑞3国的分别承诺，以及第五次扩大的10个成员国各自的承诺。

欧盟倡导向最不发达国家全面市场开放，对发展中国家实行差别和特殊待遇，并向发展中国家提供与贸易相关的技术援助，帮助其更好地融入并参与多边体系，执行多边规则。在贸易救济措施方面，欧盟主张规则的严格性和透明度，呼吁改进贸易便利化规则。

欧盟历次扩大都将共同贸易政策自动延伸到新入盟的成员国。这在一定程度上损害了某些第三国的利益。为此，欧盟依据《关贸总协定》第24.6条，正在与多个WTO成员进行贸易补偿谈判。

（二）优惠贸易协定

欧盟的经贸双边关系有关税同盟、自由贸易区、联系国协定、合作协定伙伴。

欧盟几乎与其所有邻居签有双边互惠贸易协定。如果将其视为一体，至少有欧洲、中东和北非35个国家可以组成一个泛欧—地中海自由贸易区。欧盟在其中有着决定性的影响，因为贸易协定要求合作伙伴全部或部分接受欧盟的法律法规。当然，其中的地中海联盟不如中东欧联盟牢固，需要更长的时间来加强联系。实际上，目前欧盟与地中海国家的经济合作程度有限。

欧盟优惠贸易协定主要涉及工业品自由贸易、部分农产品贸易有限自由化。一些协定还涉及服务贸易。欧盟与其贸易伙伴间签署的互惠贸易协定一般都不对称（通常欧盟自由化节奏快于对方），并有不同的过渡期。这些协定还涉及产品技术标准的统一、知识产权保护、投资、竞争政策、政府采购、贸易救济措施、争端解决机制等内容。欧盟优惠贸易协定最近出现向区域伙伴方向发展的趋势，如与南锥体、非加太国家的经济伙伴协定，欧盟—地中海自由贸易区等。在最近几年欧盟与智利、南非、墨西哥、地中海国家、南锥体等的协定中，环境、可持续发展等议题，还有尊重人权、良政等意识形态的内容也被纳入。

（三）新成员国与第三国的关系

欧盟第六次扩大改变了中东欧和地中海 12 个新成员与第三国的贸易关系。首先是 12 国自 2007 年 1 月 1 日起全面执行欧盟共同贸易政策，放弃自己原有的经贸政策；其次是 12 国与第三国签署的 60 多个经贸协定被终止，被共同贸易政策所取代；再次是欧盟原有与第三国的优惠贸易安排适用于 12 个新成员。

体现欧盟国别经贸政策的载体主要是欧盟与第三国商签的各种类型的贸易与经济合作协定。

（四）欧洲经济区协定

在欧洲经济共同体成立的时候，英国、爱尔兰、丹麦、瑞典、挪威、芬兰、冰岛、奥地利、瑞士、列支敦士登等国家签署了《欧洲自由贸易协定》，成立了欧洲自由贸易区。1973 年，英国、丹麦和爱尔兰加入欧盟后，在 1992 年欧盟和欧洲自由贸易区的其他国家签署了建立欧洲经济区的协定。瑞士和挪威由于全民公决的反对而没有加入欧洲经济区，1995 年，奥地利、芬兰和瑞典三国入盟后，欧洲经济区的成员扩大为欧盟 25 国，以及冰岛、列支敦士登、挪威三个非欧盟成员国。协定内容包括货物（农产品和渔产品除外）、服务、人员和资本的自由流动。

（五）欧盟与瑞士的协定

2002 年 6 月，欧盟与瑞士之间七项双边协定正式生效。这些协定涉及人员自由流动、农产品贸易、公共采购、技术贸易壁垒、空运、陆路与铁路运输、科研等。之后，瑞士与欧盟继续就加工农产品贸易自由化、服务贸易自由化、瑞士与欧盟 25 国间人员自由流动等进行谈判，有的已经达成了新协议。

（六）对西巴尔干地区的政策

前南解体后，欧盟着力与该地区建立稳定与联系战略。该战略分三个阶段实施。欧盟给予该地区单向优惠政策，包括所有货物（农产品例外）免税准入。目前，欧盟已分别与前南和克罗地亚签署了《稳定与联系协定》，目标是在过渡期后建立自由贸易区。《稳定与联系协定》涉及竞争、国家资助、知识产权、服务贸易等内容。

（七）与其他欧洲国家

土耳其在1996年即与欧盟就非农产品和加工农产品建立了关税同盟。关税同盟还包括泛欧原产地累计系统、技术贸易壁垒、竞争政策、知识产权保护等内容。

与欧盟建立关税同盟的还有安道尔、圣马力诺。欧盟与法罗群岛则签有自由贸易协定。

（八）欧盟与南锥体联系协定

2000年6月，欧盟与南锥体国家（阿根廷、巴西、巴拉圭、乌拉圭）开始商谈联系协定，旨在建立政治和经济全面合作伙伴关系。联系协定包括政治议题、合作和贸易等，其中贸易议题包括货物和服务贸易双向自由，推动农产品互利贸易、促进健康卫生法规的趋同、知识产权保护、竞争政策、贸易救济措施实施原则，还有建立有效和具有约束力的争端解决机制。此外，欧盟积极鼓励南锥体成员之间在2006年建成了共同市场。

（九）欧盟与智利联系协定

2002年11月，欧盟与智利签署联系协定，在货物贸易方面，双方将逐渐在十年内实现自由化，其中包括所有工业品、80.9％的农产品和90.8％的渔产品。在服务贸易方面，建立自由贸易区，并实现投资、支付和资本流动自由化。双方还将开放政府采购市场，有效保护知识产权。双方在海关程序、竞争、争端解决机制、技术标准和其他技术法规等方面，也将加强合作。

（十）欧盟与墨西哥自由贸易协定

2000年7月1日，欧盟与墨西哥签署自由贸易协定，双方根据不同过渡期逐步实现贸易自由化。欧方在2003年取消所有工业品关税，墨西哥则在2007年全部取消。双方还将在2010年之前，分阶段取消农产品和渔产品的关税。

（十一）欧盟与地中海自由贸易区

欧盟与地中海自由贸易区又称"巴塞罗那进程"，目标是在2010年建成欧盟与12个地中海国家间的自由贸易区。内容涉及实现工业品贸易自由化，农产品和服务贸易逐渐自由化，并将致力于消除技术贸易壁垒、统一植物和卫生标准、统一海关税则和程序、致力于农业现代化、保护环境、统一原产地规则、知识产权保护和竞争政策等。欧盟—地中海自由贸易区一旦建成，将涵盖近40个国家、7亿消费者。"巴塞罗那进程"还包括欧盟与地中海国家分别开展《欧盟—地中海联系协定》的谈判，以取代70年代签署的单向优惠的合作协定。欧盟还支持地中海国家之间的自由贸易安排。

2002年，欧盟与约旦、黎巴嫩和埃及之间的联系协定生效以来，欧盟又与

另外 11 个地中海国家签署了联系协定。根据这些协定，欧盟与签约国之间按不对称时间表实现贸易自由化。欧盟市场对这些国家自协定生效起立即免关税、免配额开放，地中海国家则在 12 年内（埃及为 15 年）逐步实现工业品贸易自由化。协定还规定，对原材料、加工农产品和渔产品贸易逐步实现自由化。协定内容也涵盖服务贸易自由化、置业权、资本流动、公共采购、竞争政策、原产地规则、知识产权保护等。

2002 年，欧盟与海湾合作理事会在中断了 10 多年之后，重新开始政治对话和经贸谈判，目标是建立关税同盟。

（十二）欧盟与南非合作协定

欧盟与南非合作协定于 1999 年 10 月签署，2000 年 1 月生效。协定主要内容是在 12 年过渡期内相互给予自由贸易待遇，其中欧方自由化节奏要快于南非。

（十三）对非洲、加勒比海和太平洋地区国家的单边优惠

欧盟也与非洲、加勒比海和太平洋地区国家签署了单边优惠协定。这些协定主要分为三类。

1. 科托努协定

欧盟与非洲、加勒比海和太平洋地区国家最早签有《雅温德协定》，现行的替代协定即《科托努协定》于 2000 年 6 月签署，2003 年 4 月生效。协定内容包括政治多元化、发展与财政合作、经济与贸易合作，目标是帮助非加太国家经济发展。在经贸合作框架下，非加太国家（不包括南非）在 2001—2007 年过渡期内享受欧盟单边贸易优惠，包括工业品、加工农产品和渔产品免税准入，但有保障措施条款。

《经济伙伴协定》主要目标是鼓励非洲、加勒比海和太平洋地区国家可持续发展，使非加太国家尽快融入世界经济，完全遵循 WTO 规则。该协定将规定伙伴间逐步取消货物和服务贸易领域的关税和非关税措施，包括技术贸易壁垒等。

2. 普惠制

自 1971 年以来，欧盟对发展中国家产品进入其市场实行普惠制优惠。现行普惠制方案从 2005 年 7 月 1 日开始实施，其指导思想是致力于简化和统一相关管理，强化社会、劳工和环境标准，有效打击贩毒和走私行为，对最不发达国家采取特别优惠。目前，欧盟普惠制惠及 143 个国家和 36 个地区。中国曾经是欧盟普惠制最大受惠国。

欧盟普惠制将进口产品分为敏感产品和非敏感产品两类，其中大部分工业品属于非敏感产品，绝大部分农产品都属于敏感产品。工业品中的敏感产品主要包括纺织品、服装、地毯、鞋类。在普惠制框架下，受惠国非敏感产品享受免关税，敏感产品享受低于欧盟正常关税 3.5%、或低于从量税 30% 的优惠准入，但

涉及普惠制第 50～63 章的产品（主要是纺织品、服装）关税优惠幅度为 20％。

欧盟普惠制还规定了毕业标准。一旦某受惠国或其某行业达到毕业标准，该国产品或该类产品不再享受普惠制待遇。

3. EBA 计划

EBA 计划（Everything but Arms Initiative）是欧盟普惠制的特殊安排，即欧盟对最不发达国家除武器以外的所有产品给予免关税、免配额待遇。此计划 2001 年开始执行，分阶段实现自由化，但香蕉、大米和糖三类产品例外。

（十四）欧美经贸关系

作为世界上两个最大最强的经济贸易体，欧盟与美国间可谓"麻烦的伙伴"，两者之间的矛盾是"一山难容二虎"，但其经济贸易的密切度、文化和意识形态的相同性又使其有特殊的关系。欧美关系直接影响世界多边框架的稳定和走向，影响世界经济和贸易的自由化进程。从发展势头看，欧美之间的距离只会扩大，不会缩小。

欧美关系总体比较对称平衡，但欧盟略处劣势。欧盟与美国"麻烦的伙伴关系"表现在投资贸易、WTO 争端解决机制中长长的单子：香蕉、荷尔蒙牛肉、钢铁、外销公司法、伯顿反倾销法等。在多哈新一轮谈判中，欧美之间分歧明显，尤其是在农业问题上。

欧美于 1995 年经过磋商建立起新型跨大西洋议程和欧美联合行动计划。欧盟旨在借此影响美国贸易政策，特别是阻止美国贸易政策滑向单边和区域主义，加强美国对多边体制的承诺。为此，欧盟委员会提出了加强双边经贸关系的不少动议，包括跨大西洋市场，甚至跨大西洋自由贸易区等。

（十五）欧亚经贸关系

近年来，欧盟日益重视加强与亚洲国家的关系。欧盟充分认识到亚洲，尤其是中国在世界经济和国际舞台中的作用，十分看好中国市场的潜在机会。到 2009 年 1 月，亚欧领导人会议已经进行了 7 次。在亚欧会议的框架下，还有亚欧外长会议、经济部长会议、财政部长会议、贸易投资高官会议等活动。中欧领导人会晤也进行了 10 次。现在双方正在积极进行中欧伙伴关系协定和完善 1985 年经贸协定的谈判。

第二节　欧盟其他共同政策

一、概述

欧盟其他共同政策包括共同农业政策、共同渔业政策、共同运输政策、共同

货币政策，以及服务贸易政策、知识产权保护政策和直接投资政策。其中前四个政策是名副其实的共同政策。后两个政策，即服务贸易政策和知识产权政策，在乌拉圭回合之后正逐步纳入共同贸易政策框架中。其中，2004 年签署的《欧洲宪法条约》（草案）和新签的《里斯本条约》中，均将"外国直接投资"写入欧盟共同贸易政策范围。

二、共同农业和渔业政策

（一）共同农业政策

共同农业政策（Common Agricultural Policy，简称 CAP）是欧盟实施的第一项共同政策，最早在《罗马条约》中提出。1960 年 6 月 30 日，欧盟（EEC）正式提出建立共同农业政策的方案，1962 年起逐步予以实施。当初设定的基本目标是，提高农业的劳动生产率；确保农业人员的"公平"收入；稳定农产品市场；保持农产品合理的销售价格，以及确保农产品的供应。

在具体政策措施上，共同农业政策的特点是，对内实行价格支持，对外实行贸易保护。其主要措施是，统一农产品价格、市场干预、差别关税和出口补贴等。在价格制定方面，由欧盟部长理事会制定统一的目标价格、门槛价格和干预价格，保障市场平衡，维护生产者和消费者的利益。在市场干预方面，主要是通过采取价格支持和生产配额等措施，干预农产品购销，调节生产和流动。在贸易措施方面，主要是通过差别关税等措施，限制欧盟之外的廉价农产品进口，同时利用出口补贴销售欧盟剩余的农产品。到 20 世纪 90 年代初，置于统一的共同农业政策管辖之下的农产品，有谷物、水稻、蔬菜、水果、糖、酒类、烟草、牛奶、肉、蛋、植物油、动物脂肪和油料等 13 个类别，占欧盟农产品生产的 96％以上。当时共同农业政策的支出大体在 300 亿欧元，其中 100 亿欧元用于出口补贴，200 亿欧元用于价格支持。

共同农业政策实施 40 多年来，最初所设定的目标已逐步得到实现，在保证农产品市场稳定的同时，大大促进了欧盟农业生产的发展，并为工业的发展提供了雄厚的基础。但共同农业政策也导致欧盟农业开支的过分膨胀和欧盟财政负担的加重。连续多年，农业方面的开支一直占欧盟年度预算的 49％左右。另外，共同农业政策也导致欧盟一些农产品过剩。因此，自 20 世纪 70 年代起，欧盟逐渐开始对共同农业政策进行改革，从 1972 年 4 月至今共进行了五次改革，时间分别为 1972 年 4 月、1988 年 2 月、1992 年 5 月、1999 年 3 月和 2003 年 6 月。改革重点基本放在解决农产品过剩和农业支出占欧盟预算过高的问题。从第三次改革开始，环境问题越来越受到重视，同时考虑了世贸组织农业谈判的立场和外部的批评意见。第四次改革，确立了在可持续发展的前提下，提高农村地区的经济、社会和环境状况的农村发展政策在共同农业政策中的地位。

第五次改革主要是采用了"单一农业支付"的农业补贴方式，为欧盟农民按照市场需求自主生产提供支持。"单一农业支付"新的措施与环保、食品安全及动物福利标准紧密相关，并将补贴与生产分开，促使欧盟农民具有更强的竞争力，农业生产更具市场导向，同时起到稳定农民收入的作用。通过减少对大农场的直接支付，为新的农村发展政策提供资金支持，为农民实施环保、提高质量标准和改善动物福利提供更多的资金。通过建立"财政规章"机制，限定经费使用最高额度。

从 2007 年开始，欧盟根据近年来新改革措施的实施经验，针对面临的新挑战和东扩的新形势，对共同农业政策进行了所谓的"体检"（Health Check），即开展全面评估并做相应调整。主要目的包括如何简化直接支付体系并提高其有效性，如何使市场支持措施更能适应欧盟东扩后的新形势，如何应对诸如气候变化、生物燃料、水资源管理、生物多样性保护等新的挑战。

应该说，共同农业政策已成为欧盟经济发展中一体化程度最高的领域，为欧盟经济发展做出了重要贡献。

（二）共同渔业政策

欧盟共同渔业政策（Common Fisheries Policy，简称 CFP）是欧盟渔业、水产业管理的工具，始于 1970 年，当时涉及渔场、市场和结构三个方面。原则上，欧盟的渔民有权进入任何成员国水域捕鱼，但把传统捕鱼区沿岸水域保留给当地的小渔民；渔业产品实行共同市场；设立渔业产业的结构政策，以协调行动推进渔业的现代化。

1976 年，欧盟接受了联合国《海洋法》有关条款，并自 1977 年起将各成员国在北大西洋和北海沿岸的捕鱼区由 12 海里扩大为 200 海里，将其作为共同捕鱼区由欧盟统一管理，同时授权欧盟委员会代表欧盟与第三国就签署渔业协定进行谈判。经过几年的艰苦谈判，1983 年，欧盟各国就捕鱼配额的分配、渔业资源的保护和鱼产品的销售等达成了协议。至此，欧盟共同渔业政策正式成为一个单独的共同政策在欧盟实施。

为更有效地发挥共同渔业政策的作用、保护海洋资源、确保渔业相关产业的发展、向消费者提供更好的食品，20 多年来，持续不断的改革已使欧盟共同渔业政策发生了根本性变化。2002 年的改革进一步致力于渔业活动的生态、环境和经济三方面的可持续发展，同时强调政策制定过程的科学性、透明性及利益相关方的参与性。

新的共同渔业政策主要涉及保护、环境、结构、船队管理、共同市场组织及与第三国关系等领域。通过限制捕捞总量、允许幼鱼繁殖、改良渔具、控制捕捞鱼规格等措施，促进对鱼类资源的保护和限制捕捞对生态环境的影响；通过欧洲渔业基金（EFF）提供资金支持，促进渔业机构调整，提高经营者的竞争力和适应能力，推广环境友好型捕捞和生产方法，开发渔业可持续发展新领域；通过加强船队管理，促进捕捞能力和可获资源的更好平衡；通过共同市场组织（COM），平衡欧盟市场需求和渔民的利益，保证公平竞争措施有效实施；通过签署区域或国际协议，加强深海渔业资源的共同保护。

总体看，欧盟共同渔业政策的核心是：确定合适的捕鱼量、合适的捕鱼类、合适的捕鱼方法，其根本目的是预防滥捕、管理渔业、保护渔民和消费者的利益。

三、共同运输政策

（一）共同运输政策的形成

欧盟共同运输政策形成过程较为曲折复杂。一方面是由于运输在国民经济中占有重要地位，成员国不愿轻易让渡权力。另一方面则是由于运输政策涉及不同国家、地区、企业和运输方式间诸多矛盾，协调难度较大。1957年，《罗马条约》首次规定运输政策为共同体政策。该条约规定，要在贸易、农业与渔业和运输这三个领域分别制定共同政策，"成员国应在一项共同运输政策的结构内遵循本条约的目标"，经过有限的过渡期逐步实现共同体内的跨国境运输和在他国的国内运输权自由化。当时共同运输政策只适用于铁路、公路与内河的货物运输。

由于《罗马条约》关于运输的条款过于笼统和模糊，没有明确指出政策制定的原则与目标，也缺少实现政策目标的指导方针、明确期限和违约处罚规定，因此共同运输政策长期没有进展。直到1962年，欧洲共同体才在运输政策领域通过了第一个关于减少公路过境运输限制的指令，规定某些特殊车辆和货物在很有限的距离以内，并经批准可以从事过境运输。在以后的多年里，欧洲共同体共同运输政策基本只是围绕这个指令进行有限的扩充。

到20世纪70年代至80年代初这段时间，共同运输政策仍然进展缓慢。欧盟委员会只是在跨境运输领域陆续发布了一些新的指令。造成这种局面的重要原因是欧盟理事会对制定共同运输政策态度消极，屡屡否决欧盟委员会的政策倡议，结果导致两机构多次对簿公堂。欧洲法院在1973年、1974年和1985年先后三次作出有利于欧盟委员会的判决，才使共同运输政策不致完全停滞。

20世纪80年代中期以后，欧盟一体化进程加快，共同运输政策被认为是实现欧盟四大流通的关键性因素。在此背景下，欧盟共同运输政策进入到了快速发展时期。共同运输政策的法规数量开始迅速增加，欧洲共同体国家之间在公路、河运、海运和航空等方面的跨境运输障碍很快被取消了，欧盟运输内部统一市场已基本形成。

在公路运输领域，欧盟已于 1993 年取消了公路货运许可证限制，并统一了在燃油及车辆等方面的最低税收标准。目前，除了在他国的国内客货运输权方面仍采用许可证制度，一般的跨境客货运输已基本无限制，实现了无国界运输；水运自 1986 年实施自由化法规后，市场开放的进程也比较顺利，目前欧盟的内河水运已基本实现自由跨境运输，处在相当程度的自由竞争环境之中；欧盟的航空运输自由化从 1987 年开始，历经三个阶段过渡，已于 1997 年初步形成了统一市场，正在实现"天空开放"的目标；铁路的市场化和自由化进程相对落后，虽然按照部长理事会 1991 年的指令，各国铁路均实行了基础设施与运营服务的分离，但欧盟铁路货运量中由新进入或跨境竞争者承担的比重仍不足 5%。

目前欧盟的共同运输政策主要是由以下机构负责制定和实施的。欧盟委员会交通能源总司负责各运输领域的共同运输政策的提出与监督执行。涉及与海运相关的海事政策是由渔业和海事总司负责。欧盟交通、通信与能源部长理事会负责重大运输政策的制定与批准。欧洲议会交通与旅游委员会负责相关政策的审议以及重大政策的批准。欧盟经社理事会和地区委员会则对共同运输政策提供咨询意见。此外，欧洲海事安全局、欧洲航空安全局和欧洲铁路局则分别负责制定各自领域的技术与安全标准。欧洲投资银行则负责为 TENs 项目提供部分资金资助。

（二）共同运输政策的主要内容

欧盟共同运输政策的基本原则是由《马斯特里赫特条约》中标题四第 70～80 款规定的。正处在批准程序中的《里斯本条约》则基本延续了该条约的表述。规定欧盟对进出成员国的国际交通制定共同规则，对成员国交通企业的境外经营设立统一条件，制定提高交通安全的措施和其他必要的政策。这一基本原则包含了两方面的内容，一方面是要实现在欧盟内的交通运营业自由化，另一方面则是要提高运输的安全性和实现其他适宜的社会、环境与福利目标。在此基本原则指导下，欧盟委员会负责制定具体的交通政策。

欧盟委员会在 2001 年明确了其共同交通政策的目标为减少交通发展的负面效应如拥堵、事故和污染等，发挥各种运输方式的最大潜能并实现其有机结合，发展环境友好型的可持续的交通体系、提高交通的安全性等。为此欧盟委员会提出了共同交通政策的四大支柱，即保证欧盟内人员与企业的可移动性；实现交通发展与环境保护、能源安全、劳工标准和旅客与公民保护的协调；通过创新提高交通部门效率并促进其可持续发展；在世界舞台上推广欧盟的交通发展理念。

围绕四大支柱，欧盟制定了更为具体的共同运输政策，主要内容为：

在交通领域形成统一的内部市场，并促进不同交通方式整合，发挥各自最大优势。为此在陆路交通领域进一步开放公路托运市场；继续执行铁路货运市场开放的指令,并开始开放铁路国际旅客运服务;从环境、能源效率等各种因素考虑,争取提高铁路在货运与客运市场中的份额。航空服务的内部市场已经形成,今后应加强机场、空管等设施建设,实现单一天空,以进一步提高效率。在海运领域,目前尚未形成统一的内部市场,欧盟将着力建立共同海洋空间,以使海运更好地与其他运输方式相衔接配合。

提高运输体系的可靠性、安全性和保障性。改善运输部门的工作条件,吸引更多年轻人与专业人士在运输部门就业。保护旅客权益不受侵害。通过改进车辆设计、技术和基础设施以及改变驾驶习惯来实现公路交通死亡人数到 2010 年减半的目标。加强航空、航海运输的共同安全规则制定,增加相应机构的经费预算,以进一步提高其安全性。同时加强安全措施,提高重要交通基础设施特别是机场防范恐怖袭击的能力。

减少交通的环境与社会代价。鼓励研发,实施各种优惠政策,颁布新的交通工具能耗标准,以提高交通能源使用效率,并鼓励使用可替代能源如生物燃料、天然气、氢能和电能等。鼓励地方和城市政府发展公共交通体系、征收税费和采取其他措施来缓解交通拥堵、减少污染及其他社会成本。

优化交通基础设施。完成跨欧洲交通网(TENS)的建设,重点建设 30 个项目解决交通网的瓶颈与薄弱环节以及不同交通方式连接问题,以形成跨越整个欧洲的各种交通方式无缝对接的交通网络。为此可以采取多种方式筹措所需资金,包括制定较为统一的基础设施使用付费制度。同时通过地区政策基金和团结基金支持地理边缘地区的交通基础设施建设。

发展智能化交通。广泛应用通信与信息技术,提高交通的智能化水平,以进一步提高交通部门效率、促进各种交通方式更紧密的对接,提高旅行的舒适度和形成更为完善的物流链。欧盟已制定了一系列计划和项目来实现这一目标,如伽利略计划、智能汽车计划、提高空管水平的 SESAR 计划和铁路的 ERTMS 计划等等。

加强交通领域的国际合作和国际规则制定。由于欧盟企业控制着世界 30% 的航空运输和 40% 的海运船队以及相当大份额的交通工具制造,欧盟的运输政策和理念能够对世界产生影响。欧盟将积极利用其影响力来推进发展高效低耗和可持续的交通。欧盟将加强与美国和其他主要国家的磋商谈判,并在各国际交通组织中扮演更重要的角色。欧盟还将努力使其交通政策与网络扩展到新入盟、准备入盟和周边国家。

四、共同货币政策

共同货币政策(Common Monetary Policy,简称 CMP)由欧洲中央银行

(ECB) 在欧元区独享管辖权。其目标是保持物价稳定，在此基础上建立良好的经济环境和高水平的就业，实现可持续、非通胀型的经济增长。

（一）欧洲中央银行的货币政策机制

● 公开市场业务。在指导利率、管理货币市场、向市场发出政策信号等方面，发挥主要作用。具体通过再融资、长期融资、微调操作、结构操作而发挥作用。

● 管理流动资金的常设工具。欧洲央行以此提供和吸纳隔夜流动资金，规定隔夜拆借利率，并通过改变隔夜拆借利率向市场传递政策信号。

● 准备金制度。欧元区内的银行和信贷机构必须根据欧洲央行体系规定的标准和条件，在所在国中央银行的账户上保持最低限度的准备金。银行存入的最低准备金是计息的。

（二）共同货币政策的特点和便利

● 创造了稳定的经济环境。欧洲货币联盟的建立和欧元的引入，使欧洲形成单一的市场利率，有利于减少国际货币投机的冲击，营造稳定的金融市场。欧元的诞生，消除了由于汇率变动、各国利率差别而给盟内市场造成的不稳定，减少了外汇交易成本，降低了投资风险，消除了对经济产生的负面影响。同时，实施单一货币后，各国的物价、利率、投资收益差别将逐步缩小或趋于一致，使得物价和利率水平总体下降，居民社会消费扩大，企业投资环境改善，最终有利于欧盟总体经济的良性发展。以统一的货币、单一的市场对外开展贸易，加强了欧盟整体在国际贸易中的地位和实力。

● 提高了货币政策的独立性、有效性和透明度。欧洲中央银行是共同货币政策的制定者、实施者、监督者，并完全独立于各成员国政府及其中央银行。欧洲中央银行通过运用货币政策工具维护欧元区的物价稳定，确保货币政策目标是明确的，并且容易为社会公众了解和把握，社会公众能够拥有充分的信息和广泛的渠道对其决策程序和效果作出判断。

● 制定《稳定与增长公约》，确保欧元的稳定。为保证欧元稳定，1997 年 6 月欧盟首脑会议通过的《稳定与增长公约》，其主要内容是要求欧元区各成员国的年度财政赤字不得连续三年超过国内生产总值的 3％，国家负债不得超过国内生产总值的 60％，否则将面临最高达该国国内生产总值 0.5％的巨额罚款处罚。

● 共同货币政策没有财政政策相呼应，执行难度加大。欧元诞生以后，欧元区成员国完全失去了应用货币政策工具调节经济的手段，调节汇率和利率的全部主权也交由欧洲中央银行掌握，但财政主权仍然相互独立，属于各成员国政府。这造成了集中的货币政策和分散的财政政策之间的矛盾，财政体制与货币体制的不配套。同时，由于财政政策受到《稳定与增长公约》的限制，各成员国政府也失去了实行赤字财政的手段。这使两大经济调节手段无法配合执行，使共同货币政策的执行难度加大。

● 缺乏全体欧盟成员国加入，共同货币政策的执行还具有一定局限性。目前欧盟 27 个成员国中还有 12 个未加入欧元区，加重了欧盟内部各成员国之间的经济差异，使欧洲央行很难制定一个综合的、对所有成员国都适用的经济政策，也造成欧元区成员国在共同货币政策和汇率政策执行上的难度。此外，由于各成员国经济增长速度不同，通货膨胀率高低不一，以及各成员国本身存在的物价水平的差异，造成欧元在区内购买力不同。这些也给共同货币政策的执行力度带来一定的障碍。

五、服务贸易政策

服务业是欧盟经济中最重要的部门，其实现的增加值和就业人口占国内生产总值和总就业人口的四分之三。2006 年服务贸易进出口额均居世界首位，约占全球服务贸易总额的 30%。金融、建筑、商业服务、电信、环境服务等部门尤其发达，拥有众多大型跨国企业和先进的技术经验。

《罗马条约》中首次提出实现盟内"货物、人员、资本、服务"自由流动，其中第 2 条规定："欧盟将把建立统一市场和成员国之间日益接近的经济政策作为其任务"。

欧盟内部市场服务贸易自由化主要为设立自由（freedom of establishment）和跨境提供服务自由（freedom of providing cross border services）两条原则，在《欧洲共同体条约》第 43 条和第 49 条中进行了具体规定。但是，由于各成员国经济水平差异和欧盟扩大等原因，其服务贸易的自由化远未实现，各成员国之间仍然存在形形色色的贸易壁垒。

为真正实现服务的自由流动，欧盟委员会于 2000 年底提出了分"两步走"的"服务业内部市场战略"，一是就服务业统一市场壁垒进行调查并发布研究报告；二是出台"内部市场服务业指令"（简称"服务业指令"），旨在通过一个欧盟层面的法律框架文件来协调各成员国政策，消除壁垒，促进市场一体化进程。

据此，欧盟委员会在 2003 年 7 月发布了题为"服务业内部统一市场的现状"的研究报告。根据该报告，欧盟内部市场服务贸易自由化的目标还没有实现；成员国的壁垒可分为法律类壁垒和非法律类壁垒两类，广泛存在于服务企业跨境设立、提供服务、市场推广、服务产品销售等各个环节；中小企业因此遭受损失最大。报告呼吁通过欧盟统一行动和立法消除壁垒。

"服务业指令"于 2004 年出台，2006 年 12 月由各成员国表决通过，但仍需每个成员国在 2009 年之前将其转化为国内立法。该指令是一个总体法律框架，是针对所有服务业领域的原则性规定，并不涉及具体领域或壁垒。其主要内容包括：

- 简化有关服务企业的行政许可手续。
- 要求成员国政府取消其国内法中有关服务的限制性规定，执行和转化欧洲法院有关案例法。
- 要求成员国之间协调与合作，界定服务出口国和进口国之间的监管责任，避免对跨境服务产生重复管辖。
- 执行手段上采取欧盟与成员国合作的形式，而非强制执行。

六、知识产权保护政策

欧盟知识产权保护方面的法律规定，包括欧盟加入的有关国际条约与欧盟内部指令。欧盟内部的知识产权保护制度大致包括专利、商标和版权等方面内容。

（一）专利方面

1. 欧盟专利立法

专利是欧盟知识产权统一进程最慢的领域。目前，尚无统一的欧共体专利法，跨国专利申请仍根据《欧洲专利公约》（European Patent Convention）在欧洲专利体系下运作。欧盟曾于 1975 年和 1989 年在卢森堡分别起草了《欧共体专利公约》（Community Patent Convention，CPC）和《欧共体专利相关协定》（Agreement Relating to Community Patents），但均由于批准国家的数目不够而流产。

欧洲各国转为关注《欧洲专利公约》，试图在该体系之内协调、便利专利的申请与专利纠纷的解决。在该体系下，部分欧洲国家签署了旨在降低欧洲专利的翻译费用的《伦敦协定》（London Agreement，又称《2000 年 10 月 17 日为实施〈授予欧洲专利公约第 65 条〉的公约》，2008 年 5 月 1 日生效），而《欧洲专利诉讼协定》（European Patent Litigation Agreement，EPLA）则因争议过多而暂告失败。

欧盟往往通过出台的相关指令来协调各国立法。专利方面，1998 年欧盟通过《关于生物技术发明的法律保护指令》，遭到了荷兰的强烈反对并被上诉到欧洲法院，虽以荷兰败诉告终，但足见其过程之艰辛。2005 年，《关于申请计算机发明专利的指令》的提案引起极大争议，最终遭欧洲议会否决。

欧盟专利相关的法规有《关于建立医药产品补充保护证明的条例》和《关于建立植物增补保护产品证明的条例》。

2. 欧盟专利保护制度

如上所述，欧盟统一的专利保护制度尚未建立。欧洲专利体系虽然不在欧盟的框架之下，而且存在着各种问题，但却为欧盟内部的专利的申请与保护起到了重要的支撑作用。

欧洲专利体系始于 1973 年在慕尼黑签订的《欧洲专利公约》(European Patent Convention)，旨在加强欧洲国家之间在保护发明方面的合作。该组织已扩展到 37 个成员国。根据此公约，申请人只需通过欧洲专利局，便可在若干指定国内实现对其专利的保护。目前，该体系也面临着严峻的挑战和改革的压力，如要求翻译的语言种类过多、翻译费用过高、申请期限长、异议的提出须到各成员国法院提出、裁决不一致、异议期短等问题，都提高了知识产权申请和案件当事人的申请或诉讼成本，影响着欧洲各国之间在专利等方面的合作，大大妨碍了欧盟专利的申请和对发明人权利的保护，严重阻碍着欧洲知识产权保护制度的发展，同时造成了相对于美国的竞争劣势。

欧共体专利（Community Patent）是欧盟内部现正在讨论的专利法措施和未来的努力方向，旨在克服欧洲专利诉讼成本高和异议权难以实现的弊病，允许个人和公司在欧盟内部获得统一的专利，以真正实现欧盟"单一市场"的目标。由于欧盟成员国不肯轻易放弃本国在专利批准和实施方面的主权，目前建立统一的欧盟专利保护体系的工作实际上处于停顿状态。

（二）商标方面

1. 欧盟商标立法

欧盟的商标立法包括欧盟层面的立法以及各成员国的国内立法。

（1）国际条约：《马德里议定书》

（2）欧盟指令：《协调各成员国商标的指令》

（3）欧盟法规：《商标条例》、《商标条例实施条例》等。

由于欧盟各成员国都必须将欧盟相关指令转化为国内法，因此各国国内的商标立法基本相似。只有英国等，由于法系的不同，而与大陆成文法国家在商标立法方面有所差异。

2. 欧盟商标制度

欧洲有双重的商标保护系统，一是各国的国内商标注册保护体系，一是欧共体商标注册保护体系。也就是说，在欧盟，商标可以在各成员国分别注册，也可以通过共同体商标（Community Trade Mark，CTM）而在整个欧盟注册。

共同体商标创立了欧洲统一的商标注册体系，由欧共体内部市场协调办公室(Office for Harmonization in the Internal Market，OHIM) 负责管理。共同体商标体系的优点是只要一次申请、获准注册后，商标即可在欧盟各个成员国受到保护，范围广，费用低；缺点是任何一个成员国对该商标申请提出异议，都会导致整个申请无效。

欧共体商标体系并未取代各成员国国内商标体系。企业仍然可以自由选择单独申请注册国内商标、欧共体商标或者两者皆选。

此外，欧洲的商标申请人还可以通过马德里国际商标体系（Madrid System for the International Registration of Marks，简称马德里体系）保护其商标。

（三）版权方面

1. 欧盟版权立法

欧盟版权方面的法律规定，除国际公约、相关指令外，还包括欧洲法院和一审法院的判决。

（1）国际条约

欧盟缔结或加入的版权条约，包括《与贸易有关的知识产权协议》（TRIPS）、《世界知识产权组织版权条约》（WCT）和《世界知识产权组织表演与演唱条约》（WPPT）。

欧盟要求成员国加入的条约有《保护文学及艺术作品的伯尔尼公约》（Berne Convention）和《保护表演者、唱片生产和广播组织的罗马公约》（Rome Convention）。但《伯尔尼公约》与《罗马公约》的实施不得与欧盟的法律相抵触。

（2）欧盟指令

欧盟内部版权相关的指令涉及版权及相邻权保护、计算机程序保护、数据库保护、租赁权、保护期限等方面。迄今，欧盟共出台了 9 部版权方面的指令。其中，尤以为实施《世界知识产权组织版权条约》而制定的《欧盟版权指令》（EUCD）引起的争议最多。

2. 欧盟版权制度

协调欧盟内部各成员国国内立法的努力，始于 1886 年《保护文学及艺术作品的伯尔尼公约》，现欧盟各成员国均为该公约成员。欧盟最早从计算机程序的保护方面开始协调各国版权立法。此外，欧盟就版权及其相邻权的保护的最后期限以作者死后 70 年为准。

传统上欧盟各成员国版权法，尤其是普通法和成文法两大法系之间差异很大。因此，《欧盟版权指令》的实施在各成员国引起了颇多争议。

七、直接投资政策

1. 欧盟对"外商直接投资"的定义

按照欧盟委员会定义，所谓"外商直接投资"（foreign direct investment，FDI），是指"一国企业以现金、实物、无形资产形式在另外一个国家设立企业，拥有该企业至少 10% 以上的股权，并控制该企业的经营管理权"。

欧盟有关 FDI 的定义包含四个要素：（1）在境外设立企业。可以是新设立的企业，即"绿地投资"，也可以是并购当地已有的企业。（2）直接投资者必须拥有 10％以上的股权。（3）直接投资者必须控制该企业的经营管理权。（4）直接投资者向自己已有的境外投资企业追加投资也属于 FDI。金融类外商投资，如债券、股票、国际租赁、投资性参股、外汇、期货、房地产等，不属于 FDI。因此，欧方所说的 FDI 是指"非金融类外商直接投资"。

2. "外商直接投资"正在由"成员国权限"转移到"混合权限"

根据现行《尼斯条约》的相关条款，投资属于成员国权限。但在 2004 年《欧洲宪法条约》谈判过程中，成员国政府同意将"外商直接投资"纳入欧盟的"共同贸易政策"。但由于法国和荷兰全民公投中，《欧洲宪法条约》未能通过，该条约也被束之高阁。

考虑到法、荷否决条约的原因与共同贸易政策条款本身毫无关联，欧盟委员会积极建议部长理事会"提前兑现和预支"有关将"外商直接投资"纳入共同贸易政策的精神，以便欧盟更好地开展对外多双边经贸协定谈判。

经理事会一致同意，作为临时特殊措施，各成员国同意把"外商直接投资"从"成员国权限"转移到"混合权限"，欧盟委员会已据此对外商谈投资领域。

2007 年 12 月 13 日，27 个成员国领导人签署了《里斯本条约》，删除了《欧洲宪法条约》中较有争议的条款，改写并弱化了部分条款。但涉及共同贸易政策的条款原封未动，再次确认将外商直接投资纳入欧盟共同贸易政策范围。

《里斯本条约》应于 2009 年 1 月 1 日起生效。届时，《里斯本条约》将从法律上最终完成将"外商直接投资"权限从"成员国权限"转移到"混合权限"的程序。

3. 欧盟与成员国目前在 FDI 方面权限的细分

根据欧盟委员会与部长理事会达成的谅解和默契，金融类外商投资（foreign investment on portfolio）仍属成员国权限，FDI 则属混合权限。其中，"设立前的 FDI"（pre-establishment）属欧盟权限，"设立后的 FDI"（post-establishment）属成员国权限。

设立前的 FDI 将基于非歧视原则，包括市场准入和国民待遇两个方面。设立后的 FDI 主要包括投资保护内容，如因为战争和救灾等原因东道国对欧资企业资产和设备的征用，东道国政府因基础设施建设原因对欧资企业的拆迁，欧资企业与当地本土企业的并购，欧资企业在东道国证券市场上市，欧资企业的破产清盘，欧资企业与当地企业发生经济纠纷及劳资纠纷的仲裁和司法救助，欧资企业利润兑换成外汇并汇到境外，欧资企业外籍管理人员陷入民事及刑事案件时的司法救助等。

4.《里斯本条约》中有关 FDI 的权限划分

如果《里斯本条约》按期于 2009 年 1 月 1 日生效，有关 FDI 的权限变化情况如下：

首先，"外商直接投资"将首次被正式纳入"共同贸易政策"条款。

其次，"非金融类外商直接投资"（FDI）总体上从目前的成员国权限转移到混合权限；而金融类外商投资仍属成员国权限。

《里斯本条约》生效后，欧盟将会陆续制定一系列实施性法规。在法规起草、批准过程中，欧盟委员会与成员国经过反复博弈，会对 FDI 权限进行解读、细化、界定和分工。但总体趋势和精神是，权限将进一步从成员国向欧盟委员会转移，从部长理事会向欧洲议会转移。欧盟委员会和欧洲议会在贸易政策制定和实施过程中的作用和影响力可能进一步增大。

专题三

欧盟知识产权保护情况

一、欧盟知识产权管辖权限

过去，知识产权保护的立法、执法等职权一直属于欧盟成员国管辖权限范围，欧盟委员会无管辖权。

目前，与贸易有关的知识产权隶属于共同贸易政策；其余部分则由欧盟委员会和成员国共同管辖；知识产权相关谈判方案，欧盟委员会须事先经成员国充分授权才能以"一个声音"对外。

二、欧盟知识产权执法

（一）相关立法

（1）欧盟指令：《欧盟知识产权执法指令》（2004 年通过生效，2006 年实施）和《保证知识产权执法的刑事措施指令》（正在拟议中）。

（2）欧盟条例：《欧盟知识产权保护海关条例》（2004 年）。

以上立法的具体内容如下：

1.《执法指令》

《欧盟知识产权执法指令》（Directive 2004/48/EC）是欧盟为迎接 2004 年 5 月 1 日的第五次东扩而仓促通过的，没有包括刑事禁令，而且省略了非常有争议的部分。目前第二部执法指令，即《保证知识产权执法的刑事措施指令》正在讨论之中。

第二部执法指令，即《刑事措施指令》如获得通过，在欧盟侵犯知识产权的性质将从民事侵权转变为刑事侵权，并且将刑事责任的追究范围从目前仅限于版权商业侵权扩展到专利侵权，而后者属于传统的民事侵权领域。这将对欧盟的经济和司法产生深远影响。因此，该指令草案遭到了强烈反对。有关国际组织及成员国政府认为，除了应处罚行为与处罚措施不配套等立法技术尚不成熟外，还存在着用刑范围过宽、威胁软件等科技发展等问题，尤其是该草案已经超越了欧盟体的权限，侵犯了各成员国在刑事立法方面的主权。

2. 《海关条例》

2004年，有关知识产权海关保护方面法规的修改稿在欧盟部长理事会通过，并于2004年7月1日正式生效，替代了原有的海关执法条例（3295/94/EC）。

该项法规草案包括以下内容：在海关扩大知识产权的保护范围，增加对地理标识、原产地名称和植物多样性的保护（第2条）；免除了过去申请人请求海关对其享有的知识产权进行保护所必须交纳的保证金，对需要提交的表格和信息进行标准化处理，申请的有效期为1年，加大了海关执法的随意性（第5条和第8条）；加快对假冒货物，特别是对健康以及消费者安全造成威胁的货物和特定案件的处理速度（第11条）；即便没有权利人的申请，海关也可以根据自己的判断，对"可疑"产品进行扣押；增加了权利人与海关互通信息的规定；如果权利人与进口产品所有人意见达成一致，便可对"可疑"进口产品进行销毁；海关在接到申请人的申请后，30个工作日内将处理意见书面通知申请人。

欧盟委员会通过该项法规草案，授权海关在特定情况下可以在欧盟边境对涉嫌侵犯知识产权的假冒或侵权产品采取措施，旨在加大对侵犯知识产权的进口产品中的打击力度，保护欧盟知识产权所有者、消费者、中小企业以及内部地区的经济利益。

（二）具体执法情况

欧盟及其成员国都积极支持知识产权保护。在2006年6月欧美峰会期间，欧盟承诺与美国共同加强在边境以及第三国的知识产权执法力度。2006年欧盟委员会发布通告，旨在建立追究知识产权刑事责任的法律体系，并继续努力推行欧盟专利。2006年10月，欧委会颁布其《2005年欧盟以外知识产权情况调查报告》，并据此确定欧盟打击假冒的重点国家名单。中国被列为其首要打击对象。2007年10月，欧美又联合推动与日、韩、墨和新西兰签订《反假冒贸易协定》（ACTA），旨在联合打击盗版的全球化，保护知识产权权利人以及消费者的利益。2008年3月，欧盟举办假货商品展示会，展出了包括泰国制造的假冒法拉利跑车等各种假货。欧委会主席巴罗佐亲自出席。参展观众直观地体验到了假货的无所不在和无穷危害。

欧盟及其成员国的知识产权保护情况并不十分令人满意。譬如，2004年4月欧盟通过《关于知识与工业产权执法的指令》，要求所有成员国于2006年4月前实施该指令，采取有效和适当的救济和惩戒措施打击侵权，保护知识产权人的权利。然而，目前尚有一半的成员国未将该指令转化为本国法。美国已经通过特别 301 程序和 WTO 争端解决机制表达了对欧盟 TRIPS (《与贸易有关的知识产权协议》) 的执行情况的关注。

欧盟执法尚有许多需要改进之处，具体如下：

1. 专利执法

欧盟及其成员国的专利申请费及延展费比其他国家，甚至比美国都高出很多。葡萄牙卫生部甚至允许市场上出售仿制药（尚处于专利保护期的药品的复制品）。

2. 商标执法

由于欧洲历史悠久的国际品牌多，故对欧盟商标的侵权假冒问题较为关注。欧盟已开展打击商标假冒盗版的大规模行动。法国海关可以扣留近似商标的侵权商品，即使权利人不主张权利，只要海关能够认定侵权的就可以扣留（仅限于商标方面）。

3. 数据保护

欧盟，尤其是一些新成员国，对申请市场准入的药品和农业化学品的相关数据缺乏保护。而保护相关数据是 TRIPS 第 39.3 条的要求。

专题四

欧盟化学品 REACH 法规介绍

欧盟化学产品产业居世界领先地位，化学品产量占世界化学产品总产量的 31%。2000 年以来，欧盟化学品年出口量约占全球当年化学品出口总量的 25%。该产业为欧盟提供直接就业岗位 170 万个，间接就业岗位 300 万个，是欧盟第三大支柱性产业。

2006 年 12 月 30 日，欧洲议会与欧盟理事会于欧盟官方公报上公布了化学品《注册、评估、许可和限制法规》(Registration, Evaluation, Authorization and Restriction of Chemicals, 以下简称 REACH 法规)，预示着欧盟化学品新管理时代的到来及世界化学品管理体系的调整。

一、REACH 法规的实施目标

在 REACH 法规之前，同时有超过 40 余部化学品管理法规、指令等对欧盟化学品进行管理。欧盟认为迫切需要一部综合统一的法规，能够有效控制所有化学品物质在其整个生命周期中的负面影响。

欧盟官方公布的 REACH 法规的实施目标为：（1）保护环境及人类健康；（2）由企业承担数据及风险评估责任，安全责任向下游用户延伸；（3）保持和增

第四章 欧盟经济与贸易

87

强欧盟化学品行业竞争力；（4）防止内部市场的分裂；（5）增加透明度；（6）综合国际上已有的化学品管理成果与经验；（7）推广非动物实验；（8）履行欧盟在WTO中的国际义务。

不可否认，REACH法规将增强对环境和人类健康的保护。但从化学品行业发展来看，REACH法规也是欧盟保护盟内产业竞争力的一项重要举措。欧盟重新规范化学品管理法规，直接有利于促进欧盟成员国化学工业标准的统一，促进成员国之间在化工行业领域的融合，增强欧盟化学品行业的国际竞争力。

二、REACH法规的立法过程

2001年2月，欧盟推出《关于未来化学品战略白皮书》，提议建立化学品全新的注册、评估和许可制度，即REACH制度；2003年5月，推出REACH法规草案讨论稿并进行网上公开评议；2003年10月29日，欧盟委员会向欧洲议会和部长理事会提交了REACH法规建议案，REACH法规进入正式立法程序。后历经二读，至2006年12月13日议会投票，12月18日部长理事会签章通过，12月30日公布，完成了长达6年的酝酿与制定过程，于2007年6月1日生效。

三、REACH法规主要内容

（一）注册（Registration）

对现在广泛使用和新发明的化学品，只要是产量或一次进口量超过1吨，其生产商或进口商均需向欧洲化学品管理局递交材料申明化学品相关信息。

（二）评估（Evaluation）

欧洲化学品管理局依据所提交信息，对所有产量超过100吨的申请注册化学品物质进行评估，特殊情况下，也包括产量较少的化学品。评估包括对材料完整性审核、动物性试验必要性审核以及对人类健康和环境的风险评估。

（三）许可（Authorization）

对应引起极大关注的物质或其成分，如致癌、诱导基因突变或对生殖有害的化学物质，欧盟主管当局应对其按某一用途的使用方法给予具体授权。授权具有5年时效。

（四）限制（Restriction）

对特定危险化学品的生产、销售和使用予以法律限制，明确规定在何种特定情况下才能使用，或者完全禁止使用；若有替代品存在时，必须使用安全的化学产品以取代有害化学物质。

四、REACH法规的执行阶段

按照REACH法规要求，绝大部分现有化学物质（1981年9月18日前进入欧盟市场），需按产量及进口数量分11年完成注册。这类物质被称为分期注册物质（phase-in substance）。新化学物质则必须在进入市场前完成注册；如在规定时间段内未完成注册，该物质将不允许在欧盟境内生产、销售和使用。

（1）年产量或进口量1～100吨的分期注册物质，必须在REACH法规开始实施后11年内（截至2018年6月）前完成注册。

（2）年产量或进口量100～1 000吨的分期注册物质，必须在6年内（截至2013年6月）完成注册。

（3）年产量或进口量超过1 000吨的分期注册物质，超过1吨的致癌性、诱变性和生殖毒性物质（CMR），超过100吨的持久性、生物富集性和毒性物质/高度持久性和高度生物富集性物质（PBT/VPVB），必须在3年半内（截至2012年12月）完成注册。

需对化学物质进行分期注册的企业，必须于2008年6月至12月内完成预注册（pre-registration）程序，否则不能参与分期注册，而应在该物质进入市场之前完成注册。

五、应注册物质及可豁免注册物质

（一）注册主体

化学物质的注册主体为其唯一代表（only representative），而有资格担任唯一代表的必须是在欧盟境内的自然人或法人。如果中国企业对其化学物质进行注册，需通过其在欧盟境内的分支机构、关联企业或委托欧盟境内专业机构进行注册。

（二）应注册物质

应注册物质包括自然存在的或人工制造的化学元素及其化合物、所有两种或两种以上的化学物质的溶液或混合物以及聚合物的单体化合物。

（三）可豁免注册物质

根据REACH法规要求，部分特定物质和属其他法规或指令管理范围的物质将予以豁免，如年产量/进口量小于1吨的物质、已被其他法规严格限制的物质、用于产品与工艺研发PPORD的物质、欧盟重新进口的化学物质、可食用物质、REACH法规附件中所列豁免物质、非分离的中间体、聚合物、被视为已经注册的物质。

六、欧盟主管REACH法规的制定机制及实施机构

（一）欧盟委员会

欧盟委员会负责REACH法规及其实施指导的制定，以及今后可能的修订工作。在REACH法规进入实施阶段后，欧盟委员会将负责在成员国未达成广泛一致时，作出是否需要提供进一步信息的决议；在化学物质纳入授权制度方面，作出授予或驳回授权的决议，或作出限制决议。

（二）欧洲化学品管理局

设立于芬兰首都赫尔辛基的欧洲化学品管理局（European Chemicals Agen-

cy，ECHA）将于 2008 年 6 月开始全面运作。ECHA 是依据 REACH 法规要求而建立的，负责就 REACH 法规实施提供技术和科学指导、REACH 帮助台（help-desk）运行、接受预注册、注册信息完整性审核、主持评估等主要实施管理事项。

（三）欧盟成员国

成员国负责法规的宣介与解释、建立并管理各国 REACH 帮助台、对高度关注物质分类、给予限制等提出建议、协助 ECHA 对注册信息进行审核等实施工作。

第五章

共同体政策

共同体政策是那些支持和补充成员国政策的政策。在这些政策领域，成员国在遵守《欧盟条约》相关规定和欧盟相应法规的前提下，仍然在很大程度上保留决策权。共同体政策属于欧盟机构与成员国政府"混合决策区"的政策，具体包括竞争政策、消费者保护政策、财政预算政策、社会政策、税收政策、环境政策、科研政策、能源政策、地区政策、企业政策、发展援助政策等。

在一些领域，如竞争政策领域，欧盟机构起主导作用，成员国的竞争政策只能在欧盟竞争政策框架内，在不影响欧盟竞争政策效应的前提下，作为补充来规范成员国内部的少数竞争行为。在另外一些领域，如财政预算政策、社会政策领域，欧盟的有关政策则起到对成员国政策的协调与补充作用，成员国政策则起主导作用。

第一节　竞争政策

竞争是市场经济的灵魂和基本机制。良性竞争可以鼓励企业增加生产、创新技术、降低价格，使企业相互独立并感到竞争的压力。而竞争政策或竞争法则是市场经济中的"经济宪法"。欧盟的竞争政策近年来发展迅速，已形成较为完善的体系，而且与中国同属成文法系，值得借鉴。

一、立法目的及管辖权划分

欧盟竞争政策所调整的"竞争"是垄断以及可能造成垄断的行为，而非不正当竞争行为。其立法目的是要保护"竞争"、保护"市场"，终极目的是要保护"消费者"。

欧盟竞争政策起源于《欧洲经济欧盟条约》中的第 81～89 条（在 1997 年《阿姆斯特丹条约》以前是第 85～94 条），是保证欧盟内部大市场中竞争不被扭曲的重要体系。其主要目的有二：一是保持欧盟内部市场上的公平竞争以促进经

济发展；二是促进欧盟单一市场的进一步发展。

在欧盟，除了欧盟层面的竞争立法和竞争主管机关之外，各成员国也有相应的立法和主管机构。欧盟竞争法的效力高于其成员国竞争法。成员国竞争法不得与欧盟竞争法相抵触，否则该成员国竞争法相关规定无效。欧盟竞争法和其成员国竞争法管辖的范围不同：仅当有关反竞争行为影响到成员国之间的贸易时，才属于欧盟竞争法管辖的范围，欧盟委员会具有排他管辖权；某些情况下，欧盟委员会与成员国的竞争主管机关和法院均可实施管辖权；而那些影响只限于成员国内部的反竞争行为，如一个城市中两家主要面包店的联合定价协议，对欧盟共同大市场并无影响，因此仅属于其所在成员国的竞争法的管辖范围。

二、主要内容

欧盟竞争立法主要包括四部分：反托拉斯、并购、自由化、国家补贴。欧盟委员会是欧盟竞争政策的主要立法与执法机构。

（一）反托拉斯

《欧洲共同体条约》中反托拉斯涉及两项禁止性条款。

首先，第81条禁止两个或两个以上的公司通过协议限制竞争，只有在特殊的情况下才适用例外条款。最常见的违反第81条的行为就是竞争者之间的卡特尔，包括固定价格、分割市场等。

卡特尔是竞争者之间的一种非法的秘密协议，协同固定或提高价格、通过限制销售或生产能力来控制供货，和/或分割市场或消费者。卡特尔对市场竞争危害性极大。卡特尔会阻止其参加者之间的竞争，使其得以提高价格，去除增加生产或寻求更有效的生产方式的压力，卡特尔还会导致其客户（包括公司和消费者）支付更高的价格购买质量低、选择范围窄的产品，从而对整体经济的竞争力产生负面影响。

其次，第82条禁止企业滥用其支配性地位。典型例子就是企业试图通过掠夺性定价将竞争者排挤出市场。

《欧洲共同体条约》授权欧盟委员会实施上述禁止性条款并享有调查权（包括调查商业和非商业地点，书面要求提供信息等）。欧盟委员会还可以对违反欧盟反托拉斯法的企业处以罚款。从2004年5月1日起，各成员国竞争机构也有权实施欧洲共同体条约中的相关规定，以保证竞争不被扭曲或限制。各国法院也可以实施上述条款来保护欧洲共同体条约赋予欧盟国民个人的权利。

（二）并购

并购的立法目的在于防患于未然。尽管通过并购，公司可以形成合力来提高效率和竞争力，然而也可能会产生或加强某企业的支配性地位，从而削弱竞争、损害消费者利益。欧盟鼓励促进竞争、有利于经济增长和提高欧盟生活水平的并购。审查的目的是阻止那些危害竞争的并购发生。

欧盟并购的审查机关为欧盟委员会竞争总司。竞争总司与欧盟各成员国竞争主管机关的审查权的划分主要取决于相关并购是否"具有欧盟影响"。如果并购企业在全球以及欧盟的营业额超过了欧盟《并购条例》所规定的门槛，该并购就必须向欧盟委员会进行申报。欧盟委员会"一站式"的并购审查可以避免企业向相关成员国分别申报，能够简化程序、提高效率。低于欧盟并购审查门槛的并购由相关欧盟成员国的竞争主管机构审查。

欧盟委员会的并购审查程序分为两个阶段。通常在申报之前，为保证申报的顺利进行和增加可预见性，并购申报方都会与欧盟委员会竞争主管机关的有关人员进行充分的沟通。申报之后，进入第一阶段审查，时限为 25 个工作日，经申请可延长至 35 个工作日。第一阶段主要审查所申报的并购是否属于《欧盟并购条例》的调整范围以及该并购是否"与欧盟市场相容"（即是否会严重阻碍欧盟的有效竞争）。超过 90% 的并购申报都在第一阶段的审查中获得批准通过。只有引起重大关切、可能会严重阻碍竞争的并购才会进入第二阶段审查。第二阶段审查期限通常为 90 个工作日，特殊情况下，经批准可延长至 125 个工作日。

欧盟委员会可以根据该并购是否与欧盟市场相容，作出无条件批准、有条件批准或禁止并购的决定。

（三）自由化

欧盟委员会实施自由化的目的在于努力开放交通、能源、邮政和电信等服务行业，打破以前的国家垄断，引入国际竞争，从而扩大消费者的选择范围，使其享受到廉价优质的产品及服务，并提升整体经济的竞争力。

欧盟委员会的做法是从法律上将基础设施网络的提供与使用该网络提供的商业服务分离开来，要求网络运营商给竞争者进入网络的公平机会，以保证消费者能够从中选择服务最好的供应商。

欧盟自由化成效显著，在最早开放的航空和电信领域，目前平均价格已大幅下降。然而，在电力、煤气、铁路交通和邮政行业，由于自由化较晚或根本未予开放，其市场价格下降较少，甚至不降反升。

为了保证进行自由化的领域的公共服务质量和延续性以及消费者不受负面影响，需要加强相关的监管力度。欧盟委员会在实施竞争法时，一向要求享有"垄断权"的企业承担相应的义务，以保证公平竞争。

（四）国家补贴

关于国家补贴的相关规定源于《欧洲共同体条约》第 87～89 条。

国家补贴是指国家公共权力部门在有选择的基础上给予企业的任何形式的优

惠，包括：政府资助、利息减免、税收减免、国家保证、提供产品或服务的优惠或其他任何形式。其目的在于保证各成员国的企业公平竞争，防止成员国运用公共资源扭曲企业之间的竞争和欧盟内各成员国之间的贸易。因此，其所针对的补贴是由国家公共机构所给予的有选择性的补贴。而给予个人或所有企业的普遍性补贴不在欧洲共同体条约第87条的调整范围之内，因此不构成国家补贴。

国家补贴原则上是被禁止的。然而，欧盟也意识到在某些情况下，政府介入对于经济的良性运转以及平衡发展是必不可少的，因此，通过一系列的法规，规定了研发补贴、培训补贴、失业补贴等例外情况与附加条件。

欧盟建立了独特的国家补贴监管及评估制度。欧盟委员会负责对现存和拟议的补贴进行审查、调查和裁定。交通、煤炭、渔业和农业这四大领域的补贴分别由欧盟委员会相关产业总司负责，其余行业的补贴由竞争总司主管。

成员国必须履行补贴的通告义务。未经欧盟委员会批准，不得进行补贴。一旦发现补贴与共同市场不相容，欧盟委员会有权要求成员国通过适当的国内程序恢复原状，并要求受益者返还所接受的补贴。

三、国际合作

随着全球化的深入，并购与卡特尔也越来越呈现国际化的趋势，竞争的国际合作的重要性也日益凸显。欧盟委员会在竞争政策领域内的国际合作分为双边合作及多边合作两大部分。

（一）双边国际合作

欧盟注重双边竞争合作，尤其是与其主要贸易伙伴之间的合作。欧盟同美国、加拿大、日本、瑞士、俄罗斯等国都签署了关于开展双边竞争政策领域合作的协议。其中，欧美之间的合作最为密切，建立了定期对话以及日常信息互换和咨询机制。

欧盟对中国的竞争立法以及今后的执法也非常关注。通过研讨会、学术交流、境外考察、书面意见等形式对中国《反垄断法》的出台予以支持。根据2003年《中欧竞争政策会谈纪要》和《中欧竞争政策对话框架协议》所达成的内容，中欧之间于2004年启动竞争政策对话，每年一次，在布鲁塞尔与北京轮换举行，目前已经进行了四次对话。该对话为中欧之间搭建了一个竞争政策相互交流与合作的平台，为增进对双方的竞争政策、立法和相关事务的理解与认识、促进中欧在竞争政策和法律领域的交流与合作起到了重要作用。

此外，竞争政策也是申请入盟国家必须要达到的门槛之一。欧盟通常与入盟候选国家签署竞争合作的双边协议，帮助这些国家搭建竞争法律框架，并提供技术支持和人员培训。

（二）多边合作

欧盟也是竞争政策多边合作的积极推动者之一。欧盟在国际竞争网络（ICN）与经合组织（OECD）竞争委员会中都扮演着重要角色。欧盟还曾试图将竞争政策纳入世界贸易组织的多哈谈判议题，把欧盟竞争政策模式转化为多边贸易规则的一部分，然而由于各国立法现状、发展水平与观点分歧相距甚远，该提议最终未获通过。

第二节　消费者保护政策

一、欧盟消费者保护政策

在欧洲一体化的发展过程中，消费者保护始终是一项重要的基本政策。欧盟消费者保护政策旨在确保欧盟范围内出售的所有商品的安全性，确保消费者的权利得到保护，确保消费者获得有关信息，以便作出知情选择，并且不被误导。对消费者保护不仅局限于本地消费，而是覆盖整个欧盟范围。《欧洲共同体条约》第153条第1款规定，为了提升消费者利益，保证高水平的消费者保护，欧盟应该努力保护消费者的健康、安全和经济利益，增强他们获得信息的能力、接受教育的权利以及保护自身利益的能力；第2款规定，在制定和执行其他各项政策时，必须统一考虑消费者保护的要求；第3款a项规定，欧盟应该通过采取与第95条关于完善内部市场的内容相一致的措施，以达到第153条第1款确定的目标。此外，欧盟还专门制定了家喻户晓的消费者保护十大基本原则：（1）保护在任何地点购买的任何物品。（2）消费者有退货的权利。（3）对食品及其他消费产品制定严格的安全标准。（4）食品标识必须提供足够详细的信息。（5）合同必须对消费者公平。（6）在某些情况下，消费者可以反悔。（7）必须让消费者易于比较产品价格。（8）不得误导消费者。（9）对外出休假进行保护。（10）有效解决跨境争议。这十项基本原则仅是欧盟消费者保护的最低标准，按照欧盟法律，各成员国有权自行制定法律，对消费者给予更高水平的保护。

自2000年开始，欧盟理事会制定实施了旨在提高欧盟经济竞争力、全面推动欧盟社会实现可持续发展的"里斯本战略"。自此以来，欧盟委员会不断加强产品质量安全和消费者保护工作，并希望"消费者安全保护水平"能与"统一市场功能"、"通货膨胀系数"和"商业繁荣程度"等衡量欧盟经济发展的三大"基础指数"一样，对增强欧盟竞争力和促进欧盟可持续发展发挥重要的作用。近年来欧盟委员会把确保消费品安全作为消费者保护的一项最根本任务，不断加大消费产品安全的立法和执行力度。如，2001年欧盟对原欧洲共同体92/59/EEC指

令进行了修订，出台了新的《通用产品安全指令》（2001/59/EC，GPSD），并要求各成员国从 2004 年 1 月开始全面实施。去年欧盟委员会专门制定了"2007—2013 欧盟消费者政策战略"。根据该战略，加强消费市场和成员国消费政策的监督，完善消费者保护立法并加强执法，提高消费者知情权并加强培训，欧盟其他政策法规的制定和实施要以消费者为根本，以及在国际市场加强欧盟消费者的保护等将成为欧盟消费者政策优先考虑的目标。

二、欧盟产品安全管理

（一）法规框架

尽管消费者保护内涵很丰富，既包括消费品安全，也包括消费者服务、消费信用、反欺诈等诸多内容，但一般概念往往是直接联系到消费品安全。欧盟消费者保护法规体系目前主要是针对非食品类消费品安全，也就是通常所说的产品安全（欧盟食品安全法规和管理体系相对独立），现介绍如下：

（1）欧盟产品安全政策法规的最基本法律依据同样也是《欧盟条约》。该条约第 37、94、95、152、153 等条款都涉及消费者保护和产品安全方面的规定。

（2）以《欧盟条约》为依据，2001 年欧盟修订实施了新的《通用产品安全指令》（GPSD）。GPSD 的立法目的是为了确保欧盟市场产品的质量安全，从而保护消费者的健康安全，同时促进欧盟内部统一市场的正常运行。GPSD 适用于一切消费产品或可能被消费者使用的产品。GPSD 是一系列产品安全专门法规的基础，从产品风险控制、产品安全责任等方面对这些专门法规进行了补充和完善。GPSD 提出了产品安全的基本规定，适用于除食品以外的一切消费产品，特别是对无专门法规调整的产品安全要求作出了基本规定。因此，GPSD 处于欧盟产品安全法规体系中的基础和水平地位。以 GPSD 为基础，形成的一系列产品安全指令、决议和建议等，从产品范围上覆盖了玩具、化妆品等各类消费产品以及机电设备、压力容器、无线电设备等工业产品。

（3）单项专门法规。GPSD 是产品安全通用法规，又是各单项专门法规的补充和完善。欧盟委员会工业和企业总司负责起草一系列针对具体产品或风险的单项专门法规，并根据立法形势的需要，进行年度修订。最重要的一些专门法规包括：化学品、玩具、个人保护用品、化妆品、医药用品、机械产品、娱乐设施、产品缺陷责任等方面。现将玩具、化学品、缺陷责任等有关法规介绍如下：

第一，玩具指令（88/378/EEC）。玩具指令规定了玩具在生产过程中或投放市场前必须满足的一些强制性的安全指标。欧洲标准化组织（如 CEN，CEN-ELEC，ETSI）根据这些安全指标制定协调统一的欧洲标准。生产商或其代理人可以通过"自我验证"或第三方认证进行合格评定。所有在欧洲经济区流通的玩具必须带有 CE 标志。各成员国负责玩具的市场监督。

第二，缺陷产品责任指令（85/374/EEC，99/34/EC）。缺陷产品责任指令适用于欧洲经济区市场内任何产品，目的是明确缺陷产品法律责任，保证消费者利益与单一市场政策协调一致。根据该指令，无论是否由于过失，只要缺陷产品造成了人体伤害或财产损失，该产品的生产商就必须进行赔偿。85/374/EEC 指令主要适用于加工产品，99/34/EC 指令进一步把缺陷产品责任的范围拓展到了初级农产品领域。

第三，REACH 法规。欧盟认为化学制品在消费者工作和生活中的用途广泛，但同时也可能带来严重的危害，所以一直特别重视化学制品的安全管理，从60 年代就开始加强化学制品政策和法规的制定工作。最新的 REACH 法规，于2007 年 6 月 1 日生效，其主要目的就是为了应对化学品风险，加强对人类健康和环境的保护，促进内部市场自由流通，提高竞争力和鼓励创新。REACH 还要求产业界肩负起化学品风险评估和管理并向使用者提供安全信息的责任（详见REACH 法规专题）。

（二）职责分工

根据欧盟通用产品安全指令（GPSD），生产者和进口商的责任是保证投放欧盟市场产品的安全，并采取适当的预防性措施，出现问题时有义务立即行动并通报主管机构；欧盟委员会在消费品安全管理方面的职责具体包括：第一，立法。起草制定并报欧洲议会和理事会通过实施消费品安全的新法规。主要目标是协调各成员国利益，使各国关于消费品安全的技术法规尽可能趋于一致。第二，监督实施。督促各成员国有效执行 GPSD、专门指令等产品安全法规，组织开展执法活动，并负责相关法律解释。第三，协调。组织欧盟范围内产品安全风险信息交流，协调各国开展风险产品控制和查处。第四，推动。以资金投入和人员培训等方式，推动欧盟各国特别是新成员国加强产品安全管理机构建设，同时支持欧盟和各成员国消费者保护组织的发展。在欧盟委员会内部，企业总司主要负责化学品和大多数消费产品部门指令的立法工作，并具体负责化妆品、玩具、医药、医用制品和兽药等产品安全工作。消保总司主要负责组织实施 GPSD，并在 GPSD的框架下开展与消费者保护相关的消费产品立法和管理活动。此外，欧盟委员会还可以代表成员国对外与第三国或国际组织商签协定。

各成员国的责任是将欧盟法规（如指令）转换为国内法规，并具体执行，包括检查、召回、处罚等。为此，各成员国都设立了专门执行机构，以保证生产者和经营者履行义务，并在出现问题时采取有效的处罚措施。例如在我国对欧出口新颖打火机案例中，欧盟委员会制定了相关指令，设定了判断新颖打火机的标准，并在规定了一个过渡期后予以禁止销售。成员国负责将该指令转换为国内

法，在由国内的检查机构负责市场检查，一旦发现有新颖打火机，一方面将情况通报欧盟层面的 RAPEX 系统，另一方面要求厂家召回，并予以处罚。

（三）实施工具

为了有效实施消费者保护政策，欧盟近年来建立了一系列快速预警系统，如非食品类消费品预警系统（RAPEX）、食品和饲料预警系统（RASFF）以及医疗器械和药品等专门系统。

RAPEX 是欧盟根据 2001/95/EC 关于普通产品安全指令要求建立的一套非食品类消费品快速预警系统。通过该系统，任何成员国主管部门确认的危险产品的信息可以迅速传到欧盟委员会和其他成员国主管部门，以便共同采取有效措施防止或限制该类产品的市场销售。这些措施可以由成员国主管部门采取，也可以由生产商或销售商自愿采取（如 2006 年自愿采取的措施占 40％以上）。常用的措施包括：禁止/停止销售、撤出市场、消费者告知或产品召回等。为了维持 RAPEX 系统的运行，每个参加国都设有一个专门的 RAPEX 联络点，负责将自己市场的危险产品详细信息向欧盟委员会通报。欧盟委员会收到信息并经验证后，通过系统迅速发至所有参加国。各参加国马上检查自己市场是否具有问题产品，以采取相应措施，并将结果报回欧盟委员会。各参加国 RAPEX 联络点也可以接收消费者直接提供的危险产品的信息。RAPEX 从 2004 年开始运行，至今已运行五年。

五年来，由于欧盟委员会的精心打造和全力推介，RAPEX 在防范非安全产品市场流通方面所产生的作用和影响越来越大。首先，在硬件方面，欧盟委员会不断促进所使用的 IT 系统的升级换代，确保系统运行效率的提高。在软件方面，欧盟委员会成立有专门工作小组，不断完善风险分析标准、方法和指南，以提高通报系统的准确性和可信度。同时，欧盟委员会还采取各种措施鼓励成员国积极参与 RAPEX 系统的运行；举办各种研讨会、培训班开展 RAPEX 系统运行的经验交流和知识的普及，努力提高消费者利用 RAPEX 开展产品安全自我保护的意识。通过这一系列的努力，RAPEX 已经成为欧盟实施消费者保护政策的可靠的、有效的工具。

三、食品安全及动植物卫生管理

（一）食品安全管理

在经历了 20 世纪 90 年代的二噁英、疯牛病、掺假橄榄油等一系列食品安全危机之后，欧盟对其食品安全体系进行了重大改革。欧盟先后公布了《欧盟食品安全白皮书》，对食品安全问题进行了详细阐述，提出了对食品安全进行"从农场到餐桌"全过程监管的理念；成立了欧洲食品安全局，负责食品风险评估和食品安全技术研究，为欧盟食品安全管理的决策提供技术支持；出台了关于食品安全基本原则和管理程序的《食品基本法》。

在这些原则和理念的基础上，短短几年，欧盟建立起了一个较为完善的食品安全法律体系。2006 年标志着欧盟食品安全管理进入新的阶段。从 2006 年 1 月 1 日起，一整套食品和饲料的管理法规正式实施，主要包括欧盟理事会有关食品卫生的第 852/2004 号条例、有关动物源性食品特殊卫生规则的第 853/2004 号条例、有关人类消费用动物源性食品官方控制组织的特殊规则的第 854/2004 号条例、欧盟委员会关于食品微生物标准的第 2073/2005 号条例、关于饲料卫生的第 183/2005 号条例以及有关食品与饲料、动物健康与福利等法规实施监管的第 882/2004 号条例等。这些法规将根据欧盟"从农场到餐桌"的管理模式，适用于整个食品链的各个环节。

欧盟在完善立法的同时，也逐步强化了对食品安全的监管，要求生产者和经营者满足一系列法规和标准的要求，在技术上尽可能保证食品的安全，保证消费者的知情权和选择权。欧盟食品安全监管的主要方式，包括食品兽医办公室（FVO）定期对成员国或者第三国的食品安全管理体系进行检查、边境口岸抽查检验及市场监督抽查。特别是，根据 EC/178/2002 法规建立的食品和饲料快速预警系统（RASFF），为欧盟委员会和各成员国食品安全主管机构进行食品安全信息交换提供了有效途径。实践证明，RASFF 是一种有效的食品安全监管手段。

（二）动物卫生管理和动物福利

欧盟动物卫生管理的主要目的是，保护和提高盟内动物，特别是食用动物的卫生条件和健康状况；根据适当的卫生标准和国际义务，允许动物及其产品的盟内贸易及进口。根据"防胜于治"原则制定的新动物卫生政策的总目标是，通过进一步重视动物疫病的预防、监控和研究，降低疫病发生的风险，减少疫病造成的损失，保障高水平的公共卫生及食品安全，促进农业的发展。欧盟关于动物卫生法规主要包括关于活动物、动物产品及动物精子、卵子、胚胎的盟内贸易及进口的动物健康要求，关于动物传染病的控制、根除与监测要求，以及动物鉴别措施和保证追溯性等方面的要求等。欧盟对动物传染病疫区的划定，实行区域化原则，以尽量减少对贸易的影响。

欧盟承认动物具有意识。欧盟动物福利政策的基本宗旨是保障动物的五大自由，即免于饥渴的自由；免于不适的自由，给动物提供适当的生活及休息区域；免于痛苦、伤害与疾病的自由；表现正常行为的自由，应为动物提供充足的空间和有关设施，并应有同种动物陪伴；免于恐惧与压力的自由，避免精神折磨。随着科技的发展，越来越多的人认识到，安全的食品来自健康的动物，良好的动物福利，有利于动物的健康，有利于肉品的质量。迄今为止，欧盟有关动物福利的

第五章
共同体政策

具体法规和标准累计已有几十项，涉及饲养（农场）、运输、屠宰、进口、实验等多个方面。

（三）植物卫生管理

欧盟关于植物卫生管理的主要目的是，保证植物源性食品的安全，确保欧盟所有成员国农作物的质量及卫生状况。欧盟根据国际植物卫生标准和义务，对具有重要经济意义、有可能成为有害生物载体的植物及植物产品的盟内贸易及进口进行管理，制定并实施预防性保障措施，防止对植物及植物产品有害的生物传入欧盟或在盟内传播。这些措施包括在适当时候检查植物的种植及生长、对生产者进行登记。从第三国进口的某些植物及植物产品必须带有由第三国国家级植物保护机构签发的植物检疫证书，以证明这些植物或产品已经过严格检疫。

此外，欧盟还对植物保护产品或农药的销售与使用进行监管，并专门制定标准对农药残留进行监控，对种子及繁殖材料的质量、植物新品种的知识产权保护及遗传资源保护和使用等进行管理。

四、工业品质量安全技术法规

（一）技术性法规定义

在欧盟第 98/34/EC 号指令中，欧盟对技术性法规的定义为：技术性法规，即包括相关管理规定的技术规格和其他要求，事实上或根据法规在产品投放成员国市场或在成员国使用时必须遵守这些规格和要求，以及成员国禁止某产品制造、进口、投放市场或使用的法律、法规或管理规定。

（二）立法程序

欧盟层面的技术性法规由欧盟委员会提出草案，欧盟理事会和欧洲议会进行审议和批准。在成员国层面，制定技术性法规的方式有两种，一是将欧盟技术性法规转化为成员国法规，即法规转化；二是在欧盟层面没有相关法规时，成员国自行制定技术性法规。

（三）与技术标准的区别

欧盟技术标准与技术性法规有着截然不同的性质。欧盟的技术性法规有法律约束力，而标准则为自愿适用。由于许多技术性法规中附带有欧盟标准或协调标准，因此使人容易将两者混淆。在欧盟技术性法规中，一般只规定产品的基本要求，达到此要求的产品就可投放欧盟市场，而标准只是帮助产品达到这些要求的一个方法而已。当然，欧盟鼓励制造商按其标准生产产品。

（四）信息通报程序

为消除建立单一市场过程中因成员国技术法规不同而对货物自由流动造成的技术性壁垒，欧盟设立了成员国技术性法规的信息通报程序（TRIP）。欧盟在

1983 年制定了第 83/189/EEC 号指令，规定成员国在制定技术性法规时必须向欧盟委员会和其他成员国进行通报。1998 年此法规经过修订，形成了新的第 98/34/EC 号指令，将产品的适用范围从农产品、工业品扩大到服务业。

（五）新方法指令

为了进一步协调成员国的标准与技术法规，推动、保障统一大市场的建立和运行，欧盟于 1985 年通过了《关于技术协调与标准化的决议》，即新方法指令。新方法指令只规定产品投放市场前所应达到的健康和安全的基本要求。基本要求规定了保护公共利益所必须达到的基本条件，特别关注消费者健康及安全方面的保护，也涉及财产或环境保护等方面。

（六）市场监督原则

《欧洲共同体条约》第 10 条要求成员国采取所有合适的措施，保证全面履行由条约而产生的义务。市场监督是实施新方法指令的一个重要手段，商品在统一大市场内的自由流动只有与有效的市场监督体系结合起来，才能确保安全、健康与环境等公共利益不致受到侵害。

（七）快速预警通报系统（RAPEX）

为加强消费者安全保护，强化成员国市场监管部门的执法监督与合作，欧盟建立了非食品类消费品快速预警通报系统。当某一成员国发现可能对消费者的健康与安全产生危险的消费品时，或由该消费品引发事故后，该成员国应立刻将危险产品信息及处罚措施通过 RAPEX 系统通报欧盟委员会及其他成员国，以便各国及时、统一采取行动。此外，欧盟委员会也会通过合作机制，将危险产品信息通报产品原产地国（第三国）。原产地国根据所提供产品信息，在对生产商及出口商进行调查后，应将有关情况通报欧盟委员会。中欧目前已经有该合作机制。

第三节　财政预算政策

在欧盟的宏观经济政策结构中，欧盟层面负责制定财政预算政策的规则，各成员国实施财政预算政策。

一、欧盟财政预算政策规则

1997 年 6 月开始执行的《稳定与增长公约》作了以下明确规定：

（1）通过限制预算开支实现减少财政赤字的目标。

（2）财政赤字和公共债务相对较高的国家，必须加快降低财政赤字占 GDP 的比重。1993 年 11 月生效的《欧洲联盟条约》规定，成员国财政赤字和公共债务占 GDP 的比重不能超过 3％和 60％。《稳定与增长公约》规定，欧元区成员国必须制定中期经济发展与稳定规划，非欧元区成员国必须制定中期经济趋同规划，确定实现中期财政预算目标的时间表，努力在较短的时间内实现预算接近平衡或略有盈余。

（3）预算支出必须提高效率，改革和控制公共消费支出、公共养老金支出、医疗保健和失业补贴，加大国有企业民营化步伐，把更多的政府开支用于基础设施建设、人力资源开发和劳动力市场建设等。在财政赤字和公共债务稳定下降后，减少企业和个人的税收负担。

二、欧盟理事会、欧盟委员会负责监督和协调欧盟成员国的财政预算政策

（1）欧盟委员会负责对欧盟成员国的财政预算进行监督和协调。如果某一成员国的财政赤字可能超过或已经超过 3％的上限，欧盟委员会就会着手整理起草有关该国经济和预算的报告，提交欧盟理事会和该成员国政府。

（2）欧盟部长理事会是对欧盟成员国财政预算监督和协调的最高决策机构，对成员国财政是否出现过度赤字和是否实施惩罚具有最终决策权。欧盟理事会在接到欧盟委员会有关成员国财政赤字可能超过或已经超过 3％的报告后，必须在 3 个月内就该成员国是否已经存在过度财政赤字作出决定。欧盟理事会一旦确定某成员国存在过度赤字，就向该国提出在一定时期内纠正的建议。一般情况下，成员国必须在 4 个月内采取有效措施，消除过度赤字，该建议不对外公开。若成员国没有在规定的时间内执行欧盟理事会的建议，欧盟理事会将再次向该国提出迅速纠正的建议，并将建议公布于众。如果成员国仍不执行，欧盟部长理事会就会决定对该成员国进行惩罚。罚金由固定部分和附加部分两部分组成。固定部分相当于国内生产总值的 0.2％；附加部分则按当年财政赤字占 GDP 的比例超出 3％部分的 1/10 计，最高罚金不超过 GDP 的 0.5％。

（3）欧盟经济与财政委员会在欧盟成员国的财政预算的监督和协调中发挥重要作用。欧盟经济与财政委员会是欧盟理事会的咨询机构，由各成员国、欧盟委员会和欧洲中央银行各指定两名代表组成，其主要任务是对成员国和整个欧盟的经济、财政、金融状况进行密切监视，定期向欧盟理事会和欧盟委员会报告其结果，参加欧盟理事会有关文件的起草和准备工作。

三、欧盟自身的财政预算方案

欧盟目前正在执行 2007—2013 年财政预算。欧盟预算与成员国预算的不同之处，在于欧盟不能有赤字预算，支出要小于收入，量入为出，收支平衡，略有节余。如果欧盟预算一旦出现赤字，成员国不会轻易答应增加分摊费，欧盟也不

能像成员国那样发行债券。

从收入上看，欧盟 2007 年预算总额为 1 155 亿欧元，比 2006 年增加 7.6%，相当于扩大后的欧盟 27 国 GDP 的 0.99%。其中，来自传统的自有来源约占 15%，来自增值税提成约占 15%，来自 GDP 1‰ 与增值税税基 1% 差额的约占 69%，其他约占 1%。

从支出上看，包括农业补贴在内的农业开支仍是最大一项支出，预算额高达 563 亿欧元，占总预算近 45%；用于教育、科研、运输和网络建设等与经济增长有关的开支总额约为 549 亿欧元，比 2006 年增加 15.4%，是增幅最大的一块。

第四节　社会政策

欧盟一体化的最初目标主要是经济一体化。随着一体化的加深，欧盟层面的政策行动逐渐扩展到了社会领域。目前，欧盟层面的社会政策已成为一个机制健全、内容广泛的政策体系。

一、简要发展过程

1957 年欧洲经济共同体成立时，对社会政策并未给予重视，但共同体条约中都不同程度地包含了社会政策的内容。1974 年欧盟理事会达成了"社会行动项目"协议，促进了欧洲共同体 70 年代的很多社会行动。

1970 年代石油危机以后，欧洲经济增长和就业增长缓慢，财政负担沉重，劳动力市场僵化，失业率居高不下，国际竞争力下降。欧洲国家开始反思其福利制度并逐步开始改革社会政策。80 年代中期，要求欧洲共同体层面协调社会政策的呼声越来越高。1985 年，德洛尔（Jacques Delors）出任欧洲共同体主席，他重视社会政策的作用，特别强调就业政策。通过 1986 年签订的"单一欧洲法案"（SEA），一些社会政策被列入共同体的法律框架中。1989 年，英国以外的 11 国一致通过了"欧洲共同体劳动者基本社会权利宪章"。1992 年签订的《马斯特里赫特条约》，使欧盟社会政策扩展到了就业与社会保障、提高生活水平和质量，并建立了"欧洲公民权"的法律概念，明确了欧盟机构在社会政策方面决策及行政职责的范围。1993 年，德洛尔发表《增长、竞争与就业》白皮书，主张提高劳动力市场的灵活性，成为"欧盟就业战略"的基础。1994 年 7 月，欧盟又发表了题为《欧洲社会政策——欧盟发展之路》的白皮书，提出了 20 世纪末和 21 世纪初欧盟社会政策的发展战略。

1997 年 10 月签署的《阿姆斯特丹条约》，第一次将社会政策与经济政策、货币与财政政策并列为同一级大标题。该条约宣称，各成员国应当将就业作为共同关心的问题协调采取行动，并提出了具体的政策措施。除了就业政策外，条约授权欧盟采取消灭社会排斥和促进社会融合的行动，帮助社会弱势群体；条约还提出反对种族主义和社会歧视。

2000 年"里斯本战略"提出后，欧盟委员会随即制定了 2000—2005 年《社会政策日程》，提出了实现"欧洲社会模式"现代化的目标与原则，得到了尼斯首脑会议的批准。"欧洲社会模式现代化"包含两方面的意思：一是肯定西欧国家推崇"社会公正"、"社会平等"、"社会团结"与"社会和谐"的社会模式的合理性；二是强调必须对这种社会模式进行调整与改革。2005 年，欧盟委员会又根据修改后的"里斯本战略"制定了 2005—2010 年《新社会日程》。《新社会日程》根据修改后的"里斯本战略"关于增长和就业的目标，强调在保护弱势群体的同时，使劳动力市场和社会保障体系现代化。

二、目前欧盟社会政策的机制

欧盟的社会政策机制是多元的，有强制性立法，也有非强制性的目标；即有资金的引导，也有监督和督促措施。

（一）通过立法强制实施最基本的社会标准

欧盟社会政策立法主要包括四个方面（不含社会基金的立法）：就业上男女平等待遇；反对歧视，包括性别歧视、种族歧视、民族歧视、地区歧视、信仰歧视、年龄歧视、残疾人歧视等；保护自由工人流动；保护工人健康和安全、工人的劳动条件、信息和咨询权利等。通过这些立法，欧盟规定了一些最低的社会标准、基本权利。各成员国虽然建立了多样化的社会政策法律体系，但都要与欧盟法相一致，履行欧盟法的基本规定。

（二）制定统一的政策目标

除了立法等强制性政策，欧盟还制定了一系列社会政策的目标。如 2005—2008 年就业大纲提出，2010 年欧盟平均就业率应达到 70%，妇女就业率至少应达到 60%，老工人（55 岁～64 岁）的就业率应达到 50%。新的《社会日程》提出要将实现充分就业和反贫困、创造平等机会作为优先领域，并继续落实 2000 年提出的 2010 年消除贫困的目标。虽然这些目标没有强制的法律效力，但对各成员国具有重要的指导作用。欧盟通过财政支持政策、开放的协调方式以及社会对话来推动成员国实现这些共同目标。

（三）通过财政支持欧盟目标的落实

欧盟在社会政策方面设立了许多资金项目，鼓励督促成员实现欧盟的目标。其中最主要的项目有两个：（1）"欧洲社会基金"。这一项目于 1960 年根据《罗马条约》建立，其具体用途随着社会政策的变化而变化。50 年来主要投资于促进劳动者的技能和促进就业。在当前里斯本战略下这一目标更为明确。项目由成员国和欧洲委员会共同筹划，通过公共和私有部门实施。基金被分配到各成员国及地方，主要是不发达地区。2007—2013 年将有 750 亿欧元社会基金分配到各成员国。(2)"进程项目"(Progress)，是与"欧洲社会基金"项目并行的项目。以前实施了 4 期，目前正在实施的是 2007—2013 年的项目。项目资金用于支持成员国在就业、社会融合和社会保护、工作条件无歧视、性别平等等方面落实欧盟目标。其本身并不创造就业，而是用于政策的分析、"相互学习"项目、监督和合作，如欧洲范围的健康和安全研究、编纂欧洲劳动力调查资料、资助"欧洲就业观察"(European Employment Observatory)、支持法律和政策工作者培训等等。2007—2013 年，这一项目预算是 7.43 亿欧元。

（四）建立"开放的协调方式"(The Open Method of Co-ordination) 机制

这是里斯本战略的关键工具，主要是交流、推广各国在就业、社会保障和社会融合等方面的经验，鼓励和督促各国实现欧盟共同目标。在这一框架下，欧盟尊重成员国的差异性，实现共同目标的方法和路径都由各成员国自己决定。各成员国之间可以相互交流经验，对情况较差的国家形成了一定程度上的"软压力"。"开放的协调方式"首先在欧洲就业战略上应用，随后向社会保障和社会融合领域扩展。

（五）加强社会对话

共同体条约指出，社会对话是欧洲社会模式不可或缺的组成部分。社会伙伴对话是指劳资双方讨论、磋商、谈判和共同行动的机制。欧盟社会伙伴由有能力参与欧盟社会对话的雇主组织和工会组织构成。雇主组织主要有欧洲产业及雇主联合会、欧洲公营企业中心组织及欧洲手工业和中小企业协会组织；工会组织主要是欧洲工会总会。《欧洲单一文件》之前，社会伙伴主要通过游说来影响欧洲共同体社会政策的制定。在 80 年代社会对话机制形成后，欧盟层面的社会伙伴享有了直接参与立法的权利。在 2000 年引入"开放的协调方式"后，社会伙伴又与公民社会一道在欧盟的政策制定、政策实施和政策监督中发挥重要的作用。

三、当前欧盟社会政策的主要内容

（一）就业政策

就业政策是欧盟社会政策的中心。其他社会政策如社会保障、机会平等等社会政策也多通过就业政策来实现。1997 年 11 月，欧洲首脑会议召开卢森堡就业特别峰会，启动了欧洲就业战略，签署了第一个就业大纲。2000 年，根据"里斯本战略"，欧洲就业战略提出了有关就业率的一系列目标。2002 年，欧盟对欧

第五章
共同体政策

洲就业战略的实施进行了评估,认为未能达到"里斯本战略"提出的目标。2005年欧盟对"里斯本战略"作了修订,将重点集中在经济增长与就业上。欧洲就业战略的管理也发生了一些变化,欧洲就业大纲由一年一定改为三年一定。目前欧盟实施的是2005—2008年就业大纲。其就业政策的基本内容是:(1)吸引人们就业,留住人们工作。为了应对就业人口下降的趋势,要促进各个群体特别是年轻人、妇女和老年人的就业。对年轻人,要加强职业培训,提供职业介绍、职业指导,既要防止就业者流入长期失业者群体,又要促进失业人员和不积极就业人员就业。对老年人,要实行"积极的老龄化"措施,加强老年人的职业教育,为老年人创造灵活的工作安排如半日制等,改革养老金体系,促进老年人晚退休。针对妇女,政府和社会要提供更多家庭服务,促进妇女就业。(2)为企业的建立和经营提供方便,努力创造就业岗位。欧盟要求其成员国为企业发展特别是中小企业的建立创造良好环境,使得创办企业、经营企业更加容易。其主要措施有:简化创办企业手续,降低企业行政负担和税收负担;加强对企业家以及自雇人员的培训,树立企业家意识;防止隐性就业,为企业创造公平的成长环境。(3)增加人力资源投资,改革教育培训体系。欧盟的目标是,到2010年22岁的人至少应有85%完成高中教育,工作年龄人口中参与终生学习的人员比率至少应达到12.5%。为此,欧盟要求其成员国实施终生学习战略,成员国要加强人力资源投资;改革教育培训体系,使教育培训面向全社会,符合市场需要;采取措施,防止学生辍学。(4)改革僵化制度,增强适应能力。欧盟要求成员国增强劳动力市场的灵活性和安全性,改革针对企业和工人的某些僵化制度。欧盟制定的政策方向主要通过开放的协调方式以及社会基金等措施来实施。

(二)社会保障

欧洲的社会保障高度发达。欧盟层面的社会保障政策是在新的人口和全球化形势下实施的统一政策。政策主要包括养老保障、医疗卫生服务、反贫困和社会融合。其实施的措施除了通过公开协调方式、"欧洲社会基金"和"进程项目"外,欧盟从2000年就建立了社会保障共同信息体系(The Mutual Information System on Social Protection),向人们提供各成员国社会保障信息。

1. 养老金体系

在未来的几十年里,老龄化是欧洲的重要挑战。目前欧洲赡养率(退休年龄人口与工作年龄人口之比)为24%,2050年将达到50%左右。这将对财政负担和经济增长造成严重影响;同时,许多欧盟国家存在养老金领取者的贫困问题,老年妇女贫困比例更高;人员的流动也给享受退休金提出问题。因此,确保老龄化下的财务可持续和老年人获得充足的养老金是欧洲面临的最大挑战。为此,欧盟提出了以下改革方向:一是建立充足而持续的养老金体系。主要措施有鼓励延长就业，缴费与享受待遇联系更加紧密，建立补充养老保险，提高最低养老金水平；二是增强养老金的可携带性，养老金权益、养老金转移、养老金保留的条件更为有灵活性；三是推动建立多支柱、合理的养老金结构。

2. 医疗卫生

在欧盟，人人享受高质量医疗服务是其社会模式的基本要素。其公共卫生体系虽非常发达，但存在医疗服务享受不公、长期照顾体系不能满足需要、医疗费用过高、等待期过长等等问题。尽管医疗卫生的主要责任属于成员国的职责，但由于这些问题在欧盟是普遍的，因此，欧盟与成员国一起对各国的改革进行协调、支持、监督和评估，目标是扩大覆盖面、提高服务质量、增强财务可持续性。另外，欧盟在促进跨境人员的医疗照顾方面做了很多工作，欧洲公民有权在另一国享受某些医疗服务，并实施了新的健康医疗卡，简化享受服务的程序。

（三）反贫困和社会融合

尽管欧洲有着世界上最发达的社会保障体系，但仍有 16％的人口生活在贫困的危险中，1/5 的人口住房不合标准，10％的家庭无人工作。2000 年"里斯本首脑会议"承诺将反贫困和社会融合作为里斯本战略的重要部分，各成员国要协调行动。各成员国制定并通过了国家行动计划。这一领域的重点是：通过打破贫困的隔代转移减少儿童贫困；实现劳动力市场的真正包容，确保人人体面住房，特别照顾残疾人、少数民族、吸毒者、嗜酒者、孤独的老人和儿童，采取措施应对财务排斥，让贫困者享受到财务管理服务，防止过度负债。目标的实现通过实施"社会融合进程"、"相互学习"、"同行互查"等措施，鼓励和鞭策各成员国实现欧盟的目标。

（四）人人机会平等

1. 促进男女平等

在欧洲，女性虽然受教育程度普遍较高，但职业年龄相对短，升职速度慢，同时待遇也比男性低。同时，女性一旦有了孩子以后，工作会受到很大影响。为此，促进男女平等成为欧盟条约和所有政策核心价值观之一。为此，欧盟在工资、就业、职业培训、社会保障、父母休假等方面都制定了相关的平等法律。在所有的政策中，促进妇女就业居于政策的核心。在欧洲就业大纲中特别提出妇女就业率目标，并提出协调家庭和工作关系的原则。"欧洲社会基金"以及社会对话是促进男女平等的重要手段。

2. 反对歧视

2000 年欧盟成员国一致通过了种族平等指令和就业平等指令，主要针对性别、种族、民族、遗传特征、宗教、残疾、年龄和性取向等主要歧视现象。反歧视是"进程项目"、"公开的协调方式"实施的重要领域。另外，欧盟还通过举办

"欧洲平等机会年"、"共同体反歧视"等项目，鼓励、鞭策成员国采取措施，反对歧视。

第五节　税收政策

税收政策是欧盟建立统一内部市场的重要政策工具，也是实现"里斯本战略"目标所必不可少的政策组成部分。但由于税收关系到各成员国主权和经济利益，欧盟各成员国仍保留除与贸易相关的关税以外的其他税收政策制定权和行使权。欧盟层面的税收政策主要是进行各成员国间的税收协调。只有在某成员国的税收政策违反了《欧洲共同体条约》的相关规定时，欧盟委员会才有权干涉。

一、背景

《欧洲经济欧盟条约》在统一税收方面非常谨慎。其要保证的是欧盟贸易中的财税中立原则，即对本国产品和从其他成员国进口的产品在税收上应平等对待。而由于各国在经济社会结构方面差异很大，税收政策也各不相同，为防止税收差异演变为成员国之间的贸易投资壁垒，欧盟委员会的主要职责是对间接税进行协调，防止其影响欧盟内部贸易流动，以保证对国内产品和从他国进口产品的财税中立。这是因为间接税（主要是增值税和消费税）能够直接对货物和服务在市场上的自由流动造成影响。1992年，欧盟委员会提出统一增值税的最低税率，标准税率的最低基本税率为15%，适用社会文化性质的产品或服务的税率最低为5%。目前，各国之间增值税税率还存在较大差别，税率最低的卢森堡只有15%，德国和西班牙为16%，而瑞典和丹麦的税率则高达25%。迄今为止，欧盟并未提出对间接税进行完全统一。

二、法律基础

欧盟委员会制定和执行税收政策的法律基础源于《欧洲共同体条约》第93和94条。第93条规定，"在欧盟委员会提出建议并经欧洲议会和经济社会委员会讨论后，理事会可批准就流转税、消费税和其他形式的间接税进行协调的法规，只要该法规是保证内部市场建立和运行所必需的。"第94条规定，"在欧盟委员会提出建议并经欧洲议会和经济社会委员会讨论后，理事会可发布指令，协调成员国直接影响内部市场建立和运行的法律、法规和行政规章。"

三、欧盟税收政策概况

根据上述条款，欧盟在1995年发布了一系列具体政策，统称"税收一揽子政策"（SEC（1996）487），目的是促进经济增长和就业，防止有害税收竞争，内容包括：

- 制定"政治行为规范"，防止出现有害税收竞争的政策；
- 有关利息收入税最低标准的法规；
- 有关关联公司跨境利息及佣金支付的来源地税收的相关规定；
- 税收形式的国家援助相关规定。

在此基础上，欧盟于2001年5月以文件的形式出台了有关税收政策的基本文件《欧盟税收政策——未来的主要任务》（COM（2001）260）。该文件规定，欧盟委员会的政策目标是消除成员国之间的税收障碍，打击有害的税收竞争。其主要内容是，欧盟委员会不必对成员国的税收体制进行根本性调整，而只是在成员国无法单独解决问题、各国政策需要协调时才采取行动。欧盟采取的措施包括在公司税、增值税、消费税、机动车税以及研发等领域进行必要协调，通过非约束性的"建议"方式实现。同时，欧盟委员会还将对各国税制进行进一步研究，提高透明度和促进信息交换。

总体上，未来欧盟税收政策的走向是以各成员国之间的税收协调和合作为主，但同时保留一定程度的税收竞争。毫无疑问，各国在税收制度上的差别仍将继续存在，但会不断缩小，最终形成统一的税收体系。

第六节　环境政策

一、环境政策的产生

环境政策是在欧盟一体化过程中逐渐得到加强的重要领域。早期的欧盟并未将环境政策列入欧盟政策。20世纪70年代以前，环境政策属成员国管辖权范畴，由各成员国自主制定并实施。此后，随着欧盟经济迅速发展，环境问题显现，保护和治理环境逐渐成为欧盟一个重要政策领域。

二、环境政策的法律基础

1972年巴黎首脑会议以前，环境政策主要以《罗马条约》第100条为基础。该条款赋予欧盟以建立与维护共同市场为目的而协调成员国立法及实践的权力。此后，《罗马条约》第235条逐渐成为欧盟就环境问题进行立法的基础。该条款授权理事会在证明确有必要的情况下，并经部长理事会一致同意，可以在欧盟层面进行立法。

1987年生效的单一欧洲文件是欧盟环境立法的转折点，在欧盟条约第三部

分中，新增有关环境内容，为欧盟环境政策提供了法律基础。

1993年生效的《马斯特里赫特条约》进一步强化了环境政策的法律地位。首先，条约第一次在核心条文中明确将环境保护列为欧盟的宗旨，凸显环保的重要性。其次，条约规定了欧盟环境政策的四大目标，即维护、保护和改进环境质量；保护人类健康；谨慎、合理地使用自然资源；在国际上促进应对区域或全球性环境问题的措施。条约同时规定"欧盟政策的制定和实施必须结合有关环保要求"，使环境保护成为欧盟制定各项政策必须考虑的重要原则。

三、环境政策的决策程序

《欧洲共同体条约》规定"共同决策程序"和"特定多数"为环保问题的表决机制，但在有关环境税收、城镇规划、能源供应等领域仍需一致同意。根据条约规定，有关环境立法的决策将由欧盟委员会提出建议，经欧洲议会和部长理事会以"特定多数"原则表决通过后，即可成为欧盟法规。

四、环境政策的主要原则

欧盟环境政策包括以下原则：（1）预警原则。在遇到严重或不可逆转的环境损害威胁时，即使缺乏充分科学根据，欧盟仍可采取措施防止环境恶化。如欧盟以转基因玉米可能损害人体健康、破坏生物多样性为由，禁止美国转基因玉米在欧盟市场销售。（2）优先整治环境源原则。环境保护应从防止环境破坏发生入手，治理环境损害应从源头抓起。（3）污染者付费原则。环境污染行为实施者应承担污染防治、治理的相关费用。近年来欧盟实施的环境税、排污权交易均体现该原则。（4）一体化要求原则。环境政策要融入欧盟其他各项政策。在制定工业、农业、渔业、交通运输、能源等经济政策时，均应考虑这些政策对环境的影响。

五、环境政策的重点领域

按照污染源及污染对象划分，欧盟环境政策的重点领域有：废弃物管理、噪声污染、化学品污染、水污染、空气污染、核污染、保护自然和生态环境、预防和治理环境灾害等。

（一）废弃物管理

废弃物管理政策目标包括：通过改善产品设计，从源头上减少废弃物的产生；鼓励废弃物的循环和再利用；减少垃圾混烧造成的污染。在政策实施过程中，遵循污染者付费原则，使产品制造商承担治理环境污染的费用，利用经济手段促使制造商改善产品设计、生产工艺，从源头上减少污染产生。为控制废弃物对环境造成损害，近年来欧盟通过了一系列重要法规，包括《报废机动车指令》（ELV）、《报废电子电气设备指令》（ROHS）、《关于在电子设备中禁止使用某些有害物质指令》（WEEE）等。

（二）噪声污染

防治噪声污染措施主要体现为制定某些机械设备的最大噪音标准，包括除草机、机动车、民用航空器及其他户外使用设备。

（三）化学品污染

对化学品的管理一直是欧盟环境政策的主要内容。欧盟先后通过了《关于限制销售和使用某些危险化学物质的指令》、《危险化学物质分类、包装及标签指令》、《化学品注册、评估、许可和限制法规》（REACH）等法规，加强对化学物质的管理。

第七节　科研政策

为实施"里斯本战略"，欧盟自 2000 年起制定了一系列促进欧洲科技发展的战略与政策。其宗旨一是增强欧洲科技联合的凝聚力，提高欧洲整体研发水平；二是集中精兵强将，利用有限财力和人力资源，攻克尖端技术难题；三是刺激研发投资，特别是私人机构与企业投入；四是促进科研成果转化与创新，加快高科技产业化的进程，增强欧洲企业的国际竞争力；五是进一步改善人民生活环境，提高生活质量。其主要战略与政策是：

（一）增加研发经费

（二）创建欧洲研发优势极区（CLUSTERS）

欧洲的研究质量必须明显地体现在促进经济增长的技术领域；在欧盟范围内，知识的传播与研究人员能力的提高必须纳入高水平的研究项目中，要根据研究人员的兴趣和需求来选择研究方向。

（三）发挥欧洲技术首创精神

集中欧洲的企业、研究人员、研究机构、财政部门、规章条例制定组织等单位共同创建"技术平台"。

（四）通过泛欧研究团队的竞争，增强基础研究的创造能力

采取泛欧个体研究团队开放型竞争与支持机制，刺激欧洲研究活力，增强研究创造力和产出率。根据研究人员的建议，按其意愿独立选择研究项目，而不受课题或跨国合作的限制。

（五）吸引顶尖研究人员

继续加强"玛丽·居里计划"的执行力度，吸引青年从事科学工作，调整培

训结构，优化培训方式，发挥女性在科研方面的作用，加强知识传播，特别是向技术水平落后地区中小企业传播；通过加强国际间交往，扩大研究人员国际培训与自由流动范围；进行终生培训，发展科技事业；加强国际科技交流与合作，不断改善研发环境，提高待遇，吸引国外顶尖人才。

（六）加强研究基础建设

改进研究基础建设与运营支持方式，进一步加强欧洲研究基础的实力，尤其是支持不断扩大的自由电子激光和纳米电子技术研究基础建设。

（七）强化国家研究计划的协调

欧盟参与成员国国家研究计划的目的是促进成员国研究力量的真正集成。欧盟框架计划所取得的成果进一步增强了成员国国家研究计划的协调能力，体现在纳入国家研究计划网络的 ERA-NET 财政支持力度增大，研究活动经费渠道更加多样化，相互开放意愿越来越强。

第八节　能源政策

一、供给政策

欧盟能源供给政策包括：抑制盟内能源需求；鼓励能源生产、消费、进口国别、运输路径多元化；加强与主要能源供应国和消费国的关系；建立激励机制，鼓励能源基础设施的投资；提高能效，大力发展再生能源；建立严密的能源形势分析与监视体系；加强国际合作，参与国际能源市场竞争；建立新的协调机制，提高欧盟应对突发事件的能力；加强对成员国能源储备的协调与管理。

欧盟能源供给政策，又可细分为天然气政策、石油政策、矿物燃料政策、核能政策、再生能源政策、能源运输政策、贸易与投资政策、能源研究与技术开发政策、能源国际合作政策等。

二、市场政策

（一）内部能源市场政策

内部能源市场政策的目标是：促进内部市场全面开放，废除民族能源保护政策；进一步统一欧洲能源标准；制定欧盟内部能源市场合作与对话原则和条例；制定欧盟能源工业和投资法规，加强投资力度；建立开放的能源信息网络，加强能源市场的监测与管理；增加输电系统运营商之间的协作，提高电力运营网络的安全性；提高基础设施的安全性。

（二）国际能源市场政策

国际能源市场政策的目标是：加强内部协调，确保一个声音对外；创建国际能源市场监测网络，研究分析国际能源市场发展动态；扩大与东欧、中欧、地中海地区、中东、亚洲及拉丁美洲的合作，建立稳定的、公平的能源贸易关系；进一步发挥欧盟在核能、可再生能源、环保等方面的技术优势，大力开拓发展中国家能源技术市场；加大对发展中国家，尤其是矿物燃料资源丰富的大国的能源投资与援助，与其建立稳定的合作关系。

三、能源研发政策

能源研发政策的目标是：合理、有效地利用有限的人力和财力，最佳地组织实施能源研究与技术开发计划，缩短成果测试、推广、产业化及商品化周期。

根据实际情况，欧盟制定如下具体政策：制定能源技术战略计划；以欧盟技术平台为依托，对欧盟技术资源进行最佳配置；强化能源研发决策与协调机制（欧盟委员会能源总司主管，负责研发计划的论证及编制、财政预算、组织实施、研究成果示范、推广与技术转让）；加强对成员国的指导与协调，促进各成员国的能源科研政策与欧盟能源总政策接轨；增加欧盟能源研发投入，并鼓励各成员国政府、企业及公共和私人研究机构积极投资，增强能源研发能力；认真组织实施能源专项研发计划，重点是非核能源、可再生能源、受控热核聚变、节能、能源合理利用、能源环保、核能安全等领域；努力向国际市场转让能源新技术，特别是积极开拓发展中国家的能源技术新市场；创建能源研发信息网络，为能源研发提供优质服务；扩大能源领域的国际科技合作与交流，积极参与国际大型能源研发计划。

四、节能减排政策

2006年欧盟公布《能源效率行动计划》，提出欧盟将力争在2020年前实现节能20％的目标。分领域节能目标为：家庭能源使用效率提高27％、工商企业提高30％、交通行业提高26％、制造业提高25％。该行动计划还提出10大优先领域，包括限制汽车排放量、鼓励提高能源效率投资、提高发电站能效和建立刺激节能的税收制度等。在减排方面，2007年3月欧盟首脑会议决定，在2020年之前将欧盟温室气体排放量在1990年的水平上减少20％。

第九节　地区政策

欧盟地区政策方向目前大体分为缩小地区差距、提升地区竞争力和欧盟地区

第五章　共同体政策

113

协作三个方面。基本思路是要从"硬件"和"软件"两方面入手改善地区投资环境，为商业资本进入创造必要的条件，最终提高地区经济活力和加强地区经济多样性。实施框架则形成了从规划、实施到评估的一整套完善的管理体系，成为实施综合政策的重要工具和载体。

一、欧盟地区政策的产生和演进

（一）缩小地区差距

欧盟地区政策的理念起源于 1957 年签署的《罗马公约》。真正起步是在 70 年代中期。1973 年欧洲共同体第一次扩大，英国、爱尔兰、丹麦 3 国正式成为共同体的新成员。这次扩大凸显了地区差距问题。1975 年 3 月，共同体部长理事会就全面实行共同地区发展政策达成一致。地区政策的核心是设立欧洲地区发展基金。欧洲共同体决策机构认为，欧洲一体化会促使其内部经济向发达中心地区集中。这期间，如果忽略经济欠发达的外围地区的话，最终将因贫富悬殊太大而危及共同体的存在。地区政策的宗旨就是要抵消一体化进程所带来的负面影响。

（二）社会凝聚

在希腊、葡萄牙、西班牙三个较为落后的国家加入欧洲共同体之后，欧洲共同体经济与社会内部凝聚的问题凸显。解决这个问题，就要通过较高的 GDP 增长实现各地区的基本收入、竞争力和就业状况相近，最终实现社会团结。

1988 年，成员国一致决定，将欧洲地区发展基金、欧洲社会基金、欧洲农业指导与保证基金中的指导部分合并成结构基金，同时结构基金数额在 1989—1993 年间翻番，共计达到 600 亿欧洲货币单位。结构基金占共同体预算的比重由 1986 年的 17.6% 提高到 1992 年的 25.4%。

这次改革对各成员国的目标区作了划分，奠定了地区政策操作的基本原则，即人均 GDP 低于欧洲共同体平均水平 75% 的地区才能接受资助这一原则。欧洲共同体向有关目标区提供资助。经过这次改革，共同体实施地区政策的力度不仅大大加强，也扭转了以往地区行动中以成员国为主、共同体为辅的局面。

（三）第二次改革

经济与社会团结成为欧盟发展的重要战略目标，地区政策执行力度随之不断加大。

《马斯特里赫特条约》的签署引发了 1993 年欧盟地区政策的第二次改革。《马斯特里赫特条约》将经济与社会团结同经济与货币联盟以及单一市场相提并论，称其为建构欧盟的三大支柱之一，从而进一步提高了地区政策的地位。欧盟提出了 1994—1999 年"六年规划"，在该规划中加大了地区政策的执行力度，把减少地区经济发展差别、提高落后地区的竞争力作为实现《马斯特里赫特条约》的重要手段和主要任务。在 1989—1999 年期间，结构政策的累计支出约为欧盟国内生产总值的 6.5％。地区政策改革的直接诱因是为了吸收瑞典和芬兰入盟，欧盟委员会为此新设了渔业指导金融工具，以支持这两个国家渔业部门的多种经营。

第二次改革中最有意义的举措当属设立团结基金。该基金是 1994 年设立的。主要目的是帮助欧盟经济发展相对落后的成员国（而不是地区）达到《马斯特里赫特条约》为经货联盟设定的经济趋同标准，实际上是对经济实力较弱成员国进行财政补偿。

（四）第三次改革

1997 年展开的第三次地区政策改革目的在于提高地区政策执行效率以适应东扩新局面。改革的方向主要是对结构基金进行大规模调整，以期尽可能降低东扩的成本。其内容主要包括：（1）向中东欧申请国提供"接纳前援助"。欧盟自 2000 年起将每年从总预算中拨出 31.2 亿欧元作为"接纳前援助"，这些资金主要用于农业开发和运输及环保领域，以使这些国家的农业开发和运输、环保基础设施能提升到满足欧盟标准的水平。"接纳前援助"意味着所有申请国在入盟前就如同成员国一样，得到团结基金赞助。（2）欧盟委员会将结构基金维持在 1 950 亿欧元水平上不再增加，从财政资源上为东扩做好准备。（3）改革地区政策操作方式。一方面精减了各成员国的目标区数目，另一方面对结构基金操作实行分权化管理。这意味着有关资金支出的管理权放在成员国而非欧盟。欧盟方面则从具体的管理运作中撤出，其责任变为制定结构基金管理规则，并通过实行监督和提出政策优先顺序等途径影响成员国的政策操作过程，使之按欧盟意图来执行或调整地区发展战略。这次改革的意义在于调动了各成员国的积极性，使之在最适宜的地区政府层次上进行操作以增强地区政策的效率。

二、地区政策的主要目标

（一）2000—2006 年规划的目标

为了提高地区政策的效率，结构基金在 2000—2006 年规划中，将目标集中确定为三大优先发展目标，其中目标 1 和目标 2 是地区性目标，目标 3 是主题性目标。

目标 1：促进落后地区的经济社会发展和结构调整，标准是人均 GDP 在欧盟平均值 75％以下的地区。主要用于基础设施建设，改善投资环境。该目标覆盖欧盟 22％的人口，支出约占 70％左右。

目标 2：主要针对面临经济转型和结构调整困难的地区，同时还包括了一些需要促进经济多样化发展的地区。该目标包括欧盟约 18% 的人口，支出约占 11.5%。

目标 3：人力资源的开发。由欧洲社会基金负责实施。具体内容包括：（1）促进实施积极劳动力市场政策解决失业问题；（2）改进劳动力市场进入条件，特别针对边缘化群体进入劳动力市场难的问题；（3）开展终身教育和培训项目，提高就业机会；（4）提前采取措施，适应经济社会调整；（5）创造男女平等就业机会。

（二）2007—2013 年规划的目标

2007—2013 年期间的结构基金规划有新的调整，同样确定了三大优先目标：

目标 1：缩小地区差距。加强基础设施建设，改善投资环境，为经济增长创造条件，缩小落后地区的差距。新的目标 1 地区与上一规划期间的目标 1 地区标准相同，即人均 GDP 在欧盟平均值 75% 以下的地区，这一目标覆盖 1.5 亿人口，支出占 81.5%。

目标 2：提升地区竞争力和创造就业。新的目标 2 地区包括原有目标 2 和目标 3 地区，一方面鼓励创新和发展知识经济，培育企业家精神，改善环境，吸引投资；另一方面进行人力资源投资，提高劳动力水平，创造就业岗位。这一目标覆盖 3.1 亿人口，支出占 16%。

目标 3：欧盟地区协作。这一目标主要针对跨境地区，在跨境地区地方政府建议的基础上，鼓励跨国跨境的地区合作和信息交流，以促进地区整合发展。欧盟居住在跨境地区的人口达 1.8 亿，占总人口的 37.5%，支出占 2.5%。

三、基金运作是落实地区政策的主要政策工具

欧盟地区发展基金创立于 1975 年，是结构基金中规模最大的，基金额约占整个结构基金的一半。基金的主要目标设为增强受援地区的经济发展潜力、支持结构调整、促进经济增长和持续就业。为达此目的，该基金主要用于资助生产性投资、基础设施项目、开发本地经济潜力的活动以及技术援助和大型项目等，同时也用于鼓励成员国之间的跨国经济合作和交流。

欧洲社会基金是 1957 年根据《罗马公约》建立的，当时的基本想法是为工人提供职业培训和安置费用，以增强雇员在共同体范围内地理和专业的流动性，通过统一市场建设促进经济增长来解决失业问题。1971 年修改共同体条约后，明确授权欧洲社会基金对欧洲共同体劳动力市场进行干预以求改善其平衡状况。当时干预的重点一个是农业人口向非农产业转移，一个是由贸易自由化引起的纺织和服装业大规模的结构调整而产生的人员冗余现象。1988 年改革后，主要用于消除长期失业和提高青年人的就业能力，1993 年后又用于增强工人对产业变

化的适应能力。主要方式是提供职业培训和就业帮助，改善教育体制。

欧洲农业指导和保障基金是在 1962 年作为共同农业政策的一部分成立的，目的是促进农业的结构调整，主要是为农村地区采用农业新技术、发展非农产业提供资金支持。渔业指导融资基金是为帮助沿海地区受渔业生产萎缩影响的渔民而设立的。

四、爱尔兰经济成就显著是欧盟地区政策成功的范例

欧盟地区政策的突出成效是显著地缩小了欧盟内部穷国与富国之间的差距，有力地促进了爱尔兰、西班牙、葡萄牙和希腊 4 个经济发展相对落后国家的经济发展。其中爱尔兰的经济成就尤为引人注目，年均经济增长率在 5% 以上；人均收入水平从 1983 年相对于欧盟平均水平的 64% 提高到 1993 年的 80%；到 1995 年进一步提高到欧盟平均水平的 90%，已超过芬兰的人均收入水平。爱尔兰经济发展水平之所以能迅速赶上欧盟的发达国家，欧盟地区政策对改善爱尔兰投资环境的作用功不可没。

第十节　企业政策

欧盟企业政策的目标是增强企业活力，提高产业竞争力，促进就业和经济发展。其核心是扶持中小企业。企业政策总体上属于成员国管辖权范畴，欧盟机构在企业政策方面更多的是发挥协调、促进、推动趋同的作用，使用的手段多为资金支持、发表研究报告、推动成员国相互借鉴交流等。

《欧洲共同体条约》第 157 条规定："欧盟和成员国应当鼓励欧盟企业的创新和发展，特别是中小企业的创新和发展。"该条款成为欧盟企业政策的法律基础。

一、欧盟中小企业概况

根据欧盟委员会的定义，雇员少于 250 人、年营业额不超过 4 000 万欧元，或者年资产负债表总值不超过 2 700 万欧元的企业，并且没有企业或者若干企业（本身不是中小企业）拥有该企业的 25% 或者更多的资本或投票权的，都属于中小企业。

中小企业在欧盟经济中具有举足轻重的地位。截至 2005 年，欧盟共有各类企业约 2 000 万家，其中 99.8% 的企业为中小企业，91.8% 的企业雇员人数在 10 人以下，即所谓的微型公司。中小企业创造的营业额占欧盟总量的 57.5%。

二、扶持中小企业政策

2000 年 6 月，欧盟通过了《欧洲小企业宪章》，还制定了 2001—2005 年扶持中小企业计划及各成员国的国家改革计划。

欧盟和成员国支持中小企业的政策主要包括以下几个方面：

（一）资金支持

欧盟对中小企业资金支持主要通过欧洲投资银行（EIB）和欧洲投资基金。欧洲投资银行是欧盟的发展银行，其资金的 90％用于欧盟不发达地区的项目，其余 10％用于东欧国家或者与欧盟有联系的发展中国家。欧洲投资银行通过"综合贷款"间接地为中小企业投资筹措资金，这是由负责研究中小企业项目的商业银行根据欧洲投资银行的指导原则提供的贷款。

从 1990 年以来，欧洲投资银行向 4.5 万家以上的中小企业提供了融资。其中有近 45％的资金涉及工业和服务业，受益的中小企业 80％以上雇员少于 50 人，97％少于 250 人。

欧洲投资基金创立于 1996 年。其目的是为与跨欧洲网络有关的项目和中小企业提供贷款担保。在欧洲投资基金的 20 亿欧元的捐赠资本中，40％来自欧洲投资银行、30％来自欧盟预算、30％来自所有成员国中的 80 多家金融机构。欧洲投资基金对中小企业的支持采取两种形式：一是贷款担保，总额最多为其捐赠资本的 8 倍，即 160 亿欧元；二是通过"增长和环境"引导项目对环境贷款进行担保。欧洲投资基金的担保，使得中小企业能够不仅获得贷款，而且利率也较低。

2006 年 11 月，欧盟委员会企业总司发布了新的"欧盟扶持中小企业"政策文件，进一步明确了对中小企业的资金支持方式，作为今后的政策指导。根据该文件，欧盟对企业的资助方式分为四类，即专项资助、结构基金资助、金融工具和中小企业国际化资助。

（二）保障内部市场的自由流动和法规一致性

根据《欧洲共同体条约》，欧盟委员会企业总司负责监督内部市场上货物的自由流动和成员国影响企业的政策和标准，以保障企业在任一成员国都受到同等待遇，同时减轻企业的行政审批负担。

（三）帮助中小企业提高竞争力

根据"里斯本战略"和成员国国家改革计划，欧盟委员会致力于以各种方式提升企业竞争力，包括人员培训、提供市场信息、设立"企业创新中心"等，向中小企业以较低费用提供信息、咨询、政策指导、法律咨询等方面的服务。

（四）通过竞争法防止大企业形成垄断地位，保护中小企业免受大企业的挤压，维护公平自由的竞争环境。

第十一节　发展援助政策

欧盟是世界最大的发展援助提供方，对外援助总额占全球的一半以上。欧盟对外援助范围广泛，覆盖全球 150 多个国家、地区和组织。

欧盟的发展援助政策分为地区和全球两个层面。地区发展援助政策主要体现在与具体的国家集团签订的各种协议，对象主要是"洛美协定国家"、"马格里布国家"（Mahgreb）和"马什雷克国家"（Mashreq）。全球层面的发展援助政策体现在欧盟作为一方的涉及大多数或所有发展中国家的各种协议。

欧盟的主要援助对象是非洲、加勒比海和太平洋地区发展中国家。欧盟早在 60 年代就与一些非洲独立国家缔结了两个带有援助性质的《雅温得协定》。自 1975 年开始，欧盟先后与非加太国家签订了四个《洛美协定》。2000 年签订了《洛美协定》后续协定——《科托努协定》等。

欧盟发展援助优先领域包括：贸易和发展、地区合作与发展、微观经济政策支持和公平获取社会服务（包括卫生和教育）、交通、乡村可持续发展和食品安全、机构能力建设（包括良政和法制）。

欧盟发展援助由两部分组成，一是成员国的双边援助，二是欧盟的多边援助。双边援助是欧盟成员国对外援助的主要形式，占欧盟对外援助金额的五分之四。双边援助由各成员国自行决定政策。由于各成员国利益、传统、文化不同，因此在发展援助政策制定和计划实施方面呈多元化特性。多边援助占欧盟对外援助金额的五分之一，援助资金由欧盟委员会负责管理，资金主要来自欧盟预算和欧洲发展基金。在欧盟多边援助上，成员国必须相互协调，形成共同的发展援助政策。在蒙特雷会议以后，欧盟加大了对发展援助资源的整合力度，不仅要求成员国更大程度上与欧盟保持一致，而且要求成员国控制或减少双边援助，扩大并加强欧盟的多边援助。

欧盟对多边援助体系有着重要影响。经合组织发展援助委员会负责规范和监督成员国的发展援助工作，该委员会的 23 个成员中有 15 个是欧盟成员国。这使欧盟作为整体在该委员会中占据绝对优势。欧盟及其成员国利用其数量优势，对整个多边援助体系和国际援助事业发挥着重要影响。

欧盟对外援助政策不同于美国和日本。欧盟不像美国那样强调援助的战略意义，而是比较提倡利用援助消除贫困，注重投资于人力资源开发，支持教育和卫

生事业的改善。欧盟还强调要改善受援国的经济、社会和人权状况，支持环境保护和可持续发展，并且要求加强多边援助机构、区域组织、民间社会和私营部门之间的伙伴关系。在援助的投向和形式上，欧盟成员国各有侧重，但与美国相比，欧盟更加强调发展合作；与日本相比，欧盟则较多地使用无偿赠款。

欧盟发展援助政策使欧盟与发展中国家建立了广泛和密切的联系。欧盟发展援助政策有着形式多样、覆盖较广、金额较大等特点，对于减少发展中国家的贫困、缓和南北矛盾发挥了一定作用。欧盟利用发展援助政策实现其战略目标的同时，也在追求着自身的经济利益。欧盟的发展援助政策刺激了自身的经济增长，扩大了自己的产品市场和保证了经济增长所需的原材料和能源供应。发展援助政策使广大的非加太地区成为其利益独享的市场和原料产地，是其与美、日进行竞争的主要手段。

第六章

欧盟对外关系

欧盟是当代国际关系体系中一个独特的超国家性质的政治经济实体，是世界第一大经济实体和贸易方，拥有世界第二大货币，每个月对外支付近 6 亿欧元的援助，受惠方遍及全球。它是国际政治的主角之一，在世界政治、经济、安全、文化和社会发展领域发挥着突出作用，与美国、俄罗斯、中国、日本、印度等世界重要政治力量建立了战略伙伴关系，与地中海、非洲、亚洲、拉美等地区组织和国家集团定期举行高级别会晤，与几乎所有国家和地区签有双、多边协议。它在维护和平、防扩散、气候变化等全球性问题中积极发挥作用，几乎所有的国际危机和热点问题中都能听到它的声音或者看到它的身影。

兼具超国家与政府间合作双重性质的欧盟，其对外关系始终是国际关系中的特例。欧盟和它的前身欧洲共同体虽然已经开展了半个多世纪的对外关系，但它还不具备真正意义上的共同外交与安全政策。面对全球性挑战，欧盟各国正在加紧审视、制定或更新一系列涉及外交与安全的共同战略和政策，欧盟外交、安全和防务机构正在深刻演变，已经拥有可观的快速反应部队听从调遣，在全球执行诸多维和任务，对外更多"用一个声音说话"。

第一节　欧盟对外关系

一、概述

欧盟对外关系起始于欧盟的前身欧洲经济共同体（EEC）时代。欧洲经济共同体 1957 年成立后，即开始对外执行共同的贸易政策和发展援助政策，并陆续与世界各国建立外交关系，由欧洲经济共同体委员会对外派出代表。20 世纪 70 年代，亚非拉大批国家获得独立并面临严峻的发展需求，欧洲共同体开始奉行共同的对外人道主义援助政策，以欧洲共同体名义对外提供援助。欧盟及其成员国长期以来是世界主要的发展援助提供方。1992 年《马斯特里赫特条约》创立了欧盟共同外交与安全政策（CFSP），欧盟国家可以在涉及共同利益的领域对

外采取共同行动。

欧盟对外关系的核心理念是有效多边主义。欧盟在自身通过一体化促进地区安全稳定与发展经验的基础上，在国际事务中坚定奉行有效多边主义原则，主张各国共同参与和协商解决国际安全问题，共同应对气候变化、环保、发展、防疫等全球性挑战，主张向欧盟周边地区辐射民主与和平理念，支持以世界贸易组织为核心的全球多边贸易体制，主张互利平衡的经贸关系。

欧盟对外关系当前涵盖从经济、社会、发展援助、教科文到政治和安全等广泛领域。欧盟委员会、欧洲议会、欧盟理事会、"欧盟仲裁人"、欧洲投资银行和欧洲重建署及其他专门机构都参与欧盟对外关系。

从职能划分上，欧盟对外关系大体分为代表欧盟共同利益的欧盟委员会、代表欧盟民众利益的欧洲议会和代表成员国政府的欧盟理事会三大部分。欧盟与第三国总体关系由欧盟委员会对外关系总司负责，但非加太（ACP）与欧盟关系因主要涉及发展援助，相关事务主要由发展总司负责。欧盟对外贸易关系由对外贸易总司负责，但在欧盟经济决策权的划分上，成员国仍掌握税收、预算、社会保障、产品研发等方面的决策权。欧盟共同外交与安全政策主要由欧盟理事会和共同外交与安全事务高级代表负责协调，欧盟委员会和轮值主席国密切参与（详见有关章节）。欧洲议会外事委员会负责欧洲议会的对外交往。

二、与战略伙伴的关系

（一）欧盟与美国关系

欧美关系又称跨大西洋关系。自美国与欧盟前身——欧洲煤钢共同体 1953 年建立外交关系以来，欧美关系虽然不时出现分歧摩擦，但始终居于欧盟对外关系核心地位。

历史上，双方复杂绵密的文化、经济、社会和政治联系可以追溯到近五百年里欧洲大陆对美国持续不断的移民潮。当前，欧美关系的基础性文件是 1990 年的"跨大西洋宣言"和 1995 年的"新跨大西洋日程"。"跨大西洋宣言"创建了欧美之间包括峰会在内的不同层次政治对话机制。"新跨大西洋进程"为欧美关系制定了四大目标：共同在全世界推广和平、稳定、民主与发展理念，并共同担负领导使命；共同应对全球性挑战，包括打击跨国犯罪、环保和防疫；共同促进全球贸易便利化，支持世界贸易组织和多边贸易体系；从贸易、文教、科技等各领域构筑更紧密的跨大西洋关系。

近年来，欧美在反恐、防扩散、能源和地区安全、禁毒、打击有组织跨国犯罪等广泛领域加强合作，并在巴尔干、阿富汗、地中海、中东和非洲等地区开展了一系列联合军事行动。欧盟成员中有 21 国同时是北约成员国，与美在北约框架下的军事合作有所进展。根据 2003 年签署的《柏林附加议定书》，欧盟可以有条件使用北约集体军事资源。

欧盟与美国是当今世界最大也是最发达的两个经济实体，双方贸易量长期以来稳居世界首位，并互为最大贸易伙伴（包含货物贸易和服务贸易）和投资方。2006 年欧盟对美货物贸易出口 2 690 亿欧元，进口 1 780 亿欧元。当前，跨大西洋的双向贸易量每天大约 17 亿欧元，相互投资额达 15 000 亿欧元，共有 1 200 万到 1 400 万劳动力为对方公司工作，双方贸易量的四分之一是各自跨国公司的内部贸易。在"新跨大西洋日程"的框架下，欧美首脑还在 2007 年 4 月 30 日共同签署了"推进跨大西洋经济一体化框架"文件，宣布建立跨大西洋经济理事会，负责监督和加速经济合作。

跨大西洋关系中不时有分歧摩擦。在国际政治和安全领域，欧盟近年来始终对美在反恐问题上违反人权的行为持批评态度，对美不批准《国际刑事法庭规约》表示遗憾，认为美的单边行为已对国际关系准则产生不利影响，对美在 2003 年发动的伊拉克战争，欧盟内部产生分裂，但主流民意强烈反对美绕过联合国、单边动武；在伊朗核问题上，欧盟坚持谈判与制裁双轨并进，对美威胁对伊动武不予支持。在经贸领域，欧盟反对美行使单边治外法权，对美 1996 年通过"赫尔姆斯-伯顿法案"制裁与古巴做生意的外国公司进行反击。在气候变化和保护生物多样性等问题上，欧美之间有重要政策差异。欧盟批评美不参加《京都议定书》和不批准《生物多样性和相关生物安全议定书》，认为美作为全球头号温室气体排放国对全球变暖过于冷漠，坚决推动《京都议定书》生效，并持续对美施压，推动美尽快承担温室气体量化减排义务。

（二）欧盟与俄罗斯关系

俄是欧盟最大邻国。欧盟宣布在互利和分享价值观的基础上，与俄发展政治、经济和社会领域的战略伙伴关系。

1997 年签署的《伙伴与合作协定》是指导双边关系全面发展的框架文件。协定规定了欧俄共同促进国际和平与安全，支持世界民主化和政治经济自由，发展各领域平等伙伴关系和建立欧俄自由贸易区等政策目标，设立了包括峰会、常设伙伴关系理事会部长级会议、外长政治对话及其他专门性对话机制在内的一整套经常性联系机制。协定为欧俄关系 10 年发展提供了法律和政治框架。该协定原定于 2007 年 11 月 30 日到期。欧俄虽都认为双方关系需要新的《伙伴与合作协定》，但迄今未就启动新协定谈判达成一致。1997 年协定自动延期。

近年来，欧俄关系发展凸显在两方面：一是四大共同空间建设不断推进；二是双方相互依存和摩擦同步增加。

一方面，欧俄 2003 年 5 月圣彼得堡峰会同意建设共同经济空间，共同自由、

第六章 欧盟对外关系

123

安全与司法空间，共同外部安全空间和共同研究、教育与文化空间。近几年来，双方制定了建设四大共同空间的路线图，并取得一系列实质进展。在共同经济空间建设上，欧俄经贸联系不断加强，2006年俄已成为仅次于美、中的欧盟第三大贸易伙伴，占欧盟出口额的6.2%和进口额的10.4%（2000年相关数据分别为2.7%和6.4%）。在共同自由、安全和司法空间的建设上，双方于2006年5月索契峰会上签署《签证便利化和遣返协定》，并正式将互免签证作为长期努力目标；双方在联合反恐、打击跨境犯罪和加强边境管理等方面也开展了一系列合作。在共同外部安全空间建设上，双方就支持有效多边主义达成一致，并在国际反恐、防扩散和热点问题上保持了密切磋商与合作。2003年12月通过的首份欧盟安全战略报告中还明确提出，俄是全球和地区地缘政治安全的关键力量，对欧盟大周边政策和重大国际问题有着突出影响。在共同研究、教育与文化空间建设上，俄积极参与欧盟研发框架计划，双方承诺共同致力于在2010年建成欧洲高等教育区；欧俄还开展了促进文化交流、新闻自由和媒体民主化管理方面的合作。

另一方面，经济全球化促使双方利益交错更加密切，欧盟2004年东扩导致双方地理进一步靠近，欧俄利益摩擦增多。双方在俄加里宁格勒州居民过境、所谓"冻结冲突"（摩尔多瓦境内的"德涅斯特河左岸共和国"，格鲁吉亚境内的阿布哈兹、南奥塞梯两地区分离问题，阿塞拜疆与亚美尼亚的纳卡冲突）等问题上分歧较大，对科索沃最终地位问题看法迥异。

能源问题是当前欧俄利益纠葛复杂的缩影。近年来，欧盟对俄油气依赖有增无减。2000年，欧盟50%的天然气和22%的原油由俄进口，2006年分别为42%和30%。由于国际能源供应趋紧、价格走高，俄从对欧盟能源贸易中获利丰厚，2006年销售额达940亿欧元，远高于2000年的360亿欧元。俄强调巩固对欧盟能源供应份额，保障"供应方安全"，同时渴望打进欧盟能源零售市场，但一直遭到欧方抵制。欧盟为减少对俄能源依赖，确保供应安全，近年来积极推进能源来源多元化。同时大力推动俄能源采运对外开放，以发挥欧方资金和技术优势，但呼吁俄签署《能源宪章》始终无果。欧俄能源领域的相互依赖较长时期内难以改变。欧盟要实现自身节能减排的一系列指标，对俄天然气的依赖将不断上升。俄同时也是欧盟核燃料的重要供应方。双方可能在较长时期内保持既合作又争吵的复杂关系。

（三）欧盟与日本关系

欧盟与日本的关系集中在经贸领域。1991年的《欧日联合宣言》和2001年《欧日合作行动计划》为当前欧日发展经济政治伙伴关系打下基础。宣言强调欧日是两大发达的工业化民主实体，确认双方关系指导原则和首脑年度会晤制度；行动计划规定2001—2011年为欧日建设务实的、强有力的伙伴关系的十年，确立了四项共同目标：推进和平与安全；加强经贸伙伴关系；应对全球性社会挑战；促进各国人民和文化交流。

政治上，双方强调民主、人权和市场经济等共同价值观，并在联合国、世界贸易组织、经济合作与发展组织、国际货币基金组织和八国集团等框架下磋商合作；在反恐、能源安全、防扩散、中东和平、中亚、非洲等问题上加强协调。随着欧盟扩大和国际影响力上升，日欢迎欧盟更多介入亚洲安全事务，欧盟也欢迎日在国际上发挥更大作用。但欧盟对日倡导的以"自由与繁荣之弧"为代表的价值观外交并未呼应。

经济上，双方关系密切。日为欧第五大贸易伙伴。2006 年欧日货物贸易总值 1 212 亿欧元，日顺差 318 亿欧元。双方相互投资数额庞大，且均呈增势，欧盟已成为日最大外资来源。当前双方正通过"规范化改革对话"机制增进市场准入的规则协调和简化，进一步促进相互贸易和投资。但欧方对欧日贸易长期逆差不满，坚持让日开放市场。

欧日同为世界发展援助的主要提供方，欧盟促日提高对外援助额在国内生产总值占比。在气候变化问题上，欧日均为《京都议定书》的缔约方，但日完成量化减排不力，对 2012 年后继续承担量化减排态度转趋消极，与欧盟积极推动发达国家率先减排的立场差异扩大。

（四）欧盟与印度关系

20 世纪 60 年代初，欧洲经济共同体与印度建立外交关系。2000 年，欧印建立年度峰会机制，2004 年，双方将关系提升至战略伙伴关系，随后达成共同行动计划，宣布双方将在全球政治、经济和社会事务中积极合作，标志着双方关系进入全面发展阶段。

政治上，欧印自称为多极世界中两个最大的民主政体，强调在民主、自由、尊重人权的基础上发展战略伙伴关系，在国际政治架构中遵循多边主义来应对全球性挑战。欧盟视印为重要新兴国家，欢迎印参加八国集团＋五个发展中国家对话。欧印在反恐、能源安全、防扩散等领域开展了密切的磋商与合作，欧盟还首次作为观察员出席了 2007 年 4 月在新德里召开的南亚区域合作联盟峰会。

经济上，欧印关系近年来迅速发展。2000—2006 年间，欧印货物贸易增长 80％，欧方出口额从 140 亿欧元增至 250 亿欧元，进口从 130 亿欧元增至 230 亿欧元，欧方 2006 年逆差 20 亿欧元，但欧方当年对印服务贸易出口 66 亿欧元，进口 51 亿欧元，顺差 15 亿欧元，欧印贸易总量基本平衡。2006 年欧方对印直接投资 16 亿欧元，吸收印资 1 亿欧元。当前，欧盟是印最重要的贸易伙伴和投资方，视印为最具活力的经济之一，对欧印经贸发展寄予厚望。

在应对气候变化、环保、减贫、防疫等领域，欧印共同点较多。双方都支持发达国家和发展中国家在减排问题上承担共同但有区别的责任，主张发达国家在2012年后率先减排，并为节能技术转让和清洁能源开发作出更多贡献。双方承诺在促进非洲稳定与发展的问题上加强合作。欧盟是印发展援助的主要来源，2007年对印教育和医疗事业提供了2.6亿欧元的援助。

三、大周边政策及涵盖国家

欧盟大周边政策（European Neighborhood Policy，ENP）创立于2004年，旨在加强扩大后的欧盟与东部、南部邻国联系，避免大欧盟与未入盟地区之间产生新的"鸿沟"。该政策面向欧盟所有陆上和海上邻国，包括地中海沿岸10国（阿尔及利亚、摩洛哥、突尼斯、利比亚、埃及、以色列、巴勒斯坦、约旦、黎巴嫩和叙利亚）、除西巴尔干和俄罗斯之外全部东欧国家（白俄罗斯、摩尔多瓦和乌克兰）和外高加索三国（格鲁吉亚、阿塞拜疆和亚美尼亚）。

欧盟通过签订自由贸易协定、伙伴合作协定等方式积极落实ENP。许诺对签约国提供更多援助，促进其政治、经济与社会改革，并开放欧盟大市场。但由于欧盟对政策目标国提出较高改革标准作为提供援助和开放市场的前提，影响了有关国家对ENP的兴趣。鉴此，欧盟在2006年底修订ENP，加强对政策目标国的财政和经济支持力度，并设立名为"欧盟周边与伙伴工具"配套基金，支持政策实施。该基金于2007—2013年向ENP框架内的合作伙伴提供120亿欧元援助。当前，除了白俄罗斯、利比亚和叙利亚三国，其他13个目标国均与欧盟签署了合作协定，与欧盟的双边关系总体发展均已纳入ENP框架。

（一）东欧和外高加索国家

1. 东欧三国

（1）乌克兰：欧盟视乌为大周边政策的优先合作伙伴，重视与乌全面发展关系，乌将融入欧盟作为长期战略目标，双方都主张推动建立欧乌自由贸易区。

从20世纪90年代建立关系以来，欧乌在政治、经贸、科技、司法等广泛领域签订合作协定，欧对乌持续提供大量援助，仅2007年即提供1.42亿欧元，支持乌民主法治和市场经济建设。欧乌双边经济联系近年来发展迅速。2005年欧盟承认乌市场经济地位；2006年双边贸易额达到266亿欧元，贸易基本实现自由化，但欧仍对乌钢材进口实施配额管理。

（2）摩尔多瓦：欧盟视摩为大周边政策的重要合作伙伴，重视与摩全面推进政治经济融合，摩将加入欧盟作为长期战略目标。

双边主要合作机制是部长级合作理事会年度会议和一系列专门委员会定期会晤。欧盟承认摩民主体制，支持摩推进民主法治和市场经济，在"德涅斯特河左岸共和国"问题上支持摩维护主权和领土完整，呼吁俄尽快撤军。

欧摩双边经济联系密切。欧是摩头号贸易伙伴，2006 年双边贸易额达到 13 亿欧元。

（3）白俄罗斯：欧在白 1991 年宣布独立后即予以承认，但双方关系在 1994 年卢卡申科当选白总统后日益恶化。双方 1995 年谈判"伙伴合作协定"未果。欧盟指责卢在白推行独裁统治，并对白实施一系列制裁。

多年来，欧白双边贸易保持发展。欧在俄之后，稳居白第二贸易伙伴，2006 年欧白贸易总额增至 87 亿欧元。欧从白进口主项是石油衍生产品，对白出口主要是机械设备和化学药品。

2. 外高三国

欧盟与格鲁吉亚、阿塞拜疆和亚美尼亚三国关系总体上顺利发展，三国同时于 2006 年 11 月与欧盟签署 ENP 行动计划。当前，欧盟已是三国头号贸易伙伴。

（1）格鲁吉亚：欧格 1992 年建交，双方关系在格 2003 年"玫瑰革命"后进入政治经济联系全面深化发展的新阶段。欧盟对格境内阿布哈兹和南奥塞梯两冲突地区重建提供经济援助，任命欧盟南高加索事务特别代表参与两冲突的外交斡旋，并呼吁俄尽快从格境内撤军。欧格双边经济联系密切。2006 年双边贸易额达到 11.5 亿欧元，欧方出口机械和运输工具，进口农矿产品。

（2）阿塞拜疆：欧阿关系总体发展顺利。欧盟与美、俄、法一道参与阿同亚美尼亚在纳卡冲突的调解和战后重建。由于能源合作趋于密切，欧阿经贸关系近年来发展较快。2006 年贸易额达到 73 亿欧元，其中欧方主要出口机械和交通工具，阿出口 93％为能源产品。阿居于欧方倡导的里海—黑海能源供应走廊源头，目前已成为欧能源供应多元化战略的重要合作伙伴，是巴库—杰伊汗输油管和巴库—埃尔祖鲁姆天然气管道的供应方。欧阿双方还于 2006 年签署能源合作备忘录，为阿成为欧盟从中亚输入石油和天然气的中转国预作准备。

（3）亚美尼亚：欧亚关系总体发展顺利。欧对亚在民主建设和人权保障领域的进展给予积极评价，认为亚 2005 年 11 月宪法改革是加强民主法治建设的重要一步。欧亚经贸关系近年来发展较快。2006 年贸易额达到 7.8 亿欧元，其中欧方主要出口机械和交通工具，阿出口 60％以上为金属和金属制品。

（二）与地中海南岸和东岸国家关系

欧盟在地中海地区奉行促进地区融合和全面深化与沿岸国伙伴关系政策。1995 年，欧盟全体成员国和地中海东岸、南岸国家在巴塞罗那召开外长会，宣布启动欧—地伙伴关系计划（又称"巴塞罗那进程"），并确立三大目标：共建地区和平稳定；深化经济金融伙伴关系和 2010 年建成自由贸易区；促进社会文化交流。目前欧—地伙伴关系计划包括欧盟 27 国和地中海 10 国（阿尔及利亚、埃及、以色列、约旦、黎巴嫩、摩洛哥、巴勒斯坦、叙利亚、突尼斯和土耳其）。

第六章 欧盟对外关系

利比亚从 1999 年起成为观察员。2004 年 ENP 出台后，欧盟逐步将欧地合作纳入其中。

中东和平是欧地关系中相对突出的政治问题。欧盟主张，在遵守联合国有关决议和实施"路线图"的基础上建立巴勒斯坦国，以同巴、叙、黎及阿拉伯世界和平共处。但欧盟反对任何形式的恐怖主义，并将哈马斯、伊斯兰圣战组织等巴武装派别列入恐怖组织名单。欧积极参与中东和平四方调解机制（欧盟、美、俄和联合国），重视与以、巴平行发展双边关系（均首批与欧签署 ENP 行动计划），同时重视"巴塞罗那进程"（唯一以、巴共存的地区安排）的作用，积极推进地区合作。欧盟是巴勒斯坦最大的援助方，长期出资支持巴经济、社会、政治和安全改革，为巴难民提供人道主义援助，促进巴以人员交流和建立互信。

能源合作是欧地关系中相对突出的经济问题。阿尔及利亚作为欧盟第六大油气供应国，作用最为突出。欧盟对阿投资也集中在油气开采、运输和加工领域。利比亚在地中海国家中与欧盟关系较为独特。虽然欧盟已于 2004 年解除对利制裁，但双方关系至今没有任何条约框架。

四、与撒哈拉以南非洲和拉美国家关系

（一）与撒哈拉以南非洲国家关系

撒哈拉以南 48 个非洲国家都与欧洲有着复杂深厚的历史渊源，都曾遭到欧洲国家的侵略和殖民。20 世纪五六十年代非殖民化运动以来，各国陆续独立，但与欧洲保持了较为密切的政治、经济、文化和社会联系，欧盟及其成员国多年来也保持了撒哈拉以南非洲国家主要经贸伙伴和援助方的地位。当前，双方致力于建立完全平等的战略伙伴关系。

2000 年 4 月，首届欧盟—非洲首脑会议在埃及开罗召开。欧盟 15 国与非洲 52 国国家元首、政府首脑或代表与会，提出建立面向 21 世纪的欧非战略伙伴关系，呼吁债权国采取措施，减轻非洲国家债务负担，要求非洲推进政治和社会改革，确保经济社会稳定发展。2001 年 10 月首届欧非部长级会议上，欧盟正式表示支持非盟的"非洲发展新伙伴计划"（NEPAD），决定在消除贫困和预防冲突领域与非洲加强合作。2005 年 12 月，欧盟首脑会议正式批准首份欧盟对非共同战略文件，提出与非洲大陆在实行良政、确保和平与安全、促进经济一体化、卫生教育环保等领域加强合作的基础上，建立全面战略伙伴关系。2007 年 12 月，欧非第二届首脑会议在葡萄牙里斯本召开。峰会制定首份欧非共同战略文件和涵盖 8 大领域的行动计划，宣布双方建立平等互利的新型伙伴关系，决定今后每三年举行一次峰会。

欧非双边关系当前有两个问题较为突出。一是经贸关系调整问题。根据世界

贸易组织裁定，欧盟对非给予的单边贸易特惠待遇与世贸组织规定不符，必须于2007 年底终止。欧盟希望与非洲各国在互惠基础上达成新的"经济伙伴协定"，逐步实现双边贸易自由化，但非洲国家普遍表示反对，认为无法承受对欧盟开放市场的后果。欧非峰会上未能就此达成协议。

另一个问题是人权问题。欧盟对非合作中坚持批评非洲部分国家人权状况。第二届欧非峰会因为欧盟与非洲国家对津巴布韦总统穆加贝与会存在争议而延迟数年召开，最终欧方作出邀请穆加贝总统与会的妥协，英国、捷克领导人因此改派代表与会。

欧盟与南非关系较为独特。南非经济实力和发展水平高于其他撒哈拉以南非洲国家，是欧盟在撒哈拉以南非洲的头号贸易伙伴，欧盟对非援助体系中在贸易待遇和提供援助方面对南非有某些特殊限制。2006 年，欧盟将对南非关系提升到战略伙伴关系水平，制定与南在经贸、发展合作、社会进步、环保等领域全面深化合作关系，为维护非洲和平稳定加强合作。

（二）与拉美—加勒比国家关系

1. 概述

欧盟与拉美—加勒比国家双边关系始于 20 世纪 60 年代。几十年来，双方的关系一直在全面深化发展，当前已建立战略伙伴关系。欧盟是拉美最大的援助方，第二位的投资者和第二大贸易伙伴。

欧盟与拉美—加勒比国家间的主要地区合作机制是欧盟与拉美—加勒比国家峰会和欧盟与里约集团部长级对话。前者始于 1999 年，每两年举行一次，最近一次 2008 年 5 月在秘鲁利马举行，旨在加强脱贫，共同战胜气候变化以及促进发展再生能源。里约集团是拉美—加勒比国家共同参与的地区政治磋商论坛。欧盟与该论坛建立部长级对话机制，每两年举行一次，与欧拉峰会间隔举行，最近一次会议于 2007 年 4 月在多米尼加共和国举行。

欧盟在 2007—2013 年财政框架下，拟对拉美各国和地区、次地区合作项目提供 26.9 亿欧元援助。双方贸易额从 1990—2005 年翻了一倍多。拉美对欧出口主项为农产品、交通工具和能源，欧方主要出口深加工产品。

2. 与巴西关系

欧巴关系是欧盟与拉美地区最重要的国别关系，双方 1960 年建交。当前合作重点领域是能源、环保、科技、信息社会和海运安全。欧方在 2007 年 5 月提出将欧盟—巴西关系提升至战略伙伴，2007 年 7 月首次欧巴峰会在葡萄牙里斯本举行。

欧盟是巴西头号贸易伙伴，巴西也是欧盟在拉美地区最重要的市场，双方贸易额近年来保持两位数的快速增长，2006 年达 440 亿欧元，欧方逆差 80 亿欧元。

巴西是"金砖四国"里获得欧盟投资最多的国家,巴西在采矿和建筑业对欧盟也有一定投资。

五、亚欧合作

欧盟近年来对亚洲重视程度不断提升,将亚欧合作作为当前对外政策的优先领域之一。欧盟积极深化和提升与亚洲国家和区域组织的对话合作水平,与中国、日本、印度分别建立战略伙伴关系,成为东盟对话伙伴国、东盟地区论坛成员、南盟观察员。欧盟与东盟共同发起了两年一次的亚欧首脑会议机制,并在亚欧首脑会议期间与多个亚洲国家举行峰会。

经贸领域,亚洲已超过北美自由贸易区,成为欧盟头号贸易伙伴,欧亚贸易占欧外贸总量三分之一以上,欧盟对亚洲投资也超过其对外投资总额的三分之一,并且还在增长中。当前,欧盟在积极与韩国、印度和东盟谈判自由贸易协定,并与其他亚洲伙伴谈判"伙伴合作协定"。

欧盟积极介入亚洲地区安全、减贫、救灾事务,并对亚洲发展中国家提供发展援助。为深化欧亚合作、促进亚洲发展,欧盟在2007—2013年预算框架下制定了18个亚洲国家的国别援助战略和对亚洲的地区援助战略,拟共计出资52亿欧元。

(一)与东盟关系

欧洲共同体与东盟于1977年建交,关系稳定发展。2004年后,欧盟开始与东盟成员分别商签伙伴合作协定。2006年,欧盟申请加入《东南亚友好合作条约》。2007年11月,欧盟与东盟举行建立对话关系30周年纪念峰会,发表联合宣言,称双方决心在政治安全、经济贸易和应对气候变化等领域全面深化伙伴关系。

30多年来,欧方坚持支持东盟一体化的立场。在对东盟国家提供双边发展援助的同时,为东盟各领域一体化发展累计提供2.5亿欧元援助。在2007—2013年财政预算中,欧盟拟对东盟及其成员国提供13亿欧元发展援助,特别是支持东盟在2015年前建成单一市场,促进欧盟与东盟在应对气候变化、能源、就业等领域合作。

欧盟与东盟经贸关系近年来发展较快,东盟已是欧盟第五大贸易伙伴,欧盟对东盟总投资额约等于对华和对印投资额的3倍和7倍。当前,欧盟与东盟正在积极开展自由贸易谈判,双方经贸关系前景良好。

(二)亚欧会议

亚欧会议(ASEM)始于1996年,是欧盟、东盟和中、日、韩共同发起的非正式对话机制,目前已包括欧盟27国+欧盟委员会、东盟10国+东盟秘书处、中、日、韩、印度、巴基斯坦和蒙古共 45 个成员，代表世界 50％的国内生产总值，58％的人口和 60％的贸易量。该机制旨在相互尊重和平等基础上，增加两地区理解，全面深化合作伙伴关系。该机制的核心是两年一度的亚欧峰会，各国国家元首或政府首脑参加，从政治角度全面推进亚欧合作，每次峰会前各国外长和高官召开预备性会议，此外还有政治、经济和文化领域的诸多部长级和高官会议机制做辅助工作。该机制的三个支柱是政治对话、安全与经济合作、教育和文化交流。该机制有三个主要特点：一是非正式。它在国际正式的多边和双边对话框架外，为亚欧双方提供充分探讨共同感兴趣问题的开放式论坛。二是多领域。它涵盖亚欧双方在政治、经济、文化等各领域的全面关系。三是平等性。它突出亚欧双方的平等伙伴关系，既为各国领导人提供对话平台，也致力于民间交往。各方还于 1997 年在会议框架下成立亚欧基金（ASEF），促进亚欧民间全面交往。

亚欧峰会至今已进行 7 届。第七届亚欧首脑会议于 2008 年 10 月 24 日至 25 日在北京举行。亚洲 16 国、欧洲 27 国的国家元首或政府首脑以及东盟秘书长和欧盟委员会主席出席会议。与会领导人围绕对话合作、互利共赢的主题，就国际和地区形势、可持续发展、加强不同文明对话以及金融危机、粮食安全、救灾合作等问题坦诚、深入地交换了看法，达成了广泛共识。会议发表了《关于国际金融形势的声明》、《可持续发展——北京宣言》和《主席声明》三个成果文件，还通过了经济、社会、文化和可持续发展领域的多项合作倡议。这次会议富有成果，意义重大，对推进亚欧合作进程，巩固和深化亚欧新型伙伴关系，具有重要而深远的影响。

专题五

与入盟候选国关系

欧盟当前执行谨慎、渐进式的扩大政策。在可预见的未来，扩大将主要面向东南欧国家。当前获得正式候选国资格的是克罗地亚、土耳其和马其顿三国。克罗地亚和土耳其 2005 年 10 月已与欧盟开始入盟谈判，马其顿还未开始。欧盟将其他所有西巴尔干国家都视为潜在候选国，并反复强调其达标入盟前景。

为规范入盟进程，欧盟委员会每年出台对各国政治经济发展状况的评估报告，评估各国引入和实施欧盟法规的能力以及采纳欧盟各项经济社会发展标准的能力。报告肯定各国的进展，并指出存在的不足。与此同时，欧盟更加重视自身对扩大的消化能力。从 2006 年起欧盟委员会每年推出评估欧盟吸纳能力的专项战略报告。

"稳定与联系进程"是欧盟当前与克罗地亚、马其顿、阿尔巴尼亚、波黑、黑山、塞尔维亚（包括科索沃）双边关系的政策框架。该框架 1999 年确立，以支持西巴尔干各国发展和加入欧盟为目标，主要有三个政策工具：稳定与联系协定、自治贸易协定和实质性财政援助协定。

克罗地亚在入盟进程中走在其他各国前面，2005 年 10 月，欧盟承认克已与前南战犯法庭充分合作，开始克入盟谈判，欧克关系进入新的发展阶段。当前克在引入欧盟经济社会标准和推进与欧商品、资本、服务和人员自由流通等各方面取得进展，与欧盟的分领域入盟谈判已全面展开。

马其顿在 2001 年与欧盟签署《稳定与联系协定》，并于 2004 年正式申请加入欧盟。欧盟在 2005 年 11 月评估认为，马司法体系亟须改革，反腐败任务艰巨，经济上远不具备入盟条件，同意给予马候选国地位，但与马入盟谈判须等到马具备更好的经济社会基础后再开始。

土耳其 1959 年即申请加入欧盟的前身——欧洲经济共同体，双方于 1963 年签署联系协定，同意逐步建立关税同盟。1999 年欧盟正式给予土候选国资格，2005 年 10 月入盟谈判正式开始。欧盟通过对土入盟谈判促进土向入盟标准靠拢。欧盟对土财政援助不断加强，2007—2010 年期间，对土提供援助总额将由每年 4.97 亿欧元逐年增长至 6.537 亿欧元。但欧盟内部对欧盟扩大的边界到底在哪里始终存在争议，对于土耳其是否应当成为欧盟成员也有不同意见。法国等国主张给予土耳其低于成员国的特殊待遇，尽可能实现欧盟与土政治经济上的一体化。由于欧盟扩大需要全体成员国一致同意，土入盟前景目前仍不明朗。

阿尔巴尼亚与欧盟关系近年来全面加强。双方在 2006 年签署《稳定与联系协定》。2007 年 9 月双方签署签证便利协议，阿当前正积极配合欧盟年度评估报告，全力向入盟标准靠近，期望尽早开始入盟谈判。

波斯尼亚和黑塞哥维那以加入欧盟为目标，但入盟进程进展缓慢，至今仍未与欧盟签署作为入盟第一步的《稳定与联系协定》。2007—2009 年，欧盟对波黑援助预算为 2.26 亿欧元。欧盟任命了驻波黑特别代表，兼任国际社会驻波黑高级代表，负责监督 1995 年《代顿协议》实施，有权解除不执行协议的波黑政府官员职务和实施新法律。根据欧波双方协议，欧盟在波黑长期驻军执行维和任务，并对波黑提供警务培训。随着波黑治安形势好转，欧盟在 2006 年底决定将驻军由 6 000 人削减至 2 500 人。

欧盟承认塞尔维亚是潜在候选国。双方于 2007 年 9 月草签了《签证便利化和遣返协议》，但主要框架协议"稳定与联系协定"仍在谈判中，双方对于塞与前南战犯法庭合作仍持异议。同时，欧盟与塞在科索沃问题上立场对立，欧盟主张在国际社会监督下实现科的独立，并在 2007 年 12 月峰会上决定向科派出 1 800 人的警务和民事特派团，协助科当地政权建立健全行政机构，逐步具备自我管理能力；塞坚决反对科单方面独立，对欧盟的立场表示不满。欧盟与塞的立场相左已对双方谈判"稳定与联系协定"产生影响。

与中亚国家关系

从 20 世纪 90 年代初以来，欧盟及其成员国一直是中亚五国（哈萨克斯坦、土库曼斯坦、塔吉克斯坦、吉尔吉斯斯坦和乌兹别克斯坦）最大的援助提供方，1991—2004 年共提供发展援助 11.32 亿欧元。欧盟主要利用 TACIS 计划对五国提供国别和地区发展项目援助，资助其发展市场经济和民主体制。五国在欧盟支持下陆续加入欧洲安全与合作组织（OSCE），并对与欧盟全面发展关系普遍表示兴趣。

进入 21 世纪，欧盟出于能源、地区安全等考虑，对中亚五国重视程度迅速提升。2005 年，欧盟设立中亚事务特别代表。2007 年，首届欧盟"三驾马车"外长与中亚五国外长会议召开，双方就加强政治对话和经济能源领域合作达成共识，并就欧盟方面拟订的首份中亚战略合作草案交换意见。欧盟随后正式通过了首份欧盟中亚战略文件，宣布与中亚五国建立新型伙伴关系，致力于促进中亚民主法治和人权事业进步、促进地区稳定发展和促进欧盟与中亚经济能源合作三大战略目标。双方宣布建立外长级对话机制和教育合作、司法合作、人权对话、能源合作等专门合作机制。欧方允诺提供更多经济社会发展援助，2007—2013 年对中亚国别和地区援助预算共达 7.5 亿欧元，年均投入将由 5 800 万欧元逐年递增至 2013 年的 1.39 亿欧元，援助的 70% 将用于中亚各国的国别项目，30% 用于促进地区合作。欧方还计划今后每一到两年重新审视和调整中亚战略。

当前，欧盟在中亚合作的头号对象国是哈萨克斯坦。欧盟一方面看重哈作为地区头号政治经济大国的稳定作用，另一方面对与哈推进能源合作寄予厚望。哈已探明原油储量约 90 亿桶，天然气储量近 2 万亿立方米，还是全球第三大铀矿生产国，但哈产铀仅占欧盟市场份额的 3%。哈是欧盟在中亚主要贸易伙伴，哈向欧盟出口的 85% 为能源。欧盟自 2002 年以来取代美国，成为哈第一大外资来源。2006 年底，欧哈签署能源合作谅解备忘录，对双方加强能源采运、环保、信息交流等各领域作出全面安排，被欧盟视为能源供应多元化战略的成果之一。

欧盟同样关心油气资源较丰富的土库曼斯坦和乌兹别克斯坦。欧盟虽然对安集延事件不满，但仍与乌兹别克斯坦保持人权对话，并与土库曼斯坦保持政治对话，推进其政治改革。欧盟当前对吉尔吉斯斯坦和塔吉克斯坦关系的重点在促进两国保持稳定和社会发展。

第二节　欧盟共同外交与安全政策

一、共同外交与安全政策的产生、演变与内涵

欧盟共同外交与安全政策（CFSP）最初源于 1987 年生效的《欧洲单一文件》里"欧洲政治合作"概念的提出。该概念要求成员国定期就国际政治问题相互咨询和交换看法。1992 年的《马斯特里赫特条约》正式提出各成员国共同努力制定和实施 CFSP 的目标，以及最终建成共同防务政策和实施共同防务，并将建设 CFSP 确定为欧盟第二支柱，标志着 CFSP 正式产生。1993 年 11 月 1 日《马斯特里赫特条约》生效后，欧盟开始尝试以"一个声音"对国际政治事务和重大问题发表看法。

CFSP 作为欧盟建设的第二支柱，属于政府间合作范畴，涉及各成员国对外让渡主权核心事务，不同于第一支柱下的共同体事务，因此其发展进程较为缓慢，各成员国普遍采取谨慎态度。1997 年的《阿姆斯特丹条约》首次对 CFSP 有关条款作出修订，最突出的成果是任命索拉纳为 CFSP 首任高级代表。2003 年生效的《尼斯条约》进一步对 CFSP 作出修订，扩大了特定多数表决制的使用范围，加强了"政治安全委员会"在危机管理中的作用。2007 年 12 月欧盟各国首脑签署了《里斯本条约》，如能如期生效，将对 CFSP 产生重要影响（详见专题八"《里斯本条约》对 CFSP 的潜在影响"）。

当前，CFSP 的政策目标被定为：保护欧盟共同价值观、根本利益、独立和领土完整；加强欧盟各领域安全；根据《联合国宪章》、《赫尔辛基最后议定书》和《巴黎宪章》有关规定，维护国际和平与安全；促进国际合作；在世界上推广民主、法治、人权和基本自由。

欧盟各国在 CFSP 领域下的合作方式包括：协调制定总的外交与安全方针；制定共同战略；采取共同行动和共同立场；加强成员国之间的机制性合作。CFSP 还规定，成员国必须在国际组织，特别是联合国安理会内捍卫欧盟共同立场，并及时与该国际组织外成员国沟通一切关系欧盟共同利益的信息。

二、CFSP 的机构设置与决策机制

（一）CFSP 的机构设置

1. CFSP 总体机制框架

CFSP 的总体机制框架由欧盟理事会和欧盟委员会两部分组成，理事会项下包括轮值主席国和理事会秘书处两部分。

根据《马斯特里赫特条约》规定，欧盟轮值主席国、欧盟理事会秘书长——CFSP 高级代表和欧盟委员会对外关系委员对 CFSP 负主要协调责任，应密切协作、共同确保欧盟对外政策的统一性和连续性。但鉴于 CFSP 的政府间合作性质，其最高权力机构是欧洲理事会，即成员国峰会，负责为 CFSP 制定总体原则和战略重点，并批准欧盟共同战略。

CFSP 高级代表身兼欧盟理事会秘书长，出席理事会会议，并负责在 CFSP 相关问题上酝酿、起草和实施成员国共同政治决定，在轮值主席要求下与第三方开展政治对话，负责就欧盟日常的对外政治问题向理事会起草和提交决议草案，并与欧盟委员会和成员国密切合作，共同监督实施欧盟对外政策与安全领域的共同决定。

欧盟轮值主席在 CFSP 问题上代表欧盟。它有责任实施欧盟共同决定，并在国际组织中和多边场合代表欧盟立场。它在行动中可以取得 CFSP 高级代表和下任轮值主席国的协助。欧盟"三驾马车"机制以轮值主席为首，包括 CFSP 高级代表和对外关系委员，并可扩大到下任轮值主席和/或欧盟某问题特别代表。轮值主席还负责就 CFSP 的基本原则和重大选择咨询欧洲议会，并确保欧洲议会的意见得到认真考虑。

欧盟委员会负责密切配合轮值主席国工作。欧盟委员会和成员国均可就 CFSP 领域的问题提请欧盟理事会注意，或请求召开理事会特别会议，并提交有关建议。欧盟委员会负责在欧盟总预算下实施 CFSP 预算。

2. CFSP 机制下的专门机构

CFSP 机制下还设有一批专门机构：

欧盟总务和外长理事会（GAERC）成员国外长每月至少碰头一次，就 CFSP 相关事宜敲定共同立场。

政治安全委员会（PSC）由成员国大使级代表组成，负责跟踪研究国际形势发展并向理事会提交建议，同时参与监督欧盟共同对外政策的实施。必要时政治安全委员会可召开各国外交部政治总司长会议，商讨 CFSP 相关问题。

成员国常驻代表委员会（COREPER）由各成员国常驻代表组成，与欧盟委员会副秘书长每周会晤，为理事会会议有关 CFSP 的决定预做准备。

欧盟 CFSP 联络员网络遍及欧盟各国，和欧盟委员会每天负责协调 CFSP 相关事务。

欧盟军事委员会（EUMC）由各成员国国防部长的代表组成，负责向政治安全委员会提供军事建议，管理欧盟框架下的军事行动和欧盟军事人员。

3. CFSP 高级代表兼理事会秘书长职权下的机构

欧盟军事参谋部（EUMS）在理事会秘书处框架下设立，直接向 CFSP 高级

代表提交早期预警评估和欧盟对外军事行动的战略计划，同时向欧盟军事委员会汇报。EUMS 现有军事和民事人员 200 余人。

政策规划和早期预警小组，专责监控和评估国际形势发展和危机预警，其人员来自理事会、委员会和成员国各方面。

2004 年设立的欧盟防务署（EDA）由 CFSP 高级代表直接领导，负责发展欧盟共同防务能力；提升防务研究水平；促进成员国军备合作；建立有竞争力的欧盟防务市场；加强欧盟防务、技术和工业基础。

2001 年成立的欧盟防务研究所（EUISS）负责就国际安全形势和欧盟共同安全政策制定向理事会和 CFSP 高级代表提建议。

2002 年成立的欧盟卫星中心（EUSC）负责从卫星图像收集信息，预防冲突和人道危机。

（二）CFSP 的决策机制（详见本书第三章：欧盟的决策运行程序）

三、共同安全与防务政策

（一）政策的产生、演变、决策机制和能力建设

1. 欧盟共同安全与防务政策的产生与演变

欧盟共同安全与防务政策（ESDP）是 CFSP 的一个重要组成部分。它与北约框架下的欧洲安全防务特性（ESDI）有关联但又有本质不同，它是完全由欧盟自主发展起来的，成员包括非北约的欧盟成员国。ESDP 由《马斯特里赫特条约》正式提出，规定各成员国可以通过军备领域的合作逐步推动建立欧盟共同防务政策。1993 年欧盟峰会为 ESDP 确立目标如下：减少欧盟成员国领土完整、政治独立、民主特性、经济稳定及周边稳定的风险与不确定因素。

ESDP 提出后因为涉及成员国军备、防务等核心主权，而进展较缓慢。1997年《阿姆斯特丹条约》使包括人道救援、维和与危机管理的所谓"彼得斯堡使命"（西欧联盟 1992 年制定）纳入欧盟政策框架，从而为 ESDP 确立轮廓。英国在欧盟发展 ESDP 问题上的保守态度发生变化，1998 年英、法首脑圣马洛会晤对 ESDP 表示支持。1999 年欧盟决定将西欧联盟的主要作用纳入欧盟范畴，使 ESDP 进入实质发展。

2003 年 12 月，欧盟首脑会议通过了由 CFSP 高级代表索拉纳提交的题为"在一个更美好世界里的安全的欧洲"的欧盟安全战略报告，成为指导欧盟共同安全的首份共同战略报告，也是迄今为止唯一的一份。报告全面阐述了欧盟在新的安全环境下面临的新威胁、欧盟的战略目标和应对措施。

2. ESDP 决策机制（详见本书第三章：欧盟的决策运行程序）

3. ESDP 能力建设

ESDP 属于欧盟各国政府间合作范畴，对欧盟理事会负责，理事会秘书处是其实际主管机构，现任 CFSP 高级代表兼理事会秘书长索拉纳在其中发挥着重要作用。他在秘书处的协助下，负责准备和审查送交理事会的 ESDP 有关决定。

欧盟 CFSP 框架内的政治安全委员会、军事委员会、军事参谋部、防务署和防务研究所是讨论和执行 ESDP 的主要机构。欧盟还于 2007 年初在布鲁塞尔成立了第一个欧盟军事行动指挥中心，目前已具备指挥 2 000 人部队的能力。

ESDP 能力建设近年来取得实质性进展。欧盟各国在 1999 年制定了加强军事能力的"赫尔辛基目标"，雄心勃勃地提出欧盟将建设 60 000 人快反部队，可在 60 天内部署到 4 000 公里之外并坚持一年，并在 2001 年推出"欧盟能力行动计划"。2003 年 12 月，欧盟峰会批准了 CFSP 高级代表索拉纳提交的首份欧盟安全战略。但欧盟在 ESDP 能力建设过程中遇到人力、资金、技术和各国军事资源整合等实际困难，不得不在 2004 年对欧盟防务能力建设进行重新评估，将欧盟快反部队建设重点向建立 1 500 人规模的战斗群转变，提出建设多支 1 500 人规模的战斗部队，能够在 15 天内部署，主要用于完成"彼得斯堡使命"（维和、危机管理与人道救援）和欧盟安全战略制定的任务（解除武装行动、支持第三国反恐和安全领域改革）。由于这一新概念更加切合当前国际安全形势需要和欧盟国家自身实际能力，因而得到较快落实。目前除丹麦、马耳他等少数国家外，大多数欧盟新、老成员国都参加了战斗群建设，已组建超过 20 支战斗群，各战斗群已从 2007 年开始轮流战备值班，做好执行任务准备。法、德等五国还在 2006 年建成包括 800 名一线成员和 2 300 名后备力量的欧盟宪兵力量。

（二）对外行动

1. 在进行中的行动

（1）西巴尔干地区

木槿花行动（Operaton Althea）：欧盟理事会 2004 年 7 月决定，在 ESDP 框架下在波黑开展军事行动。同年 12 月，欧盟与北约在波黑进行任务交接，北约驻波黑历时 9 年的维和使命宣告结束，欧盟驻波黑多国稳定部队开始在波黑维和。该行动标志着，欧盟在对波黑提供政治经济社会援助的基础上，开始全面参与和主导波黑融入欧盟的政治进程。

欧盟驻波黑警务特派团（EUPM）：该行动始于 2003 年 1 月 1 日，是联合国驻波黑国际警务工作组任务的延续。行动的任务是协助波黑建立符合欧盟和国际通行标准的警政，在 2003—2005 年的第一阶段中共有来自欧盟及其伙伴国 30 余国的 500 名警官参与。在波黑政府的请求下，欧盟决定延长该任务期限至 2008 年底，将其主要任务调整为协助警务改革和打击有组织犯罪。

欧盟驻科索沃规划小组（EUPT Kosovo）：2006 年 4 月，欧盟理事会决定在

科索沃部署 EUPT，为欧盟未来全面介入科索沃的危机管理行动预做准备。EU-PT 的目标是，与联合国驻科临时特派团（UNMIK）密切联系，同时与科地方当局先期接洽并评估当地形势，为欧盟即将全面介入科的危机管理做好过渡性准备。联合国秘书长科索沃问题特别代表和科地方当局对欧盟部署 EUPT 表示欢迎，科方还欢迎欧盟全面介入科的危机管理。2007 年 12 月欧盟峰会决定，向科派遣 1 800 人的警务和民事特派团。

（2）中东

欧盟驻巴勒斯坦警务特派团（EUPOL CORPS）：2005 年 11 月，欧盟在 ES-DP 框架下在巴勒斯坦领土建立 EUPOL CORPS。该行动任务期 3 年，负责协助巴勒斯坦当局实施警务改革。

欧盟驻巴勒斯坦领土拉法过境点特派援助团（EU BAM Rafah）：2005 年 11 月，欧盟理事会在巴以双方达成过境协议后决定向拉法过境点派出援助团，负责监督和协助过境事务。该任务期目前已延长至 2008 年 5 月。

欧盟驻伊拉克法治联合特派团（EUJUST LEX）：2005 年 7 月，欧盟应伊拉克临时政府请求，在 ESDP 框架下向伊派出 EUJUST LEX，负责对伊法治人员进行培训，促进伊境内人权发展，协调伊司法、警务和监狱系统的合作关系。欧盟理事会政治和安全委员会目前已决定将 EUJUST LEX 任务期延长至 2009 年 6 月。

（3）亚洲

欧盟驻阿富汗警务特派团（EUPOL Afghanistan）：2007 年 6 月中旬，作为欧盟对阿全面加大介入的一部分，该特派团开始在阿行动。该行动的使命是协助阿政府建立符合国际标准的警政系统，并对阿内政部、各省和地方的警务人员进行培训。该行动首期任务 3 年，主要得到德国对阿警务援助项目的支持。

（4）非洲

欧盟驻乍得和中非部队（EUFOR Tchad/RCA）：2007 年 9 月，联合国安理会通过 1778 号决议，批准联合国在乍得和中非设立特派团，同时批准欧盟在相关地区部署维和部队，任务期 12 个月。10 月，欧盟理事会正式决定向乍得和中非派出约 4 300 人部队，并赋予其保护平民、协助援助物资发放和保护联合国人员三项主要任务。

欧盟驻刚果民主共和国警务特派团（EUPOL RD Congo）：此行动是对欧盟金沙萨警务特派团任务的延续，后者 2005 年 2 月至 2007 年 6 月部署在金沙萨，负责保障国际机构和大选安全。为协助刚果（金）政府警务建设，作为欧盟对刚全面援助的一部分，欧盟在 ESDP 框架下派出 EUPOL RD Congo，包括 39 名警务和司法专家，负责对刚有关人员进行培训，任务期至 2008 年 6 月。

欧盟驻刚果民主共和国安全领域改革特派团（EUSEC RD Congo）：应刚果（金）政府请求，欧盟在 ESDP 框架下派出 EUSEC RD Congo，负责对刚安全领域的机构、体制、理念改革提供全面协助，推进保障人权、民主和良政。

2. 已经完成的行动

（1）西巴尔干地区

欧盟已在 ESDP 框架下成功地在马其顿完成三场行动。第一个行动是 1999 年 ESDP 提出战略目标后，欧盟首场对外行动"CONCORDIA"。该行动从 2003 年 3 月持续到年底，在欧盟与北约协议基础上，借用北约部分军事资源和能力，成功完成了对马维护稳定的任务。其他两个行动分别名为"PROXIMA"和"EUPAT"，均为短期的警务培训项目。

（2）外高加索

欧盟驻格鲁吉亚法治特派团（EUJUST THEMIS）：是欧盟在 ESDP 框架下实施的第一个法治援助行动，自 2004 年至 2005 年持续了 1 年，为格鲁吉亚改进司法体系发挥了积极作用，受到格政府好评。

（3）东南亚

欧盟亚齐特派团（AMM）是欧盟与挪威和瑞士共同对印尼亚齐派出的和平协议监察团。2005 年 8 月印尼政府与自由亚齐运动达成和平协议后，AMM 自 9 月部署到位，负责对和平协议的落实进行监督。该行动在 2006 年底亚齐地方选举顺利举行后结束。

（4）非洲

欧盟非盟驻苏丹特派团援助行动（AMIS EU Supporting Action）：是欧盟应非盟请求，于 2005 年 7 月派出的军事民事混合行动。数十名欧盟各国军事民事专家在该行动框架下对非盟驻苏丹特派团提供人员培训，协调欧盟对非盟和苏丹达尔富尔地区的援助物资发放。欧盟应非盟请求对 AMIS 提供了战略运输工具和大型军事设备，并于 2007 年 4 月任命欧盟苏丹事务特别代表。该行动使命于 2007 年底到期。

欧盟驻刚果民主共和国部队（EUFOR RD Congo）：联合国安理会 2006 年通过 1671 号决议，授权欧盟临时在刚部署部队，任务是保障刚大选进程顺利。在刚政府同意和密切合作下，欧盟迅速向刚派出部队，并在 2006 年 11 月完成任务离开。

"狩猎神行动"（ARTEMIS）：欧盟理事会于 2003 年 6 月决定发起紧急维和行动，在联合国安理会 1484 号决议框架下，向刚东部发生部族冲突的地区派兵维和，这是 ESDP 框架下首次在欧洲以外地区进行军事部署，并且是在没有北约和其他国际组织参与欧盟的独立军事行动。该行动于 2003 年 9 月顺利结束。

欧盟共同外交与安全政策同欧盟对外关系的区别

二者的本质不同，欧盟对外关系的内涵囊括了欧盟共同外交与安全政策（CFSP）。CFSP 是欧盟三大支柱的第二支柱，脱胎于 1986 年《欧洲单一文件》提出的"欧洲政治合作"概念，由《马斯特里赫特条约》正式确认建立，由共同外交政策和共同安全与防务政策（ESDP）共同组成，是欧盟一体化重点由经济向政治领域发展的一个标志性共同政策领域。欧盟对外关系可以追溯到欧洲经济共同体时期，50 多年来欧洲共同体和欧盟与外界联系从经济、社会、发展援助、教科文向政治和安全等广泛领域不断拓展，其涵盖范围远远超出 CFSP。

二者的组成、决策运行机制和机构建制不同。CFSP 属于政府间合作范畴，有自己的机构体系与决策机制。欧盟对外关系则包括欧盟对外政治联系、经贸关系、发展援助政策、欧盟扩大、社会文化交流等各方面，欧盟委员会、欧洲议会、欧盟理事会、欧洲投资银行和欧洲重建署及其他专门机构都参与欧盟对外关系。

另一方面，随着 CFSP 的发展，特别是《里斯本条约》对欧盟对外行动能力的促进，CFSP 正成为欧盟对外关系中最引人注目的领域。

《里斯本条约》对 CFSP 的潜在影响

从 2000 年尼斯峰会开始，欧盟一直在寻求新一轮改革，以期建设更有效率、在国际事务上具有更大行动能力的欧盟。在法国与荷兰相继全民公决否决了《欧盟宪法条约》后，欧盟领导人最终决定以《里斯本条约》取而代之，并在 2007 年 12 月 13 日签署了该条约。

如果各成员国能够完成对《里斯本条约》的国内批准法律程序，该条约于 2009 年如期生效后，无疑对欧盟共同外交与安全政策影响深远。欧盟将开始具有单一法人资格，在欧盟法律文件中和对外关系中取代并继承共同体。

具体而言，该条约将加强欧盟作为一个整体在国际上的作用。首先，它在结构上对欧盟原有条约涉及对外关系的条款进行整合，确保了欧盟在对外关系各领域的统一性，有助于确立欧盟对外关系共同原则与目标；其次，设立任期两年半、由特定多数选举产生的欧洲理事会主席，对外代表欧盟；再次，将欧盟共同外交与安全政策高级代表与欧盟委员会对外关系委员两职务合并，并兼任欧盟委员会副主席，新的称谓是"欧盟外交与安全政策高级代表"，职责是负责欧盟对外事务总协调。欧盟委员会、理事会等涉外职能部门将重组和精简，以提高欧盟对外关系的效率和国际行动能力。

正因为《里斯本条约》对欧盟共同外交与安全政策乃至整个对外关系将产生如此突出的影响，有些欧盟事务专家将《里斯本条约》对欧盟对外关系带来的变革与《欧洲单一文件》创立共同市场、《马斯特里赫特条约》创立欧元和《阿姆斯特丹条约》扩大内务司法合作相提并论。

第七章

欧盟司法与内务合作

第一节　历史沿革

一、合作的开始

早在 1957 年，《欧洲共同体条约》就将人员自由流动列为共同体目标之一。但在当时，人员自由流动未能涉及到跨境事务、移民或签证政策等司法和内务合作领域。直至 20 世纪 70 年代，随着劳动力流动激增，欧洲共同体才有意将人员自由流动的范围扩大。在此背景下，欧盟成员国间加强了在司法及内务领域的临时性合作，特别是在有组织跨境犯罪、毒品走私、非法移民和恐怖主义等问题上。

1967 年，《那不勒斯公约》中提出了加强成员国间海关合作与互助。此系欧共体成员国首次就司法与内务合作建立交流框架。此后，成员国间加强了经验交流、信息交换和网络建设，一些固定合作机制也逐渐成形，例如涉及反恐和内部安全事务的特莱维小组（Trevi Group）等。自 1985 年起，成员国间的司法及内务合作范围扩大到了打击非法移民和有组织犯罪。

在这一时期，移民、避难、警务及司法合作仍属政府间合作，游离于共同体法律框架之外，进展缓慢。

二、《欧洲单一文件》

1986 年签署的《欧洲单一文件》标志着政府间合作出现了一个转折点，对司法和内务领域也产生了重要影响。

《欧洲单一文件》明确提出建立内部大市场和实现商品、服务、人员和资本的四大自由流通的目标。为此，欧洲共同体必须在外部边界管制、避难和移民等问题上出台相应的配套政策措施。各成员国纷纷根据《欧洲单一文件》建立起新的工作机制。例如 1980 年建立的临时移民小组（AD HOC Immigration Group），

1989 年设立的欧洲反毒品委员会（CECAD）和双边互助小组（MAG）等。1985年，法国、德国、荷兰、比利时和卢森堡签订《申根协议》，取消了内部边界，并加强了在签证、避难和警务方面的合作。但这些工作机制基本上沿用传统的政府间合作方式，继续游离于共同体框架之外。

三、《马斯特里赫特条约》

《马斯特里赫特条约》中有关司法和内务合作的第 K 条第 3 款规定，欧盟建立起司法与内务合作制度，以保证欧洲公民可以在欧盟层面上享有更高水平的安全与司法环境。条约还规定了司法和内务合作的九大领域①，形成了五层工作架构②，并提出了"发展成员国在司法与内务方面的密切合作"③ 的任务。

另一方面，由于《马斯特里赫特条约》将"欧洲公民权"引入了欧盟法体系，并在条约中直接规定了"第三国公民"的地位问题，签证、居留、移民等原本属于第三支柱的事项自然地归入到第一支柱即共同体支柱内。

四、《阿姆斯特丹条约》

1997 年签署的《阿姆斯特丹条约》是《马斯特里赫特条约》的修改版。其中对欧盟"第三支柱"——司法与内务合作事项作出了重大调整。

---

① 第 K 条第 1 款：为了实现联盟的目标，尤其是实现人员流动的目标，在不损害欧洲区共同体权限的情况下，各成员国视下列领域为共同利益的问题。

（1）避难政策；

（2）人员跨越成员国边界及跨越边界的管理政策；

（3）移民政策以及涉及第三国国民的政策；

（a）第三国国民进入各成员国领土和第三国国民在各成员国领土内流动的条件；

（b）第三国国民在各成员国领土内居住的条件，其中包括家庭团聚和就业；

（c）在各成员国内的第三国国民的非法移民、非法居住和非法工作的问题；

（4）同不属于第（7）至第（9）项适用范围的吸毒作斗争；

（5）同不属于第（7）至第（9）项适用范围的国际诈骗作斗争；

（6）民事方面的司法合作；

（7）刑事方面的司法合作；

（8）海关合作；

（9）以预防和打击恐怖主义，预防和打击毒品走私，预防和打击其他严重形式的国际犯罪为目的的警察合作。

必要时包括某些方面的海关合作，并在欧洲警察局（EUROPOL）的框架内组织情报交流联盟体系。

引自欧共体官方出版局编、苏明忠译：《欧洲联盟法典》（第二卷），122 页，北京，国际文化出版公司，2005。

② 包括：特别工作小组，指导委员会，根据《欧洲联盟条约》第 36 款设立的协调委员会，驻欧盟大使组成的委员会和司法与内务部长理事会。译自欧盟网站。

③ 欧共体官方出版局编、苏明忠译：《欧洲联盟法典》（第二卷），10 页。

第七章　欧盟司法与内务合作

《阿姆斯特丹条约》中有关司法与内务合作的主要内容是：第一，提出在欧盟建立一个"自由、安全与公正的司法区"。第二，提出欧盟内"不仅要保证人员的自由流动，还要在边界控制、避难、移民以及预防和打击犯罪方面采取适当的措施"。第三，将签证政策、签发移民居住证政策、避难政策、规范民事领域的司法合作条例纳入欧洲共同体机制。第四，将《申根协议》纳入新条约。

其中，最大的变化是，原属"第三支柱"司法与内务合作的"民事司法合作"（judicial cooperation in civil matters）进入了"第一支柱"欧洲共同体管辖范围，加强外部边界管理、避难、移民和民事领域司法合作等事项便上升为共同体事务，或者说，被"共同体化"①了。

警务及司法合作仍留在"第三支柱"之中，属政府间合作性质。虽然欧盟不能对"第三支柱"直接立法，但条约中提出建立"自由、安全和公正的司法区"的目标也为"第三支柱"带来了变化。第一，在内容上，增加了防止和打击种族主义和排外主义。第二，在动议权上，欧盟委员会与欧盟成员国拥有了同等地位。第三、在决策程序上，一般由成员国提出要求，再由欧盟委员会提出意见并听取欧洲议会的咨询。第四，在合作方式上，一些在警务及司法领域行动较为积极的国家可以先行一步，根据条约中设定的程序和机制加强紧密合作。

作为例外，英国、爱尔兰和丹麦在《阿姆斯特丹条约》中均签订了附加议定书，表示不愿参加自由、安全和公正的司法区的所有条约。2000 年至 2001 年，英国和爱尔兰又要求加入部分申根条款。

五、坦佩雷首脑会议和拉肯首脑会议

1999 年的坦佩雷首脑会议在欧盟司法与内务合作历史上具有里程碑意义。会上，各国首脑一致认为，创建一个自由、安全和公正司法区的意义不亚于建立一个单一市场。为此，国家和政府首脑要求欧盟委员会列出今后五年间应采取的措施并密切跟踪。

美国"9·11"事件和马德里"3·11"爆炸事件，在一定程度上刺激了欧盟在司法和警务领域加速合作。2001 年 9 月召开的欧盟特别理事会上做出了几项重要的决定，如设立欧洲司法局、统一欧洲逮捕令及签署反恐框架协议、任命反恐专员及进一步加强成员国跨境警务及情报合作。同年 12 月的拉肯首脑会议上，各国首脑认为，"相互承认原则"必须成为欧洲自由、安全、公正司法区的基石。

---

① 叶炳坤、萨晓丽编著：《欧盟的法律与司法——欧洲法院对统一市场的贡献：以货物、资本、劳动力的自由流动和知识产权为例》，4 页，厦门，鹭江出版社，2006。

六、《尼斯条约》

在 2000 年 12 月尼斯政府间会议上，各成员国决定根据《欧洲联盟条约》第 31 条的规定，成立欧洲司法局（Eurojust）。有关签证、避难、移民及其他有关人员自由流动问题上，成员国决定不再采用一致同意的原则，但必须遵循《马斯特里赫特条约》的相应程序。

第二节　欧盟司法与内务合作的主要内容

一、民事领域的相互协助

在民事领域进行司法合作的思想从欧洲共同体成立之初就受到关注。1968 年签署的《布鲁塞尔公约》和 1988 年的《卢加诺公约》（Lugano）都涉及民商事判决的承认及执行问题。1980 年的《罗马公约》制定了适用于合同责任的法律。1995 年《共同体破产诉讼公约》、1997 年的《民商事司法和司法以外文书在成员国的效力公约》、1998 年的《婚姻诉讼的司法管辖权和相互承认及执行判决公约》，对成员国之间开展民事司法合作进行了补充。

1998 年 12 月，欧盟理事会和欧盟委员会颁布实施了《阿姆斯特丹条约》的措施文件——《关于建立自由、安全和公正区的维也纳计划》。这个文件旨在加强成员国在民事领域司法合作，确保法律环境的稳定性和创造司法服务的公平性，以便使欧洲公民容易找到管辖法院和利用最适用于案情的法律，并迅速完成司法程序和判决。

2001 年至 2005 年，欧盟成员国在民事领域创建了一系列法律工具，内容涉及离婚事务、婚姻财产制度、继承、民事诉讼程序兼容性问题、跨境民事司法程序规则的考察、加强法院之间的合作、加强对家庭纠纷的调解等。

2002 年 4 月，理事会通过了 743 号条例（Council Regulation NO743/2002），实施格罗提斯计划（The Grotius Programme）。该条例要求成员国实施民事领域司法合作总体框架，使欧盟境内的个人和企业能够求助其他任何成员国的法院。这个规则不适用于丹麦。英国和爱尔兰也只是表达了实施该规则的愿望。该框架活动也对土耳其等申请入盟的国家开放，并可根据情况在相应的协议和程序下向其他国家开放。

二、刑事领域的相互协助

根据《马斯特里赫特条约》第 34 条，2000 年 5 月欧盟理事会颁布了《关于欧盟成员国在刑事领域相互协助公约》。

根据公约，一个成员国的司法和警察当局必要时可以向另一个成员国提出协助要求。公约规定了进行相互协助的条件。请求国必须履行被请求国指定的手续和程序。如果不能在所要求的期限内提供协助，被请求国必须及时通知请求国，双方应就下一步行动计划达成一致意见。一成员国的司法当局或中央机关可以直接与另一成员国的警察或海关当局接触，或根据相互协助的要求，与另一个成员国的行政当局接触。相互协助原则为成员国警务合作提供了必要的法律框架。

刑事领域的相互协助内容包括：归还被盗物品、转移被调查的犯罪嫌疑人、协助询问证人、窃听通讯、吊扣驾照等。

三、警务领域的相互协助

（一）建立重大案件联合调查组

1999年坦佩雷首脑会议呼吁建立联合调查组以打击贩毒、贩卖人口以及打击恐怖主义。《欧盟成员国在刑事领域相互协助公约》为建立联合调查组提供了条件。成员国可以派驻欧洲警察总署和欧盟反欺诈办公室（OLAF）的代表参加联合调查组的活动。为了协调数个成员国之间的刑事调查行动，联合调查小组由至少两个成员国的人员组成，并在协议中注明行动的具体目的和执行时限。调查行动涉及的成员国均应参加联合调查小组。

（二）简化引渡程序

1995年3月，欧盟理事会根据《欧洲欧盟条约》第K条第3款[①]，通过了简化欧盟成员国间引渡程序的《引渡程序的公约》。1996年9月27日，欧盟理事会又颁布了《欧盟成员国之间引渡公约》。新公约旨在加强成员国之间在刑事领域的司法和警务合作，进一步便利执行有关引渡的国际协定，例如《欧洲引渡公约》、《欧洲打击恐怖主义公约》以及《实施申根协议的公约》和《比荷卢国家间引渡和相互协助条约》等。随着欧盟司法与警务合作进一步深化，2004年1月1

① 《欧洲联盟条约》第K条第3款的内容为：1. 各成员国应在理事会内部就K.1款所指领域的事项互通情报并彼此磋商以协调其行动。各成员国就为此目的建立各政府有关部门的合作。2. 理事会可根据任何成员国或委员会的倡议，就K.1款第（1）至第（6）项所指领域的事项采取以下行动；或者，理事会根据任何成员国的倡议，就K.1款第（7）至第（9）项所指领域的事项采取以下行动：（1）制定共同立场，并采取适当形式和程序促进一切有利于实现联盟目标的合作；（2）考虑到拟议行动的规模和效果，如果采取共同行动与成员国采取单个行动相比，前者能更好地使联盟的目标得以实现，那么，理事会应采取共同行动，理事会还可决定哪些共同行动的实施措施需以特定多数同意予以通过的问题；（3）在不影响建立欧洲共同体条约第220条的情况下，理事会应起草各项公约并建议各成员国之间根据其各自的宪法规定对上述公约予以批准。如果上述公约无相反规定，那么，该公约的实施措施应以缔约各国的三分之二多数同意在理事会内部予以通过。上述公约规定：法院有权对该公约的条款进行解释，法院有权根据缔约各国将要制定的办法解决公约实施过程中所发生的争端。转引自欧共体官方出版局编、苏明忠译：《欧洲联盟条约》，123页，北京，国际文化出版公司，1999。

日起欧盟的引渡制度被欧洲逮捕令制度所取代。

（三）欧洲逮捕令

2002 年 6 月，欧盟理事会颁布欧洲逮捕法令制度，以取代原来的引渡制度，要求每一个成员国司法当局接受另一个成员国司法当局追捕对象的自首。欧洲逮捕令取代原有引渡制度，旨在简化执行程序，提高执行速度；用司法机制取代政治和行政机制。2004 年 7 月 1 日有关实行欧洲逮捕令的框架决定正式取代以前有关引渡的所有法律文本。[1] 然而，成员国仍然保留适用和达成双边或多边的、有助于便利实行自首程序协定的自由，而适用这些协定在任何情况下都不会影响与那些未介入这个程序的成员国的关系。

第三节　欧盟司法与内务合作的立法手段

一、互相承认司法判决原则

欧洲共同体统一大市场内部实行四大自由流通之后，使得共同体面临着一系列新的法律和警务问题。在民事领域，四大自由流通密切相关的法院判决执行仍然因各成员国各自独立的司法管辖区而受到限制。这种状况反过来又限制了自由流通的深入发展。从刑事领域看，内部边界的取消为跨国犯罪，特别是有组织的国际犯罪活动提供了便利，犯罪分子更容易逃匿，赃款赃物更容易转移。欧盟成员国法律制度的差异、司法和警察系统的独立性，使欧盟成员国之间的执法和司法系统合作仍跟不上欧盟一体化发展的要求。

1999 年坦佩雷首脑会议考虑以"相互承认司法判决原则"作为成员国之间民事和刑事领域司法合作的基石，不仅有助于提高欧盟内部司法和警务合作的效率，有助于成员国司法当局之间的合作，同时也大大提高了对公民权利的保护。

根据这个原则，一个成员国的司法当局作出的判决应当被另一个成员国接受。相互承认程序实现标准化，但可以在某种程度上保留一定的弹性。欧盟委员会根据坦佩雷首脑会议的精神于 2000 年 12 月前草拟了司法判决互认的原则。

一般来说，承认和执行外国法院判决，意味着欧盟成员国的司法判决可以直接在欧盟境内实施，或者由承认国将需执行的判决转化为其本国的判决后再进行实施。欧盟委员会对坦佩雷首脑会议结论的解读倾向于采用直接实施的方法。然

---

① 　这些法律文本包括：1957 年的《欧洲引渡公约》及 1978 年的《欧洲打击恐怖主义公约》；1989年 5 月 26 日颁布的在 12 个成员国之间实行简化发布引渡要求的协定；1995 年的《简化引渡程序公约》；1996 年的《欧盟成员国之间引渡公约》；以及申根协定相关条款。

而，一个成员国执行另一个成员国法院作出的判决时，要考虑多方面的因素，如相同判决在不同成员国实施的效果和差异；一罪不二理的原则；以及参照前判例量刑等问题。此外，对未成年人、精神病患者的判决暂时不进入相互承认范围。

二、民事领域司法合作的立法手段

根据《阿姆斯特丹条约》，现已成为欧盟第一支柱的民事司法合作部分，大体依照欧盟委员会提出议案、欧洲议会处于被咨询地位、欧盟理事会作出最后决定这一程序进行。在该条约于 1999 年生效后 5 年内，各成员国仍可享有以往在该领域的条例创议权。5 年后，这一创议权自动丧失，各成员国民事司法协助制度的权利完全让渡给欧洲共同体。

根据欧盟实践，条例具有法律约束力，并在所有成员国境内直接适用，不需要且不允许再转化为成员国国内法实施（除非规则本身作此要求），成员国国内法律如与条例相冲突则不能适用。

三、打击犯罪领域的司法及警务合作主要立法手段

依据《尼斯条约》第 34 条规定，欧盟在打击犯罪领域的司法与警务合作方面建立了四条途径。

第一，欧盟理事会可以以通过制定一个"共同立场"的方式，就有关欧盟打击犯罪的内务和司法合作中的某一特定事项制定措施。

第二，可以通过一个"框架决定"使成员国的国内法和相关规则趋向同一，通过何种方式和途径达到目标的选择权则留给成员国。但这种"框架决定"并没有指令所具备的直接效力。

第三，理事会可以为达到这一事项中的共同合作目的而通过决定，这些决定具有约束力，但没有直接效力。

第四，理事会可以制定公约并建议成员国依据其本国宪法的规定参加。

在上述四种程序中，欧洲议会均有权接受理事会的咨询。欧盟委员会则依据《欧洲共同体条约》第 249 条的规定，和成员国共享对有关议案的动议权。

第四节　欧盟司法与内务合作的组织建设

一、欧盟机构中涉及司法与内务合作的机构介绍

（一）欧盟委员会公正、自由和安全总司

欧盟委员会主管司法与内务事务的部门是公正、自由和安全总司（Directorate-general of Justice，Freedom and Security）。这是欧盟委员会 36 个总司中最新也是最小的一个总司，仅有 320 余位官员。

2007 年，根据欧盟财政预算，欧盟委员会制定了相应的框架计划，并确立了三个重点领域：安全和保障自由（7.45 亿欧元）；保障基本人权和公正（542.9 亿欧元）；移民管理（4 020.37 亿欧元）。

（二）欧洲议会的两个主管委员会

欧洲议会有两个委员会主管司法与内务事务。一是法律委员会（Committee on Legal Affairs，JURI），主要负责解释和实施欧盟法，特别是在民事司法领域的共同体法。另一个为公民自由、公正及内务委员会（Committee on Civil Liberties，Justice and Home Affairs，LIBE），主要保障在欧盟范围内的公民权、人权和基本权利，包括依照《欧盟基本权利宪章》和有关条约保护少数族裔等。

（三）司法与内务部长理事会

司法与内务部长理事会每隔两个月召开一次，主要讨论有关警务和司法合作领域的进展、合作落实情况和共同政策等专门性议题。在很多问题上，需要理事会一致通过并听取欧洲议会的咨询意见。在签证和民事司法合作等领域中，只需有效多数即可通过。

（四）欧盟机构的决策监督

2000 年，欧盟委员会根据 1999 年坦佩雷首脑会议设立了记分牌（score-board），用于监督有关司法与内务服务的立法落实情况。欧盟委员会还开设了PRELEX 网页，用于实时反映欧盟委员会就立法、预算、缔结国际条约等建议案的进展，及时跟踪建议案在理事会或欧洲议会的流转情况。相对于欧盟委员会设立的记分牌，欧洲议会也设立了相应的立法气象站（Legislative Observatory），对基本提案文本提出咨询意见。

二、欧盟司法与内务合作的专门性组织

（一）欧洲警察总署（EUROPOL）

《马斯特里赫特条约》规定欧盟将建立欧洲警察总署。1994 年 1 月，欧洲警察总署以"欧洲警察总署毒品单位"的形式开始在成员国之间进行合作，打击毒品活动。1998 年 10 月 1 日，《欧洲警察公约》由所有成员国批准生效，欧洲警察总署从 1999 年 7 月 1 日起全面开展工作，总部设于荷兰海牙。它的目标是加强成员国的司法和执法当局之间的合作以及提高工作效率，防止和打击国际有组织的严重犯罪活动和恐怖主义。

欧洲警察总署是欧盟的执法组织，专门处理犯罪情报，也负有支持成员国执法活动的使命。主要集中打击以下犯罪活动：非法毒品走私；非法移民网络；恐

怖主义；伪造货币（重点打击伪造欧元）和其他支付手段；贩卖人口和涉及儿童的色情活动；非法车辆走私；洗钱。此外，欧洲警察总署重点任务中还包括打击危害个人的犯罪活动、金融犯罪和计算机犯罪活动。所有上述犯罪活动凡涉及有组织犯罪以及影响到两个以上成员国的犯罪活动均属于欧洲警察总署打击的目标。

在国际合作方面，与欧洲警察总署签订协议的有国际刑警组织。与欧洲警察总署签订战略协议的国际组织有世界海关组织、联合国反毒品和犯罪办公室。欧洲警察总署还与欧盟内部的机构签订了合作协议，如与欧洲司法局签订了运行协议，与欧洲中央银行、欧盟委员会、欧洲毒品和毒瘾监测中心（The European Monitoring Center on Drug and Drug Addiction）及欧洲反欺诈局（OLAF）签订了战略协议。

（二）欧洲警察学院（CEPOL）

2000年12月，欧盟理事会颁布决定，拟建立欧洲警察学院。2004年，理事会决定将欧洲警察学院建在英国的布拉姆希尔（Bramshill），并由各成员国有关机构组成一个网络。欧洲警察学院拥有法人地位和欧盟机构地位，其经费来源也源于共同体财政预算。欧洲警察学院为欧洲警察总署培养骨干，同时也培养欧盟的海关关员。

（三）欧洲司法局（EUROJUST）

2002年，欧盟成立欧洲司法局，目前设在荷兰海牙，之前的临时办公地点为布鲁塞尔。欧洲司法局的目的是提高成员国警察跨境调查重罪行为和有组织犯罪的效率和缩短起诉时间。欧洲司法局是世界上第一个常设的国际司法网络，发挥着一个欧洲法律实体的作用，其使命是促进欧洲范围内刑事司法合作。

每个欧盟成员国均向欧洲司法局派出一名经验丰富的资深检察官或法官。新入盟的成员国自动成为欧洲司法局的成员。司法局下设有多个委员会，包括：案件委员会、通讯与宣传委员会、战略与评估委员会和政策委员会以及监督小组等。

（四）欧盟边境署（FRONTEX）

2005年10月，欧盟边境署成立，总部设在波兰华沙。它是一个共同体性质的机构，具有法人地位，预算和运营均独立。

欧盟边境署依据欧盟边境管理条例展开行动。主要任务是协调成员国加强欧盟外部边境管理；有效落实有关边境管理的共同体措施；帮助成员国培训边防人员及建立培训标准；进行风险评估；跟踪边界管理和监控有关研究；协助成员国有关边境管理技术和具体操作的需求；为成员国组织联合遣返行动提供必要协助等。

欧盟边境署向欧盟成员国推行一套"统一边境安全模式"（the Integrated Border Security Model）。这是一套涵盖所有边境政策的系统。欧盟边境署与欧盟其他有关司法与内务合作的机构，如欧洲警察总署、欧洲警察学院、海关合作及卫生检验检疫部门保持着密切合作。

（五）欧盟申诉专员（European Ombudsman）

该专员主要对欧盟内部行政事务及欧盟机构进行独立监督，实行反腐倡廉。被监督的欧盟机构包括：欧盟委员会、欧盟理事会、欧洲议会中的所有部门，小至欧洲药品机构，欧洲改进生活和工作条件基金会等部门，均属于欧盟申诉专员的管辖范围。但是欧洲法院、一审法院和担当司法功能的民事庭不在其监督之列。欧盟申诉专员由欧洲议会选举产生。现任专员是尼克福斯·迪亚马多斯，曾任希腊国家申诉专员。

此外，欧盟还设有欧洲毒品及毒瘾监控中心（European Monitoring Center for Drugs and Drug Addition，EMCDDA）、欧盟基本人权机构（European Union Agency for Fundamental Rights）等机构来处理与司法及内务事务有关的专门问题。

三、欧盟司法与内务合作的网络建设

（一）联络官交流框架制度

1996年欧盟理事会通过了有关联络官交流的框架决定。文件要求成员国之间在双边或多边安排的基础上交流经验丰富的司法合作联络官。最终目的是更有效地打击国际有组织犯罪、恐怖主义和欺诈，特别是损害共同体经济利益的欺诈行为。

这些联络官的任务包括成员国之间在打击刑事犯罪领域的所有司法合作，必要时，还包括民事案件的司法合作。联络官与驻在国相关部门和司法当局建立直接联系，并根据派驻国与驻在国之间的安排交换信息和统计资料。

（二）欧洲司法网（European Judicial Network）

1998年6月，欧盟理事会决定依据司法与警务合作的联合行动及《欧洲联盟条约》第K条第3款，建立欧洲司法网。欧洲司法网由成员国负责国际司法合作的中央机构和每一成员国所设立的联系点组成。各成员国的联络官由本国政府任命并代表本国有关当局与欧洲司法网联系。

欧洲司法网的主要职能是：便利各个成员国联系点之间建立适当的联系；定期组织成员国代表会议，通过电信网络相互提供最新资讯。欧洲司法网在运行半年后实现了互联网化。自1998年起，欧洲互联网定期在布鲁塞尔召开会议。

（三）欧洲司法培训网

2001年1月，欧盟理事会通过决议，决定建立欧洲司法培训网。旨在提高

各成员国法官、检察官对其他成员国法律制度的了解，以便提高欧盟内司法合作的实际操作水平，并逐步培育欧洲司法文化。

欧洲司法培训网每年均提出一个活动计划，鼓励各国法官和检察官掌握欧洲司法制度知识和改进合作机制；鼓励和提高语言技能；组织培训课程和相互交流；进行陪审员培训计划和教师培训计划。

（四）欧洲恢复公正信息联系网

2001年下半年，欧盟理事会通过决议，决定创立欧洲恢复公正联系网，旨在根据受害者的需要，以物质和非物质赔偿的方式恢复受害者和被刑事犯罪行为破坏的社会生活。到目前为止，恢复公正的行动还仅限于受害者与加害者之间的调解。

欧洲恢复公正信息联系网由各成员国指定的联系点以及欧盟委员会组成。网络的职责包括：搜集、分析和传递当前各种做法的信息；鼓励各成员国当局、机构和组织之间相互接触和交流经验；组织报告会、研讨会；与欧洲入盟申请国、第三国和国际组织加强联系和合作。

（五）欧洲预防犯罪网络

2001年5月，欧盟理事会颁布了建立欧洲预防犯罪网络的决定。10月，该网络举行了第一次全体大会。

此外，欧盟还建有欧洲民商事司法网、欧盟民事文件网等，为公众提供信息，便利公众进入跨境诉讼程序。

专题九

《申根协定》与人员自由流动

《申根协定》是1985年6月14日由法国、德国、荷兰、比利时和卢森堡5国在卢森堡小镇申根签署。这一协定旨在减少成员国之间内部边境的控制，并协调对外部边境的管制，实现欧洲国家，特别是欧盟成员国之间的人员和货物自由往来，以加速欧洲统一进程。

《申根协定》主要内容包括：（1）取消协定签字国之间的边境检查，加强签字国与非签字国之间所谓"外围边境"的人员检查。（2）建立申根信息系统，加强协议国警察的合作，例如交换犯罪数据和情况。（3）警察在追捕中可于邻国境内停留至6个小时以拘捕犯人。（4）相互承认各国给予非欧洲共同体成员国公民颁发的签证，以控制非法入境。（5）难民申请由其进入的第一国处理，其余各国承认其决定。该协定是欧盟各国安全和难民政策合作的重要文件。

1990年6月，西班牙、葡萄牙、意大利和希腊4国加入《申根协定》。同月，

9 个签字国又签署了由 100 多项条款组成的申根公约，对 9 国领土内部开放后在警务、海关和司法等方面作了具体的规定。《申根协定》原计划从 1992 年夏季起开始实施，但由于一些签字国准备尚不充分等多种原因，协定实施日期被多次延后。

1995 年 3 月 26 日，《申根协定》正式在法国、德国、荷兰、比利时、卢森堡、西班牙和葡萄牙 7 国之间生效。1997 年 10 月至 1998 年 4 月，《申根协定》先后在希腊、意大利和奥地利生效。2001 年 3 月 25 日，《申根协定》的范围扩大至 15 个欧洲国家，除挪威和冰岛外，其余 13 个国家均为欧盟成员国。但欧盟成员国英国和爱尔兰至今还没有加入这一协定。2007 年 12 月 21 日零时，爱沙尼亚、匈牙利、立陶宛、拉脱维亚、马耳他、波兰、斯洛文尼亚、斯洛伐克和捷克 9 个欧盟国家正式加入《申根协定》。2008 年 12 月 12 日，瑞士正式加入《申根协定》。至此，《申根协定》参与国的范围扩大到 24 国，申根区人口扩大至 4 亿人。

关于申根签证。申根签证是指签署"申根协议"的欧洲国家所发出的签证。协定签字国之间不再对公民进行边境检查，外国人一旦获准进入"申根领土"内，即可在协定签字国领土上自由通行。

第八章

欧盟科学技术

第一节　欧盟科技发展概况

一、科研投入与人员

欧盟研发的年均总投入占其 GDP 的 1.94% 左右。2000 年至 2003 年，其增长幅度仅为 0.2%；1997 年至 2002 年，欧盟与美国的研发总投入差额已从 3 亿欧元扩大到 20 亿欧元。为加强科技研发，欧盟于 2000 年 3 月提出了"里斯本战略"，强化研发投入力度。2004 年，欧盟委员会发表了题为"科学与技术——欧洲未来发展的关键"的战略性文件。该文件宣布至 2013 年，欧盟科研经费总额要达到占其 GDP 的 3%，其中 2/3 来自私人投资，试图扭转欧盟研发经费长期严重不足的局面。

到目前为止，欧盟共制定了 7 个研发框架计划（FP），已执行的 6 个框架计划共投入经费 609 亿欧元。2007 年开始批准实施的第七框架计划和欧洲原子能共同体计划，投入经费大幅增加，总预算达 534.72 亿欧元。

根据 2005 年统计，欧盟从事研究与开发的人员有 200 多万人，其中研究人员约占 60%。预计至 2010 年，欧盟研究与开发人员的缺口为 120 万人，其中 70 万为研究人员。目前欧盟的人口减少且老龄化，生源不足以及现行教育体制的不完善等问题已经成为制约欧盟人力资源开发的瓶颈。为此，欧盟制定了人力资源开发战略，将科技人才资源开发列为最优先领域之一予以支持；采取一系列具体措施包括加大政府和社会对教育的投资力度；以各种激励措施招纳和吸引外国科技人才；高等院校扩招科技学科女生并为女性提供更多的科技就业机会，以鼓励妇女投身科技事业。与此同时，欧盟先后出台了"科学与社会"、"青年条约"、"欧洲研究区"、"智力资源开发"等重大战略，广泛动员社会，千方百计地解决欧盟科研人员严重匮乏的问题。

二、科技优势与主要科研计划

欧盟在诸多科研与发展领域处于世界领先地位，产出几乎占全世界三分之一的科学知识。其主要优势领域是生命科学、基因组学和生物技术、信息社会技术、纳米技术和多功能材料、航空和航天技术、农业、食品安全和质量、可持续发展、全球气候变化和生态系统、科学与社会等。

欧盟主导或参与实施的主要科技计划有：

1. 研发框架计划（详见本章第三节第一点）
2. 伽利略计划（详见本章第三节第二点）
3. 国际热核实验堆计划（详见本章第三节第三点）
4. 尤里卡计划

尤里卡计划系欧洲跨国高新技术联合研发的大型计划。其原则是以实力雄厚的大公司为主，研究机构为辅，自由组合、自筹资金、共担风险、共享成果。该计划市场导向性强，是提高欧洲企业国际竞争力、进一步开拓国际市场的高新技术开发与创新计划，是欧洲联合自强的一项重大战略举措。自 1985 年计划出台以来，规模不断扩大，管理日臻完善，项目执行顺利，成果显著，成为欧洲企业高新技术开发与创新的有力工具。

该计划的主攻目标为医学与生物技术、通信技术、能源技术、环境技术、信息技术、激光技术、新材料技术、机器人技术和自动化技术、运输技术。随着框架计划的不断发展，尤里卡计划目前已基本完成历史使命。

5. 智能制造系统计划

智能制造系统（IMS）于 1995 年由日本倡导发起。第一阶段协议为期 10 年。该计划是一个以工业为导向，以新一代制造与加工工业技术研发为目的的国际性科研计划。目前，IMS 协议国为欧盟、澳大利亚、加拿大、日本、韩国、瑞士、挪威、美国。上述协议国的企业、大专院校和科研机构是计划的参与主体。自实施以来吸引了来自协议国大约 300 家企业、200 多家科研机构参与。计划的八大目标是：提高制造业技术水平、改善全球环境、提高可再生资源和一次性资源的利用效能、开发新产品、改善制造业环境质量、有效应对制造业全球化趋势、扩大和开放全球市场、建立制造业学科体系。

三、科技管理机构

欧盟的科技发展工作由研究总司主管，通过实施大型科研计划和开展国际合作实现。在通常情况下，由研究总司负责制定大型研究计划，提交欧盟委员会审查通过，理事会批准后即可实施。欧盟委员会与科技有关的主要机构是：

第八章 欧盟科学技术

1. 研究总司：负责研究与发展、技术创新，制定研究和发展政策，提高研究能力，协调成员国研究活动，对环境、健康、能源、交通、农业等政策提供科技支持，促进公众对科学在现代化社会中作用的了解。它也是研发框架计划管理机构，并归口管理国际合作。

2. 信息社会总司：制定和实施欧盟信息社会、竞争和发展政策，促进信息技术研究，支持和鼓励所有欧洲公民参与和享受信息社会，与研发框架计划衔接并注重集成大学、研究机构、企业和政府的力量，重点放在智能环境和新一代互联网技术。

3. 能源交通总司：制定欧盟能源和交通政策。能源领域包括煤、石油、天然气、电力、核能、新能源和可再生能源发展计划，能源信息管理，能源框架计划，新能源研究，可循环能源推广应用等。该总司负责 ITER 计划和伽利略计划的研发，还负责欧盟的能源研究、欧洲和平利用核能、能源供应、能源建设、能源交通等。交通领域涉及公路、铁路、空运、海运、内陆水运、后勤、清洁运输和交通基础设施建设等。

4. 企业总司：提高欧盟企业竞争能力，创造企业发展环境，帮助企业进入市场，促进企业合作和创新。主要职责是与企业对话、制定中小企业创新计划、企业借贷、欧盟内部工业结构和市场竞争机制研究、工业和对外贸易及能耗研究、加强成员国中小企业之间的合作、制定企业政策和法规、与第三世界国家的企业合作。企业总司实施了《欧洲企业创新计划》并制定企业优惠政策，与研究总司配合以提高企业的创新和竞争能力。

5. 环境总司：制定欧盟环境政策和相关法规，促进可持续发展，改善环境质量、生活质量和健康保护，提高环境效益。环境总司的研究项目与框架计划衔接。

6. 健康与消费者保护总司：负责欧盟卫生、食品安全和消费市场，制定食品安全、消费者权益、公民健康和保护等政策和法规。

四、主要研究机构

（一）联合研究中心（Joint Research Center）

承担欧盟专项计划研究项目，为制定和执行欧盟政策提供科技支持。中心下辖 8 个研究所：

1. 标样材料和计量研究所：从事标样材料样品的制备、计量和标准化的研究，促进欧洲建立统一的计量体系，位于比利时的海尔（Geel）。

2. 超铀元素研究所：从事核工程技术及超铀元素的研究，为核安全和监督提供可靠的科学支持，位于德国的卡尔斯鲁厄（Karlsruhe）。

3. 新材料研究所：从事材料性能的测试和评估以及特种材料的研发工作，位于荷兰的培登（Petten）。

4. 环境研究所：从事环境污染研究以及毒物对人体健康和环境的影响，位于意大利的伊斯普拉（Ispra）。

5. 空间应用研究所：从事卫星遥感资料及其应用的研究，位于伊斯普拉。

6. 健康和消费者保护研究所：从事食品安全、商品质量的标准和检验方法的研究，位于伊斯普拉。

7. 系统、信息通信技术应用和安全研究所：从事新兴技术对人和社会安全影响的研究，位于伊斯普拉。

8. 技术预测研究所：从事科技政策、技术发展预测、科技与经济和社会关系的研究，位于西班牙的塞维尔（Seville）。

（二）欧洲核子研究中心（CERN）

创建于 1954 年，是欧洲第一个以合资方式建成的实验室，目前有 20 个成员国，是世界最大的粒子物理研究中心。该中心有技术和行政人员约 3 000 人，6 500 多名访问学者，位于瑞士。

（三）欧洲分子生物组织（ENBO）

成立于 1964 年，主要任务是促进欧洲及邻近国家在分子生物学领域的合作。目前的活动主要是向科学家提供访问学者奖金，组织和赞助讲座、培训、研讨会等。

第二节　欧盟科技发展战略

一、"里斯本战略"

2000 年 3 月，欧盟 15 国领导人在葡萄牙首都里斯本举行的特别首脑会议上，就欧盟委员会提交的一项十年行动和发展规划达成一致。这个规划被称之为"里斯本战略"，也被称之为里斯本议程或里斯本进程。

"里斯本战略"涉及经济发展、就业、科研、教育、社会福利、社会稳定等多方面问题，其中最重要的两个指标是就业率和科研投入：争取在 2010 年把欧洲的平均就业率从 2000 年的 61％提高到 70％，并创造 3 000 万个就业机会；在科研投入方面，到 2010 年各国投入科研与开发的资金比重占国内生产总值的比例从 2000 年的 1.9％提高到 3％，至 2010 年使欧盟成为世界上最具活力和最具竞争力的知识经济社会。

"里斯本战略"还决定将建设"欧洲研究区"纳入欧盟框架计划中。2003 年

4月，欧盟委员会正式出台了将其研发经费升至GDP的3％的行动计划。与此同时，欧盟逐步完善了欧洲科技联合的规章与运作模式，强化了科技进步在经济发展中的作用，制定了一系列科技发展战略。

（一）走可持续发展道路

"里斯本战略"的核心是以建设和谐社会、振兴经济和走可持续发展道路：

（1）密切关注世界环境不断恶化给人类带来的灾难，积极制定欧盟环境保护政策；增加投入，组织大型环境科研攻关计划；加大环境保护宣传力度，鼓励民众积极参与环保活动。

（2）促进国际合作，努力推动国际社会共同应对世界环境不断恶化的严峻挑战。

（3）坚决实施欧盟"可持续发展指导原则"声明。

（4）继续实施欧盟1993年《振兴经济、增强竞争力、创造就业机会》白皮书、2001年《二十一世纪议程》及《欧盟可持续发展行动计划》。

（5）号召各成员国不断扩大在气候变化领域的国际合作范围，采取国际联合行动，取得更加有效的成果。

（二）重振"里斯本战略"

"里斯本战略"实施几年来，效果并不乐观。2004年11月，欧盟委员会发表的一份报告称，由于各成员国政府缺乏足够的政治意愿推动改革，"里斯本战略"进展缓慢。

2005年欧盟在布鲁塞尔峰会上专门就重振"里斯本战略"制定了强化体制改革、发展经济、增加就业、和谐社会创建等一系列政策与措施：

（1）以经济发展和创造就业机会为中心，以知识和创新为动力，增强欧洲竞争力，提高经济和生产力发展的能力，加强社会融合。

（2）继续调动各成员国和欧盟的各种资源，尤其是经济、社会和环境资源，坚定不移地走可持续发展道路。各成员国政府必须动员议会、地区司法部门、社会团体、民间机构等积极参与可持续发展决策的实施并献计献策。

（3）建立坚实的宏观经济条件，保持财政稳定和经济增长。

（4）改革社会保障制度，提高就业率，实行公民自由择业，进一步开放劳务市场，加大智力投资，实行社会均等。

（5）继续执行欧盟和各成员国的社会融合政策，充分照顾弱势群体，尤其是贫困儿童。

（三）科技进步与激励创新

2005年欧盟峰会就促进科技进步和激活创新能力以实现"里斯本战略"目标达成共识。

（1）认真执行欧盟制定的"增加科研投入行动计划"。至 2010 年，使欧盟科研经费总额达到其 GDP3％的目标，其中 2/3 来自私人投资。

（2）动员各成员国政府、社会团体、学术界、研发机构、企业界和广大民众积极参与欧盟第七研发框架计划的制定工作。

（3）创建"欧洲研究委员会"，进一步支持、规划欧洲尖端科技研发、基础研究及创新能力的提高（该委员会已于 2005 年 7 月成立，由 22 位资深专家与学者组成）。

（4）各成员国要根据国情，进一步发展和完善创新政策，建立中小企业创新的支撑体系，促进企业与大学间的研发合作，改善风险资本准入条件，制定创新产品与服务公共市场运行规则，加强创新者之间合作，建立地区和地方创新极区。

（5）欧洲投资银行将放宽对研发投资条件，会同欧盟委员会共同研究科研资金利用新模式。

（6）以公共服务、中小企业及家庭为基础，努力更新换代信息和通信技术，加强欧洲信息社会建设。

（7）努力发展生态技术，促进生态创新及自然资源可持续管理，为更好地执行环保政策，振兴经济，提高就业率及改善公民生存条件和健康。

（8）努力发展科研、教育和创新，提高知识的附加值和竞争力。开展创建泛欧知识经济社会大讨论，为实现"里斯本战略"的目标广泛征求各界意见。

（四）规范研究人员招聘准则

2005 年 3 月，欧盟首次发布了《招聘研究人员行为准则》。这是欧盟深化人才智力资源开发、完善欧洲人才市场、吸引国外优秀研究人员的重大举措。

（五）欧洲青年条约

2005 年 3 月，欧盟委员会推出了一整套有关青年人为"里斯本战略"服务的政策和措施，并取名为"欧洲青年条约"。该条约的主要条款涉及到教育、科研、培训、流动、择业及家庭生活等众多领域，目标是确保青年融入社会，鼓励和支持青年发挥其聪明才智，积极参与"里斯本战略"的各项活动。

2006 年欧盟布鲁塞尔春季峰会以重振"里斯本战略"为主题围绕能源政策、创造就业、扶持中小企业、科学研究、减少失业及对青少年进行教育和培训等议题进行了广泛讨论。欧盟要求各成员国将峰会达成的共识落实在本国的国家改革方案中，加大公共投入、鼓励私营企业投入、加速对欧盟第七个研发框架计划的审批程序，并设定了到 2010 年每年创造 200 万个就业机会的目标。

2007 年是"里斯本战略"各项实施政策全部启动之年，全年行动主要涉及经济、社会与就业和能源与环境三大主题：

（1）经济：提高公共投资质量，保证内部市场更加有效地运行，修正中小企业和工业政策、大力发展文化和旅游业，继续执行"完善法律"计划，加强知识三角的建设，继续执行创新行动计划，开展对欧洲科技政策前景的辩论，确定吸引优秀人才的欧洲政策。

（2）社会与就业：创造更多、更好的就业机会，寻求就业市场灵活性与安全性的平衡，提倡社会责任。

（3）环境与能源：应对气候变化、能源和环境问题，促进可持续发展，能源实现气、电内部市场统一，关注由于气候变化导致的水匮乏和干旱问题，阻止生物多样性的丧失。

八年来，虽经各成员国的共同努力，取得了不少成绩，但"里斯本战略"的落实情况却仍不尽人意。在剩下的短短2年中，欧盟将面临更加严峻的考验：一是随着成员国数量的增加，统一协调难度大大增加；二是各成员国历史、文化和地缘差别较大，贫富不均，科技实力千差万别；三是经济复苏缓慢；四是失业率居高不下；五是各成员国可持续发展战略的实施不平衡等。欧盟是否能在2010年实现"里斯本战略"目标，仍然面临着极大的挑战。

二、欧洲研究区

自2000年来，"欧洲研究区"（European Research Area，ERA）已成为欧盟和成员国研究政策的专有名词。ERA主要包含三部分内容：

（1）建立欧洲研究"内部市场"，知识、研究人员和技术自由流动的区域，其目的是加强合作、促进竞争及达到资源合理的分配。

（2）调整欧洲研究结构，特别是改善国家研究活动和政策的协调能力，主要目的是实现和资助在欧洲的研究。

（3）发展欧洲研究政策，它不仅涉及研究活动的经费问题，还要考虑到与其他成员国政策相关的因素。

2000年欧盟委员会向理事会、欧洲议会、经济与社会委员会和地区委员会提交的"面向欧洲研究区（Towards a European Research Area）"文件中提出：欧洲面临重大挑战，应对挑战需要挖掘科学技术潜力，欧洲科研体制需要克服弱点。欧盟委员会随即制定了一系列执行措施：既有卓越中心联网及创建虚拟中心，确定对研究设施的欧洲方式，提高协调国家层面和欧洲研究计划的实施力度，有效利用鼓励研究与创新投资的手段和资源，建立实施科技政策的共同系统，加大将基础研究成果进行地区间知识转化的力度，促进东西欧间科学机构、公司和研究人员的合作，吸引全世界的研究人员，促进对科技问题的共同社会和道德价值。

2002—2006 年执行的欧盟第六研发框架计划（FP6）实质上是落实建立"欧洲研究区"战略的一个具体实施方案。该计划拟从以下四个方面来实施"欧洲研究区"计划：

（一）集成优先研究与开发领域

调动欧盟、各地区、各成员国、各研究中心及中小企业的科研力量，确保集成领域的项目顺利执行。加大国际科技合作的力度，首先要接纳新入盟国家参与欧盟的各项科研活动，同时不断吸引新兴经济国和发展中国家加入，逐步形成一个全方位、强有力的国际科研合作网络。

（二）整合欧洲研究结构

FP6 设计了研究与创新、人力资源与研究人员流动、研究基础建设、科学/社会四大行动项目，旨在加强欧洲研究区的整合与优化。

（1）研究与创新：建立欧洲创新体系网络及分析与研究系统；鼓励地区间的创新合作，支持技术型企业创建工作，制定地区创新和技术型企业创建战略；建立与巩固信息服务系统，尤其是电子信息系统（如 CORDIS）和创新支撑系统（技术转让、知识产权保护及风险投资等）；

实施经济和技术智能行动计划（技术应用和市场演变分析以及用于帮助和支持研究人员、企业家、投资者的决策信息处理与传播）；强化欧盟官员对研究项目中创新活动的分析、评估以及增强创新政策的教育和宣传活动。

（2）人力资源与流动：支持大学、研究中心、企业及研究网络的科研人员流动，积极接纳欧洲和第三国研究人员参与欧盟各类研究与开发计划；鼓励各成员国研究人员相互流动或去第三国工作；创建研究人员返回欧洲本国及重新安排工作机制；建立欧洲国家研究人员跨国、跨地区研究活动的财政支持体系；支持欧洲高水平研究小组的研究工作，尤其是重点支持从事尖端或跨学科研究小组的工作；设立研究人员卓越研究成果奖，这些研究人员在欧洲流动应得到欧盟的财政资助。

（3）研究基础设施：建立一个大容量、高流量的各领域和各学科的科技通信网络；促进各成员国与欧盟研究与开发基础设施的互通、互用和互补；创建全欧科研服务系统，广泛传播与交流各种研究与开发信息；加强各成员国与欧盟科技合作，完善共同研究网络，提高科研基础设施的利用水平；对创建欧洲新型研究基础设施系统进行可行性研究与筹备给予强有力的财政支持。

（4）科学/社会：创建新型机制，进一步拉近研究开发与社会的关系，普及科学技术，解决人们普遍关心的热点问题（如食品安全等）；建立成员国、地区、欧盟科研机构和科研网络新型的联络机制，促进科研信息交流；加强经验与实际应用的交流；实施科学/社会的特殊研究计划；建立数据库和信息库，促进不同专题的研究、统计及方法论的研究发展。

（三）加强欧洲研究区的基础

（1）对开放各成员国研究与开发项目给予财政支持。

（2）资助创建国家与地区级的研究活动网络。

（3）对其他欧洲内部的科技合作活动（如欧洲科学基金的研究活动）给予财政支持。

（4）在财政上支持欧洲其他大型科技合作计划（如欧洲原子能中心、欧空局、欧洲南方天文台及尤里卡计划等）。

（5）创建欧洲科技预测、统计和指标分析与研究体系。

（6）建立欧洲科技政策商讨与辩论专门工作组。

（7）支持欧洲科技区域分布的绘图工作。

（8）支持不断改善欧洲研究与创新条件和行政管理环境的必要工作。

三、研究与创新

经过半个多世纪的发展，欧洲的研发和创新活动有了很大的发展，在世界上占有很重要的地位，但其弱点和弊端，严重制约了发展：一是由于各成员国利益的驱动，政出多门，各行其是，造成组织协调困难，重大战略制定的不少，但完全贯彻落实的不多。二是科研经费长期匮乏，严重阻碍了各项重大计划的实施。据欧盟统计，2005 年美国和日本的年研发经费总额已分别占其 GDP 的 2.8％和 3％，而欧盟的年研发投入仅占其 GDP 的 1.94％，欧盟企业研发总投入只占其总额的 54.3％，而美国和日本企业研发总投入占其总额分别是 63.1％和 74.5％。三是研究人员严重短缺。四是由于科技立法仍不完善，尤其是事关研发与创新的协调、财政、人才、立项、管理等重要领域的法规、条例欠缺，造成人力和财力严重浪费，削弱了各种科技资源。五是中东欧 10 国加盟后增加约 15 万研发人员和一些科技优势领域，在一定程度上壮大了欧盟的研发与创新队伍。然而，新入盟的 10 国皆是经济弱一些的小国，研发与创新相对滞后，对欧盟的科技发展贡献有限。

欧盟在 1995 年就正式发表了技术创新"绿皮书"，并于 1996 年 11 月通过了第一个欧洲技术创新行动计划。2000 年的"里斯本战略"明确了技术创新的战略地位。2002 年 3 月的巴塞罗那峰会再一次把技术创新列入重要的讨论议题。欧盟第六个研发框架计划首次拨款 3 亿欧元实施研究与创新计划。这些都充分体现了欧盟加强技术创新的决心。

2005 年 10 月 2 日，欧盟委员会通过了"研究与创新战略"。这是欧洲在面临新世纪挑战的严峻形势下出台的又一项重大举措。"欧盟研究与创新战略"由以下四个部分组成：

1. 研发与创新是欧盟的政策核心

欧盟认为，研发与创新必须有一个可预见性、有利于吸引私人投资和新市场开发理念的法律环境。研究与创新政策必须同时考虑到特殊地区和部门、中小企业、公共科研机构对实现重点领域战略目标的贡献，例如：环境、安全、健康、运输等。由于欧盟许多涉及到研究与创新的法律和法规的直接责任人是成员国，欧盟通过制定总的战略与法规，有针对性地协调欧盟总体研究与创新活动。以促进欧洲各个领域的研究与创新的发展，提升基础和应用研究的效率；真正帮助企业产生、获取和利用新技术，为企业开拓新市场提供知识和财政的保证。为此，欧盟提出：（1）根据新的形势，更新观念，不断完善研究与创新的法规，确保法律安全，化解商业危险；（2）建立法律预测和前景发展评估机制，产品市场法规（包括品牌、商标、专利等）是重中之重；（3）与相关部门开展对话，共同研讨、检查阻碍研究与创新发展的法规，采取措施改善法律环境；（4）成员国必须认真执行欧盟的法规，创造一个高质、高效的经济法律环境，促进研究与创新的健康发展；（5）重新评估和修正成员国对研究与创新的扶持法，使其更加适应新形势；（6）建立欧盟积极有效的知识产权保护体系，完善其知识产权保护法；（7）建立一个开放、竞争性的欧洲人才市场，制定新法规，保证高水平科技人才为欧洲研究创新服务，吸引外国研究人员落户欧洲；（8）利用公共市场鼓励研发与创新活动。

2. 研发与创新是欧盟的财政核心

为了解决由于长期经费不足严重制约欧洲研究和创新发展的问题，欧盟在该战略中首次把研究与创新放在欧盟财政核心的地位。欧盟认为，增加公共投入是促进研发与创新发展不可缺少的强大动力；必须在欧盟、成员国和地区各个层面动员一切财政资源支持研发与创新活动。要制定具体措施，吸引企业与私人以及其他民间机构积极参与欧洲研究与创新的投资活动，其中包括补助金，参加基金会、风险投资等。为了使研究与创新活动真正具有财政核心的战略地位，欧盟提出了几项重要的保证措施：一是为尖端技术的研究与创新动员一切资源；二是视欧洲结构基金为研究与创新的动力；三是下决心改善中小企业研究与创新的财政条件；四是动员各成员国的各项计划在财政上大力支持欧洲的研究与创新活动。

3. 研发与创新是企业的核心

进一步密切公共研究与工业的合作关系，不断完善泛欧研究与创新网络，提高服务质量。企业应充分利用广泛网络的信息，关注和了解研究与创新各项政策、研究与创新成果，尤其是对中小企业扶持的新政策。目前，欧洲研究与创新的弱点之一就是公共研究机构之间的知识转让不畅，尤其是高等学府和工业之间

第八章
欧盟科学技术

更为严重。为此，欧盟将制定新的研究成果产权法规。欧盟要求各成员国认真制定本国和地区研究与创新、创新极区建设、知识转让等政策，支持、帮助和激活各国的研究与创新活动。为了确保研究与创新在企业的核心地位，欧盟还制定了一系列具体措施：一是进一步发展大学/工业合作伙伴关系；二是创新极区与工业集团必须以研究为轴心；三是建立企业行动前的支撑服务体系，激励研究与创新活动；四是建立创新管理与社会互动体系；五是建立一整套为创新者提供各项服务的体系；六是建立欧洲工业研究与创新体系。

4. 完善研发与创新政策

欧盟于 2005 年 7 月 12 日制定了"增加与改进研发投资，尤其是私人投资"和"有利各种形式创新"的指导性条例（2005/601/CE）。欧盟认为，不断完善研究与创新政策，才能更加有的放矢地整合实力、改善条件、吸引投资，搞活欧洲的整体研究与创新工作。为此，提出以下措施：一是要求各成员国把研究与创新政策的制定和改善视为落实"里斯本战略"，尤其是促进经济增长、增加就业岗位的重要手段；二是各成员国的研究与创新政策须保持与欧盟有关政策的一致性，并加强相互间的合作；三是不断改善政策分析工具，保证政策制定与改善平台的健康运转；四是强化政策与合作方面的人员培训；五是确保地区、成员国和欧盟的政令畅通，有效地落实各项政策，进一步促进泛欧研究与创新活动的发展。

欧盟的研究与创新战略体现在以下几个方面：

1. 促进创新文化的发展

欧盟认为，创新者必须具备富有创造性、有实干精神、善于承担风险、勇于面对失败、愿意流动等多种素质；具有预见未来需求的能力、很强的组织能力以及把握时机和控制成本—效益的能力；还必须具备收集和处理信息、从事社交与公关的技能。然而，这种创新精神和能力不可能依靠法规等强加于人，更不是一朝一夕所能培养造就的。为此，欧盟着眼于长远战略，把促进创新文化的发展列为第一个创新行动计划的第一个优先领域。从以下五个方面采取措施：改进教育和培训，鼓励人员流动，提高全社会的创新意识，改进企业管理、推广最优管理方式和最先进的管理手段、促进政府行政管理部门和公共部门的创新。

2. 创造有利于创新的法律、行政和金融环境

（1）保护知识产权。

欧盟专利体系尚未建立。而且，在欧洲申请和维持专利的费用是美国的 6 倍。其原因是欧盟各国语言不同，且没有达成协议在同一体系下认同一种或几种语言，造成翻译费用过高、申请成本高和申请时间长。因此，欧盟及其成员国首先致力于改进专利体系，使其更加有效、简捷，并降低专利申请和维持费。1997

年，欧盟制定了共同体专利白皮书，明确了协调各国专利；对税收和专利收费体系进行适当调整；建立欧盟专利专门机构等事项。此外，欧盟将开辟"知识产权服务热线"，并要求各成员国采取具体措施，为中小企业和大学提供有关知识产权的信息和咨询。

（2）简化行政手续，改进立法。

分析现有法规对创新的影响，进一步简化创办企业的企业申请资助的手续；推广以中小企业为对象的信息与咨询综合服务；在立法上，组织专家研究和提出关于欧洲公司法的建议，以解决由于各国法律体系的差异给企业带来的负担和各种问题；在法律上接受和采纳有利于创新的企业模式，如欧洲经济利益集团等。

（3）资助和激励创新。

一是鼓励风险资本和各种基金对创新的投入，主要用于创新启动资金和发展快、能创造大量就业机会的创新企业；进一步引导长期储蓄（如退休金、人寿保险等）转向风险资本，并加强欧洲投资基金对创新的支持。二是创造条件，发展以高速成长的企业为对象的欧洲资本市场。三是在科学研究与风险资本间建立密切联系，增强技术创新与金融的联系，促进研究成果的开发。四是发表"欧洲税收与创新公报"，以改进无形投资（如培训）的税收制度。

3. 建立研究与创新的有机联系

欧盟认为，必须把研究、培训、人员流动、知识传播以及企业（尤其是中小企业）吸纳新技术和新工艺的能力有机地结合在一起。

尽管欧洲有很强的科研基础，但在研究成果转化为创新产品方面却总体上落后于美国和日本。为改变这种状况，欧盟与其成员国协同，采取以下措施：

（1）针对科学研究及其成果开发与应用开展战略性的前瞻性研究，并向各成员国推广研究方法，以确定未来的重点产业、重点领域和关键技术。

（2）要求各成员国要确定 R&D 及技术创新投入的远期定量化指标，增加 R&D 投入和技术创新投入的强度。

（3）强化企业的研究与开发。采取措施鼓励企业增加研究与开发的投入；吸收企业参与制定研究计划；提高工业合同研究在公共研究机构和大学的研究中所占的比例；扩大和推广与企业的合作研究与开发。

（4）进一步鼓励科技人员创办技术性企业（如以研究成果为基础创办的"校办公司"或由科技人员带着某项产品或技术，脱离原来的大公司而另起炉灶创办的小公司等）。

（5）加强公共研究机构、大学、企业间的合作，制定法规和采取具体措施，使大学和公共机构的研究人员能有部分时间去创办和发展企业，并允许大学和公共研究机构与企业签订独家研究成果开发合同。同时，研究影响三者合作的因

第八章 欧盟科学技术

素，探讨、建立、试验和推广成功的合作模式。

（6）增强中小企业吸引和应用新知识、新技术的能力。增加资助渠道的透明度；在中小企业与大学和研究机构之间开展中介服务；向中小企业提供有关组织与管理问题的咨询渠道；帮助中小企业聘用或雇佣研究人员和工程技术人员。

（7）开展新的跨国创新示范项目。通过对创新的方法、组织管理、服务方式（如保护知识产权等）进行试验和评价，推广创新方法，展示如何协调创新所涉及的技术、组织、管理、社会等各方面因素以及如何优化创新的社会效益（如促进就业和保护环境）。

4. 研究与创新行动计划

该项行动计划的目标是制定一套完善的创新政策，加强必要的基础设施建设，支持和保证技术创新活动的顺利开展。重点是建立欧洲技术创新网络及分析、研究系统，促进技术创新经验与实践的广泛交流。制定地区间技术创新与合作政策以及技术性企业创建战略。研究、探索与试用新的技术创新方法和手段。建立与改进信息服务系统，尤其是电子信息系统和技术创新支撑系统（技术转让、知识产权保护及风险投资等）。实施经济和技术智能行动计划（如技术、应用及市场演变分析以及用于支持研究人员、企业家和投资者的决策信息处理与传播）。强化欧盟研究项目中技术创新活动的分析、评估及增强技术创新政策的教育与宣传活动的力度。

5. 建立技术创新区

建立创新企业区是欧盟的一项技术创新鼓励措施，有严格的评选条件和程序。其主要评选指标有两个：一是该地区的人均 GDP，另一个是该地区的年专利申请总数。每年评选一次，皆在欧盟创新企业年度论坛上进行。

6. 以信息社会技术（IST）研究与创新为龙头，带动其他领域的技术创新

欧盟信息社会技术的创新工作正在以科学园、大学及地区技术创新网络为依托开展，并已真正成为欧盟技术创新的龙头领域。如斯德哥尔摩 Kista 科学园，自 1976 年该科学园创建以来，现已建成一个集孵化器、企业苗圃、技术型企业及研究与创新为一体的信息技术中心。由于有 Ericsson、IBM 等实力雄厚的世界著名企业的财政支持，该科学园已成为仅次于美国硅谷的世界第二大 IT 高技术研发和创新服务基地。欧盟决定再一次投资，扩大该园区的配套设施建设，吸引更多的科研机构、企业及技术创新中介机构进驻，并为社会再提供 5.5 万个就业机会。

7. 不断完善与扩大技术创新中介机构

欧盟的技术创新中介机构已形成了以欧洲企业与创新中心（the European Business and Innovation Centres，BICS）为代表的欧洲技术创新网络。自 1984

年创建以来，欧洲企业与创新中心在技术创新、创建新一代技术型企业方面作出了突出贡献，得到了欧盟委员会的认可。该中心的一切活动都是在欧盟创新政策的指导下进行的，已建立了全欧技术创新网络。中心始终坚持的服务工作原则是：企业、创新、网络、中心。企业，尤其是中小企业越来越成为欧洲经济发展的发动机和就业机会的来源。创新是企业和经济活动家走向更加广阔市场的基本保证，是扩大经济活动范围和取得强有力竞争手段的王牌。网络、信息交流、技术转让及合作网络已成为企业成功的基石。中心，BICS 已成为企业接受新知识、诊断技术症结、评价企业创新项目、培训企业管理人员、寻求财政支持、解决创新难题、分析企业发展前景及掌握国际市场演变的服务载体。

第三节 欧盟重大科技计划

一、科技研发框架计划

20 世纪 80 年代早期，欧洲共同体的科研工作处于相对无序状态，尚未形成其整体的科学技术政策。这一时期，成员国对欧洲共同体统一的研发意向基本上持反对态度。所以，有关的研发工作只能由欧洲原子能共同体的相关机构与各成员国的研究机构联合开展，涉及领域除其重点的核聚变外，还包括能源、环境、健康、纺织、渔业、原材料等，但是项目规模很小，且相互之间基本上没有联系。

欧洲共同体通过分享科研成果、科研互补、节省资金、推动国际合作等吸引各成员国开展联合研发活动；推动欧洲科技联合。

（一）第一研发框架计划（1984—1987 年）

1983 年 7 月 25 日，欧洲共同体理事会批准了第一个研发框架计划（FP1），总预算为 32.7 亿欧洲货币单位。框架计划的预算与以前的研发项目相比，作了较大的调整，以 1982 年和 1985 年为例，能源领域的研究开支从占欧洲共同体总研究资金的 65.5％下降到 50％，提高工业竞争力的研究资金从 17％提高到 32％。FP1 的出台是欧洲共同体历史上强化成员国间科技研发的重大举措，具有里程碑式的意义。

（二）第二研发框架计划（1987—1991 年）

1987 年 9 月 28 日，欧洲共同体理事会批准了预算为 54 亿欧洲货币单位的第二个研发框架计划（FP2）。这一预算远低于欧洲共同体委员会的期望，仅占欧洲共同体总预算的不足 3％（其中农业研究占研发框架计划总预算的 70％），相当于成员国科研投入总额的 1.8％。FP2 的行动重点包括以下八类：

（1）生活质量：健康、防辐射、环境保护；

（2）建设单一市场和信息通讯社会的研发活动；

（3）工业现代化：制造业及先进材料的科学和技术、原材料和材料的循环利用、技术标准、检测方法和材料；

（4）生物资源的探索和优化利用：生物技术、农业食品技术、农业竞争力和农业资源管理；

（5）能源：核裂变、可控核聚变、非核能源、能源效率；

（6）服务业的科学和技术；

（7）海底探索、海洋资源开发、海洋科学技术、渔业；

（8）提高欧洲科技合作水平：人才资源开发、大型设施的利用、科研活动的预测评估、科研成果的推广应用。

与FP1相比，FP2的研究重点，最主要的变化是从以能源研究为主变为以工业创新研究为主。

（三）第三研发框架计划（1990—1994年）

1990年4月23日，欧洲共同体理事会批准了第三个研发框架计划（FP3），总预算为57亿欧洲货币单位，实施后的实际开支达到66亿。FP3的六大目标为：

（1）提高欧洲共同体的工业竞争力；

（2）解决单一市场建立过程中面临的问题；

（3）研究逐渐向跨国联合方向发展；

（4）向欧洲科技人员灌输欧洲整体概念；

（5）通过实施科研项目促进经济和社会的协调发展；

（6）关注环境保护和生活质量。

FP3的研究领域分三大类，即应用技术、自然资源管理、人才资源开发。

（四）第四研发框架计划（1994—1998年）

第四个研发框架计划（FP4）的总预算为123亿欧洲货币单位，共支持四个行动计划：

1. 行动计划1：研究与技术发展及示范

预算为106.86亿，其中信息与通信技术34.05亿，工业技术和材料19.95亿，环境10.8亿，生命科学和技术15.72亿，能源22.56亿，交通2.4亿，社会经济研究1.38亿。

2. 行动计划2：国际合作

预算为5.4亿，其中与欧洲其他科技合作计划的合作占7%～8.5%，与中东欧国家的科技合作占39%～47%，与欧洲以外发达国家的科技合作占6%～

7.5%，与发展中国家的科技合作占 39%～47%。

3. 行动计划 3：研究成果的优化和推广

预算为 3.3 亿，其中研究成果推广与开发占 48%～55%，向企业推广新技术占 40%～45%，技术推广的财政环境占 5%～7%。

4. 行动计划 4：研究人员培训和流动

预算为 7.44 亿，其中研究网络占 40%～50%，大型研究设备占 13%～17%，培训占 30%～40%，配套措施占 4%～6%。与前几个计划相比，FP4 的重点和优先领域愈趋集中，更加强调信息通信技术、新能源和生命科学技术等重要领域，而且将交通和社会经济方面的政策研究纳入框架计划。

（五）第五研发框架计划（1998—2002 年）

第五研发框架计划（FP5）于 1998 年 12 月 22 日正式通过。该计划是为了解决问题和回应欧盟所面临的主要社会经济挑战，集中考虑有限的研究目标和领域，即"关键行动"，同时结合了技术、工业、经济、社会和文化各领域。FP5 的总预算为 149.60 亿欧元，除了"关键行动"，大约 30% 的资金用于一般性研究活动，涉及快速发展和极具潜力领域的基础知识和技术。

1. 结构和内容

FP5 由七个具体计划组成，其中包括四个专项计划和三个横向计划。三个横向计划贯穿了"关键行动"覆盖的所有领域。所有计划的结合如下所示：

- 专项计划 1：生活质量和生活资源的管理（LIFE）
- 专项计划 2：用户友好信息社会（IST）
- 专项计划 3：具竞争性的与可持续的增长（GROWTH）
- 专项计划 4：能源、环境与可持续发展（EESD）
- 横向计划 1：确认欧洲联盟研究的国际作用
- 横向计划 2：促进创新及鼓励中小企业的参与
- 横向计划 3：改善人类研究潜力与社会—经济知识基础

2. 合作领域

食品、医疗卫生、农业、人口老龄化；信息社会、通讯技术；产品革新、材料研究、测量标准、运输；环境、能源及可持续发展；农业、医疗卫生、环境及政策研究方面的发展。

（六）第六研发框架计划（2002—2006 年）

第六研发框架计划（FP6）的经费高达 175 亿欧元。该计划的各研究领域与技术创新、创业密切结合，重点是强调了研发与市场、科学与社会的新观念，旨在通过该计划增强欧洲工业的国际竞争力，促进欧洲各国、各地区科技合作，推动全欧科技联合体系的建立。

1. FP6 的特点

以欧盟成员国为主的国际化参与；战略目标明确，建立"欧洲研究区"；重点突出——总预算的大部分投入到七个"优先主题"；分摊成本——欧盟的资金投入只支持项目总成本的一部分。

2. FP6 按研究领域和项目实施分为三个主要部分（见表 8—1）。

表 8—1　　　　　　　　　　　FP6 按研究领域和项目实施

第一部分：集中和集成欧洲研究										
主题计划							开展更广泛领域的专项活动			联合研究中心非核活动
生命科学 生物技术 基因组学	信息社会技术	纳米技术 智能材料	航空 航天	食品质量 食品安全	可持续发展 生态系统 全球变化	知识社会的公民与管理	支持政策制定的研究核科技需求预测 高新技术	中小企业行动	国际合作	
第二部分：欧洲研究区的结构建设										
研究与创新		人力资源流动		科研基础设施			科学与社会			
第三部分：加强欧洲研究区的基础建设										
协调研究行动					发展研究创新政策					

（七）第七研发框架计划（2007—2013 年）

总预算为 505.21 亿欧元的第七研发框架计划（FP7）和总经费为 27.51 亿欧元的欧洲原子能共同体（EURATOM）计划（2007—2011）于 2006 年年底分别获得欧洲议会和欧盟理事会批准，并于 2007 年 1 月正式启动。

1. FP7 的目标

重振"里斯本战略"，以科技进步为实现里斯本战略目标服务。采用研发框架计划的相关法律和财政举措，鼓励、组织和利用各种形式的合作方式，通过国与国之间的联合项目和研究计划协调合作，通过欧洲层面竞争及大规模技术创新的联合行动，达到基础设施和欧洲利益的共同发展。

2. FP7 的特点

FP7 为中长期重大科技研发计划，具有研究水平高、涉及领域广、参与国家多、投资力度大的特点。较 FP6，FP7 还有几个新特点：一是执行期由以往的 4 年增加为 7 年；二是优先领域的集成更强；三是突出了研究与创新的核心作用；四是发挥了泛欧科技大联合的优势。

3. FP7 的总体内容

FP7 由四个专项计划和一个核研究特殊计划组成（见图 8—1、表 8—2）：

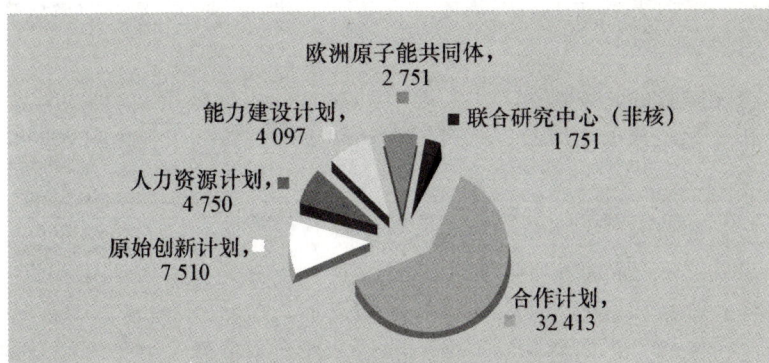

图 8—1　FP7 经费分布图（百万欧元）

表 8—2　　　　　　　　　　**FP7 的各专项计划和领域经费分配表**　　　　单位：百万欧元

	主题	费用
合作计划	健康	6 100
	食品、农业及生物技术	1 935
	信息通讯技术	9 050
	纳米科学、纳米技术、材料和新生产技术	3 475
	能源	2 350
	环境（包括气候变化）	1 890
	交通（包括航天）	4 160
	社会经济科学和人文科学	623
	空间	1 430
	安全	1 400
合作计划小计：		32 413
原始创新计划	欧洲研究理事会	7 510
人力资源计划	玛丽·居里人力资源流动计划	4 750
能力建设计划	基础设施	1 715
	中小企业创新研究	1 336
	发展区域性研究	126
	研发潜力	340
	科学与社会	330
	研究政策的协调发展	70
	国际合作行动	180
能力建设计划小计：		4 097
联合研究中心的非核行动		1 751
总计		50 521
欧洲原子能共同体的核研究和培训活动		2 751

（1）合作计划（COOPERATION）：总经费 324.13 亿欧元。

合作计划共划分为十大主题研究领域：

● 健康：用于人类健康的生物技术、基因方法和医疗技术；疑难病研究；优化欧洲

公民的医保服务。

● 食品、农业和生物技术：土壤、森林和水产环境的生物源可持续生产和管理；相关

战略、政策和法规的执行手段，支持以生物经济为基础的欧洲知识；以食品链的完善和管理（"从餐桌到农场"）为主题的研究：食品、健康和舒适；用于可持续的非食品产品和工艺的生命科学和生物技术。

● 信息通讯技术：网络和服务设施的稳定性和安全性、电子系统及部件的性能和可靠性、人性化的信息通讯系统、数码内容的管理。

● 纳米科学、纳米技术、材料和新制造技术：纳米科学、纳米技术、材料、新产品、用于应用工业的技术集成。

● 能源：氢和燃料电池技术、再生发电技术、再生燃料生产技术、用于加热和加冷的再生能源技术、二氧化碳的捕捉和零排放的发电技术、清洁煤技术、智能网络、能源的有效性。

● 环境，包括气候变化：气候变化、污染和风险、资源可持续管理、环境技术、地球观测和评估手段。

● 交通，包括航空：航空和航天交通、地面交通（铁路、公路和水路）、支持欧洲全球卫星导航系统——伽利略系统（GALILEO）和导航定时服务、卫星导航的有效应用（EGNOS）。

● 社会经济学和人文科学：知识社会中的增长、就业和竞争；欧洲前景中以经济、社会和环境为目标的综合策略；社会及相关方面的大趋势；欧洲区域（贸易、移民、贫困、危机等）；欧盟公民（参与政治、公民与权利、民主与责任、媒体、文化多元性与宗教等）；社会经济指标和科技指标。

● 空间：用于欧洲社会的空间技术应用、空间开发、加强空间基地的研究与技术开发。

● 安全：公民安全，基础设施和公用品的安全，智能监测和边境安全，应急安全措施的建立，安全系统的集成、互联、互操作，安全与社会，安全研究的协调和组织机构。

（2）原始创新计划（IDEAS）：总经费 75.10 亿欧元。

该计划由欧洲研究理事会负责实施，致力于吸引最具有聪明才智的科学家增强欧洲竞争力，支持有风险并高影响力的研究，促进新兴和快速影响力的领域达

到世界级科学研究水平。

（3）人力资源计划（PEOPLE）：总经费 47.50 亿欧元。

该计划的目标是通过与外国科学家的合作来加强欧洲研究，通过研究人员的流动建立持久的联系，具体实施则通过"玛丽·居里行动计划"（the Marie Curie Actions）。

（4）研究能力建设计划（CAPACITIES）：总经费 40.97 亿欧元。

支持欧洲研究和创新能力建设。

（5）欧洲原子能共同体计划（EURATOM）：总经费 27.51 亿欧元。

该计划包括核聚变能研究计划和核裂变和辐射保护计划两个特殊计划。

第二个计划包括联合研究中心（非核部分）：总经费 17.51 亿欧元。

4. FP7 各专项计划的国际合作

四个专项均有各自的国际合作目标、参与条件及相关内容。

（1）合作计划—合作研究。

对第三国而言，有两种方式可以参加 FP7：

1）全部主题领域向第三国开放，参与条件为：至少与 3 个欧盟成员国共同参与；除第 1 条的基本条件外，所有第三国均可参加；国际合作伙伴国家（ICPC）原则上可获得经费支持；工业国家参与的项目在必要的情况下可获得经费支持。

2）每个主题均有各自的特殊国际合作行动，参与条件为：每个主题领域中均有针对国际合作伙伴国家的项目招标；合作伙伴至少应来自 4 个不同国家，即：2 个国际合作伙伴国家和 2 个欧盟成员国；国际合作伙伴国家可以获得经费支持。

（2）人力资源计划—奖学金。

以与外国科学家合作的方式加强欧洲研究，通过研究人员的流动建立持久的联系。

（3）研究能力建设计划—国际合作。

在不同的专项计划中通过主题领域进行的国际合作行动协调，研究能力计划则成为协调行动的载体。

二、伽利略计划

（一）概况

伽利略计划是由欧盟委员会和欧洲空间局（ESA）共同发起并组织实施的欧洲民用卫星导航计划，旨在建立欧洲自主、独立的民用全球卫星导航系统，提供高精度的全球定位服务。该系统将由 30 颗导航卫星及 2 个地面控制中心组成，分成空间段、地面段和用户段三个部分。

该计划由 2002 年 3 月欧盟巴塞罗那峰会正式批准并开始实施，主要实施者是欧盟和欧空局。计划的实施涉及空间、电子、信息、通信、精密仪器及大型设备制造等众多新技术领域，是一项综合性技术项目。

伽利略计划是欧盟为抗衡美国的 GPS 系统而实施的一项计划，具有重大的战略意义。当时的欧盟委员会主席普罗迪曾形容伽利略计划"是欧盟的一场技术革命，成败关乎欧洲的前途，是一场垄断和反垄断的斗争，是一场政治、经济、军事和国家利益的外交斗争"。与美国的全球定位系统（GPS）相比，建成后的伽利略系统将具备至少三方面的优势：首先，其覆盖面积将是 GPS 系统的两倍，可为更广泛的人群提供服务；其次，其地面定位误差不超过 1 米，精度要比 GPS 高 5 倍以上，用专家的话讲，"GPS 只能找到街道，而伽利略系统则能找到车库"；第三，伽利略系统使用多种频段工作，在民用领域比 GPS 更经济、更透明、更开放。针对美国 GPS 系统提供的服务，欧盟承诺，伽利略系统将无偿提供基础应用服务，有偿服务只限于美国 GPS 系统无法提供的高水平应用服务。

伽利略计划是一场新技术革命，将为欧洲的工业和商业带来可观的经济效益。据估计，仅伽利略系统的设备和服务市场总额可达到 100 亿欧元/年，至少创造 15 万个高技术就业机会。

伽利略还是一个大型战略性国际合作项目。到目前为止，欧盟已经与中国、以色列、乌克兰和摩洛哥分别签署了合作开发协议，并正在与阿根廷、巴西、墨西哥、挪威、智利、马来西亚、加拿大以及澳大利亚等国进行合作谈判。中国于 2003 年 10 月 30 日与欧盟签订了伽利略合作协议，是最早签订伽利略计划合作协议的非欧盟国家，承诺投资 2 亿欧元。

（二）计划的执行及其面临的危机

伽利略计划的实施分为开发、部署和商业运营三个阶段。最初的计划是，2002—2005 年为开发阶段，该阶段共需资金 11 亿欧元，全部由欧盟和欧空局承担；2006—2007 年为部署阶段，所需资金 21 亿欧元，欧盟继续承担部分费用，其余资金由参与该计划的工业部门提供；2008 年以后为商业运营阶段，此阶段公共资金的支持逐步减少。在具体实施过程中，此计划方案不断被推迟和调整。

伽利略计划的开发原计划采用 PPP（Public-Private Partnership）的组织模式。系统由以伽利略计划监督机构（GSA）和以欧盟成员国工业企业组成的联合公司共同开发，联合公司享有系统进入商业化运营后为期 20 年的开发运营特许权。根据此方案，伽利略计划投资中，私营企业资金占三分之二，欧盟只提供其中的三分之一资金。

经过复杂而艰难的招投标程序，2005 年，欧空局选定了 8 家企业，包括：

欧洲宇航防务集团下属的阿斯特尧姆公司（Eads-Astrium）、法国阿尔卡特—朗讯公司（Alcatel-Lucent）和泰雷兹公司（Thales）、西班牙阿艾那公司（Aena）和海斯帕萨特公司（Hispasat）、国际海事卫星组织（Immasat）、意大利机械工业投资公司（Finmeccanica）以及德国电信公司与德国航空航天中心组建的联合企业 TeleOp 集团。同年 12 月，ESA 与参与企业签订合同约定，各参与企业应在 2006 年底以前结束有关特许权分配协议的谈判，并最终组建一个单一的联合公司，任命一位可代表联合公司作出最高决策的公司总裁。

至 2006 年底，由于欧盟内部利益纷争，企业界对未来收益缺乏信心，各参与企业并未按时履行与欧空局的合约，欧盟与企业界谈判停滞不前。由此造成伽利略计划资金出现巨大缺口，管理架构失缺，研发和部署工作受到影响，整个计划严重推迟。除了 2005 年底发射了第一颗用于测试和占频的卫星之后，整个项目没有重大进展。伽利略计划的执行陷入了危机。

（三）欧盟积极采取措施，伽利略计划走出危机

2007 年 3 月举行的欧盟各国交通部长理事会会议向参与运营商谈的各大公司发出"最后通牒"，责令 8 家工业企业在 5 月 10 日前就组建单一联合公司及公司总裁人选达成一致，以保证有关签订伽利略系统开发和运行许可权协议的谈判得以继续。然而工业界给予的答复并没有能令欧盟委员会满意。

2007 年 5 月，欧盟委员会向欧盟理事会和欧洲议会提交了题为《处于十字路口的伽利略：关于全球卫星导航系统执行计划》的报告。报告分析了欧盟委员会与伽利略运营商联合体谈判停滞不前的原因，在比较了伽利略计划进一步实施的若干建议方案后，向欧盟理事会和欧洲议会提出了欧盟承担建设阶段所需全部资金的建议。同时，欧盟委员会将重新招标组建运营公司，负责系统的运营管理。

2007 年 6 月，欧盟理事会通过决议，终止与工业界有关伽利略系统运营的谈判，重新确认了伽利略计划的价值，考虑增加公共资金投入，争取在 2012 年底前部署完成该系统。该决议还要求欧盟委员会在 2007 年 9 月之前向欧盟理事会提出伽利略计划公共资金来源、计划实施时间表、公共采购、运行管理机构框架等建议方案报告。2007 年 9 月，欧盟委员会向欧盟理事会和欧洲议会提交了题为《推进伽利略计划：重新规划欧洲全球卫星导航系统》的报告。

2007 年 11 月，欧盟财政部长理事会通过了欧盟委员会关于由欧盟承担伽利略计划建设部署阶段全部费用（2007—2013 年，34 亿欧元）的决定，并批准了该计划 2008 年度 9.4 亿欧元的预算。11 月，欧盟交通部长理事会就伽利略计划的实施、系统所有权以及公共采购等问题作出决定，同意欧盟委员会提出的方案。至此，欧盟针对伽利略计划执行出现的新问题，作出了新的政治决定，伽利

略计划回到正常运行的轨道。

（四）新的伽利略计划实施方案

1. 资金及其来源

伽利略计划建设与部署分为两个阶段：在轨验证阶段（in-orbit-validation，简称 IOV 阶段）和全操作功能建设阶段（full operational capability，简称 FOC 阶段）。2006 年初，欧空局按照在轨验证阶段合同要求已经采购了 4 颗卫星以及部分地面站设施，共花费了 15 亿欧元，这 15 亿欧元由欧空局和欧盟委员会各分担一半。

伽利略计划 FOC 阶段在 2007—2013 年期间还需要 34 亿欧元，具体细目如表 8—3 所示。全部资金将由欧盟公共资金支出。

表 8—3　　　　　　伽利略计划 2007—2013 年资金预算细目　　　　　单位：百万欧元

项目	费用
伽利略部署阶段	
卫星制造及发射	1 600
地面控制中心	400
运行	275
系统工程	150
采购机构管理费用	195
EGNOS 系统	
开发与运行	330
委员会工作支撑费用	
项目管理支撑和咨询服务	27
不可预测费用	428
合计	3 405

2. 管理模式

欧盟委员会对伽利略计划的管理构架进行了重新设计（见图 8—2），并获得了欧盟理事会和欧洲议会的通过。欧盟将在 2008 年陆续修改或出台相关规定，以规范相关主体的权利和责任。

在新的管理构架中，各主体的责任为：

欧盟理事会和欧洲议会将对伽利略计划实行政治层面上的掌控。计划实施过程中，欧盟委员会将定期向欧盟理事会和欧洲议会报告计划实施的进程、风险、财政以及管理等方面的问题。

将成立一个"欧洲全球卫星导航系统项目委员会"（其成员将由欧盟各成员国代表组成），该委员会将就伽利略计划实施过程中的有关财政预算、技术、时间表以及项目实施等重大问题作出决策。

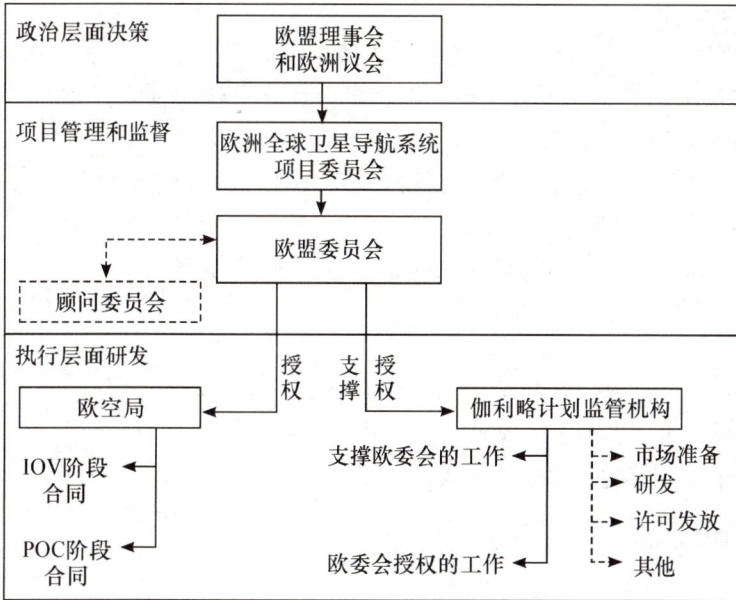

图 8—2　伽利略计划管理构架

欧盟委员会将以伽利略计划项目经理的身份行使对该计划的管理。将负责监督伽利略系统建造过程中采购和部署全过程，负责监督欧空局以及欧洲全球导航卫星监管机构（GSA）的工作，向欧洲理事会和欧洲议会报告系统的进展状况。为此，欧盟委员会内部将组成专门的管理团队，从风险监督和管理、日常报告以及项目决策等角度对该计划实施全过程的管理。同时，欧盟委员会将成立一个由项目管理、航天工程、财政以及技术市场等方面资深专家组成的顾问委员会，为欧盟委员会提供咨询建议。

GSA 将被授权负责伽利略全球导航应用和服务的市场准备，负责组织欧洲卫星导航项目的认证；同时，GSA 还将就伽利略计划实施各个方面，特别是在项目安全要求的落实和授权、知识产权保护等方面，向欧盟委员会提出咨询建议，并协助欧盟委员会对伽利略计划进行管理。

根据 2004 年欧盟委员会与欧空局的协议，欧空局将负责管理欧盟有关航天方面的活动。作为伽利略计划的联合发起者以及该计划的技术设计者，欧空局将负责该计划的采购并承担主要承包商的职责。欧盟委员会将与欧空局将签署一项有关欧盟委员会全球卫星导航系统项目的协议书，该协议书将包括对整个计划任务和目标的概述、用户要求、工作计划、一个适当的管理机制、签约各方的职责及其财政责任、预算、知识产权条例、拥有权条款、风险管理、项目延期或预算超出的责任划分以及争议的解决等内容。

3. 计划进度

伽利略计划走上正轨之后，其计划进度调整如下：

2007 年 12 月，欧盟委员会、欧盟理事会和议会就伽利略计划新的资金预算和管理模式作出政治决定；

2008 年 3 月，启动伽利略系统建设部署阶段供货期长的相关产品的采购，发布伽利略项目部署阶段相关标书；

2008 年秋季，启动伽利略系统部署阶段采购合同的签订；

2009 年 12 月，启动 EGNOS（基于 GPS 信号的卫星导航系统）的过渡性运行；

2009 年秋季，发射第一颗伽利略在轨验证运行卫星；

2012 年上半年，伽利略系统试验运行；

2013 年年中，伽利略系统投入商业运行。

三、国际热核聚变实验堆（ITER）计划

（一）概述

2006 年 5 月，中国、美国、欧盟、俄罗斯、韩国、日本和印度等 7 国科技部长在布鲁塞尔分别代表各国政府草签了《成立 ITER 国际组织联合实施 ITER 计划的协定》和《给 ITER 国际组织以特权与豁免的协定》，这标志着有关该计划场址选择、各国权利和义务、材料设备采购和分配等方面历时 3 年多的艰苦谈判终于基本结束。2007 年 10 月，ITER 国际组织在法国的卡达拉什（Cadarache）正式成立，ITER 计划正式启动。

ITER 计划是模拟太阳的核聚变过程，建造一个能产生大规模核聚变反应的超导托克马克核聚变实验堆，以便对未来聚变示范堆及商用聚变堆的物理和工程问题作深入研究与探索。

ITER 计划是解决未来人类能源短缺、保护环境的重大战略行动。

ITER 计划的实施结果将决定人类能否迅速地、大规模地使用聚变能，从而可能影响人类从根本上解决能源问题的进程。

ITER 计划也是目前全球规模最大、投入经费最多、影响最深远的国际科研合作项目之一。计划合作七方包括了全世界主要的核国家，覆盖了接近一半的全球人口。为建设 ITER，各国政府首脑在过去几年中都采取不同方式对参加 ITER 计划作出过正式表态，这是国际科技合作史上前所未有的，充分显示了各国政府和科技界对该计划的高度重视。

（二）ITER 计划的具体目标

ITER 计划实施的主要目的是建造一个经济可行的核聚变反应堆，进行和平

利用核聚变能的科技示范。具体目标包括：

● ITER 产生的电力必须远远大于其运行中消耗的电力。具体目标是 ITER 短时产生的电力是其消耗电力的 10 倍，长时间运行产生的电力是其消耗电力的 5 倍；

● ITER 必须能够维持聚变等离子体 8 分钟以上，以维持等离子的燃烧；

● ITER 必须能够为未来聚变发电相关技术，包括超导磁体技术和远程操作（机器人操作）技术，提供测试和验证；

● ITER 必须发展并验证从等离子周围介质锂中再生氚的技术。

（三）计划的管理及经费来源

ITER 计划是参与合作方通过签署 ITER 协议所成立的 ITER 国际组织来执行的。ITER 国际组织负责项目建设和运行的所有相关事项，包括许可程序、硬件采购、建设、20 年的运行以及 ITER 失效后的退役处理。ITER 国际组织由计划参与的 7 方组成。其他国家若想参与该计划，可以申请成为合作的一方，也可以与以上七方合作。参与各方完全平等地享有项目的所有科研成果和知识产权。

2006 年 1 月，合作各方形成共识，任命了 ITER 国际组织的最高管理团队。日本的 Kaname Ikeda 被任命为 ITER 国际组织的总干事长，同时任命的还有 6 名副总干事长。中国科技部推荐的王绍祺被任命为副总干事长，负责人力资源和行政管理。

ITER 国际组织的成员，将共同分担 ITER 计划的费用。按照设计，ITER 的建造将用 10 年的时间，建设费用预计约为 45.7 亿欧元（以 2000 年价格计算）；在建造好后试验运行的 20 年当中，大约还需要 50 亿欧元。根据 7 国协定，作为 ITER 的东道主，欧盟将承担 ITER 建设费用的大约一半，其余 6 方分别承担 10%，超出预计总花费 10% 的费用将用于支付建设过程中由于物价等因素造成的预算超支。

在 ITER 建设阶段，成员国大多将以"实物"的方式为 ITER 计划提供支持，即各参与合作方将根据分工，直接制作并向 ITER 提供建设所需的各种部件和零件。

（四）计划的进度

ITER 设计已全部完成，2008 年开始建设。预计 2011 年开始托克马克装置的装配，2016 年开始产生等离子体。

（五）ITER 计划的提出

1985 年，作为结束冷战的标志性行动之一，苏联领导人戈尔巴乔夫和美国总统里根在日内瓦峰会上倡议，由美、苏、欧、日共同启动"国际热核聚变实验堆（ITER）"计划。

最初，该计划仅确定由美、俄、欧、日四方参加，独立于联合国原子能委员会（IAEA）之外，总部分设美、日、欧三处。由于当时的科学和技术条件还不成熟，四方科技人员于1996年提出的ITER初步设计不尽合理，要求投资上百亿美元。1998年，美国出于政治原因及国内纷争，以加强基础研究为名，宣布退出ITER计划。欧、日、俄三方则继续坚持合作，并基于20世纪90年代核聚变研究及其他高新技术的新发展，大幅修改实验堆的设计。2001年，欧、日、俄联合工作组完成了ITER装置新的工程设计（EDA）及主要部件的研制，预计建造费用为50亿美元（1998年价），建造期8至10年，运行期20年。其后，三方分别组织了独立的审查，都认为设计合理，基本上可以接受。

2002年，欧、日、俄三方以EDA为基础开始协商ITER计划的国际协议及相应国际组织的建立，并表示欢迎中国与美国参加ITER计划。中国于2003年1月初正式宣布参加协商，其后美国在1月末由布什总统特别宣布重新参加ITER计划，韩国在2005年被接受参加ITER计划协商。以上六方于2005年6月签订协议，一致同意把ITER建在法国核技术研究中心卡达拉什，从而结束了激烈的"选址大战"。印度于2006年加入ITER协商。

（六）聚变能作为能源资源的优势

与现在核电站不同，氘氚核聚变反应的产物不具有放射性，中子对堆结构材料的活化也只产生少量较容易处理的短寿命放射性物质。聚变反应堆不产生污染环境的硫、氮氧化物，不释放温室效应气体。可以说，聚变能是无污染、无长寿命放射性核废料而且资源无限的理想能源。聚变能作为能源具有以下优势：

- 可以大规模的使用，所需资源蕴藏十分丰富，分布十分广泛；
- 不排放任何二氧化碳温室气体；
- 聚变能发电厂日常运营不需要运输放射性材料；
- 没有通常核电厂所需担心的所谓"核泄漏"、"镕毁"等问题；
- 不产生核废料，没有对将来环境造成潜在威胁的核废料问题。

第四节　欧盟重要领域行动计划

一、农业

（一）改革共同农业政策

共同农业政策是欧盟实施的第一项共同政策，其主要内容是：对内建立共同农业基金，统一农产品市场和价格，对农产品出口予以补贴；对外设置随市场供求变化而调整的差价税、配额等，使欧盟农业免遭外部廉价农产品的竞争。

共同农业政策自实施 40 多年来，当初所设定的目标逐步得到实现，在保证农产品市场稳定的同时大大促进了欧盟农业生产的发展，并为工业的发展提供了雄厚的基础，但也带来一系列弊端。首先是随着成员国的增加以及农业生产规模的扩大，欧盟农业开支日益庞大，欧盟的预算每年约为 1 000 亿欧元，其中用于农业补贴的费用约占一半。其次，产量越多，意味着补贴越多，因此，造成农产品严重过剩，降低了竞争力。再次是遭到国际社会的广泛批评，美国和农业出口国组织凯恩斯集团成员指责欧盟违背了世贸组织的自由贸易原则。

从 1972 年 4 月至今，欧盟对共同农业政策进行了五次改革：1972 年 4 月、1988 年 2 月、1992 年 5 月、1999 年 3 月和 2003 年 6 月。改革重点基本放在解决农产品过剩和农业支出占欧盟预算过高的问题。从第三次改革开始，环境问题越来越受到重视，同时考虑世贸组织农业谈判的立场和外部的批评意见。尤其是第四、五次改革，欧盟力图告别曾经"扭曲贸易"的农业政策。

2003 年欧盟农业改革的核心内容是：废除农业补贴与农产品产量挂钩的做法，改为向农民提供一次性补贴；个别国家可以在一定时期内继续维持对农民的直接补贴，以避免出现农民放弃耕地的现象；农业补贴额度与环保、食品安全等标准挂钩，这意味着不符合上述标准的农民将无法得到补贴；减少对大型农场的补贴额度，将节省下来的资金用于支持农村地区的发展项目等。欧盟农业改革步骤已从 2005 年起分阶段推进。

（二）农业与生态补偿机制

生态补偿机制是以保护生态环境、促进人与自然和谐为目的，根据生态系统服务价值、生态保护成本、发展机会成本，综合运用行政和市场手段，调整生态环境保护和建设相关各方之间利益关系的环境经济政策。建立和完善生态补偿机制，有利于推动环境保护工作，实现从以行政手段为主向综合运用法律、经济、技术和行政手段的转变，有利于推进资源的可持续利用，加快环境友好型社会建设，实现不同地区、不同利益群体的和谐发展。

欧盟的生态补偿政策已考虑到欧盟政策的各个相关方面，其中共同农业政策中的环境补偿政策是欧盟最重要、最基础的生态补偿政策。它不但规范了农业活动对环境的影响，也是欧盟自然保护区生物多样性、重要生态功能区和流域水环境保护相关生态补偿政策的基础。它包括环境要求（交叉遵守措施）和激励措施（农业环境补偿措施）。"交叉遵守"融合在欧盟农业直接补偿政策中，要求所有获得直接补偿的农民必须遵守"良好农业耕作要求"。"良好农业耕作要求"包括"法定管理要求"和"良好农业与环境状况标准"。"农业环境补偿措施"融合在欧盟农业市场与收入政策和农村发展政策中，是为农民实施超出"良好耕作要求"之外的农业环境承诺提供补偿。欧盟层面规定了"保证农业土地可持续利用"和"保证林业用地可持续利用"两类补偿措施，并确定了各类措施补偿的最高限额。

欧盟共同农业政策的生态补偿机制具有以下特点：

1. 与农业、农村发展政策融合紧密

欧盟农业生态补偿政策融合在欧盟农业直接补偿政策和欧盟农村发展政策之中，与促进农村发展、增加农民收入的政策措施紧密结合，在促进农村发展的同时，鼓励和引导农民保护环境与生物多样性。

2. 因地制宜

为了保证具体的环境补偿措施具有较强的针对性和灵活性，欧盟允许各成员国/地区在欧盟确定的政策框架下，在较大范围内调整相关参数，确定具体的环境措施，以适应欧盟范围内各成员国/地区的环境条件和独特的农业生产体系，反映各成员国和地区不同的环境需求。欧盟委员会对各成员国制定的具体环境补偿措施要进行审批，以保证各成员国和地区的环境补偿措施符合欧盟共同政策的要求。

3. 符合"谁污染，谁付费"原则

要求获得直接补偿的农民必须遵守最低环境标准；农业环境补偿只给予农民实施的、高于"良好耕作要求"之外的环境行为。

4. 欧盟农业环境补偿政策对成员国是强制的，但对农民来讲是可选择的

在欧盟政策框架下，各成员国必须实施环境补偿计划，以保证环境保护措施在欧盟范围内实施的广泛性。但是，环境补偿计划建立在合约的基础上，农民根据自己的判断，决定是否作出环境承诺，参与到环境补偿计划中来。这种对农民的可选择性，保证了环境补偿措施不会扭曲市场规则，有利于农民的广泛参与。

5. 欧盟环境措施补偿标准主要是以环境措施的机会成本为依据，但也鼓励根据生态服务价值来确定

措施补偿标准由各成员国和地区在充分考虑其重点环境目标、资源环境条件等基础上确定，保证了标准的可操作性。2007年1月1日之后，欧盟鼓励在一些特殊情况下，采用招标的方式，根据生态服务价值来确定措施的补偿标准。

6. 农业环境措施补偿的经费来源于欧盟和各成员国政府

直接补偿资金来源于欧盟农业担保资金（EAGF）。农业环境措施补偿资金由欧盟委员会和各成员国政府共同承担。重点目标地区补偿资金的80%，非重点目标地区的55%，偏远地区和AGEAN小岛补偿资金的85%由欧盟委员会承担，其他由各成员国配套。

7. 注重环境措施效果评估，建立了结构化、长期的监测和评估体系

为评价各项措施的环境效果，不断加深环境措施与环境效果之间相互关系的理解，以不断调整政策和措施，提高环境补偿的效率；欧盟在生态环境补偿机制建立的初期，就委托欧洲统计局、欧盟环境机构、欧盟环境政策研究院建立环境措施评估指标体系；并对各成员国环境措施进行评估。2006 年，在已有工作的基础上，欧盟委员会建议建立一个长期稳定的管理机构，专门负责环境措施评估指标的改进工作，并实施对各成员国/地区的环境政策的评估。

8. 充分发挥科技对生态补偿机制建立和运行的支撑作用

在优先领域和优先地区确定方面，欧盟首先对各领域活动与环境的关联性、重点区域与环境的关系进行科学评估。在此基础上确定农村环境措施的三个优先领域：（1）生物多样性、高自然价值农业耕作和森林系统以及传统农业景观的保护和发展；（2）水资源保护；（3）应对气候变化。确定了欧盟生态环境保护七大区域和欧盟自然保护区。建立了广泛的农村咨询服务体系，帮助农民更多地了解有关环境、食品安全、动物健康与福利的具体操作流程和农场实地作业方法，并指导他们的耕作活动。在第七框架计划、农业农村发展基金、地区发展基金、渔业发展基金和环境资助计划（LIFE＋）中重点支持环境基础科学研究和环境技术创新与示范。

（三）农业与食品研发

欧盟在其研发框架计划中一直把农业和食品作为研发的重点领域。在第七框架计划中，安排经费 19.35 亿欧元，其研发重点是：土壤、森林和水产环境的生物源可持续生产和管理；相关战略、政策和法规的实施手段；食品与健康等。

1. 研发目标

（1）建立一个更安全、更健康、种类更多的欧洲食品供给体系；

（2）增强人们对食品和健康关系的理解；

（3）减少食品风险，特别是生物技术对食品的影响；

（4）较少环境变化对食品，进而对人类产生的影响的风险。

2. 主要研发活动

（1）食品生产方式，如有机农业的研究；

（2）食品引起相关疾病的研究，特别是食品对儿童健康影响的研究；

（3）新食品、转基因食品和其他生物技术食品对人类健康影响的研究；

（4）转基因食品生产链的跟踪调查研究；

（5）对食品中化学残留物的分析、检测和控制研究，并对食品中病原体微生物以及食品中的农药残留等进行研究；

（6）对转基因饲料及饲养转基因饲料的畜禽肉对人类健康的影响研究；

（7）对化学、生物、生态灾难等因素对食品的作用，对人类健康产生影响的研究。

二、生物技术

生物技术在工业化应用方面不断加强，欧洲市场有其众多的产品。生物技术是欧盟促进增长、增加就业、提升竞争力的重要手段。有鉴于此，欧盟于2002年提出了"欧盟生命科学与生物技术战略"，执行时间至2010年，并与之配套提出了30项行动计划。该战略的实施，有力地提升了欧盟生物技术研发水平与市场开发，促进了生物技术领域的发明与技术转化，推动了现代生物技术在农业生产中的应用，鼓励展开围绕生命科学与生物技术的优势与危险的社会辩论，并改善了欧盟涉及生物技术的立法，使之更好地服务于欧盟竞争力的提高。

欧盟在第七框架计划中，对生命科学、健康和生物技术安排经费60亿欧元，其研发重点是：（1）用于人类健康的生物技术、基因方法和医疗技术；（2）用于人类健康的疑难病研究；（3）优化欧洲公民的医疗服务；（4）用于可持续的非食品产品和工艺的生命科学和生物技术等。

1. 研发目标

（1）通过综合研究促进欧洲在生命体基因组学上的突破，进而达到增强欧洲在生物技术领域的竞争力。该领域的研究与发展也将促进相关领域，如环境和农业方面的科学研究。

（2）将科研成果应用到实践中，特别是促进目前尚未得到控制的疾病的研究和成果应用，从而达到占领潜在市场的目的。

（3）防治人类疾病，尤其是防治癌症、儿科疾病、人类衰老的相关疾病以及与贫困相关的传染病。

2. 主要研发活动

（1）促进基因组学研究及其成果应用：开展各种有机体的基因组学研究，包括基因表现、蛋白质研究、基因构成、基因比较和人类遗传学、生命信息传播、基因功能等；促进基因组学和生物技术成果在保障人类健康方面的应用，如新的诊断、预防方法，特别是干细胞研究和动物替代实验研究等。

（2）防治主要疾病：利用基因技术防治主要疾病，如糖尿病、神经系统疾病、心血管疾病和其他罕见疾病；抗生素和药物抗体的研究；开展人脑和人类衰老机理研究；开展癌症的研究和防治；开展艾滋病、疟疾和肺结核的研究。

三、信息通讯技术

欧盟把信息与通讯技术（IST）统归于"信息社会"领域。欧盟从1994年正式开始实施信息社会计划，重点放在智能环境和新一代互联网技术，在远程传输技术、先进通讯技术、信息技术等方面取得了显著成就。2002 年开始实施的伽利略计划，可视为欧盟信息社会建设的重要组成部分。欧盟年国民生产总值的四分之一、生产力增长的 40％都依赖于信息和通讯技术。而信息和通讯技术服务业、技能以及媒体和相关产业也是整个欧盟经济和社会领域增长最活跃的部门。

2005 年 6 月 1 日，欧盟委员会发布了题为"i2010：一个致力于增长和就业的欧洲信息社会"的文件（简称"信息 2010 战略"），为促进欧盟范围内的信息社会和媒体产业增长和就业规划出了未来 5 年（2006—2010）的发展战略，提出了欧洲信息社会和媒体政策主要有如下三个优先领域：

（一）建立单一欧洲信息空间

欧盟于 2003 年起开始执行的有关欧洲电子通讯规章框架，在开放竞争、鼓励投资和降低价格方面发挥了一定的作用。"战略"作出规定，在 2006 年对欧盟相关法令的执行情况、特别是其瓶颈效应进行审核，并在对欧盟信息社会和媒体服务现状进行分析的基础上，于 2007 年对欧盟相关法律和指令提出修改意见。

面对新的高速无线应用对无线电频谱的不断升高的用户要求，"战略"指出，要以政策引导，通过市场机制来解决用户的要求。欧盟决定，将制定一项有关无线电频谱管理的战略，通过 2006 年实行的电子通讯框架予以实施，并计划于2012 年关闭所有现在使用的模拟信号电视，解决无线电频谱用户开放问题。

欧盟拟希望通过利用所有手段，包括研究、公开标准、支持与相关业界的对话，直至采用强制措施，推动通讯技术的进展。

（二）鼓励创新和对科研进行投资

欧洲信息通讯领域相关的销售额大约是全球的 1/3。该产业的年增长率为5％，欧洲虽然在电子通讯业是全球领导者之一，其总收入占据全球业界的40％～50％，并且在诸如纳米电子、微系统以及嵌入式系统等方面也有较大的优势，但是相比较而言，在信息通讯技术领域的投资却严重不足（见表 8—4）。

表 8—4　　　　　　　　2002 年信息通讯技术投资一览

信息通讯研发	欧盟 15 国	美国	日本
私营企业投资	230 亿欧元	830 亿欧元	400 亿欧元
公共投资	80 亿欧元	200 亿欧元	110 亿欧元
人口	3.83 亿欧元	2.96 亿欧元	1.27 亿欧元
人均投资	80 欧元	350 欧元	400 欧元
占整个研发经费比例	18％	34％	35％

资料来源：欧洲音像通讯研究所。

欧盟在信息通讯技术领域，如纳米电子、嵌入式系统和通讯、网络服务和识

第八章
欧盟科学技术

别系统等方面，居于世界领先地位，但在成果转化，并实行相应的组织结构改革和采用新的经营模式和方法，及产品的可靠性和安全性等方面仍然存在诸多问题。

欧盟第七框架计划（FP7）和竞争与创新项目都包含了加强信息通讯技术领域研究的内容，并特别提出对于信息通讯技术给予强有力的支持。其重点是：与开发知识、媒体内容和创造力相关的技术，先进的和开放的通讯网络，安全、可靠的软件，嵌入式系统，纳米电子。

欧盟鼓励各个方面在信息通讯领域的投资，将出台一整套电子商务政策，对中小企业予以特别的关注和支持。

为了配合"信息2010战略"，促进在信息通讯研发领域的投资与创新，欧盟委员会将实施下列措施：

● 在2010年之前，对于信息通讯技术领域研发经费的支持提高80％；

● 围绕FP7的研发重点，优先开展战略性的信息通讯技术研发；

● 针对瓶颈问题，部署技术和组织解决方案；

● 鼓励私营企业在信息通讯技术研发领域投资、创新；

● 制定面向所有欧洲人的信息社会的欧盟大融合战略指导原则；

● 制定电子商务政策，清除各种阻碍信息通讯技术应用，特别是在中小企业得到应用的技术、组织以及法律方面的障碍；

● 制定措施支持新的工作方式，以提高企业创新和采用新技术的能力。

（三）提倡社会大融合，提供更好服务和高质量生活

1. 使信息通讯技术惠及所有公民

时至今日，仍有超过一半的欧盟人口不能够充分享受这一便利。使信息通讯技术产品和服务应用于千家万户，包括那些处于经济较不发达地区的人群，使其掌握基本的数字沟通能力，对于欧盟及其成员国来讲具有深刻的经济、社会、道德和政治意义。

2. 利用信息通讯技术改进公共服务

欧盟各国公共采购量占据其国民生产总值的16％。要提高公共服务的效率，使之更加便民和利民。

3. 利用信息通讯技术改善公民的生活质量

可在应对欧洲人口老龄化、医疗和福利、加强欧洲文化多元化、服务广大人民方面提供更加广泛的服务。通过对环境的监测和对自然灾害的管理，信息通讯技术还可对可持续发展作出贡献。

4. 迎接数字技术整合为电子大融合带来了诸多新的挑战

在对现行的政策和措施进行梳理的背景下，欧盟将针对诸如机会均等、信息

通讯技术技能以及地区差别等问题，于 2008 年提出欧洲电子大融合的倡议。倡议将动员包括欧盟结构基金、农村发展基金、各成员国的支持、规章的介入以及研发等手段，来推进这一进程。

欧盟将发起一个电子政府的行动计划，就信息通讯技术支持下的公共服务提出战略规划。在与各成员国协商的基础上，将发起一系列的示范项目，从技术、组织、运行以及法律等方面，对在线公共服务进行试运行。

为了充分显示信息通讯技术对于改善人民生活质量方面的贡献，欧盟提议针对重要的社会问题发起三个信息通讯技术研究展示项目：第一，老龄人群：对老龄化社会人群的关爱，针对独居和相关的保健医疗技术；第二，智能汽车：更加智能、安全和清洁的汽车，针对路况拥挤、环境以及安全等方面的问题；第三，数字图书馆：在欧洲丰富的文化遗产基础上，利用先进的信息通讯技术，结合欧洲多元文化和多语言环境的特点，使得欧洲丰富多彩的文化通过多媒体等先进手段得到传播和加强。根据欧盟构想，上述三个研究展示项目于 2007 年启动。

在 FP7 中，信息通讯技术的研究经费投入达 90.5 亿欧元，居各研发领域之首。研发重点是：网络和服务设施的稳定性和安全性；电子系统及部件的性能和可靠性；人性化的信息通讯系统。其主要研发活动包括：

（1）开展有利于公民和商业运作的信息社会技术的研究：开展有安全和高度信任的计算机系统和有利于公民隐私的技术研究；开发全方位智能系统；开发电子商务系统；开发研制大规模信息系统和平台。

（2）通信和计算机设施：新一代无线移动通信系统；卫星通信系统；光纤宽带技术，特别是视听应用、综合功能以及通信网络的相互兼容技术。

（3）元件和微型系统研究：设计和生产纳米级微型光电子和光学元件，促进信息技术设备微型化，减少成本、电子消耗和对环境的负面影响；在纳米电子、微型技术、微型系统、新材料、信息处理的计算机模型等领域开展多学科的综合研究。

（4）信息管理和界面：开展信息管理系统的研制工作；开发以声音、手势、接触、多语言、多文化为背景的多传感界面的技术。

四、纳米技术

欧盟一贯重视纳米技术的研发与应用。欧盟认为，纳米技术作为一个新兴的研究领域，对于其促进经济增长，创造就业机会，提升国际科技竞争力，实现里斯本战略目标具有重要意义。

2004 年 5 月，欧盟委员会提出欧盟纳米科技发展战略，针对纳米科技对人类健康、安全、环境和社会可能产生的诸多影响，明确了欧盟需要优先推进的七项工作重点，即增加纳米科研经费，加大对交叉学科研发活动的协调力度；统筹考虑纳米科技产业和科研机构的需要，建立世界一流的纳米科研基础设施；推行科研人员跨学科培训教育计划，培养复合型人才；为工业创新提供有利条件保障，确保纳米科研成果转化为安全、健康的产品；促进与民众的对话，保证纳米科技研究遵循道德伦理规范；加强纳米产品对公众健康、职业卫生、安全、环境以及消费者的风险评估和防范体系的建设；促进国际交流与合作。

在纳米科技发展战略的基础上，2005 年 6 月，欧盟委员会向欧盟理事会提出了《欧盟 2005—2009 年纳米科技行动计划》，获得欧盟竞争力部长理事会和欧洲议会的通过并实施。该行动计划就纳米研发、基础设施建设、人力资源开发、产业技术创新、纳米技术产品对人类社会、环境的潜在影响以及消费者保护等提出了一系列具体政策措施，为欧盟纳米科技的发展规划了目标。

（一）加强纳米科研与创新

欧盟将整合各成员国资源，集中科研优势，走联合科研之路视为提升其纳米科技综合水平的关键。为进一步加强欧盟纳米科技的研发，欧盟委员会已在欧盟 FP7 中双倍追加了纳米领域的科研经费，鼓励跨学科研发活动的开展，对以工业应用为导向的纳米电子研究给予了重点支持，建立了一条从创新、技术转移、产品化到应用的较为完整的知识链。行动计划还强调了纳米技术的安全性研究，倡导从生态毒理学角度，研究纳米科技对人体健康和环境的潜在影响；要求不断建设和完善欧洲纳米技术平台，以此为依托实施纳米科技战略研发计划。

欧盟委员会要求各成员国政府制定相应政策，增加对纳米科技研发经费的投入；加强本国纳米科研的有效协调，减少重复研究；鼓励大学、科研机构和企业投入纳米技术研发；欧盟通过研发框架计划、科技合作计划、尤里卡计划等对纳米技术研发提供经费支持；帮助各成员国从欧洲复兴与开发银行、欧盟"2010 创新基金"等渠道筹措研究经费。

（二）推动科研基础设施的联合建设

欧盟认为，拥有世界上一流科研基础设施对于保持其在纳米科技领域的国际竞争优势至关重要。由于纳米科技的学科交叉性、复杂性要求巨额投入，使得任何一个成员国都难以独立建立完善的纳米技术研发与创新基础设施。为此，欧盟委员会决定对欧盟现有基础设施资源进行优化整合，支持大学、科研机构和工业企业进行跨国横向联合，以企业为主体，推动科研机构与企业界的合作。欧盟委员会要求各成员国尽快对现有基础设施进行改造和升级，同时以欧盟基础设施战略论坛（ESFRI）为平台，鼓励利用政府和民间资源，建设新的跨学科纳米技术研究基础设施。

（三）加强人力资源开发，提高知识创新能力

纳米技术研究的学科交叉性导致对纳米科研人员的教育与培训涉及道德伦

理、人类健康、安全、环境和社会等方方面面，超出了传统意义上的教育与培训的范畴。欧盟委员会决定采取以下措施改善对纳米科研人员的教育和培训：

● 促进跨学科、跨区域科研人员流动网络的建设，推广先进的纳米科技教学方法和模式；

● 对相关培训活动提供有力支持；

● 设立欧洲纳米科技跨学科奖，用以表彰在纳米科研、成果转化、环境安全研究等领域作出杰出贡献的科研人员；

● 设立"玛丽·居里纳米科技专项经费"，用以资助博士人才的跨国、跨区域流动，纳米科研人员的多学科培训和不同领域间的交流，鼓励女性科研人员的参与。

欧盟委员会要求各成员国积极开展纳米技术研发培训，重点不仅仅局限于物理、化学、生物学、毒理学、生态毒理学及工程学，还应包括产业研究、风险评估以及纳米技术对人类社会影响等方面的内容；鼓励学生、科研人员和工程师充分利用欧盟及其成员国实施的诸如玛丽·居里计划、欧洲科学基金、前沿科学人才计划等各项措施，参与纳米科技培训和跨学科流动。

（四）加速纳米科研成果的转化

欧盟认为，必须从以下三个方面促进纳米科研成果的转化：

● 促进产业界、科研机构、高校以及财政部门之间的紧密配合，确保纳米技术成果转化为安全可靠的产品。

● 制定市场和国际贸易相关标准，为公平竞争、风险评估等提供基础。

● 加强知识产权的保护。

采取的具体措施包括：

● 组织经验交流大会，推广纳米科技产业化、商业化的最佳模式；引导欧盟工业企业正确对待创新成败，消除其社会顾虑和心理障碍；为工业企业与科研机构、高等院校之间的成果转化提供便利支持。

● 加大对工业企业参与纳米技术研究的支持力度，促进传统工业企业的转型和知识密集型中小企业的增长。

● 支持在线"纳米技术数字图书馆"的建立，为纳米科技的发展提供信息服务。

● 支持纳米技术标准研究。

● 支持纳米科技专利监督体系的建立，理顺在欧盟及国外的专利申请程序。

与此同时，欧盟委员会要求各成员国制定并推行纳米科技创新政策和激励措施，鼓励本国企业、科研机构和大学投身纳米科技创新活动，加强纳米科技标准化研究工作，加快专利受理和批准程序，充分利用欧盟创新网络促进纳米技术

第八章
欧盟科学技术

转移。

（五）关注纳米技术对社会的影响

欧盟认为，发展纳米科技必须考虑到其对环境、安全、健康等可能产生的不利影响，因此必须建立有效的对话机制，充分了解社会对纳米科技的期望和担忧所在，避免纳米科技的发展带来负面社会效应。欧盟委员会特别关注纳米科技发展与成果应用可能带来的诸如区域发展失衡、昂贵的纳米医药影响公众就医等社会问题，并提出以下举措加以防范：

● 确保欧盟资助的纳米技术研究是对社会负责任的，充分考虑纳米科研所涉及的道德伦理问题，其中包括对人体的非治疗性介入，隐形传感器对个人隐私的侵犯等；

● 责成欧盟科技伦理小组对纳米医药的伦理问题进行分析研究，并制定相关伦理标准，以便对纳米科研中的伦理道德遵行情况进行评估；

● 支持纳米科技前瞻性研究，为评估纳米科技存在的潜在风险及其对社会的影响提供信息；

● 深入调查欧盟各成员国对纳米科技的认知程度，促进社会各界围绕纳米科技进行开诚布公地对话；

● 针对不同年龄段的群体提供多语种纳米科技宣传材料，增强公众对纳米科技的认识。

欧盟委员会要求各成员国通过媒体等多种方式，就纳米技术加强与社会公众的对话，对消费者进行科普教育，监督工业企业围绕纳米科技产品开展的商业活动，保证其充分考虑了对经济、社会、人类健康、安全以及环境等将产生的影响。

（六）加强对公众健康、安全、环境和消费者的保护

欧盟强调从纳米产品的概念设计、研发、生产、流通、消费到回收的整个生命周期，评估产品对人类健康、环境和消费安全等方面的影响。对已经流通或即将问世的纳米产品要进行严格的风险评估和管理。

欧盟已颁布了多部涉及人类健康、环保、危险工种安全的法律法规，就纳米产品的安全问题进行了多次研讨和论证，决定采取下列措施，进一步完善纳米科技产品的风险评估和管理机制：

● 在纳米科技应用研究的早期阶段，就明确可能存在的安全问题，并责成"欧盟健康风险科学委员会"就现行的措施能否适用于纳米产品潜在风险的评估提出具体意见；

● 采取安全有效的措施，把纳米技术产品对工人、消费者环境造成的风险降低到最低的程度；

● 与各成员国、国际机构以及工业界合作，建立纳米产品风险评估和管理机制及相关标准、指南和术语。

欧盟委员会要求各成员国采取相应行动，建立纳米产品目录数据库，修改相关法规条例，规范纳米技术的开发与应用，采用国际通用的化学物质和材料安全数据系统对纳米材料进行登记注册。

（七）加强国际合作

在纳米科技国际合作方面，欧盟采取发达和发展中国家并重的策略。在强化与发达国家的合作的同时，注重与发展中国家，尤其是与欧盟签署了科技合作协定国家的合作；以期促进发展中国家获取知识的能力，避免"纳米鸿沟"的出现。具体措施包括：

● 加强国际对话，推动国际纳米科技开发应用联合声明或行为准则的制定和实施；

● 通过制定通用的纳米科技计量学、专用术语、风险评估机制，建立毒理学、生态毒理学和流行病学专门数据库等手段，促进全球资源共享，利益分享；

● 促进欧盟纳米科技电子出版物和电子档案的建立，并向全球无偿开放。

欧盟委员会要求各成员国积极配合其纳米科技国际合作战略，进一步帮助发展中国家提高纳米科技研发实力，在诸如水净化处理、食品质量和安全、疫苗有效接种、医疗保健、节能等重点纳米科技领域拓展与发展中国家的交流与合作。

（八）加强管理

鉴于纳米科技对社会的巨大影响，欧盟委员会还将设立欧盟纳米科技发展协调中心，履行以下职能：

● 协调和监督欧盟纳米科技行动计划的有效实施，确保其与欧盟委员会政策的一致性和连贯性；

● 建立报告机制，就行动计划的执行情况每两年向欧盟理事会和欧洲议会报告一次，并根据需要，对行动计划提出修改意见；

● 围绕欧盟纳米科技研发及应用组织一系列相关活动，使纳米科技造福于人类社会。

五、能源与技术开发

（一）概述

2006 年 3 月，欧盟春季首脑峰会重点讨论了《欧洲安全、竞争、可持续发展能源战略》。虽然各成员国在开放本国能源市场的速度和建立欧洲统一能源监督机制等方面仍存在分歧，但各国领导人在加强能源合作与协调，实现能源供给多元化，进一步改善能源内外市场，加强能源研发，发展可持续能源，确保能源供给安全等方面达成了共识，一致同意建立欧洲共同能源政策。

欧盟 2007 年春季首脑峰会是欧盟共同能源政策的一个里程碑。在这次首脑峰会上，各成员国对欧盟节能减排的目标达成了共识。目标确定为"3 个 20%"，即到 2020 年，能源利用效率提高 20%，可再生能源的比重达到 20%（其中生物燃料占交通能源的 10%），温室气体排放减少 20%。这次首脑峰会达成的另一个重要共识是将欧盟能源政策和应对气候变化联系在一起，并且赋予欧盟在能源国际事务协调中更重要的作用。政府首脑讨论形成的目标将进一步分解成各成员国目标，欧盟委员会已于 2008 年 1 月 23 日提出了各成员国可再生能源应用目标建议。

（二）欧盟能源共同政策背景

随着欧盟一体化进程加快、成员国的增加，欧盟已成为世界第二个耗能大户。欧洲自身能源资源匮乏，全球能源需求量猛增，价格暴涨，内外市场失衡，能源基础设施老化，能源研发进展缓慢，环境压力增大等使欧洲面临越来越严峻的挑战。欧盟委员会认为，面临的挑战主要包括以下三个方面：

1. 可持续发展

欧盟能源领域的温室气体排放占所有排放的 80%，是空气污染和气候变化的主要根源。欧盟已决定，通过减少欧盟和全球范围内温室气体的排放，控制全球气候温度相对于工业化前的水平升高不超过 2℃。然而，当前欧盟的能源政策不符合可持续发展战略，若不采取措施，到 2030 年，欧盟的二氧化碳排放将增加 5% 左右，全球排放将增加 55%。

2. 能源供应安全

欧盟的能源越来越高程度地依赖于进口。按照现在的情况推算，到 2030 年，欧盟能源的进口比例将由现在的 50% 上升到 65%，其中，天然气进口比例将由现在的 57% 上升到 84%，石油进口的比例将由现在的 82% 上升到 93%。高度依赖于进口能源将为欧盟政治和经济带来巨大的风险。

按照现在情况推算，欧盟电力的需求每年增长 1.5%。即使实施了有效的能源效率政策，未来 25 年中，为满足不断增长的电力需求，欧盟在发电领域的投资就需要 9 000 亿欧元。为保证发电领域需要的大量的长期投资以及能源价格的竞争力，建立欧盟能源统一市场势在必行。但是，欧盟能源统一市场还远未形成。

另外，由于各成员国的能源相互依赖性不断增强，一国发生能源危机立即会影响到其他国家的能源安全，而当前，欧盟各成员国团结协作，应对能源危机的协调机制还没有建立。

3. 欧盟的国际竞争力

国际能源市场价格的波动对欧盟的潜在影响巨大。到 2030 年，若国际油价上升到 100 美元/桶，欧盟 27 国能源进口费用将增加 1 700 亿欧元以上，每个欧盟成员国居民将为此每年平均增加 350 欧元支出。而且这种财富转移基本不会增加欧盟的就业机会。

欧盟已经是可再生能源技术的全球领导者，拥有 30 万雇员，每年营业额高达 200 亿欧元。在风能领域，欧盟的企业占有全球市场的 60%。欧盟有可能领导低碳能源技术快速增长的全球市场。欧盟领导全球应对气候变化的决心给能源技术研究提供了机会。增加能源领域的投资，特别是对能源效率和可再生能源的投资，有利于促进欧盟的经济增长和就业，促进欧盟知识经济的形成。

为应对以上挑战，欧盟认为，建立欧洲共同能源政策至关重要；欧洲各国只有团结一致，在欧盟统一的能源战略指导下，用一个声音说话，才有可能在能源发展的困境中找到出路。

（三）欧盟能源政策的战略目标

欧盟能源政策的战略目标是降低欧盟能源对外依赖度，保证欧盟能源供给安全；促进欧盟经济增长和就业，提高欧盟能源的国际竞争力；以及实现欧盟承诺的减排目标，实现欧盟经济社会的可持续发展。

（四）欧盟能源政策与措施

为实现欧盟能源政策的三大战略目标，欧盟委员会建议采取以下 10 个方面政策措施，其中有些措施已经开始实施。

1. 建立统一的欧洲能源市场

通过将电力和天然气生产与电气的输送、配送完全分开，建立欧盟层面统一的协调机制，加强能源市场的地区协调，加强各成员国之间的沟通和合作，实现至少 10% 的欧盟电力和天然气网络联网，逐步建立充分竞争的欧盟能源统一市场。

2. 加强成员国之间的团结与协作，保证油、气、电供应安全

欧盟认为，促进油气来源、供应、输送路线和输送方式的多样性非常重要；另外，还要建立有效的机制，以保证在能源危机发生时，各成员国能够团结一致。欧盟委员会建议通过以下措施增强欧盟能源供应安全：

（1）采取措施帮助成员国增加天然气来源的多样性。欧盟委员会将评估《天然气安全指令》的执行，并对其提出修改意见；建设新的天然气来源，在欧洲中心和波罗的海国家建立新的天然气中心，更好地使用战略储备，促进新的液体天然气终端的建设；进一步加强现有的能源沟通机制和天然气协调组织等危机协调机制的建设。

（2）继续保持欧盟原油战略储备机制良好运行。利用该机制，通过国际能源组织，加强与世界经济合作组织其他国家战略储备的协调。

（3）创建欧洲电力统一网络，制定共同的标准和法规，促进统一网络的尽快形成。

3. 进一步完善欧盟排放交易系统，实现温室气体减排承诺

欧盟委员会于 2008 年 1 月 23 日提出建议，对由 2003/87/EC 指令建立的欧盟排放交易系统（Emissions Trading System，ETS）进行修改。修改的目的是在 2012 年后，进一步加强和扩展 ETS 的作用，将其作为实现减排目标最重要和最经济的手段。

主要修改建议包括：

（1）确定全欧盟的排放许可量，而不再是 27 个成员国各自的排放许可量。每年的排放许可将线性减少，并且将延续到第三交易期（2013—2020 年）之后；

（2）更多的排放许可将通过竞标拍卖；为增强低资本收益成员国投资于减排技术的能力，部分排放许可的拍卖权利将由资本收益高的成员国调整到低资本收益的成员国；

（3）建立无偿排放许可分配的统一规则；

（4）一些新的产业部门（如电解铝和氨的制造商）和其他两类温室气体（氧化氮和碳氟化物）将涵盖进 ETS；

（5）允许成员国将采取了减排措施的小型装置排除在 ETS 之外。

指令修改案为 ETS 涵盖的产业部门明确了必须实现的减排数量。增强了 ETS 的一致性，使 ETS 更加简单明了，便于其他国家和地区采用。欧盟委员会希望，修改指令的建议在 2009 年能得到通过。

4. 建立欧盟、成员国、地区和国际层面的能源效率计划

2006 年 10 月 19 日，欧盟委员会通过了《能源效率行动计划》。该计划的具体措施有：

（1）加速高能效交通工具的推广应用，鼓励公共交通的使用，让消费者承担交通的真正成本；

（2）进一步严格电器标准，做好电器节能标签工作；

（3）迅速提高欧盟现有建筑物的节能水平，建立新建建筑超低能耗标准及规范；

（4）通过统一的税收手段，实现能源的有效利用；

（5）进一步提高热电生产、传输和配送的效率；

（6）与相关国家签订新的能源效率国际协定，促进国际社会共同努力。

5. 制定更长远的可再生能源应用目标

2008 年 1 月 23 日，欧盟委员会向欧盟理事会和欧洲议会提出《促进可再生能源应用的指令》建议。该建议的主要内容包括：

（1）提出了保证2020年欧盟可再生能源目标的实现各成员国应遵循的基本原则，提出了2020年各成员国可再生能源的总体目标。

（2）明确电力、取暖与制冷以及交通是可再生能源应用的三个主要领域。各成员国应根据各国的实际情况，决定不同领域可再生能源应用的比例；各成员国可以选择从其他成员国和第三国进口可再生能源，以实现本国的总体目标。

（3）明确到2020年，各成员国在交通领域的能源必须有至少10%来源于可再生能源（主要是生物燃料）。对于生物燃料，该指令专门建立了一个体系以确保生物燃料生产和应用符合可持续性发展原则，保证生物燃料的生产实现最小程度的温室气体产生。

（4）通过简化新的可再生能源发展管理程序，去除一些影响可再生能源发展的障碍；通过建立生物燃料可持续发展标准等，鼓励生物燃料的健康发展。

早在2003年，欧盟就通过了《欧盟生物燃料指令》，确定了生物燃料使用的目标，鼓励用生物燃料替代交通用汽油和柴油。为了帮助各成员国实现该指令的要求，欧盟在2006年又通过了生物燃料战略。该发展战略制定了一系列有关生物燃料生产与使用的法规，以及有关研发生产的激励措施；规定欧盟成员国可以实施减税或免税政策以鼓励生物燃料的生产和消费。

6. 实施欧盟战略能源技术计划

欧盟认为，技术对于其实现能源和减排目标至关重要。欧盟能源技术发展有助于降低洁净能源的成本，引导欧盟产业界投身于快速发展的低碳技术的前沿。2007年11月22日，欧盟委员会向欧盟理事会和欧洲议会提出《战略能源技术计划》（Strategic Energy Technology Plan，SET）建议。欧盟理事会在2008年春季会议上讨论并通过了该计划。计划的提出是为了从技术上保证以下目标的实现：

（1）到2020年，技术的发展（包括近海风力大规模发电技术和第二代生物燃料技术）使可再生能源的成本大大降低，可再生能源的应用得到较大增长，实现可再生能源占全部能源消耗20%的目标。

（2）到2030年，越来越多的电力和热力来源于低碳技术和建设有二氧化碳捕捉、储存系统的近零排放化石燃料电厂。交通部门越来越多地使用第二代生物燃料和氢燃料电池。

（3）2050年以后，欧盟能源向低碳经济的转变基本完成，欧盟的大部分能源来源于可再生能源、清洁煤和天然气、氢燃料、第四代核裂变能和核聚变能。

在SET计划中，欧盟委员会提出了四个方面的具体措施，以加强欧盟能源技术研发。措施的具体内容将在后面做重点介绍。

第八章 欧盟科学技术

7. 发展清洁煤和碳捕获和储存技术（CCS），降低化石燃料使用的二氧化碳排放

欧盟委员会认识到化石燃料，特别是煤对于保证欧盟能源供应安全的重要性，同时强调，煤的应用必须符合可持续发展目标和欧盟有关气变的政策。欧盟委员会将化石燃料的可持续利用技术及其示范作为 FP7 的优先领域之一。为实现欧盟的减排目标，保证欧盟能源供应的安全，2007 年 1 月 10 日，欧盟委员会发布了《化石燃料发电：到 2020 年实现近零排放》的通告。欧盟委员会希望通过创建良好的环境，支持相关技术的实施，促进清洁煤技术和碳捕获与储存技术的发展与应用。2007 年，欧盟委员会已经启动了以下工作：

（1）创造环境，增加支持，以实现到 2015 年，建立 12 座大规模洁净化石燃料技术及碳捕获与储存示范装置。

（2）为煤电和气电厂安装二氧化碳捕获和储存装置明确了前景。欧盟委员会明确，到 2020 年，所有新建的煤电厂将安装二氧化碳捕获和储存装置，现有的煤电厂也应该逐步采用。

8. 关于核能的应用

当前，大约三分之一的欧盟电力以及 15％的欧盟总体能源消耗来源于核能，核能已经成为欧盟限制二氧化碳排放的一个重要手段。核能受燃料价格因素影响较小，价格比较稳定，是当前欧盟使用的最便宜低碳能源。欧盟认为，各成员国自己决定是否发展核能，但是，如果减少核能的应用，就需要通过其他低碳能源来弥补核能减少的量。

国际能源署预测，全球范围内核能的应用将从 2005 年的 368GW 增长到 2030 年的 416GW。因此，欧盟认为，保持和发展核能领域的领先技术对于欧盟具有巨大的经济利益。

2007 年 1 月 10 日欧盟委员会提出了《核能示范计划》。该计划分析指出，欧盟应该在核能管理方面发挥更重要的作用。在依靠核能的成员国建立最先进的核能管理，以实现欧洲原子能协定规定的最高安全和防扩散标准；进一步加强废料管理与处置的研发；推动全球范围内遵守这些关于核安全和核废料管理与处置的标准。

在核能问题上，由于各成员国意见分歧很大，欧盟委员会一直没有明确的态度，但是欧盟委员会实际上在积极地支持核能技术的研究。在所有能源技术中，核聚变获得了最大的支持力度。欧盟是国际热核聚变实验堆计划（ITER 计划）的发起者和主要资助者；欧盟还是第四代核裂变电站计划的主要参与者。2007 年，欧盟委员会又建立了可持续发展核能技术平台（SNETP），表示对核能工业环境问题和竞争力的关注。

9. 建立符合欧盟利益的国际能源政策

欧盟认为，欧盟不可能单独地实现其能源和气变目标。到 2030 年，如欧盟的能源目标能够实现，欧盟的能源消耗只占到全球能源消耗的 10%，欧盟的二氧化碳排放只占到全部新排放的 15%。因此，欧盟及其成员国的单独行动不可能有效应对欧盟面临的能源供应安全与气变问题。欧盟需要与发达和发展中国家合作，需要与能源生产者和能源消费者合作，以保证欧洲的竞争力、可持续发展和能源供应的安全。欧盟和成员国必须有效地合作，以同一个声音对外，将欧盟的能源与气变目标转变为欧盟对外政策，将能源作为欧盟对外关系的核心内容。因为它对于欧盟地缘政治安全、经济稳定、社会发展和应对气候变化的国际努力至关重要。因此，欧盟必须在互信、合作和相互依靠的基础上，与所有国际合作伙伴建立有效的能源关系。

欧盟委员会于 2006 年 10 月 12 日向欧盟理事会提出了《对外能源关系——从原则到行动》，规划了欧盟对外能源政策远景框架。欧盟理事会随后通过了此文件，同意建立国际能源安全沟通机制，以建立能源安全早期预警系统，加强欧盟在外部能源安全压力下的反应能力。

未来几年内，欧盟对外能源政策需要实现的重点目标包括：

（1）成为相关国际协定，包括"能源宪章协定"以及后《京都议定书》协定的主要推动者；

（2）在欧盟能源政策共同规则下，致力于与欧盟周边国家建立广泛的合作关系；

（3）加强与欧盟能源供应国的关系，在互惠互利、坦诚、守信的基础上进一步深化与能源供应国的全面合作伙伴关系；

（4）通过国际能源署、G8 峰会和深入的双边合作等渠道，继续发展并加强与其他主要能源消费国的关系；

（5）通过加强与欧洲投资银行和欧洲复兴开发银行的合作，建立邻国投资基金，利用金融手段，加强欧盟能源安全；

（6）通过建立明确、透明的法律框架，在重大国际合作项目中指定代表欧盟利益的协调人，改善国际项目投资环境；

（7）通过加强与国际原子能组织的合作，进一步促进防核扩散与核安全；

（8）建立全面的欧非能源伙伴关系；

（9）签订能源效率国际协定。

10. 加强欧盟能源政策实施的监控与报告

随着欧盟能源政策的逐步建立，欧盟委员会建议在欧盟能源与交通总司建立一个专门的"能源监控办公室"，"办公室"通过制定标准，交流经验，负责欧盟能源需求与供应，欧盟电、气基础设施和发电设备未来投资的需求等信息的收集、分析与发布。

（五）欧盟战略能源技术计划

欧盟战略能源技术计划的主要内容包括以下：

1. 明确了未来十年面临的技术挑战

计划明确了为实现 2020 年目标，未来 10 年欧盟需要攻克的关键技术包括：

（1）开发出相对于化石燃料具有竞争力的第二代生物燃料，同时其生产过程符合可持续发展的原则；

（2）通过工业化应用示范，以及进一步提高系统效率，改进技术，使二氧化碳捕获、运输和储存技术得到商业化应用；

（3）将风力发电涡轮机的发电能力增加一倍，并首先在近海风力发电中得到示范应用；

（4）大规模光伏和集中式太阳能发电技术完成商业应用示范；

（5）建设能够并入大量不同类别可再生能源和分散发电系统的、统一的、智能的欧洲电网系统；

（6）效率更高的能源转换系统和终端设备，如燃料电池在建筑物、交通和工业等领域的广泛应用；

（7）保持欧盟在核裂变技术、长期的核废料管理技术领域的竞争力。

欧盟委员会认为，为实现 2050 年目标，欧盟需要通过技术突破，发展新一代的能源技术。即使有些技术在 2020 年前很难起作用，但是为了使这些技术能尽快投入使用，欧盟有必要加强对它们的支持；同时欧盟也必须对基础设施的建设和管理作出规划。为实现 2050 年目标，未来 10 年欧盟必须攻克的关键技术包括：

（1）通过技术创新，使下一代可再生能源技术具有市场竞争力；

（2）在经济可行的能源储存技术方面取得突破；

（3）改进技术并创造条件，使燃料电池商业化应用于交通工具；

（4）完成新一代（第四代）核裂变发电反应堆的示范准备；

（5）完成 ITER 核聚变设施的建设，保证工业界尽早地参与 ITER 设施示范运行的准备；

（6）规划泛欧洲能源网络和支撑未来低碳经济的其他系统的发展目标和实现战略；

（7）在提高能源效率技术研究方面，如材料、纳米科学、信息通讯技术、生物科学和计算等方面，取得突破。

2. 明确了欧盟的主要责任

欧盟委员会认为，欧洲共同体、成员国、产业界和研究机构各方面主体协调一致，共同努力，发挥不同的作用，才能更好地实现 2020 年和 2050 年目标。

欧盟在能源技术领域采取新的措施对于实施欧盟战略能源技术计划至关重要。欧盟可以采取的行动包括：

（1）集成资源，分担风险，发展离市场较远，具有巨大应用前景、各成员国不能单独发展的新技术；

（2）促进技术和能源系统层面的战略规划，以保证各成员国在能源技术研究上具有一致的战略路线，开展跨成员国的合作，优化欧洲能源系统；

（3）更好地收集和分享数据和信息，以支撑能源技术政策的制定和投资决策；

（4）保证欧盟能源技术国际合作协调一致；

（5）解决各成员国共同面临的问题和非技术障碍，如公众接受新技术的态度，找到促进新能源技术广泛应用的方案。

3. 具体措施

通过"SET 计划"，欧盟委员会提出了以下四个方面的具体措施：

（1）编制联合战略计划。

欧盟委员会将在 2008 年初建立战略能源技术指导委员会。这个委员会由来自各成员国的高级政府代表组成。委员会的职责是制定联合行动计划，通过调整政策和规划，获得所需要的资源，系统地管理和总结计划的进展。

欧盟委员会将在 2009 年上半年组织欧洲能源技术峰会。峰会的目的是整合与协调有关各方，包括产业界和消费者，研究机构和金融界，以及欧盟国际合作伙伴的行动，统一到一个创新系统中。峰会也将评估"SET 计划"实施的进展，促进不同部门之间的交叉合作。

欧盟委员会将建立一个开放的能源技术信息和知识管理系统。这个系统将由欧盟联合研究中心建立，包括"技术路线图"（阐述技术的关键、技术实施的障碍及其可能的效果）和"能力建设路线图"（包括资金和人力资源）。这个系统将定时地报告"SET 计划"实施的进展，并通过"能源市场监测中心"和两年一次的"战略能源总结"为能源政策制定者提供信息支撑。

（2）联合战略计划的有效实施。

欧盟委员会建议在 2008 年启动以下六个新的欧盟产业行动，通过广泛动员企业参与，加强工业能源技术研究与创新。

● 欧洲风能行动：集中于大型涡轮机和大型风能系统的完善和示范（与海岸和近海应用相关）；

● 欧洲太阳能行动：集中于光伏和集中式太阳能发电的大规模示范；

● 欧洲生物燃料行动：在总体生物燃料使用战略框架下，集中于第二代生物燃料的研发；

● 欧洲二氧化碳捕获、运输和储存行动：集中于整个系统要求，包括效率、安全和公众接受程度，以验证工业化零排放化石燃料发电厂的可行性；

● 欧洲电网行动：集中于包括储存功能的智能电力系统的建设，创建"欧洲中心"，以实施欧洲电力传输网络研究计划；

● 可持续发展核裂变行动：重点发展第四代核裂变发电技术。

欧盟委员会提议建立"欧洲能源技术研究联盟"，目的是集成"SET 计划"优先领域相关的项目、交流活动，与产业界建立持久的合作关系。

欧盟委员会建议在 2008 年启动"欧洲能源基础设施系统和网络改进规划"。"规划"将优化和协调欧盟低碳综合能源系统与其周边国家的发展。将有助于在敏捷、双向电网建设，二氧化碳运输和储存以及氢的传输等方面建立欧洲层面的预测模型和工具。

（3）增加能源领域资金和人力资源的投入。

"SET 计划"的实施必须解决两个方面问题：为研究相关基础设施建设、工业化示范和市场应用推广争取更多的资金；加强教育与培训，进一步提高人力资源的数量和质量，以充分抓住欧盟能源政策带来的技术机遇。

在框架计划中，能源研究（包括欧盟和欧洲原子能机构）的预算为 8.86 亿欧元，比第六框架计划的 5.74 亿欧元有较大的增长。欧洲投资银行将在能源项目上投入更多的资金（2008 年预计达到 50 亿～70 亿欧元）。新的"风险担保资金"初步确认将资助可再生能源与能源效率领域更多的研究和示范项目。一些成员国已经增加了对能源研究的资助力度，另外一些成员国也紧随其后，争取在三年内实现能源领域研究经费翻一番的目标。

欧盟委员会拟在 2008 年底向理事会和议会提交"低碳技术资金预算报告"。在报告中，欧盟委员会将分析所有可能的撬动私有投资的方式，加强资金资源之间的协调，筹集额外的资金，最后提出能源技术研究需要的资金及其来源。报告还将考虑为先进低碳技术工业化示范和市场应用推广建立一个新的欧盟机制的可能性，也将考虑通过税收激励创新的成本和收益。

为提高工程研究人员的数量和质量，欧盟委员会将主要通过玛丽居里行动计划，促进能源领域研究人员的培训与交流。SET 计划中的相关行动，包括欧洲产业行动和欧洲能源技术研究联盟，将通过为欧洲和全世界的优秀研究人员创造有吸引力的工作环境，提供更多的培训和教育的机会。

（4）实施统一而有差别的国际合作战略。

欧盟委员会认为，在研究和制定国际标准方面的国际合作，对于促进全球低碳技术发展、商业化应用具有重要的作用。并对与发达和发展中国家的合作提出了具体合作策略。

欧盟委员会认为,欧盟与发达国家之间,主要是竞争关系。与它们的合作主要是在"公共利益"的研究方面,如新能源安全和公众的可接受性,以及前沿技术研究。

欧盟与新兴国家的合作,主要是帮助这些国家实现可持续发展,同时为欧盟产业界创造新的市场机遇,并保证在获得发展资金方面开展有效的协作。具体合作方式包括:与发展中国家建立网络化能源技术研究中心;在发展中国家建设有市场前景的新能源技术工业化示范项目;进一步发挥相关创新资金的作用,如"全球能源效率和可再生能源资金";进一步发挥《京都议定书》相关机制的作用,在 2012 年后二氧化碳减排国际合作协议签订后,主要发挥"清洁发展机制"的作用,增加对减排项目的投资。

六、海洋开发政策

欧盟委员会于 2007 年 10 月公布了"欧盟综合海洋政策"。这对整合欧盟成员国海洋活动、海洋可持续开发、海洋综合利用、海洋行为规范和海务管理等具有十分重要的意义。

欧洲地理位置优越,拥有四海二大洋:即地中海、波罗的海、北海、黑海及大西洋和北冰洋,海岸线总长达 7 万多公里,有 40% 的欧洲人生活在沿海地区。海洋对欧洲的文化、同一性和历史都产生过重要影响。在欧盟致力于复苏经济时,海洋发挥了不可替代的作用。根据有关统计,沿海地区创造的产值约占欧盟GDP 总数的 40%。

由于得天独厚的地理环境,欧盟及各成员国在海洋领域有较大的优势和丰富的经验,尤其是在海上运输、造船技术、海滨旅游、沿海养殖、海洋能源、沿海开发及相关的服务等都比较成熟。据不完全统计,欧洲港口每年吞吐量为 35 亿吨货物和 3.5 亿游客,在海上和港口就业的人员约 35 万,约产生 200 亿欧元的附加值。发达的海上运输对相关行业起着催化剂的作用,明显体现在造船、海用设备等方面。在国际交流与贸易中,海洋运输和港口服务尤为重要,欧盟 90%的进出口货物和 40% 的内贸物资是通过海上运输完成的。欧盟不仅拥有世界上40% 的船队而且也是世界上捕鱼能力最强的组织之一,还是鱼类产品的最大市场,目前有 52.6 万人从事渔业生产。

多年来,欧盟用于海岸腐蚀和洪水预防的公共投入约数百亿欧元,据有关统计和预计,自 1990 至 2020 年间,欧洲投入海岸腐蚀治理的费用平均每年约 54亿欧元。

鉴于海洋对欧盟的经济发展和人类的生存环境至关重要,欧盟决心以一切手

段保护和利用海洋资源并创造良好的海洋环境。经过广泛的辩论和周密的评估，欧盟于 2007 年 10 月 10 日正式发布了"欧盟综合海洋政策"，在海务管理和海洋集成政策等方面向各成员国提出了具体的行为准则并要求其参照执行。其主要内容如下：

（一）实施海务管理综合举措

（1）成员国应与有关方密切合作，特别是与沿海地区磋商制定各自的海洋政策；

（2）2008 年欧盟委员会将为各成员国制定国家综合海洋政策出台一系列指令，2009 年提供关于欧盟和成员国的海洋政策年度行动报告；

（3）建立有关咨询机制，以便交流经验和不断完善海洋政策；

（4）鼓励成员国海岸警卫队与相关服务部门的合作；

（5）采取有效措施整合海洋现有的安全监控系统以确保海洋安全和良好的海洋环境，控制捕鱼、监控外部防线和其他违规行为等；

（6）2008 年制定路线图以便各成员国实施海洋规划；

（7）2008 年建立欧洲海洋观测网和数据库，鼓励制作欧盟成员国水域多尺度图，以便改善高端数据库的入口。

（二）海洋综合政策行动

最大限度地进行海洋可持续开发。为改善欧洲海上交通效率并确保其持久的竞争力，欧盟委员会建议：

（1）取消欧盟海洋上的一切关卡；

（2）制定 2008—2018 年海上交通总体战略；

（3）针对港口的多重作用和宽泛的物流现状，欧盟建议制定港口新政策；

（4）为减少在港船舶造成的大气污染，建议取消一些不利的税收，鼓励使用陆地电；

（5）提出共同体港口环境法规的使用标准；

（6）鼓励组建多领域海洋集成研发区和海洋卓越区域中心，确保海洋集成研发区欧洲网络的发展；

（7）重新审查有关欧盟海洋的工作法规；

（8）鼓励建立海洋卓越证书机制；

（9）启动示范性行动计划，以降低气候变化对沿海地区的影响；

（10）积极支持国际上为减少船舶造成的大气污染的举措，并积极提出欧洲层面的建议；

（11）积极支持国际上为减少船舶温室气体排放的举措；

（12）认真考虑国际层面的做法，建议通过有效的、安全的、可行的生态方式拆除旧船舶；

　　（13）禁止在动植物生境的深海区域进行抛弃、破坏性的拖网捕捞等；

　　（14）禁止违法、非申报和违章捕捞；

　　（15）鼓励对环境不造成污染威胁的养殖业。

　　（三）创建海洋政策知识与创新基地

　　（1）2008年公布海洋研究总体欧洲战略；

　　（2）在欧盟第七研发框架计划下的联合招标和加深对海洋事务的理解；

　　（3）支持有关降低气候变化的海务活动，支持对有关海洋领域、沿海地区和岛屿的研究；

　　（4）在海洋科学领域，支持创建欧洲伙伴关系，以便在科技界、工业界和决策者之间建立有效的对话机制。

　　（四）为沿海地区创造更高的生活质量

　　（1）倡议在未来的旅游事业活动中，特别重视海滨和海洋旅游；

　　（2）筹建欧盟资助的有关海洋和沿海项目的数据库，2009年建立海洋和沿海地区社会经济学数据库；

　　（3）制定有关沿海地区风险和灾害预防的欧洲共同体战略；

　　（4）推动远海和岛屿地区海洋潜力的开发。

　　（五）加强欧洲在国际海洋事务中的领头羊地位

　　（1）鼓励欧洲拓展政策和欧洲睦邻政策框架下的合作，特别鼓励在海洋政策和共有海域管理方面的合作；

　　（2）建立主要合作伙伴间有效的对话机制，以制定欧盟海洋政策对外规划战略。

　　（六）提高欧洲海洋的显示度

　　（1）着手制作欧洲海洋图，以此作为教育工具和突出海洋遗产的重要性；

　　（2）建议自2008年起，每年举办欧洲海洋日，提高海洋事务的显示度并促进海洋遗产组织、博物馆和水族馆之间的联系。

　　欧盟正在制定统一的海洋战略研发计划，以便欧盟各成员国更好地实施欧盟海洋政策的各项措施，为合理开发和可持续利用海洋资源，保护海洋生态环境提供工具。

七、欧洲空间政策

　　2007年5月22日，欧盟各成员国主管工业、研究和内部市场的部长与欧空局（ESA）成员国主管空间的部长在布鲁塞尔一致通过了《欧洲空间政策》。这份文件由欧盟委员会和欧洲空间局联合起草，是首个欧洲空间政策，为欧洲未来的空间活动勾画了蓝图。

《欧洲空间政策》的出台旨在更好地协调欧盟、欧空局以及各成员国之间的空间活动,充分发挥现有空间设施和项目的作用,进一步增强民用和国防空间技术和项目的相互融合。对内,该政策呼吁各国对空间应用项目,特别是伽利略计划和全球环境和安全监测系统(简称 GMES)给予持久和稳定的支持。对外,该政策提出欧洲的空间政策要支持欧盟的对外关系政策,为其对外关系服务;呼吁欧盟、欧空局及其成员国在空间领域建立协调机制,以期制定统一的空间领域国际合作战略。

(一)欧洲空间政策的战略使命

在和平利用空间的基础上,欧洲空间政策将致力于:

● 开发并探索各类空间应用,服务于欧洲的公共政策、欧洲人民和企业的需求,包括环境、发展和全球气候变化等领域的需求;

● 满足欧洲安全和国防对空间技术的需求;

● 鼓励创新,增强欧洲空间产业的竞争力,促进欧洲空间产业的快速增长;

● 加强空间技术研究的投资,在国际空间探索中发挥显著作用,为建立欧洲知识经济社会作出贡献;

● 掌握空间关键技术,确保欧洲独立自主的空间能力;

● 为实现上述战略目标,需要采取如下措施,进一步提高欧盟、欧空局及各成员国在空间活动方面的效率;

● 建立一个以用户需求为导向,协调欧盟和各成员国的空间活动的欧洲空间项目;

● 加强国防和民用空间技术和项目的融合;

● 制定统一的空间技术国际合作战略。

(二)空间应用技术

开发和发展空间应用技术,实现欧盟政策目标,满足欧洲产业发展与市民生活的需求,是保证欧盟投资空间技术政治、经济、社会效益的关键。建设综合的空间应用系统,在战略要地和具有经济和社会价值的地区,实现卫星和地面电子通讯、定位和监控的无缝衔接,是欧洲用户不断发展的需求。

1. 卫星导航

欧洲决心建立在欧盟控制之下的民用全球卫星导航系统。继建设欧洲同步卫星导航覆盖服务系统(EGNOS)之后,欧盟和欧空局联手启动了伽利略计划。欧盟认为,需要通过应用研究和一个协调一致的开发计划,对伽利略计划进行支持;为提供安全有保障的应用,有必要实施相关服务和产品认证、全球标准制定和冲突监测能力的建设。

2. 对地观测

全球环境与安全监控系统（GMES）是欧盟与欧空局的另一个联合计划，该计划的目的是利用空间及现有的观测系统支持欧洲有关可持续发展和全球管理等方面的目标。它将增强欧洲对于环境政策执行的监控和评估能力，并为应对安全问题作出贡献。通过改善欧盟的三大支柱政策所依据的事实基础，支撑和促进各个层面的政策制定。

全球对地观测系统（GEOSS）的目的是促进以全球环境与安全监控系统（GMES）为代表的对地观测系统间的融合。欧盟委员会提出了GMES发展战略。该战略将按照用户的需求，进一步优化欧洲空间计划，提高现有基础设施的效率。

3. 卫星通讯

卫星通讯是信息和通讯技术不可分割的一部分，经济而有效的通讯系统有赖于一整套相互补充的卫星和地面设施网络。卫星通讯领域的投资主要来源于工业部门，占欧洲空间投资的40％。在全球市场上，欧洲公司无论在固定还是移动卫星通讯服务方面都是成功的。

欧洲的政策将有助于新的服务创新，包括为边远农村地区提供卫星通讯服务，使这些地区的卫星通讯服务同地面设施服务一样可靠。欧盟将投资鼓励先进技术的开发，实现地面网络和空间网络的融合和互操作。

4. 安全与防御

欧盟应对危机的管理强调军民结合。诸多的民用项目，例如伽利略系统和全球环境与安全监控系统，都具备军事用途。欧洲民用危机管理理事会各成员国已经确定了可以用于军事用途的相关空间系统。虽然空间军事能力仍将由各成员国控制，但这并不妨碍在国家主权和最基本的安全利益允许的范围内，集成发挥各系统的能力。集成并分享欧洲民用和军事空间项目资源，吸收并应用多用途技术和共同标准，将提高欧洲现有空间系统的效率。

欧洲将进一步加强民用和军事空间项目之间的协调，坚持资金来源于最终用户的原则。

（三）基础工作

1. 科学和技术

欧盟委员会认为，欧盟、欧空局及其成员国必须继续加强对空间科学的投入，以保持欧洲在此领域的领导地位。欧洲科学家已确定了空间科学优先领域，包括流体、燃烧物理、材料科学和人类生理学等方面的基础和应用研究。欧空局已经启动了"宇宙视野"项目，该项目重点研究生命和星系的形成条件，宇宙的起源及其运行基本规律等。

第八章
欧盟科学技术

2. 国际空间站和对于太阳系的探索

欧盟委员会认为，国际空间探索具有重大的意义，它能够产生新的知识，培育创新，吸引更多的公司和研究机构加入到空间活动中来。美国、中国和俄罗斯正在实施雄心勃勃的空间探索计划，欧洲也不应该落后。

欧盟委员会认为，欧洲必须充分利用国际空间站，制定一项具有显示度的、经济可行的空间探索计划。该计划应包括新技术的开发和示范、火星生命存在的证据的寻找、加深火星可居住性认识的机器人火星探测计划。

3. 进入空间能力

欧盟委员会认为，欧洲需要给予欧洲火箭发射计划稳定的支持，以确保能够享有相关地面基础设施。在长期战略合作选择与评估的基础上，欧洲将投资开发新的火箭发射系统，改善现有发射设施。欧洲需要采取一致的立场，利用处于其控制之下的发射系统，在制定并实施欧洲空间项目的时候，要首选欧洲自己的火箭发射资源。

（四）具有竞争力的欧洲航天工业

欧盟委员会认为，欧洲需要强大的、具有全球竞争力的航天工业，以发展和制造空间系统，提供卫星及各种增值服务。为实现这一目标，欧洲公共政策的制定者指定清晰的空间活动政策和目标，投入公共资金是至关重要的。公共投资将鼓励工业界的投资；有针对性的航天工业政策将激励工业部门在整个价值链上的竞争活动。

欧洲面临的主要挑战是如何避免项目的重复投资。企业是创新和市场开拓的主体，在开发新的应用和服务方面发挥着重要作用，公共投资支持的基础设施必须对于企业开放。

欧盟委员会增加了在空间领域研发的预算。在 2007 至 2013 年间，欧盟委员会用于空间领域的研发资金将超过 28 亿欧元。各成员国每年通过欧空局用于空间领域的投资约为 30 亿欧元，与各国用于本国空间项目的经费总和基本持平。

（五）管理

1. 机构框架

欧盟委员会和欧空局的框架协议是欧盟及各成员国空间活动行动协调的基础。由于欧盟的空间活动将较大程度地增加，欧盟和欧空局需要更加紧密而有效地合作。

2. 欧洲空间项目的协调

欧洲需要实现所有空间项目之间最大限度的交流与互补，同时要避免垄断的形成和能力过剩的出现。各成员国应当继续用欧洲总体目标来指导本国的空间项目。

3. 国际合作

欧洲作为国际空间活动的重要一方，应该在国际空间活动中发挥更重要的作用，从欧洲利益出发，在某些领域发挥全球领导作用。欧盟将在应用项目，特别是伽利略计划和全球环境与安全监控系统项目方面发挥领导作用；欧空局将在空间科学与技术、火箭发射装置与技术、载人航天等领域代表欧洲发挥领导作用。

（六）欧洲空间政策执行近期的主要行动

在综合考虑公众对《伽利略应用绿皮书》意见的基础上，制定伽利略行动计划，提出伽利略计划相关法律和管理框架，在确保欧洲利益的同时，充分考虑国际合作伙伴的要求。

2008 年，在第七框架计划的资助下，覆盖陆地、海洋和突发事件反应的首批三个全球环境与安全监控系统服务进入应用阶段。2009 年，欧盟委员会将在广泛征求相关各方意见的基础上，提出建立可持续发展 GMES 系统的项目和制度框架建议。欧空局将继续负责 GMES 基础设施建设和协调，并将在 2008 年与欧洲气象卫星开发组织紧密合作，提出第三代欧洲气象卫星系统相关行动建议。

在空间应用方面，欧空局和欧盟委员会将提出新的研发计划，在 2008 年底前提出了空间与地面系统集成项目，"统一的欧洲空中交通管理"是其中的一个子项目。

欧盟将通过第七框架计划支持集成卫星通讯网络和服务的研发，以保证新的服务市场中不同地面网络之间的互操作性。欧空局将支持电讯服务新技术、系统设计和服务的创新。

安全与防御相关部门将继续执行"欧洲安全防御政策和空间"路线图，建立信息交换机制，加强协调和配合。欧盟理事会将确定致力于安全的 GMES 服务需求；欧空局将提出发展共同安全设施与技术的项目建议。

空间科学与技术方面，欧空局将在 2008 年提出"宇宙视野"项目建议，并通过第七框架计划，提出新技术研发建议，以减少在关键技术方面对非欧洲供应商的依赖。

欧洲将在发射自动转运运输器和哥伦布太空舱的基础上，有效地开发和利用国际空间站。2008 年，欧空局将就欧洲参与行星探测相关的国际探测计划提出建议。

2008 年，在支持现有系统开发的同时，欧空局将提出下一代运载火箭设想和相关技术开发计划。欧盟委员会将在与主要空间合作伙伴对话的基础上，评估相互开放公共市场谈判的益处。

欧盟委员会正视并要求欧洲相关标准组织对未来标准作出系统评估，以支撑相关规章制度的制定；评估欧洲层面立法的必要性，以规范卫星数据的使用以及其他立法之间的协调；进一步鼓励灵活的基于市场的频率分配；鼓励泛欧盟频率使用；与成员国和国际合作伙伴讨论进一步改进出口控制条例。

2008年，欧盟委员会和欧空局将向各成员国建议建立覆盖所有项目的协调机制，以加强与欧洲气象卫星开发组织及其他相关组织的合作，加强欧洲空间项目之间的协调。

在评估现有合作经验的基础上，进一步完善欧盟—欧空局框架协议。按照欧洲空间理事会2005年6月第二次会议的要求，为优化欧洲空间活动机构，欧盟委员会和欧空局正在对管理机构设想进行评估，并相应调整欧盟与欧空局的关系。

欧盟、欧空局和各成员国将建立统一的对外协调机制；并在2008年底前，在与相关各方协商的基础上，建立统一的空间技术国际合作战略。

专题十

欧盟节能减排与气候变化

2007年5月，欧盟理事会在7224/1/107文中指出，"应有效和迅速面对气候变化的挑战。近期在对该问题进行了研究之后，更加认清了气候变化对人类和地球环境造成的可怕后果，特别是对世界经济发展的后果，必须采取必要的指令和紧急行动。"理事会强调，必须实现与第一次工业革命时期相比较限制全球平均气温升高最多不超过2℃的战略目标。能源生产和使用是产生温室气体效应（GHG）的主要根源，集成气候变化和能源政策是实现这个目标的关键。欧洲能源政策（EPE）强调完全尊重各成员国对能源使用和能源原材料的选择，并采取具体措施实现下列三个目标：

● 加强能源供应安全；

● 确保欧洲经济竞争力和供给能源的能力；

● 促进环境的可持续性和与气候变化做斗争。

欧盟决心将欧洲带入一个高能效和低排放的经济时期，并决定在2020年之前单方面将GHG排放与1990年相比至少减少20%，直到后京都议定书制定及在国际谈判中都不改变此态度。理事会认为，2020年以后，发展中国家的GHG排放将超过发达国家，因此，要考虑发展中国家排放的增长速度，采取能源和交通相关减排的措施不会影响发展中国家的经济增长和脱贫，这些措施不仅具有巨大的减排潜力，还直接带来它们各自应当收到的经济效益和社会效益。

理事会强调排放贸易将在欧盟减排的长期战略中具有重要作用，强调修改欧盟气体排放指标交易机制的重要性，以便改善机制，以市场经济为原则，实行廉价减排，包括对高能耗企业，为实现欧盟的总体减排目标而努力。

为减缓气候变暖和确保能源供应安全及加强企业竞争力的需要，欧盟综合欧洲和各成员国层面的措施、实施统一能源政策变得越来越重要和紧迫，为此，理事会通过了 2007—2009 年能源领域全面行动计划。

欧盟层面的减排行动包括以下几点：

（一）减排目标

理事会决定在国际协定框架下至 2020 年欧盟及其成员国减少发达国家 GHG 排放的 30%，通过"欧盟气体排放指标交易机制"（EU ETS）与 1990 年水平相比至少减排 20%。欧盟工业界将在 2012 年后得到确切的排放要求信号并对减排技术和低碳替代品的研究增加投入。

（二）能源政策的具体行动

● 至 2020 年，提高总体能效 20%；

● 至 2020 年，将可再生能源在整个能源结构中的比例提升至 20%；

● 采用有利于环境安全的碳捕捉和储存政策，包括至 2015 年在欧洲建造 12 座具有碳捕捉功能的大型示范电站；

● 加强"欧盟气体排放指标交易机制"（EU ETS）；

● 欧盟 45% 的 CO_2 减排是需要通过 EU ETS 完成的。为加强 EU ETS 的作用，拟：排放限额的分配应至少五年，为长期投资决策提供一定的预见性；

● 将 EU ETS 应用到其他气体和领域；

● 重视碳捕捉和储存技术；

● 协调各成员国排放限额程序以保证整个欧洲拥有良好的竞争环境；

● 与其他系统兼容（如：与加利福尼亚和澳大利亚系统的兼容）。

（四）限制交通运输排放

（五）其他领域的 GHG 减排

（六）研究与技术开发

欧盟第七研发框架计划用于环境、能源和交通运输研究的经费预算增加到 84 亿欧元，这些经费将用于促进清洁能源和交通运输技术的研发。另外，研究经费将于 2013 年后再次提高，各成员国政府将会作出同样的努力。战略能源技术行动计划和环境技术行动计划将全面展开实施，公私伙伴关系将受到鼓励。

（七）团结政策

2006 年 10 月通过了团结政策（Cohesion Policy）发展方针，在结构基金（The Structural Funds）和团结基金（The Cohesion Funds）框架下资助交通和可持续能源系统的开发以及环保技术和生态创新。

第八章　欧盟科学技术

（八）国际行动

达成一项气候变化国际协定的必要条件是存在的。虽然，美国目前尚未批准《京都议定书》，但公众舆论越来越认识到气候变化的危害性和区域 GHG 减排的急迫性，只有主要排放大国作出长期承诺并保证有关技术的研发使用，共同应对气候变化和实现节能减排的最终目标才能达到。

1. 发达国家

发达国家应对大气中工业 GHG 累积的 75% 负责，同时这些国家也具备减排技术和资金能力，因此，在下一个十年的减排中应作出更多的努力和贡献。

欧盟建议，2012 年后京都议定书时代发达国家与 1990 年水平相比至 2020 年应减排 30%。EU ETS 应成为发达国家以较低的费用来实现此目标的主要机制。

2012 年后京都议定书应包括有效的和强制性的规定条款及监督有关国家的执行情况。此外，所有国家都必须遵守有关承诺。

2. 发展中国家

发展中国家的经济和排放不管是绝对数量还是相对数量都将增长，至 2020 年将占全球 GHG 排放的 50% 以上。只有发展中国家特别是主要新兴经济国家参与减排行动，才能于 2020 年后实现绝对数量上的减排。根据评估，至 2020 年实施应对气候变化政策的发展中国家的 GDP 将比不实施应对气候变化政策的国家的 GDP 只低 1%。经济增长与 GHG 减排是完全可以并存的。在这期间，中国和印度的 GDP 将翻一番，巴西将增长 50%。如果所有发达国家中的排放大国真正减排，欧盟将鼓励发展中国家采取行动。

许多发展中国家通过实施经济、安全或地方环境相关的政策为减排作出了积极的努力。发展中国家有许多政策选择，收益有时会大于投入：

（1）解决能效低的问题及减少对能源价格的上涨和对能源供应安全的担忧；

（2）可再生能源政策的投入产出比是均衡的，特别是在满足乡村电力需求方面；

（3）空气质量有利于改善居民身体健康；

（4）从垃圾场、煤矿、腐烂的有机垃圾和其他资源中捕捉到的甲烷可作为一种廉价的清洁能源。

上述措施可以通过制定政策和交流经验及技术合作得以加强。发展中国家可在全球努力减排方面发挥更大作用。欧盟对此将继续作出更大的努力。

为鼓励发展中国家参与减排行动可采取以下措施：

● 清洁发展机制新举措

《京都议定书》规定的清洁发展机制（CDM）可更加合理并扩大其使用规

模。目前,CDM的减排信用额度可激励对发展中国家减排项目的投资,发达国家也可用此额度实现其减排目标,并可促成相当可观的资金和技术的流动。CDM的应用可扩展到整个国家的各个领域,有关领域超过预定限排标准将带来减排信用额度。总之,如对信用额度需求上升或发达国家承担大部分减排义务时,才可能扩大CDM的实施范围。

● 改善资金入口

发展中国家新增电力生产的投资预计每年将超过1 300亿欧元以支持经济增长,大部分资金来源将由发展中国家自筹。新型电厂将在今后几十年逐渐建成,这些增长将直接影响到2050年以后的减排水准。建设这些电厂需要使用最先进的技术和设备,它将为发展中国家提供真正的减排机会。

● 行业措施

在某些有跟踪能力和控制限额能力的行业制定气体排放交换机制,这些领域为:电力、铝、铁、钢、水泥、提炼厂、造纸厂。在国际层面,发展中国家的机制可与发达国家的机制相连接,其好处是让各个领域的减排水平逐渐降低到发达国家确定的减排水准。这种机制还可以限制具有减排规定的国家将高污染设备向没有减排规定的国家转移。

● 量化排放限额

发展水平与发达国家相等的国家应作出减排承诺,应根据其发展水平、人均排放、减排潜力、技术和资金能力制定相应的气体限制措施或减排措施。

● 欠发达国家无义务

因为欠发达国家的GHG排放低,所以没有理由强行减排。欧盟和其他国家也应帮助欠发达国家更容易地进入CDM。

3. 其他因素

未来国际合作协定将注意以下内容:

● 技术进步需要联合研究和技术合作。欧盟将加强与第三国的研究和技术合作,包括与主要发展中国家开展大型技术示范项目,特别是在碳捕捉和储存方面;

● 应在森林退化方面作出努力,争取用二十年的时间遏止森林覆盖减少问题;

● 能效标准国际协定将有助于主要设备生产国更容易进入市场并为减排作出贡献。

上述减排行动所涉及的有关措施显示出欧盟雄心勃勃的目标和致力于节能减排和推动国际谈判的决心及用"一个声音"表态的方针。

欧盟强调加强与美国、中国、印度、巴西等国及其他新兴经济国家的伙伴和合作关系,建立双边能源对话机制,重点放在减排、能效、可再生能源和低排放

第八章 欧盟科学技术

能源技术，特别是碳捕捉和存放（CCS）。

　　欧盟在能源政策中呼吁尽快并全面实施 2006 年 11 月 23 日理事会关于欧盟委员会能效行动的决议中的五个优先领域，即能效输送、对能耗设备使用最低能效的规定、能源消费者的行为和节能意识、能效技术和创新及建筑节能意识。

　　理事会强调，2010 年后可再生能源发展仍然是欧盟长期的发展目标；指出对能源供应安全、具竞争力和可持续发展的各种可再生能源的使用应经济合理；对工业界、投资者、创新者和研究人员应给予清晰的信号显得十分重要。鉴于这些原因，考虑到各国的特性、起点和潜力，确定下述目标：

　　（1）至 2020 年，可再生能源必须占欧盟能耗总量的 20%；

　　（2）至 2020 年，欧盟成员国均须实现生物燃料占欧盟境内交通运输汽油和柴油能耗的 10% 且价格合理的最低目标。

　　达到该目标的必要条件是：产品必须是可持续性的，第二代生物燃料应进入市场，在充分考虑混合使用燃料的层面上修改燃料质量指令（Fuel Quality Directive）。

　　欧盟力图推动全球节能减排并达成国际协议，对发展中国家的期待强烈和具体，明确提出中国对此应作出贡献，强调加强与中国的合作伙伴关系，建立双边能源对话机制等。欧盟预测，中国将很快成为世界第一大 GHG 排放国，在后京都议定书谈判中，中国将面临巨大的减排压力。

　　附：

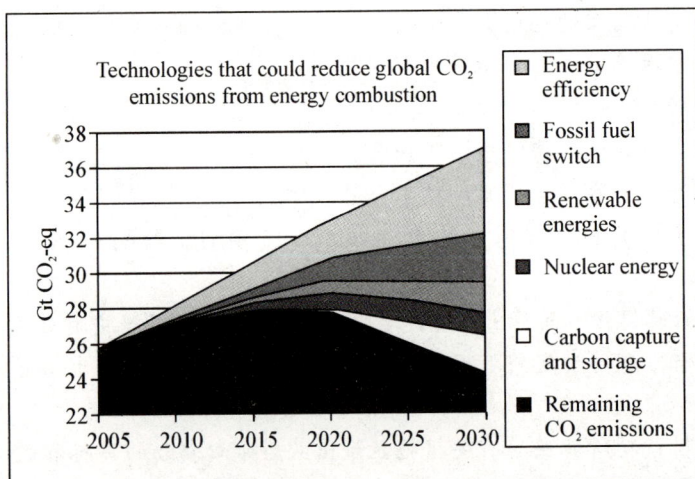

图 I　能源消耗中减少全球气体排放的技术

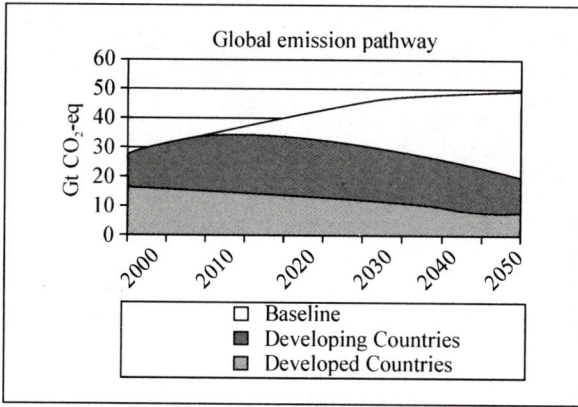

Global emission pathway

图 Ⅱ　全球排放途径

第九章

欧盟教育与文化

第一节　欧盟教育文化机构

在欧盟，教育与文化密不可分，广义上的教育与文化，包括教育、培训、青年、文化、体育、语言多样性等相关领域。欧盟三大机关都设有教育与文化机构。

欧洲议会常设文化教育委员会，由 62 名欧洲议员组成，其主要职能是负责审议并通过以下领域的提案或动议。

（1）欧盟文化方面的事务，主要涉及：提高文化知识和文化传播；保护和促进文化和语言多样性；保存和保护文化遗产、文化交流和艺术创作。

（2）欧盟教育政策，包括欧洲高等教育、促进欧洲学校教育系统和终身学习。

（3）视听政策，以及信息社会的文化和教育方面。

（4）青年政策，以及制定欧洲体育运动和休闲政策。

（5）信息和传媒政策。

（6）在文化和教育领域与第三国的合作，以及同相关国际组织和机构的关系。

欧盟理事会设教育、青年和文化部长会议，每年根据需要召集数次由成员国政府相关部门首长出席的会议，审议由欧盟委员会提交的相关立法动议并作出决策。

欧盟委员会在领导层（政策指导层面）为教育文化事务设立 2 个委员职位：教育文化委员（负责教育、培训、青年、文化、体育和欧洲公民身份教育事务）现由斯洛伐克人扬·费格尔（Jan Figel）担任；语言多样性委员（负责促进语言多样性和语言使用事务）现由罗马尼亚人列奥纳德·奥本（Leonard Orban）担任。

在教育文化委员和语言多样性委员的分别领导下，欧盟委员会教育文化总司负责教育、培训、青年、文化、体育、语言多样性和欧洲公民身份教育领域的立法动议，并贯彻执行欧盟在这些领域的政策、计划与预算。教育文化总司现任总司长为法国人奥迪尔·坎坦（Odile Quitin）。总司下设 4 个业务司：终身教育："里斯本战略"政策问题和国际事务司；终身教育：政策和计划司；文化、语言多样性和传播司；青年、体育和欧洲公民身份教育司。还专为欧洲研究院设一工作组。

在教育文化总司之下，设立欧盟教育、视听和文化执行机构，负责业务计划与项目的具体执行，其性质相当于行政职能部门下设的事业单位。

欧盟成员国对欧盟理事会和欧盟委员会没有让渡教育主权。根据欧盟宪法，欧盟委员会在教育与培训领域的职能属于 C 类，即只有提供支持、协调和辅助行动的权力。

第二节　欧盟教育与培训政策和主要计划活动

一、欧盟教育与培训政策

（一）欧盟教育与培训政策的法律依据

欧盟教育与培训政策的法律依据主要来源于《马斯特里赫特条约》第十一篇"教育、职业培训、青年和体育"中的第 149 条。该条款规定：欧盟在充分尊重各成员国对其教学内容和教育体系的组织以及各自文化与语言多样性的责任的同时，将通过鼓励各成员国之间的合作，促进高质量教育的发展，并在必要的时候支持和辅助其行动。欧盟的行动目标包括：

- 特别要通过各成员国语言教学与传播，发展具有"欧洲特征"的教育；
- 通过支持对文凭和学习时段的认定，促进学生和教师的流动；
- 促进教育机构之间的合作；
- 针对成员国教育体系的共同问题开展信息与经验交流；
- 支持青年和社会教育教师开展交流，并支持青年参与欧洲民主生活；
- 促进远程教育发展。

第 150 条则专门对欧盟职业培训政策的性质、目标和原则进行了界定。该条款规定：欧盟在充分尊重各成员国对于其职业培训内容与组织的责任的同时，将实施职业培训政策，以支持和辅助各成员国行动。欧盟的行动目标包括：

- 特别要通过职业培训与再培训来适应产业调整；

- 改进初始和继续职业培训，以促进对劳动力市场的职业整合与再整合；
- 为接受职业培训提供便利，鼓励教师和受训者，尤其是年轻人的流动；
- 大力推动教育或培训机构与企业的培训合作；
- 针对各成员国培训体系的共同问题开展信息和经验交流。

（二）欧盟教育与培训政策的基本原则

多年来，欧盟各成员国已经建构了相当完备的教育政策体系。这些教育政策体系之间既有共通之处，又各具特色。因此，欧盟在制定联盟层面的教育政策时，必须确立一些基本原则，以便与各成员国的教育政策达成协调。目前，欧盟教育决策主要依据辅助性原则和协调性原则。

辅助性原则（subsidiary）指教育政策主要由各成员国根据自己的实际国情制定并实施。除非欧盟的"共同政策"比各成员国的政策更为有效，否则不得采取欧盟层面的行动。

协调性原则（coordination）指在成员国各不相同的教育政策之间建立一种协调机制，以便使各国教育政策更好地衔接起来，减少因一体化引发的教育政策摩擦。协调性原则承认各成员国之间教育政策的差异，并且不干涉其现行的教育政策，而只是在各成员国有关政策发生摩擦时通过谈判促成协调。而且，这种协调一般不是以欧盟的"共同政策"来取代成员国原有的教育政策，也不谋求各成员国教育政策的一致化。

（三）欧盟教育与培训的政策目标

欧盟教育工作的宗旨是为成员国提供支持、协调和辅助行动，努力成为挖掘教育新思路的支持者，改革教育的催化剂，促进教育交流的旗手，使欧洲成为"世界上最具竞争力、最有活力的知识经济社会"。欧盟委员会教育部门采取的战略是通过发起和协调欧盟国家间的合作项目达到促进欧盟教育事业发展的目的。欧盟委员会教育领域的工作重点是促进人员流动，提高教育质量，支持教育改革。欧盟委员会计划在 2010 年达到三个具体目标：改进教育质量和教育的针对性；保证就学机会；对世界开放教育和培训体系。此外，欧盟还注重收集教育信息数据，开展欧盟国家之间的比较研究，促进教育革新活动，鼓励教学人员流动，通过开展合作项目促进欧盟国家教育事业的协调发展。

欧盟委员会高度重视对教育领域的财政投入。2008 年，欧盟委员会总预算为 1 291 亿欧元，其中教育文化领域预算为 12.87 亿欧元，约占 1%。

二、主要计划活动

（一）"博洛尼亚进程"

1999 年，29 个欧洲国家在意大利博洛尼亚开会，共同提出"博洛尼亚进程"

(Bologna Process)。作为面向新世纪的欧洲高等教育改革计划，"博洛尼亚进程"的总目标是，整合欧洲的高教资源，打通教育体制，到 2010 年，签约国中的任何一个国家的大学毕业生的毕业证书和成绩，都将获得其他签约国家的承认，大学毕业生可以毫无障碍地在其他欧洲国家申请学习硕士阶段的课程或者寻找就业机会，实现欧洲高教和科技一体化，建成欧洲高等教育区，为欧洲一体化进程作出贡献。

"博洛尼亚进程"从准备到通过并付诸实施，已走过以下七个阶段：

1. 《里斯本公约》

1997 年 4 月，欧盟理事会与联合国教科文组织在里斯本共同推出了《欧洲地区相互承认高等教育学历资格公约》（简称《里斯本公约》），在得到与会国家代表的一致支持后通过。该公约是欧洲地区唯一的涉及欧洲地区高等教育的具有约束力的国际公约，是奠定"博洛尼亚进程"的基础文件。《里斯本公约》的主要内容是：持有一个欧洲国家的学历资格可以在其他欧洲国家得到相应承认；签约国的评价机关要对提供的学历证明负责；签约国应该建立信息和咨询中心，提供本国有关高等教育的各种信息，鼓励本国的高等教育机构为学生颁发《文凭说明书》。

2. 《索邦宣言》

1998 年 5 月，法国、德国、意大利和英国的教育部长最先在法国索邦大学会晤，研究如何加速推动高等教育人员流动和学历资格互认工作，还共同签订了旨在促进 4 国高等教育体系相互协调的《索邦宣言》。该宣言重点内容为：循序渐进地推动欧洲高等教育学位和学制总体框架的建立；建立共同的学制和学历，将高等教育学制和层次分为本科生和研究生两个阶段，即高中毕业后继续学习3～4 年达到本科生学历要求（BAC＋3/4）；达到本科生要求后继续学习 2～5 年可以取得研究生学历；加强并促进师生流动，要求学生在其学习期间至少在国外学习一个学期；清除研究人员流动的障碍并促进学历资格的承认。

3. 《博洛尼亚宣言》

《索邦宣言》的实施对欧洲各国产生了广泛影响。1999 年 6 月，欧洲 29 国的教育部长，包括欧盟成员国和申请国在博洛尼亚开会，探讨 2010 年建成欧洲高等教育区并完善共同的欧洲高等教育体系等问题。与会部长共同签署了《博洛尼亚宣言》，重点是建立容易理解以及可以比较的学位体系；致力于建立一个以两段式为基础的欧洲高等教育体系；建立欧洲学分转换体系，促进师生和研究人员流动，克服人员流动的障碍；保证欧洲高等教育的质量；促进欧洲范围内的高等教育合作。

4. 《布拉格公告》

2001 年 5 月，在布拉格召开了第一次双年度评价会议。会议回顾了"博洛尼亚进程"取得的成绩，提出了存在的问题和改进措施。会议通过了《布拉格公告》，主要内容是重申《博洛尼亚宣言》的目标以及成员国的决心和义务。

5.《柏林公告》

2003年，在柏林召开了第二次双年度评价会议。在此次会议上，通过了《柏林公告》，主要内容是强调质量保证，明确高等教育机构的职责，对教研机构的教学计划进行有学生参与的评估检查，建立网络与合作机制，制定并完善学位证书颁发措施；肯定了两段式高等教育体系；促进学位学历和学制的互认。公告呼吁参与"博洛尼亚进程"的国家尽快签署该公约，还提出应将以往两段式为基础的高等教育体系进一步细化，即，将本科阶段后的研究生阶段教育分为硕士生阶段和博士生阶段，逐渐形成三段式高等教育体系。

6.《柏根宣言》

2005年5月，在柏根召开了第三次双年度评价会议。会议通过了《柏根宣言》，主要内容为：加强建立高等教育质量保证体系；实施国家质量体系框架；决定颁发联合学历学位，包括博士生联合学位；横向打通高等教育体系，创造并建立通往高等教育的灵活通道。

7.《伦敦公告》

2007年5月，所有参与"博洛尼亚进程"的欧洲国家派负责高等教育的部长到英国伦敦出席了第四次双年度评估会议，对该进程取得的成绩和存在的问题进行讨论，并提出未来发展战略。会议通过《伦敦公告》，决定成立"欧洲质量保证机构登记处"。此为落实2005年"博洛尼亚进程"双年度评估会议建议以及其后欧盟理事会和欧洲议会通过的决议的具体后续行动。该机构不属于欧盟内部机构，资金自筹，任务是为欧洲国家提供信息，欧洲地区的学校和高等教育机构可自愿向该机构提供自身信息，登记注册。会议提出扩大欧洲高等教育的范围，建立欧洲教育科研大区战略思想，打通欧洲高等教育区和欧洲研究区。这个设想的提出，使高等教育第三阶段自然成为"博洛尼亚进程"不可分割的一个部分，对未来欧洲高等教育事业的发展，特别是博士阶段教育和研究领域有重要影响。伦敦会议是"博洛尼亚进程"的又一新里程碑。

根据加入"博洛尼亚进程"需要履行的义务要求，签约国家应基本能够根据《里斯本公约》和《博洛尼亚宣言》的内容要求积极采取措施，改进国内教育体制，完善教育设施，建立必要机构以保证落实公约和宣言条款。根据有关部门提供的评估报告，这些国家的工作情况比较令人满意，特别是在改革和建立三段式高等教育体制，为学生提供《文凭说明书》和建立健全高等教育质量保证体系等三个方面取得了重要成果。截至2007年底，欧洲有36个国家签署了《里斯本公约》，46个国家签署了《博洛尼亚宣言》。

（二）"哥本哈根进程"

"哥本哈根进程"（Copenhagen Process）的目标是促进欧洲地区职业教育与培训，是欧盟为实现"里斯本战略"目标而发起的两大教育进程之一。

2001年底，欧盟轮值主席国比利时召集欧盟成员国有关负责职业教育和培训工作的高官在比利时布鲁日开会，就如何实现"里斯本战略"目标，加速建成欧洲地区终身学习区的问题展开讨论。会议一致认为，欧洲需要进一步重视职业教育并通过正规和非正规，各级各类的职业教育，包括中等职业教育、高等职业教育、实习进修私立教育课程等多种形式来满足人们的就业和终身学习需求。欧盟理事会对于上述教育问题十分重视并迅速采取了行动支持欧洲职业教育的发展。2002年6月，欧盟理事会通过了有关大力发展促进欧洲地区终身教育的决议。同年11月12日，欧盟理事会又通过了促进欧洲地区职业教育与培训合作的决议。在比利时卸任之后，先后为轮值主席国的西班牙和丹麦继续重视职业教育合作并积极推动这个领域的工作。在2002年6月召开的"欧洲地区职业教育合作大会"后不久，欧盟轮值主席国丹麦邀请15个成员国，12个申请加入欧盟的国家，以及冰岛、列支敦士登、挪威3个欧洲自由贸易区国家在哥本哈根举行会议并于11月30日通过《哥本哈根宣言》。自此，"哥本哈根进程"正式启动。

1.《哥本哈根宣言》

《哥本哈根宣言》的主要目的在于倡导欧洲国家在自愿的前提下与其他国家合作，增进相互之间的信任，增加职业教育和培训工作的透明度，提高有助于人员流动的能力和促进学历资格的互认工作，最终实现建立欧洲终身学习区的目标。宣言阐述了职业教育和培训对促进欧洲经济繁荣、社会进步的重要作用和意义，重申实现"里斯本战略"目标离不开知识经济社会需要的人才和劳动者。宣言强调，高质量的职业教育与培训对于促进社会的协调发展、保证公民参与社会和经济活动、创造公民自由流动的条件、提高就业率和欧洲的总体竞争力有重要作用。宣言对近来欧洲国家和欧盟在促进职业教育方面所作出的各种努力表示充分肯定，并确定欧洲职业教育与培训合作的优先领域和指导原则。宣言最后提出了后续活动要求和工作计划安排。

2.《马斯特里赫特公告》

2004年12月，首届"哥本哈根进程"评估会议在马斯特里赫特召开。欧洲地区负责职业教育与培训的32位部长出席了此次会议。会议回顾了"哥本哈根进程"启动后取得的进展与成绩。与会代表对于这个进程的顺利进展表示满意并希望有关各方继续努力，争取更大的成绩。14日会议结束时，会议通过了《马斯特里赫特公告》。公告除了进一步重申职业教育的重要意义外，还肯定了近来的成绩，要求有关国家政府要在国家层面采取有力措施，配合欧盟共同促进欧洲地区职业教育和培训合作。公告分别就国家应该承担的义务和欧盟应该履行的职责进行了比较明确的界定。

3.《赫尔辛基公告》

2006 年 12 月 5 日，第二次评估会议在赫尔辛基召开。欧洲地区负责职业教育与培训的 33 位部长出席了此次会议。会议通过了《赫尔辛基公告》。公告重申开展欧洲职业教育与培训的重要意义和紧迫性，指出目前"哥本哈根进程"已经进入真正的具体实施的关键阶段，应在保留《哥本哈根宣言》和《马斯特里赫特公告》的重点同时使"哥本哈根进程"的重点更加突出明了。

"哥本哈根进程"自从 2002 年发起以来，进展顺利，取得了一些积极成果，得到政府和民众的肯定和支持。31 个国家的被调查者认为，"哥本哈根进程"不仅对推动欧洲职业教育区有重要作用，同时，对于促进欧洲一体化、增进社会凝聚力、改善人民的生活有十分积极的意义。由于这个进程的政治意义，继续加强这个进程十分必要。

"哥本哈根进程"的主要成绩和进展如下：

1. 制定准则性文件

2005 年 11 月，欧盟批准了关于为实施"里斯本战略"而开发职业能力和技能的有关决议，就各种行业需要的技能作出界定。

2. 完善并大力推广"欧洲通行证"（Europass）

"欧洲通行证"于 2005 年 1 月发起，各国于当年便相继建立了负责管理这项工作的"欧洲通行证"国家管理中心。"欧洲通行证"由 5 个文件组成：欧洲履历书、欧洲经历书、欧洲文凭书、欧洲学位书和欧洲语言能力书。这个通行证可以反映出欧洲公民的基本个人情况，对于促进欧洲公民的职业流动有极大帮助。目前，欧盟正积极完善"欧洲通行证"并使之成为欧洲职业教育透明框架的核心，成为欧洲地区唯一的非正规教育资历相互承认的工具。

3. 建立"欧洲学历资格框架"（Europe Qualification Framework）

"欧洲学历资格框架"是欧盟设计的使职业教育和高等教育联系并进行比较的工具。这个框架内容包括 8 个层次，每个层次又分为 3 个等级。第六层次等于高等教育的第一阶段，第七层次等于高等教育的第二阶段，第八层次等于高等教育的第三阶段。欧盟委员会在 2005—2006 年间进行多次论证、实验和修改的基础上，于 2006 年 9 月将"欧洲学历资格框架"文件提交欧盟理事会和议会审议。欧盟理事会 2007 年通过了欧盟委员会的意见。

4. 建立"欧洲职业教育质量保障网络"（ENQA-VET）

2005 年 10 月，在"哥本哈根进程"参与国家以及其他社会力量的支持下，欧盟建立"欧洲职业教育质量保障网络"。这个网络的主要作用是在各个层面上促进有关国家在自愿的原则下使用"共同质量保障框架"（CQAF）。"欧洲职业教育质量保障网络"是一个信息交流平台，能够与"欧洲学历资格框架"结合在一起使用，起到使职业教育与高等教育联系的桥梁作用。2006 年 5 月，欧盟还专门召开如何促进"哥本哈根进程"与"博罗尼亚进程"的会议，向建成"欧洲学历资格框架"的方向努力。

5. 制定"欧洲职业教育学分转换体系"技术参数指标

在对"欧洲职业教育学分转换体系"进行可行性研究和广泛征求意见的基础之上，2006 年 6 月，欧盟委员会已将"欧洲职业教育学分转换体系"技术参数指标正式文件提交给职业教育顾问委员会审议。2006 年 11 月，欧盟还将邀请有关国家和专家再次参加"欧洲职业教育学分转换体系"技术参数指标咨询论证工作。

（三）"苏格拉底计划"

"苏格拉底计划"（Socrates Programme）是欧盟于 1995 年发起的综合教育计划，内容包揽从幼儿教育到成人教育的全部教育内容，其目标是：加强各级教育的"欧洲维度"；促进和普及欧盟语言知识；加强教育合作与教学人员流动；鼓励教育实践和教材创新；促进各类教育的机会均等；计划的执行期限为 12 年（1995—2006 年），分两个阶段实施。第一期计划（1995—1999 年）欧盟拨款 8.5 亿欧元，其中 2.75 亿欧元用于成员国的 1 500 所大学、8 500 所中学和 500 个小学的交换项目。第二期计划（2000—2006 年）拨款 18.5 亿欧元，用于 15 个老欧盟成员国家，3 个欧洲自由贸易关税区国家，13 个新欧盟国家和申请加入欧盟的国家。

"苏格拉底计划"分为以下 8 个计划：

● "科梅纽斯计划"（Comenius Programme），内容覆盖第一阶段的教育——幼儿教育、小学和中学阶段教育以及中等职业技术教育；

● "伊拉斯谟计划"（Erasmus Programme），主要面向高等教育；

● "格兰特威格计划"（Grundtvig Programme），主要面向成人教育和其他类型的继续教育；

● "语言计划"（Lingua Programme），主要内容是学习欧洲国家语言；

● "密涅瓦计划"（Minerva Programme），主要目标是在教育领域学习推广新的信息和通讯技术；

● "观察与革新计划"，主要目的在于使欧洲成为改进教育质量的创新摇篮，使存在广泛差异的欧洲各国能够相互学习借鉴，共同享受革新成果；

● "共同行动计划"，主要目的在于通过各类活动，例如，教育计划、青年活动、政策研究等加强人们对欧洲的了解，促进"认知欧洲运动"；

● "其他辅助措施"，旨在调动社区力量辅助实施那些有助于实现"苏格拉底计划"目标的行动。

"苏格拉底计划"自从实施以来收到明显成绩，对欧盟的教育事业起到重要的推动作用。截至1999年第一阶段结束时，有2 000所欧洲大学联网成功；35个大学专题网络建成，46万名大学生得到促进流动的奖学金和补助，3万名大学教师接受异地培训和参与交流活动，1.5万所名中小学建立了伙伴关系，3.8万名中小学教师接受异地培训和参与交流活动，4.56万名语言教师接受异地培训和参与交流活动，1 900名语言助教接受异地培训和参与交流活动，4万名中小学生参与语言项目交流活动。

（四）"2007—2013年终身教育整体行动计划"

2006年以后，欧盟将"苏格拉底计划"和所有正在延续执行的教育计划整合为一个新的综合性教育计划："2007—3013年终身教育整体行动计划"。

该计划的总体目标是：通过终身教育促进欧盟成为发达的知识社会，促进可持续经济的发展，提供更多更好的工作岗位，促进社会的凝聚力，保护后代生存的环境。此计划特别强调，通过促进欧盟国家的教育和培训系统的交流、合作和流动使其教育和培训的质量成为世界的典范。

该计划的具体目标是：

● 为高质量终身教育的发展作出贡献并促进欧洲教育革新；

● 改进成员国终身教育质量、吸引力和入学机会；

● 让终身教育为人的发展、社会凝聚力、活跃的公民意识、性别平等和人们的特殊参与需求作出贡献；

● 促进创造力、竞争力、就业能力和创业精神；

● 为使各个年龄段的群体更多参与终身教育作出贡献；

● 促进语言学习和语言多样性；

● 加强终身教育，焕发欧洲公民意识，鼓励容忍精神，尊重他人和不同文化；

● 促进欧洲各个层次的教育、培训与合作；

● 分享革新成果和经验，促进交流。

该计划的具体的量化指标是：

● 2007—2013年间，使至少300万欧盟国家的中小学生参与"科梅纽斯计划"活动；

● 到2012年，为300万欧盟大学生提供留学和进修的机会；

● 到2013年，把到其他欧盟国家企业和培训中心接受异地培训和实习的人数提高到每年8万人次；

● 到 2013 年，保证每年 7 000 人接受有助于促进流动的成人教育。

该计划主要由以下 6 个分计划组成：

"科梅纽斯计划"（Comenius Programme）的内容覆盖学前教育、中小学教育和高中教育。计划的具体目标是：促进学生和教育工作者对欧洲文化多样性的理解；帮助学生获得个人发展、未来就业和作为欧洲公民积极参与社会事务的必备的基本生活技能。

"伊拉斯谟计划"（Erasmus Mundus Programme）的内容覆盖各类正规高等教育和高等职业教育。计划的具体目标是：促进欧洲高等教育区的形成；提高高等教育和高等职业教育对革新进程的贡献率。

"达·芬奇计划"（Leonardo da Vinci Programme）的内容覆盖除了高等职业教育以外的各种职业教育和培训，旨在促进欧盟成员国之间的职业技术教育项目，中心目标是促进职业融合；改进职业技术教育培训质量和提供更多的培训机会；通过提供培训促进革新，提高对劳务市场变化的适应力和对技能变化要求的适应力。

"格兰特威格计划"（Grundtvig Programme）的内容覆盖各类成人教育。计划的具体目标是：对由于欧洲人口老化带来的挑战作出反应；帮助成年人通过其他途径学习知识并提高能力。

"跨部门计划"（Transversal Programme）的内容主要是：欧盟国家内部终身教育政策合作，语言教学，以信息交流技术为基础的终身教育，教学法，教学实践革新，经验交流。计划的具体目标是：促进欧洲各类教育计划之间的合作，促进欧盟成员国教育和培训系统的融合。

"让·莫内计划"（Jean Monnet Programme）的设立旨在加强和促进欧洲一体化的进程。计划内容包括：激励有关欧洲一体化的研究、教学、科研和思考活动；支持现存机构和协会促进欧洲一体化的教育和培训活动。

欧盟委员会对"2007—2013 年终身教育整体行动计划"的总预算投入约 69.7 亿欧元。各个分计划拨款的比例为："科梅纽斯计划"10％；"伊拉斯谟计划"40％；"达·芬奇计划"25％；"格兰特威格计划"3％；其余部分用于"跨部门计划"和"让·莫内计划"，以及加强伙伴关系的国际合作。

（五）"坦普斯计划"

"坦普斯计划"（Tempus Programme）于 1990 年发起，主要面向东欧和中亚地区的经济体制和政治体制转型国家。欧盟发起"坦普斯计划"的目的是促进巴尔干地区国家以及东欧和中亚地区国家高等教育发展改革，以便使这些转型国家的教育能够适应市场经济需要。该计划的三个优先和工作重点是：教育计划的发展与调整；改革高等教育结构、机构和管理体制；开发使转型国家能够跟上先进

第九章 欧盟教育与文化

技术发展的培训项目。

不属于欧盟的 24 国集团的澳大利亚、加拿大、美国、冰岛、日本、挪威、新西兰、瑞士、土耳其也可以参与该计划，但是这些国家参与时需要自费，欧盟不提供资金支持。那些在此计划发起时还不是欧盟成员国但是即将加入欧盟的国家亦可参与此计划。

"坦普斯计划"分三个阶段进行，第一阶段为 1990—1994 年，第二阶段为 1994—1998 年，第三阶段为 2000—2006 年。根据不完全统计，目前已经有 2 600 个教育机构的 12 万名教师和教育行政管理人员以及 3.5 万名学生参与了"欧洲联合项目"（Joint European Projects）。从欧盟收集到的反馈意见看，该计划的参与国家对计划的进展以及取得的效果基本满意，但是这些国家同时认为欧盟为项目提供的资助额还应该提高些。

（六）"利用信息技术学习计划"

"利用信息技术学习计划"（E-learning Programme）的设立旨在进一步促进终身教育的实施，特别是在终身教育的过程中更加有效地使用现代信息技术，使欧洲教育培训系统更加现代化。该计划的具体内容有四个方面：

（1）促进普及电子数码知识，掌握学习现代信息知识的必要技能；

（2）建立欧洲"虚拟大学"（Virtual Campus）。这项工作内容对现行的欧盟高等教育项目有辅助作用，目的在于加强交流和流动；

（3）通过建立校际电子网络促进文化间对话和相互理解，同时利用校际联网进行教师培训，促进教师的知识更新，提高职业技能；

（4）通过横向计划与其他组织或机构，例如，经济合作与发展组织、联合国教科文组织等交流经验，取长补短。

该计划为期 3 年（2004—2006 年），欧盟投入资金共 4 400 万欧元，已经圆满结束，成员国普遍感到满意，建议继续开展有关项目，欧盟委员会正在考虑后续活动。

（七）欧洲学分互认体系

欧洲学分互认体系（ECTS）于 1989 年开始在"伊拉斯谟计划"（即当时的"苏格拉底计划"）框架内引用。这个体系是欧洲唯一的经过试验证明比较成功的欧洲高等教育学分体系。这个体系最初仅限于学分转换，最近，该体系将学分积累内容纳入进来。1999 年发起的"博洛尼亚进程"的主要目的之一就是打通欧洲学分体制，促进学历相互承认，鼓励欧洲学生到其他欧洲国家学习深造，从数量和质量上加强欧洲学生的流动，加速知识社会的发展和经济进步。这个学分体系的出现不仅有利于学生了解和比较有关学习的课程，同时还有利于推动欧洲高等教育机构的教学改革。改革的结果是更加有利于欧洲学生的流动以及更利于吸引国外的留学生到欧洲学习。

欧洲学分互认体系的学分只用于高等教育的学士和硕士阶段。使用欧洲学分互认体系的高等教育机构应该是比较有知名度和有信誉的单位，在欧洲以及在国际上应属于可靠的并且透明度较高的合作伙伴。参与欧洲学分互认体系的高等教育机构需要根据欧洲学分互认体系的有关参数和学科清单提供本国相关课程的详细内容、课程要求和学术水平等信息。这些高等教育机构还需要给学生提供能够进一步说明该学生表现的学习成绩单和能力证明。为了保证可比性，参与欧洲学分互认体系的国家在颁发学业证书的同时，要给学生提供能够具体说明有关学业证书的性质、水平、内容、学习成绩等相关情况的"文凭说明"（Diploma Supplement）。

目前，有 46 个国家和地区签署了《博洛尼亚宣言》，成为欧洲学分互认体系的参与者。

（八）国际合作

欧盟重视与非欧盟国家和地区的教育交流与合作。2001 年，欧盟委员会向欧盟理事会和欧洲议会提交了关于加强欧盟同第三国开展高等教育合作的政策文件。欧盟同非欧盟国家和地区的主要合作计划和项目如下：

● 与美国和加拿大签署官方教育交流协议；

● 1990 年发起面向苏联、蒙古和西巴尔干地区的"坦普斯计划"，2002 年，欧盟将此项目扩大到整个地中海地区；

● 与拉丁美洲地区建立两个合作计划："高等教育机构合作计划"（ALFA）和"高层次奖学金计划"（ALBAN）；

● 与非洲、加勒比地区和太平洋地区建立"EDULINK 高等教育合作计划"；

● 分别与日本、澳大利亚开展教育合作实验项目；

● 面向亚洲国家的"亚洲连接计划"。

"亚洲连接计划"于 2002 年发起，为期 5 年，主要目标是加强欧盟成员国大学与亚洲各国大学之间的现有伙伴关系，发展新的联系，提升欧洲在亚洲的影响，加强相互了解，构建欧亚高等教育合作框架，加速欧洲成为一流研究学习中心。

"亚洲连接计划"不对个人提供奖学金，也不是向某个具体国家的教育部门提供双边资金援助，而是侧重建立高等教育机构之间的伙伴关系，以及加强能力建设和信息交流。具体而言，欧盟国家和亚洲国家高等教育机构联合提出的合作项目一旦得到欧盟批准，欧盟提供 75％的资金援助，剩余 25％配套资金由项目申请单位自行解决。对于亚洲最不发达国家（阿富汗、孟加拉、不丹、柬埔寨、东帝汶、老挝、马尔代夫、尼泊尔）提出的项目，欧盟可适当增加资金援助比例，但是不超过 90％。亚洲国家可以用负担项目人员工资的方式提供配套资金。

项目的要求至少有两个以上的欧洲教育科研单位和两个以上的亚洲国家的教育科研单位参加。建立这样的伙伴关系的目的是通过跨国培训提高大学生、教师以及高等教育行政管理人员的学习、科研和管理技能，扩大视野，增进相互尊重与理解，发展互利互惠的合作关系。项目实施期限一般 12～36 个月。项目活动的形式为：讲习班、研讨会、培训、交流访问、合作研究等。

2007 年 5 月，欧盟委员会发表《亚洲地区计划战略文件 2007—2013》，再次强调将高等教育和支持研究机构作为欧亚知识与技术合作的优先领域。

专题十一

"伊拉斯谟计划"

"伊拉斯谟计划"（Erasmus Programme）最初于 1987 年发起。随着经济全球化的迅猛发展，2004 年初经欧盟部长理事会批准，欧盟委员会决定发起新的"伊拉斯谟高等教育交流计划"（Erasmus Mundus Programme，简称仍为"伊拉斯谟计划"），第一阶段为期 4 年（2004—2008 年），总预算为 2.3 亿欧元，定位在"硕士"层次的高等教育交流，通过建立 100 个跨大学的"欧洲硕士专业点"以及提供上万个奖学金和访问学者名额的方法，吸引更多外国教师和学生在欧洲的大学学习，加强欧盟成员国大学之间的学术联系，提高欧洲高等教育的质量和竞争力，扩大欧洲高等教育在世界上的影响。该项目既面向欧洲学生，也面向欧盟成员国以外的留学生和访问学者。

第一阶段内容分为四类活动：

● 鼓励欧洲的学生学习期间在欧洲大学之间的流动。欧盟决定到 2008 年底建立起 100 个跨大学的"欧洲硕士专业"点。

● 吸引来自欧盟成员国之外的学生和学者到欧洲大学学习和研究，为欧盟国家以外的第三国的学生提供 5 000 个奖学金和 1 000 个访问学者名额。

● 鼓励欧盟国家的学生和学者到国外的大学学习或者工作。计划建立 100 个合作伙伴关系，为欧盟成员国的学生和学者提供 4 000 个奖学金和 1 000 个访问学者名额，赞助他们到成员国之外的大学进修和从事教学研究活动。

● 通过其他项目活动提升欧洲高等教育对外的影响力和形象。有关资助的项目申请包括：出版计划、组织教育国际会议、为第三国学生进入欧盟学习提供咨询服务等。

为了争夺亚洲人力资源市场，欧盟在新的"伊拉斯谟计划"项下专门开设了"亚洲窗口"计划。2005—2006 年间启动的"亚洲窗口"计划有五个，其中四个是定向为特指国家开设的。这些国家包括中国、印度、泰国和马来西亚。第五个

"亚洲窗口"计划是面向亚洲其余国家的。

新的"伊拉斯谟计划"自 2004 年发起以来进展顺利，根据欧盟教育部门最新的统计数字，截至 2006 年 6 月，欧盟发放了 1 377 份奖学金，资助访问学者 231 人，建成"欧洲硕士专业"点 57 个；第一批伙伴关系已经建立，签订单项项目合作 20 项。

从 2008 年起，该计划面向欧盟以外的地区窗口和国别窗口合并为对外合作窗口，仍向包括中国在内的部分亚洲国家开放。该计划第二阶段为期 4 年（2009—2013 年），将硕士层次的学生交流拓展为博士生和博士后研究层次，欧盟将加大投入力度，预计总预算将激增至 9.6 亿欧元。

第三节　欧盟文化政策和主要计划活动

一、欧盟文化政策

（一）欧盟文化政策的法律依据

欧盟在 1992 年《马斯特里赫特条约》中，把文化纳入欧盟的责任范围，增加了第十二篇"文化"第 151 条。这是欧盟首次正式承认文化在欧洲一体化中的合法位置，开始为保护、传播和发展文化事业采取行动。

《里斯本条约》进一步完善了上述条款。第 151 条规定：欧盟在尊重各国与各地区多样性和重视欧洲共同文化遗产的同时，为促进各成员国文化的百花齐放作出贡献。欧盟应为鼓励成员国之间的合作采取行动，如果必要，应支持和辅助其在如下四个领域开展活动：

- 促进对欧洲文化和历史的了解和传播；
- 保存和保护欧洲重要的文化遗产；
- 支持非商业性的文化交流活动；
- 支持包括视听业在内的艺术和文学创作。

该条款还规定，在文化领域，欧盟和成员国应加强同第三国和有关国际组织，特别是欧洲理事会的合作。欧盟应在执行本条约其他条款时也要考虑文化领域，特别要尊重和促进文化的多样性。

（二）欧盟有关文化的法规

1. 文化与内部市场

欧盟的文化活动如同其他领域的活动一样都受到 1993 年开始实行的单一市

场的影响。边境的开放和一系列财政及法律措施的颁布对文化领域产生了特殊的影响，出现了文化专业人员的自由流动，艺术和文化作品的自由流通，电视、电影、视听作品的自由流动，电子商务和电子文化的自由流动等。

2. 文化与竞争法

欧盟境内的文化企业如同其他企业一样要服从于欧盟竞争法规则。欧盟主张文化产业的竞争，但考虑文化领域的特殊性，将文化列入国家援助范围。

3. 文化与国际法

欧盟条约指出，共同体和成员国应在文化领域与第三国和有法定资格和能力的国际组织建立合作关系。在国际上，欧盟的文化参与主要表现在文化产品和服务的贸易，以及对世界遗产的保护上。

（1）国际贸易

欧盟在文化领域（如在视听领域）的贸易法规主要受国际贸易法中有关物品和服务及知识产权方面的规则的影响。在这方面，欧盟既执行乌拉圭回合关贸总协定和世界贸易组织的规定，又确保共同体和成员国在文化和视听领域制定和执行自己的政策，以保护文化的多样性。有关文化方面的谈判，欧盟理事会授权欧盟委员会参加世界贸易组织谈判。欧盟委员会参加了知识产权谈判，达成了乌拉圭回合知识产权协定。此外，欧盟参加了诸如世界知识产权组织等专门组织的谈判。

（2）国际法和遗产保护

欧盟和成员国积极参加欧盟理事会和联合国教科文组织的工作。欧盟在这些国际组织中都是尽量代表成员国的共同利益赞同制定共同的法规。欧盟关于国家文化遗产保护和恢复原状的原则先后得到联合国教科文组织 1972 年通过的《保护世界文化和自然公约》和欧洲理事会 1985 年通过的《保护欧洲建筑遗产公约》的承认。

（三）欧盟文化战略文件

2007 年 5 月，欧盟委员会通过了题为"世界全球化中的欧洲文化战略"的文件。这是欧盟首次提出共同的"欧洲文化战略"。文化战略主要包括三个主要目标和一个合作方式。

1. 欧洲文化战略的主要目标

（1）促进欧洲文化的多样性和不同文化之间的对话；

（2）使文化成为促进创新、就业和增长的推动力量；

（3）促进文化成为欧盟对外关系中的重要组成部分。

2. 开放式合作方式

为实现文化战略的三大目标，文件提出，在文化领域建立开放式的合作方式，可使欧盟机构、成员国之间和与第三国的文化合作方式既有框架机制，又有灵活性；既能使合作伙伴关系密切，又能承认各自的多样性。

3. 欧洲文化战略文件的重要意义

欧洲文化战略文件确立了文化在欧洲一体化和经济全球化中的重要地位。欧盟委员会主席巴罗佐称，文化和创造触及公民的日常生活，是个人成长、社会凝聚力和经济发展的重要推动力。文化和创造还有更多的作用，它们是具有共同价值观和共同遗产、同时承认和尊重多样性的一个欧洲项目的重要组成部分。今日的战略促进了不同文化之间的理解，确立了文化在欧盟政策中的中心位置。文化战略是提高文化形象和把文化合作推向新阶段的极好机会，将会对欧洲社会团结和繁荣产生长久的积极影响。

（四）欧盟文化产业政策

文化产业包括电影、视听媒体、出版、工艺、音乐等，是重要的就业来源，从业人员达 700 万。欧盟努力创造一个有利于发展文化产业的环境，使文化产业受益于研究成果，获得资金，并鼓励成员国间与第三国的合作。

欧盟重点扶持视听电影业和多媒体两类文化产业。对于文化产业，除给予财政援助外，还为发挥其竞争力创造良好的法律和财政环境，并且鼓励调研和创新。主要政策措施如下：

1. 制定视听业法规

欧盟为视听业制定了一系列欧洲规则。这些规则既支持国家政策又考虑产业的经济、文化和社会三方面利益。"电视无国界指令"是其中最具有里程碑意义的法规之一。

2. 推动数字化进程

欧盟根据技术的迅速发展，不断修改法规和提出新的努力目标。2005 年欧盟提出，成员国要加快广播电视发射的数字化进程，力争在 2012 年以前结束模拟制式发射，实现欧盟广播电视发射完全数字化，同时对网上电视进行规范。

3. 为进入资本市场提供便利

欧洲投资银行为相关投资项目提供长期贷款，支持文化研究和文化产业发展。欧盟在"2000 年创新"动议中提出，为大公司提供长期资金，给从事视听和数字内容产业（包括创作小说、动画片、纪录片和多媒体）的中小公司提供银行贷款或冒险资本。促进中小企业在互联网和多媒体方面进入资本市场。

4. 重视研究与创新

欧盟对研究与发展的投入占国内生产总值的 3%。欧盟制定了重要的研发框架计划，包括与数字技术有关的领域。

二、主要计划活动

（一）"欧盟文化 2000 计划"（2000—2006 年）

"文化 2000 计划"是欧盟第一部文化框架计划。欧盟力图通过这一计划，对原来的"拉斐尔计划"（Raphael Programme）、"万花筒计划"（Kaleidoscope Programme）和"亚利安计划"（Ariane Programme）进行综合规划和管理。"文化 2000 计划"总预算 2 365 亿欧元。欧盟利用这笔费用支持和赞助欧洲共同文化艺术领域的合作项目（包括表演艺术、造型艺术、视觉艺术、文学、遗产保护、文化历史等）。

1. "文化 2000 计划"目标

建立共同的文化领域，促进文化多样性，保护和共享文化遗产，鼓励文化创作和传播，支持艺术家及其作品的自由流动，进行不同文化间的对话，鼓励新的文化表现形式，发挥文化在社会融合和社会、经济发展中的作用。

2. 行动措施

（1）鼓励创新和实验性行动；

（2）综合性行动；

（3）特别文化活动。

"文化 2000 计划"给欧洲文化团体和个人带来诸多益处，使其有机会参与和组织欧洲范围的文化活动，提高了管理水平，增强了能力和影响力，促进了欧洲文化工作者之间的联系。2000—2004 年之间，欧盟赞助 1 072 个文化项目，解决了跨国合作资金问题。

（二）"文化 2007 计划"（2007—2013 年）

"文化 2007 计划"是一个新的 7 年计划，总预算 4 亿欧元。该预算不包括对视听文化活动的开支。视听文化领域属于"媒体计划"范围，"2007 媒体计划"（2007—2013 年）的总预算是 7.55 亿欧元。

1. 计划目标

通过文化交流与合作建立欧洲人共同的文化空间和树立欧洲公民意识。具体目标为：支持文化领域专业人员的跨国流动；鼓励文化艺术作品和产品的跨国流通；促进不同文化之间的对话。其重点为：加强自由言论的基本原则；鼓励提高对持续发展作贡献重要性的认识；寻求促进欧盟内部的相互理解和容忍；努力消除各种歧视，如性别、种族、民族、宗教、信仰、残疾、年龄、性倾向。新计划还强调，在与第三国进行文化合作时要特别注意保持与欧盟整体政策的一致性和互补性。

2. 赞助范围、比例和对象

支持文化行动拨款占总预算的 77%；支持积极在欧洲开展文化活动的团体（如欧洲文化网），拨款占 10%；支持对欧洲文化合作活动和文化政策进行报道、分析、收集和传播的行动拨款占 5%；管理文化计划拨款占 8%。

3. 实施赞助的措施和要求

对有影响力的特别活动（如"欧洲文化之都"）由欧盟从计划中直接拨款。

短期小型合作项目期限一年，每个项目赞助费在 5 万～20 万欧元之间。多年度大型合作项目期限 3～5 年，每个项目每年赞助费不超 50 万欧元。

（三）文学艺术

1. 文学

欧盟鼓励书刊出版与阅读活动，及通过数字技术探讨发行文学作品的渠道。"文化 2000 计划"把文化的合法范畴扩展到书籍上，其中 11％的拨款用于翻译欧洲文学、促进文学出版和阅读、培训专业人员（包括培训翻译、图书管理员、编辑）并准许文学作品的出入。

欧盟采取公开招标的办法确定每年负责颁发"欧洲文学奖"的组织和实施单位。每年奖励费和特别费用预算为 20 万欧元。

2. 音乐

欧盟认为，音乐在文化、社会和经济中起到很大作用。60％以上的欧洲人每天倾听音乐。欧盟国家有 60 多万人从事音乐产业工作。欧盟鼓励音乐创作，帮助音乐专业人员自由流动和提高业务水平，促进音乐作品的传播和销售并给予经济赞助。

3. 舞蹈

欧盟对舞蹈的支持主要表现在培训艺术工作者、鼓励创作和传播艺术作品并发挥舞蹈在社会融合中的作用。

（四）影视媒体

自 1991 年以来，欧盟共制定和实施了 4 个媒体计划，总投入为 20 亿欧元。在 2001—2006 年实施的第三个媒体计划中，欧盟共为 30 多个国家的 8 000 个项目提供了 5 亿多欧元的资金。目前正在执行的是 2007—2013 年的第四个媒体计划。欧盟媒体计划的总目标是保护和促进欧洲文化的多样性、保护和扶持欧洲电影、视听产业的发展，使欧洲人能看到自己制作的反映欧洲本土文化的电影和电视节目，从而加强欧洲各国人之间的了解和凝聚力，同时增强欧洲电影和视听产品在国际市场上的竞争力，促进欧洲视听产品在欧洲内外的发行和上映。为实现媒体计划的目标，欧盟采取了如下措施和行动：

1. 培训影视媒体专业人员

"媒体 2007 计划"（2007—2013 年）的总预算是 7.55 亿欧元，其中 7％的资金用于培训影视媒体专业人员。培训的目的是使专业人员尽力达到欧洲和国际市场上标准，在生产和发行作品时充分采用新技术。

2. 支持创作和发行欧洲本土影视作品

在推动欧洲本土视听产业发展方面，欧盟积极支持成员国创作、发行和推销欧洲视听作品，平均每年资助 300 个新电影问世。欧盟视发行和推销欧洲影视产

第九章 欧盟教育与文化

品为优先项目，投入的资金占"媒体 2007 计划"总预算的 65%。电影院上映的欧洲电影中，半数靠欧盟赞助。在欧盟的赞助和支持下，十分之九的欧洲故事片得以在制作国以外的国家发行和上映。

为扩大欧洲本土影视作品在欧盟以及国际市场上的份额，欧盟采取了如下行动：

● 赞助"欧罗巴电影院网络"（Europa Cinemas）。该网络提供位于 53 个国家 340 座城市的 670 个电影院的信息。这些电影院每天上映 1 500 多场电影。该网络的任务是促进欧洲电影的上映率，尤其是增加非国产欧洲电影上映场次。在未来七年中，欧盟计划将非国产欧洲电影的发行量从 10%增加到 20%。

● 举办电影节和电影展览。每年赞助 100 多个电影节，放映 15 000 多场欧洲电影，观众达 250 万之多。在 2007 年第 57 届柏林电影节上，共有 17 部参展影片从欧盟媒体计划中获益。

● 鼓励采用全球标准的数字技术进行创作和发行视听作品。资助电影院将设备改造成数字化设备，帮助建立"欧洲数字电影院网络"（Cinema Net Europe）。

● 扶持欧洲数字内容产业。通过欧盟"电子内容计划"（Econtent Programme）提供资金，促进数字内容市场的发展，包括创建视听数据库和研制辅助工具，以便在多种语言中查寻信息，或为视听作品制作翻译字幕。

● 帮助建立欧洲动画电影协会。该协会每年都主办"欧洲动画电影论坛"，推动欧洲动画电影在电视和新媒体（如手机电视、网络等新的媒体形式）传播中的投资、制作和分销。

● 为电影、视听业融资提供便利。在欧盟"创新 2000"（Innovation 2000）动议下，欧洲投资银行为从事视听和电子内容产业（如故事片、动画片、纪录片和多媒体）的大公司提供长期资金支持，为中小型电影公司提供贷款或商业风险资本。欧盟表示，为视听业提供融资支持能够带动整个行业的投资。经验表明，欧盟每提供 1 欧元资金支持，就会吸引约 6 欧元的私人投资。另外，这样做还可以保证更多的欧洲电影免受好莱坞商业片的影响。

3. 保护电影和视听遗产

欧盟主张，采用新技术保护和发展电影遗产，为公众接近电影遗产提供便利。欧盟将欧洲图书馆和档案馆中有关欧洲文化遗产的资源数字化，实现欧洲文化遗产的联机使用。

欧盟对遗产影片进行了系统的收集、编号、保藏和复制。欧盟规定，欧洲电影遗产要为教育、学术、研究和文化活动服务，但不要损害版权和相关权利。欧盟要求成员国每两年对电影遗产保护所采取的行动进行报告。为支持保护和利用电影遗产，欧盟于 2002 年、2003 年在全欧举办了欧洲电影遗产节活动，并创办了欧盟网络电影周，使公众了解典藏影片，尤其为学校提供了开展影像教育的机会，组织学生观看历史影片，特别是那些不再公映的影片。欧盟于 2004 年 2 月启动了视听收藏品数字化和系统化活动。

4. 创造良好的法律和财政环境

在欧盟视听领域直接就业人数为 100 多万人。欧洲 98% 的家庭拥有电视，平均每人每天观看 200 分钟电视。欧盟制定了一系列有关电影和视听业的法律和法规来控制和指导该行业。如"电视无国界指令"、"视听媒体服务指令"、"网络电影宪章"、"欧洲电影遗产"法规等。

5. 采用视觉形象教育

为加速教育和培训体制的改革，适应全球化和现代化发展需要，欧盟鼓励在教育领域利用视听媒体，采用视觉形象教育方式。

（五）文化专业人员

欧盟文化就业人数约 700 多万。欧盟通过举办培训、鼓励人员流动、创造就业、调研等措施来满足文化专业人员的特殊要求。相关计划包含关于提高文化专业人员的技能、创造就业、增加人员流动性与适应性的内容。

（六）欧洲文化之都

"欧洲文化之都"是欧盟授予欧洲城市的一个荣誉称号。该活动自 1985 年开始以来，每年都有一或两座城市荣获该称号。成为"欧洲文化之都"不仅有机会展示本市、本地区具有象征性的文化亮点、文化遗产和文化领域的发展与创新，而且吸引欧盟其他成员国的艺术家、表演家到该市表演和展出，同时还可利用荣膺文化之都之际彻底改造自己的文化基地和设施。通过举办文化之都活动，扩大了这些城市的知名度，吸引了更多的游客，促进了文化旅游业的发展，同时吸引了新的投资，提高了就业率。"欧洲文化之都"已经成为欧盟最成功和最受欢迎的一项活动。

（七）2008 欧洲文化间对话年

2004 年欧盟第五次扩大后，新上任的欧盟委员会教育文化委员提议，于 2008 年举办"欧洲文化间对话年"活动。2005 年 10 月，欧盟委员会通过了该建议。2006 年 12 月，欧洲议会和欧盟部长理事会正式予以批准。欧盟为该活动提供的预算为 1 000 万欧元。

1. 对话年目标

增进欧洲不同文化背景人之间相互尊重和理解，和睦相处；提高适应越发开放和复杂文化环境的能力，发挥多元文化的优越性；让公民积极参与欧洲事务，树立欧洲公民意识，努力建立欧洲人之间的亲密关系，增强凝聚力。

2. 对话题目

文化和媒体、少数民族、移民、宗教、教育/科学、工作场所、语言多样性和青年。

3. 对话年活动

欧盟举办 7 个旗舰项目，27 个成员国各组织一个大活动，计划举办 22 个文化艺术节，内容包括音乐、舞蹈、戏剧、文学、电影、街头艺术等。

（八）国际合作

欧盟与非成员国签署的合作协议中，文化合作和交流占有重要位置。欧盟与欧洲理事会、联合国教科文组织等国际组织建立了文化伙伴关系。

欧盟认为，在欧洲一体化进程中，注重文化和艺术是必要的，必须把文化和不同文化之间的对话当成实现欧洲一体化和增进与周边和世界其他国家关系的不可缺少的组成部分。

专题十二

历年欧洲文化之都序列表

一、欧洲文化之城

1985 年雅典（希腊），1986 年佛罗伦萨（意大利），1987 年阿姆斯特丹（荷兰），1988 年西柏林（联邦德国），1989 年巴黎（法国），1990 年格拉斯哥（英国），1991 年都柏林（爱尔兰），1992 年马德里（西班牙），1993 年安特卫普（比利时），1994 年里斯本（葡萄牙），1995 年卢森堡（卢森堡），1996 年哥本哈根（丹麦），1997 年塞萨洛尼基（希腊），1998 年斯德哥尔摩（瑞典）。

二、欧洲文化之都

1999 年魏玛（德国），2000 年雷克雅未克（冰岛）、卑尔根（挪威）、赫尔辛基（芬兰）、布鲁塞尔（比利时）、布拉格（捷克）、克拉科夫（波兰）、圣地亚哥-德孔波斯特拉（西班牙）、阿维尼翁（法国）、博洛尼亚（意大利），2001 年鹿特丹（荷兰）、波尔图（葡萄牙），2002 年布鲁日（比利时）萨拉曼卡（西班牙），2003 年格拉茨（奥地利），2004 年热那亚（意大利）、里尔（法国），2005 年科克（爱尔兰），2006 年帕特拉思（希腊），2007 年卢森堡（卢森堡）和锡比乌（罗马尼亚），2008 年利物浦（英国）、斯塔万格（挪威），2009 年林茨（奥地利）和维尔纽斯（立陶宛），2010 年埃森（德国）、佩奇（匈牙利）和伊斯坦布尔（土耳其），2011 年图尔库（芬兰）和塔林（爱沙尼亚），2012 年吉马朗伊什（葡萄牙）和马里博尔（斯洛文尼亚）。2013 年法国和斯洛伐克，2014 年瑞典和拉脱维亚，2015 年比利时和捷克，2016 年西班牙和波兰，2017 年丹麦和塞浦路斯，2018 年荷兰和马耳他，2019 年意大利和保加利亚。

第四节　欧盟青年政策及主要计划活动

　　欧盟扩大以后，15～25 岁的青年人口达到 7 500 万人。为了让这些青年对欧洲的建设发挥更大作用，欧盟委员会对于青年的工作力度明显增强，制定了相关政策，组织发起了相关的计划活动。进入新世纪以来，欧盟注意总结以往青年工作的经验，欧盟委员会和欧盟成员国均认为，有必要在政策层面和计划运作层面就如何促进欧洲青年工作进行调整，使这项工作更加明晰化和系统化。因此，欧盟委员会先后通过了《青年政策》白皮书和《欧洲青年条法》等政策性文件，并发起和实施了"2000—2006 青年行动计划"和"2007—2013 青年行动计划"等重大系统计划活动。2007 年 12 月，新通过的《里斯本条约》对《马斯特里赫特条约》第十一篇"教育、职业培训和青年"第 149 条中有关内容进行了补充修订，明确提出"支持青年和社会教育教师开展交流，并支持青年参与欧洲民主生活"。

一、欧盟青年政策

（一）《青年政策》白皮书

　　2001 年 11 月 21 日，欧盟委员会通过了《青年政策》白皮书。其目的是，希望通过有关各方的努力与协作，促进欧洲青年工作健康发展，使青年成为建设欧洲、促进欧洲繁荣的生力军和催化剂。

　　白皮书的主要内容是要求欧盟成员国加强合作，共同促进青年工作，建立一个有效的合作框架。这个合作框架由两部分内容组成：第一，重视国家层面的合作，建立欧盟成员国之间的合作；第二，加强欧盟委员会内部的协调，将青年工作纳入欧盟委员会各个部门的工作计划之中。

　　白皮书提出，欧盟成员国在促进青年的国际合作方面宜采取"开放式合作"方式，在欧洲地区层面，欧盟负责制定合作框架和时间表，在国家层面，欧盟成员国参照欧盟的要求提出各自的短期、中期和长期目标。白皮书明确提出在国家层面建立监督机制，要求各国指定国家协调员作为欧盟委员会的代表专门负责本国青年事务。

　　白皮书提出，欧盟成员国青年事务的合作重点是：采取新的措施，使青年能够参与公共事业活动和生活；改进欧洲青年信息交流工作；鼓励欧洲青年参与自愿者服务工作；建立促进青年工作的研究工作和网络联系。

　　白皮书呼吁欧盟委员会和欧盟成员国制定符合青年需要的政策，特别是制定有利于青年就业、教育机会和参与社会生活的优惠政策。为了保证白皮书内容得到贯彻执行，欧盟委员会提出，要加强内部的协调，增加有关青年计划项目的预算拨款。

为了落实白皮书后续工作，欧盟在 2001—2005 年期间先后通过多项有关促进青年工作的决议和建议，例如，欧盟理事会关于"欧洲青年新动力"决议、欧盟委员会关于"欧洲青年合作活动评估"报告、欧盟委员会关于"青年活动"报告、欧盟理事会关于"青年参与信息交流总目标"的决议、欧盟理事会关于"欧洲青年合作框架"的决议、欧盟理事会关于"社区行动促进青年工作"报告等。

（二）《欧洲青年条法》

2005 年 3 月，欧盟理事会通过《欧洲青年条法》（The European Youth Pact），其主要内容涉及青年就业、参与社会生活和促进社会进步、教育、培训和流动性、工作与家庭生活的协调等。

考虑到有些国家专门用于青年活动的资金有限难以顺利开展有关项目，欧盟决定为成员国提供资金支持和技术援助。此外，欧盟资助和发起联合实验项目，协助物色和确定国家协调员等。在地区层面，动员欧洲社会基金、欧洲发展基金、农村发展基金等资助青年活动；发起"青年和青年行动"、"终身学习综合计划"、"欧洲公民运动"、"综合革新框架计划"、"玛丽·居里计划"和"欧洲科学教育计划"等。

二、主要计划活动和重点工作

（一）"2000—2006 青年行动计划"

该计划目标为：青年参与社会活动，使青年对促进社会进步和繁荣作出贡献；青年通过参与和合作，加强社会凝聚力和青年的认同感；提升青年的创造发明能力和创业能力；在欧盟内加强经验交流与合作。欧盟为此总共投入资金 5.2 亿欧元。

该计划主要面向 15～25 岁年龄段群体，但在某些特殊情况下，此年龄段可以扩大到 13～30 岁。欧盟委员会与欧盟成员国共同协作负责计划的实施。欧盟委员会负责推动的工作重点有五个：

1. 将青年人培养成为"欧洲青年"

欧盟在该项目下设计了两个子项目行动：欧盟内青年交流行动和欧盟青年与第三国青年的交流行动。

2. 欧洲青年自愿服务计划

该项目不以营利为目的，鼓励青年人到其他欧盟国家或者第三国做志愿者，最长不能超过一年。欧盟为志愿者提供食宿、人身和医疗保险以及适量生活费。

3. 促进青年创造力活动

为鼓励青年人投身发明创造，欧盟为有共同特点的项目建立横向联系并共同从事开发研究提供资助，并组织研讨会和经验交流活动，为青年提供交流创新经验的场所和平台。

4. 发起青年联合行动计划

该计划主要涉及教育和职业教育培训。欧盟与成员合作，共同开发一个有助于知识交流和终身教育学习的体系，成为欧盟现有计划的补充和辅助。

5. 提供各项资助

欧盟对青年项目资助的重点包括：培训活动、横向联合和联网活动、考察、讲习班、研讨会、试验项目、信息交流和出版物等。

除了上述计划活动外，欧盟还根据不同情况组织其他有助于青年参与社会活动和交流的其他活动，例如欧洲青年周等。

为了保证青年计划的落实，欧盟委员会专门成立一个青年项目委员会，协助实施青年项目计划。为了有利于总结评估项目进展，项目采取欧盟委员会与成员国共同负责的办法。

（二）"2007—2013 青年行动计划"

该行动计划是上一个行动计划的延续。其目的、宗旨、运作和管理方式、经费安排等与"2000—2006 青年行动计划"没有实质区别。唯一不同的是项目期限为 7 年，总的经费预算为 8.85 亿欧元。

第五节　欧盟语言政策及主要计划活动

一、欧盟语言政策

（一）尊重和促进语言多样性

每个国家加入欧盟时，都有权要求将本国使用的一种官方语言作为欧盟的官方语言之一。目前欧盟共有 23 种官方语言：保加利亚语、捷克语、丹麦语、荷兰语、英语、爱沙尼亚语、芬兰语、法语、德语、希腊语、匈牙利语、爱尔兰语、意大利语、拉脱维亚语、立陶宛语、马耳他语、波兰语、葡萄牙语、罗马尼亚语、斯洛伐克语、斯洛文尼亚语、西班牙语和瑞典语。上述语言均享有同等权利，欧盟所有官方文件、出版物、重要会议以及官方网站，均须使用这些语言。

欧盟成员国均高度重视语言多样性以及本国语言在欧盟的使用问题，认为语言是国家、民族和文化的象征。《欧盟基本权利宪章》第 22 条规定，欧盟尊重语

言多样性；第 23 条则严禁包括语言歧视在内的任何理由的歧视。宪章强调，欧盟的核心价值是尊重个人，对其他文化开放，对其他民族宽容，接纳和尊重语言多样性。欧盟成立 50 多年来，几乎所有法律法规都做过修改，唯独有关语言使用的原则没有任何变化。

（二）促进经济发展，保护文化多样性

欧盟将语言多样性作为一项政治议程，在各个层面定期进行审议和磋商，不断推出新的政策和举措。欧盟认为，促进语言多样性和语言学习有助于达到以下三个重要目标：

- 提高经济竞争力，促进经济增长和提供更好的就业机会；
- 促进终身学习和文化间对话；
- 通过各国人民之间多种语言沟通，为欧洲政治对话提供空间。

另一方面，由于欧盟基于"在多样性中统一"（Unity in Diversity）的原则成立，所以一向高度重视保护和促进文化多样性，认为促进和保护语言多样性就是促进和保护文化多样性。

（三）新的语言多样性框架战略

2005 年 11 月，欧盟委员会首次向欧盟理事会和欧洲议会提交了《新的语言多样性框架战略》的政策文件，目标是建立一个语言多样性的欧洲社会，同时建立一个语言多样性的欧洲经济。

二、主要计划活动

早在 1989 年，欧洲共同体就提出了"Lingua 语言计划"，以促进各成员国的语言教学，支持欧洲共同体语言的多样性。随着欧盟的逐渐扩大，全欧性语言计划活动此起彼伏，蓬勃开展。

（一）欧洲语言年和语言日

欧盟委员会为欧洲公民学习语言制定的预期目标是，除母语外掌握其他两种语言。调查数据显示，约 50％的欧洲人可用母语之外一种语言进行交流；26％的欧洲人可使用母语之外的两种语言。为了提高欧洲公众对语言多样性和学习使用欧洲语言的认识，欧盟委员会和欧盟理事会共同将 2001 年确定为欧洲语言年。45 个国家和 60 多种语言参与了欧洲语言年的相关活动。欧盟与成员国合作，在国际、国家、地区、地方等不同层面总共发起了 160 个形式多样的活动项目，在全欧范围促进了语言组织和机构的联络、沟通与合作。欧盟还将每年的 9 月 26 日确定为欧洲语言日，以不断加深公众对促进语言多样性和学习使用语言重要性的认识。

（二）语言学习和语言多样性行动计划

根据欧洲议会通过的有关决议，欧盟委员会于 2003 年 7 月通过了《促进语言学习和语言多样性行动计划》，计划在 2004—2006 年期间在以下重点领域开展行动：

（1）使所有欧洲公民认识到语言学习的益处并终身坚持学习；

（2）在所有教育层次上改进语言教学的质量；

（3）在全欧营造有利于语言学习的环境，并提出 45 项具体行动，供成员国、地区及地方有关当局参考或采纳。

2007 年，欧盟委员会组织独立专家组对该行动计划的执行情况进行了全面评估，总结了过去 3 年欧盟和各成员国取得的成绩，并指出了改革教育体制促进语言教学的发展趋势。

（三）革新语言教学

语言教学的革新重点是：加强语言教师的培训，为课堂语言教学提供具体指导和帮助，让更多的学生参与语言交流，研制新的语言教学工具，以及提高对学习外语益处的认识。与此同时，还应大力支持不同国家之间的校际语言交流活动。欧盟委员会还组织了若干专题研究，如"针对特殊需要学习者的语言教学"、"在语言课堂采用新的信息技术"、"小学和学前教育中的外语教学"以及"欧洲背景下的语言教师教育"。

（四）语言多样性高层小组建议

2006 年欧洲语言日，欧盟委员会成立了一个由来自欧盟成员国的 11 位独立专家组成的语言多样性高层小组，负责分析成员国在落实《促进语言学习和语言多样性行动计划》方面取得的进展，并提出新的设想和建议。经过一年的工作，该小组向欧盟委员会提交了一份研究报告，围绕提高认识调动积极性、语言与媒体、商用语言、口译与笔译、地区或少数民族语言等专题进行了分析研究并提出具体建议。欧盟委员会拟将语言多样性高层小组的建议提交于 2008 年上半年召开的欧洲语言多样性部长级会议审议，出台新的语言多样性政策文件，提交欧盟理事会和欧洲议会。

第六节　欧盟体育运动政策及主要计划活动

一、欧盟体育运动政策法规

（一）欧盟体育白皮书

经过两年广泛征求各方意见，欧盟委员会于 2007 年 7 月 11 日通过了《体育运动》白皮书。这是欧盟委员会首次提出一个全面的体育运动动议。白皮书强调

体育运动的社会作用和经济影响力，提出了 53 项具体行动计划，并对体育运动组织管理问题提出意见。目前白皮书正在讨论中。

1. 白皮书的目的

对体育运动在欧盟的作用作出战略定位，提高欧盟法规对体育运动的特殊性和重要性的认识，在欧盟的政策、计划和行动中要考虑体育运动因素，对体育运动中的具体问题展开辩论。

2. 白皮书主要内容

体育运动的社会作用：阐述了体育运动作为一种社会现象的重要性，强调体育运动创造价值，产生社会效益，在制定欧洲政策时要考虑这些效益给欧盟总体目标带来的影响。白皮书列举了 8 个方面的社会作用：

- 通过体育运动促进公共健康；
- 联合力量对抗兴奋剂、毒品；
- 促进体育运动在教育和培训中的作用；
- 促进争当积极自愿的体育运动公民；
- 利用体育运动的潜力，促进社会包容、一体化和机遇平等；
- 加强防止和反对体育运动中的种族主义及暴力行为；
- 通过体育运动，促进欧盟的对外关系；
- 体育运动可支持可持续性发展。

3. 体育运动的经济影响力

强调体育运动是一个富有生机和发展迅速的领域，具有不可低估的宏观经济影响，可为实现里斯本战略中关于促进发展和创造就业做贡献。欧盟应与成员国共同制定一个衡量体育运动经济影响力的欧洲统计方法，增加经济影响力的透明度。强调要加强对公共体育的投入和支持。

4. 体育运动组织和管理

强调对职业体育运动人员和组织的利益进行管理。

白皮书重点围绕如下突出问题提出建议：

- 承认体育运动的特殊性，强调体育运动要服从欧盟法规。只要构成经济活动，体育运动就要服从欧盟条约中竞争法和内部市场法，也要服从欧盟法律中其他条款。
- 运动员可自由流动，反对国籍歧视。
- 运动员经纪人的作用：随着运动员收入的提高和欧洲体育运动市场的发展及复杂的法律环境，许多运动员需要经纪人帮助谈判和签订合同。
- 保护未成年运动员，反对对青年运动员的剥削。
- 反对利用体育运动进行腐败、洗钱和其他形式的金钱犯罪。

● 体育俱乐部特许制度：尊重体育运动组织管理的自治性，但强调要在欧洲法律的框架内实行自治管理。

● 体育运动与体育媒体：由于电视转播权成为欧洲职业体育运动的主要收入来源，因此体育运动领域与体育媒体之间的关系至关重要。

（二）体育运动相关法规

欧盟在签订《阿姆斯特丹条约》和《尼斯条约》时先后通过了两个"体育运动声明"，强调体育运动的社会作用，承认体育运动的特殊性，并明确了体育运动组织和成员国处理体育运动事务的基本职责。

欧盟在处理体育运动纠纷时，如果该体育运动的性质属于经济性质，通常实施《欧盟条约》第81、82条竞争规则。这两条竞争法在规制欧洲体育运动方面发挥了巨大的作用。如国籍歧视、限制运动员转会等都违背了欧盟竞争法。同样在体育运动比赛的转播和市场营销方面，也与欧盟竞争法密切相关。

2007年12月，新通过的《里斯本条约》第十二篇"教育、职业培训、青年和体育"增加了有关体育的内容。第165条中规定，欧盟在考虑到体育运动的特殊性、其基于自愿活动的组织结构及其社会和教育功能的同时，致力于宣传推广欧洲体育运动的相关议题。该条款还规定，欧盟要通过提倡公平和公开的体育竞赛、推动体育运动机构之间的合作、保护男女运动员尤其是青年男女运动员的体格和人格，来发展具有"欧洲特征"的体育运动。

二、主要计划活动

据2004年统计，欧洲有60％的居民经常参加各种形式的体育运动，全欧有各类体育运动俱乐部70万个。

为推动欧盟体育运动的开展，欧盟确定2004年为"欧洲体育运动教育年"，欧盟向此次活动提供的总预算为1 230万欧元。

1. 体育运动教育年目标

将体育运动作为进行正规和非正规教育的手段，作为社会融合的推动力。通过开展体育运动教育，加强教育机构和体育运动组织之间的合作，建立持久性伙伴关系。利用体育运动的价值优势，增长知识和技能，使青年增强体魄，加强团队精神，树立团结、容忍、公平竞赛的意识。鼓励更多的志愿工作者从事非正规教育，尤其对青年的教育。鼓励学校保持业务知识教育与体育运动的良好平衡。通过组织体育活动加强学校之间学生的交流。通过挖掘体育的潜力，加强对弱势群体的社会包容。

2. 体育运动教育年的主要活动

体育运动教育年活动得到28个参加国的积极响应，共提出1 643个申请项

目，其中 161 个项目获得欧盟拨款，6 个重点项目获单独拨款。为做好宣传鼓动工作，体育运动年期间，共举行 30 场开、闭幕仪式活动，组织了以下大型国际活动：

- 2004 年雅典奥运会组委会组织的讨论会；
- 欧盟委员会与意大利维罗纳市联合举办的"2003 年欧洲体育运动论坛"；
- 欧洲议会委托国际学校联合会举办的"奥林匹亚学校体育运动会"；
- 欧洲理事会组织的"欧洲十字路口"活动；
- 葡萄牙青年学院组织的"2004 年欧洲青年志愿者"活动；
- 2004 年雅典奥运会组委会组织的"奥林匹克优胜者教育活动"。

欧盟动用其权威民意调查机构"欧洲晴雨表"围绕欧洲公民与体育运动及体育运动教育年进行了两次民意调查。结果显示，体育运动教育年实现了计划目标，获得圆满成功。62％的欧洲人感到应将体育运动纳入欧洲宪法，使体育运动在社会、教育和文化领域享有相应的法律地位和依据。

第二篇
中欧关系
Sino-EU Relations

第十章

中欧政治关系

1975 年 5 月，中国与欧洲经济共同体建立关系，1983 年 11 月与欧洲煤钢共同体和欧洲原子能共同体建立正式关系，实现与欧洲共同体的全面建交。30 多年来，中欧关系总体上经受住了时间和国际风云的考验，保持了较为平稳的发展。随着国际形势的演变以及中欧各自力量的发展，中欧关系的内涵和外延不断丰富、拓展。

第一节　中国与欧洲共同体建交

20 世纪 70 年代初，随着中美关系的逐步解冻，中国在联合国合法地位得到恢复，国际地位明显提高，西欧各国掀起了一股同中国建交的热潮。自 1971 年初起，欧洲共同体通过多种渠道试探同中国建交的可能性，表达尽快与中国建交的强烈愿望。

在此背景下，中方就同欧洲共同体建交问题进行了慎重研究。在当时美苏争霸的两极格局下，邓小平副总理明确指出，西欧属于第二世界，中国支持欧洲各国人民的团结反霸事业。周恩来总理也表示，欧洲团结的事业，如果搞得好，将有助于欧洲和世界局势的改进。1974 年底，中国确定了与欧洲共同体建交的重大战略决策。

1975 年 5 月，时任欧洲共同体主管对外关系的副主席索姆斯访华，周恩来总理抱病会见了索。李先念副总理、乔冠华外长、外贸部李强部长、姚依林副部长分别与索进行了会见会谈。5 月 6 日，乔冠华与索姆斯就中国与欧洲经济共同体建立正式关系达成一致。双方决定不搞建交公报，而是以新华社发布消息的方式公布。5 月 8 日，新华社报称，中欧双方一致同意"中华人民共和国与欧洲经济共同体之间建立正式关系。中国政府向欧洲经济共同体派驻代表"。1975 年 5 月 6 日即成为中国与欧洲共同体建交日。

在台湾问题上，中方既坚持原则立场，同时考虑到欧洲共同体委员会的特殊地位，采取了通融做法。经双方协商，新华社报道了索姆斯在京举行的记者招待会上单方面就台湾问题发表的讲话。索姆斯表示：关于台湾，（中国）外交部长重申了中国对这一问题的立场，即中华人民共和国是中国唯一合法的政府，台湾是中国领土不可分割的一部分。虽然"对国家的承认这类问题不属于欧洲共同体的职责范围"，但"欧洲共同体的所有成员国都承认中华人民共和国政府为中国的唯一合法政府，并就台湾问题采取了中华人民共和国所接受的立场。依照这些立场，我确认，对欧洲共同体来说，正如委员会发言人4月30日在布鲁塞尔已经声明的那样，它不同台湾保持任何官方关系或缔结任何协定"。索的这个声明构成了欧洲共同体在台湾问题上对中方作出的承诺。

1975年9月15日和16日，中国驻比利时大使李连璧先后向欧洲共同体轮值主席国意大利外长鲁莫尔和欧洲共同体委员会主席奥托利递交了委任书，兼任中国驻欧洲经济共同体使团团长，成为中国驻欧洲经济共同体的首任正式常驻代表。

由于技术原因，1975年，中国与欧洲经济共同体建交，但未同时与欧洲煤钢共同体和欧洲原子能共同体建立关系。鉴于世界上绝大多数国家都已同时与欧洲共同体三个机构建立关系，为更好地体现中国对西欧联合的支持，扩大与欧洲共同体的经贸、科技等交流合作，1983年中方决定与欧洲煤钢共同体和欧洲原子能共同体建交。

经双方商定，1983年10月14日，中国驻欧洲经济共同体使团分别向欧洲共同体部长理事会和欧洲共同体委员会发出照会，表示"为了全面发展与欧洲共同体关系，中国政府决定正式承认欧洲煤钢共同体和欧洲原子能共同体"并"决定建立外交关系"。在欧洲共同体委员会主席托恩的积极推动下，10月25日和10月28日，欧方先后复照表示同意中华人民共和国与欧洲煤钢共同体以及欧洲原子能共同体建立外交关系。11月1日，欧洲共同体委员会主席托恩访华时，双方正式宣布中国与欧洲共同体全面建交，欧洲共同体方面因假日关系于11月3日对外宣布此消息。之后，中国驻欧洲共同体使团长章曙向欧洲共同体委员会主席和部长理事会主席送交了由中国外交部长吴学谦签署的委任书。至此，中国驻欧洲经济共同体使团改为驻欧洲共同体使团，完成了与欧洲共同体全面建交的程序。

1987年3月，中国驻欧洲共同体使团同欧洲共同体委员会就欧洲共同体委员会在北京设立常驻代表团事宜进行了6轮谈判。3月31日，欧洲共同体委员会对外关系委员德克莱克在访华期间与中国外交部副部长周南共同签署"中华人民共和国和欧洲共同体委员会关于在中华人民共和国设立欧洲共同体委员会代表团及其特权与豁免协定"。1988年5月，欧洲共同体委员会正式在华设立代表团。

5 月 21 日，杜侠都大使到任，并于 5 月 26 日向杨尚昆主席递交了委任书，成为首任欧洲共同体驻华代表团团长。

第二节　1975—1994 年的中欧关系

从 1975 年至整个 20 世纪 80 年代，特别是中国与欧洲共同体全面建交后，双方政治关系明显发展。在当时美苏围绕中程核武器对欧洲争夺加剧的情况下，中欧相互借重，共同反对霸权主义，维护和平安全，在一些重大国际和地区问题上共识增多，关系经历了从开拓到稳定发展的时期。

1978 年，中国外贸部长李强访问欧洲共同体总部，在布鲁塞尔签署中欧贸易协定。1978 年 9 月，欧洲共同体委员会副主席哈费尔坎普访华，分别与国务院总理华国锋、副总理李先念和外贸部长李强、外交部副部长章文晋等会见会谈，系双方建交后欧洲共同体正式访华的第一个高级代表团。1979 年 1 月，欧洲议会议长科隆博首次访华，华国锋总理、邓小平副总理分别会见，姬鹏飞副委员长主持会谈，乌兰夫副委员长宴请。1979 年 2 月，欧洲共同体委员会主席詹金斯首次访华，分别与华国锋总理、邓小平副总理、谷牧副总理和外交部长黄华、外贸部长李强等会见会谈。詹作为欧洲共同体领导人，首次提出希望欧洲共同体对华出口能大于美国，至少享有同美平等的待遇。1979 年 7 月，首次中欧经贸混合委员会在北京举行。欧洲共同体决定给予中国最惠国待遇。1980 年 2 月，邓颖超副委员长率中国人大代表团访问欧洲议会，会见了欧洲议会议长韦伊夫人，参加了欧洲议会全体会议，与欧洲议会对华关系代表团进行了工作会谈，这是中国人大代表团首次访问欧洲议会并同对华关系代表团正式接触。1981 年 7 月，欧洲议会议长韦伊夫人访华，杨尚昆副委员长、李先念副主席、外贸部长李强分别会谈会见，邓颖超副委员长在烟台设宴招待。

1983 年 11 月 1 至 6 日，欧洲共同体委员会主席托恩应邀正式访华。国务委员兼外长吴学谦主持会谈，国务院总理赵紫阳、副总理万里、中央军委主任邓小平、国务委员兼经贸部长陈慕华、全国政协主席邓颖超等分别会见。托恩认为，在美苏超级大国之间，如果存在着强大的欧洲和强大的中国结合起来的力量，就能起到维护世界和平与稳定的作用，主张应进一步加强中国和欧洲共同体之间的关系。托恩还第一次宣布，欧洲共同体决定 1983 年度向中国提供 600 万埃居的援助，并建议在现有双边贸易协定中补充经济、技术和科学合作的内容。

1984 年 6 月 5 日，赵紫阳总理在访问西欧六国期间访问了欧洲共同体委员会，这是中国总理首次访问欧洲共同体。同欧洲共同体委员会主席托恩举行单独会谈，并同欧洲共同体委员会举行大范围会谈。中方在会谈中主张西欧团结，缓和东西欧关系，并强调扩大同西欧的经济技术合作。同时指出了双边经贸关系中存在的问题，如巴黎统筹委员会（巴统）对中国转让技术实行限制问题，并敦促欧方警惕台"实质外交"。欧方表示，此访标志着双方关系进入新阶段，双方政治、经济合作已走向制度化。

同年9月，欧洲共同体委员会副主席哈费尔坎普访华，中国经贸部长陈慕华与其举行首次中欧经贸部长级磋商。双方草签了《中国与欧洲经济共同体贸易和经济合作协定》。1985年5月，这一协定在布鲁塞尔正式签署。

1986年7月1—5日，欧洲共同体主席德洛尔访华。这是中国与欧洲共同体建交后第三位欧洲共同体委员会主席访华。吴学谦国务委员兼外长同德洛尔举行会谈，万里代总理、邓小平主任、李鹏副总理、宋健国务委员兼科委主任、郑拓彬经贸部长分别予以会见。德洛尔在人民大会堂作了"欧洲新飞跃"的演讲。在会谈中，双方均突出和平与发展等问题。邓小平主任表示，中国把自己看成是和平力量，也把包括东西欧在内的欧洲看成是和平力量。中方希望有一个强大联合的欧洲。因为有一个联合强大而且执行独立政策的欧洲，和平就有希望。邓还强调，中国同欧洲共同体的关系一定要发展，欧洲在政治观点上同中国接近，技术转让方面比美、日开放。德洛尔表示希望中国和欧洲共同体的关系能成为南北有效合作的典范。双方还在科技领域确定了几项具体合作项目，如在北京建立中欧生物技术中心，欧在核安全方面对华进行技术援助等，推动了双方关系的深入发展。

此后直至1989年上半年，中国与欧洲共同体关系一直保持平稳发展。双方酝酿新一轮高层互访。欧洲共同体委员会邀请李鹏总理于1989年访问欧洲共同体，刚刚连任的欧洲共同体委员会主席德洛尔在收到李鹏总理的贺电后，亦明确表示希望再次访华。但"八九风波"后，欧洲共同体对中方进行无理指责，决定冻结关系，并宣布了一系列对华制裁措施，致使双方关系严重受损，陷入建交以后的最低潮。

1990年7月，欧洲共同体轮值主席国意大利主动提出恢复中欧外长9月在联大会晤。9月28日，钱其琛外长在联大会晤欧洲共同体"三驾马车"外长，即意大利外长德米凯利斯、爱尔兰外长柯林斯和卢森堡外交大臣普斯。10月22日，欧洲共同体在卢森堡召开外长会议，正式作出决定取消欧洲共同体绝大部分对华制裁措施。此后，中欧高层互访和各领域合作逐步恢复。

1992年3月，国务委员兼外交部长钱其琛访问欧洲共同体总部。1993年10月，欧洲议会议长克莱普什访华。1994年6月，双方确认正式启动中欧政治对话机制。1994年，江泽民主席访问法国，期间提出了中国发展同西欧国家关系的四项原则，即面向 21 世纪，发展长期稳定的友好合作关系；相互尊重，求同存异；互补互利，促进共同发展；加强在国际事务中的磋商和合作。次年，欧盟委员会通过旨在全面发展对华关系的政策文件，开始更加积极地调整对华政策，中欧关系开始步入一个全面发展的新阶段。

第三节　1995—2003 年的中欧关系

随着国际格局的演变，欧盟对中国的发展以及中国在国际上的地位和作用的认识逐渐深化，发展对华关系的积极性和主动性不断提高。欧盟委员会前副主席布里坦指出，中国的发展将成为塑造 21 世纪世界新格局的决定性因素之一，欧盟应制定长期、协调和独立的对华政策。在此背景下，欧盟从拓展在华经济利益、增强其在华乃至整个亚太地区与美、日竞争地位以及借重中国影响提升自身国际地位和影响的考虑出发，采取了一系列措施，扩大和深化中欧合作，先后发表了 5 份对华政策文件。这一时期，中欧关系持续改善，各领域合作与对话不断加强，中欧关系逐步走向稳定和成熟。

1995 年欧盟通过了首份对华长期政策文件"中国—欧盟关系长期政策文件"。文件指出，中国的崛起为中国和世界带来了新的挑战和机遇。鼓励和支持中国当前的经济和社会改革符合欧洲的利益。欧洲和中国需要建立一种长期的双边关系，以确保实现共同目标。欧中均可通过多种可行的方式进行合作，包括：促进中国完全融入世界市场经济、加强公民社会建设、减少贫困、保护环境、人力资源开发、建立信息社会以及贸易投资合作。文件提出鼓励中国充分参与国际社会、促进中国改革、加强贸易、改善投资环境、鼓励人员往来和商业合作等措施。

1996 年，欧盟发表题为"欧盟对华新战略"的政策文件，指出，中国的崛起是 20 世纪 90 年代最重要的事件之一。欧盟的首要目标是维持欧中外交和安全关系的稳定，使中国融入世界贸易体系，支持中国持续发展，帮助中国减轻贫困，促进法制和尊重人权。欧盟明确在开发人力资源、支持中国的经济和社会改革、改善企业经营活动的条件和保护环境等领域优先开展合作。

1998 年，欧盟发表题为"与中国建立全面伙伴关系"的政策文件，为欧中建立新的、全面伙伴关系确定了优先领域，强调欧盟加强与中国的关系符合其根本利益。文件确定了五大目标，即：（1）升级政治对话，推动中国进一步融入国际社会；（2）支持中国向建立在法制和尊重人权基础上的开放社会转变；（3）支持中国改革，推动中国与世界经济接轨，帮助中国充分参与世界贸易体系；

第十章　中欧政治关系

（4）优化利用欧盟现有资源；（5）提升欧盟在华知名度。

2001年，欧盟发表"欧盟对华战略：1998年文件执行情况及进一步加强欧盟政策的措施"的政策文件。文件对欧盟短、中期政策目标及欧盟对华政策指导下的现行对话与合作机制作出了全面、前瞻性的审议，阐述了欧盟政策，就如何发展欧中关系制定出更具体、实用的短、中期行动要点。文件提出了使中国进一步融入国际社会、支持中国向开放社会转变、推动中国与世界经济接轨、更好地利用欧中合作项目、提高欧盟在华知名度等五个方面的具体措施建议。

在上述这些政策文件和战略决策指导下，中欧政治关系不断跃上新台阶。1998年，双方正式建立中欧领导人年度会晤机制。1998年4月，第一次中欧领导人会晤在伦敦举行。双方决定建立面向21世纪的长期稳定的建设性伙伴关系。2001年9月，第四次中欧领导人会晤在布鲁塞尔举行，双方决定建立中欧全面伙伴关系。2003年10月，第六次中欧领导人会晤在北京举行，双方决定发展中欧全面战略伙伴关系。

这期间，中欧高层政治交往明显加强。1998年10月，欧盟委员会主席桑特访华。2000年，中国国务院总理朱镕基访问欧盟总部。2002年3月28日至4月4日，应唐家璇外长邀请，欧盟对外关系委员彭定康首次正式访华。江泽民主席和钱其琛副总理先后接见，唐外长与彭举行工作会谈，乔宗淮副部长宴请，外经贸部部长石广生、公安部部长贾春旺、教育部部长陈至立、劳动和社会保障部部长张左己、中国对外友协会长陈昊苏分别会见。彭还在中央党校作了题为"全球化时代的欧盟外交"报告。彭夫妇还访问了上海、苏州、扬州和南京，在复旦大学发表演讲。2003年6月1日，正在法国埃维昂出席南北领导人非正式对话会议的国家主席胡锦涛应约会见欧盟委员会主席普罗迪，双方就中欧关系深入交换了意见。普表示，欧中关系具有战略意义，欧盟致力于发展中欧合作。胡主席表示，中方一贯重视中欧关系，双方合作前景广阔。

2003年是中欧关系中具有重要意义的一年。欧盟在其发表的首份《安全战略报告》中，将中国同印度、日本、加拿大、俄罗斯等列为战略合作伙伴。10月13日，欧盟发表"日趋成熟的伙伴关系——欧中的共同利益与挑战"的政策文件。文件指出，在过去10年里，欧中关系蓬勃发展，已步入新的成熟期。欧盟愿与中国在"战略伙伴"框架内开展合作，促进和平、稳定和可持续发展。文件提出了欧盟对华政策目标和合作措施，主要包括：（1）提高政治对话的效率，使欧盟与中国分担促进全球管理的责任；（2）支持中国向尊重人权和开放型法治社会转变；（3）推动中国经济继续对内对外开放；（4）通过欧中合作计划，建立有助于实现欧盟目标的互利伙伴关系；（5）加强与中国公众和领导人的沟通和交流，提高欧盟在华知名度。

同日，中国发表首份《对欧盟政策文件》，这是中国政府公开发表的第一份对外政策文件。文件指出，中欧关系处于历史最好时期，中欧之间的共同点远远超过分歧，中国致力于构筑中欧长期稳定的全面伙伴关系。文件还提出了中国对欧盟的政策目标：（1）互尊互信，求同存异，促进政治关系健康稳定发展，共同维护世界和平与稳定；（2）互利互惠，平等协调，深化经贸合作，推动共同发展；（3）互鉴互荣，取长补短，扩大人文交流，促进东西方文化的和谐与进步。文件内容丰富，涉及面广，涵盖了政治、经济、教科文卫、社会司法行政等五大方面，涉及 20 多个具体领域，提出 80 多条具体措施建议，对未来中欧双边关系的发展和合作项目的开展起到政策指导作用。

2003 年 10 月 30 日，第六次中欧领导人会晤在北京举行。温家宝总理、欧盟轮值主席国意大利总理贝卢斯科尼、欧盟委员会主席普罗迪及欧盟理事会秘书长兼共同外交与安全政策高级代表索拉纳出席。国家主席胡锦涛会见了来访的欧方领导人。会后发表了《第六次中欧领导人会晤联合新闻公报》，认为，中欧高层政治对话富有成果，各个层面的对话与磋商力度增加，领域进一步拓宽。这种多层次架构的形成，表明中欧伙伴关系日臻成熟，双方致力于发展中欧全面战略伙伴关系。会晤期间，双方签署了《中欧关于民用全球卫星导航（伽利略计划）合作协议》和《中欧关于建立工业政策对话机制框架协议》，并草签了《中欧关于中国旅游团队赴欧洲共同体旅游签证及相关事宜的谅解备忘录（旅游目的地国）》。

为顺应中欧关系的快速发展，加强各方协调，中方成立了以唐家璇国务委员为领导的高级别对欧盟工作跨部门协调机制。

第四节　中欧全面战略伙伴关系（2004 年至今）

中欧宣布建立全面战略伙伴关系后，双方均日益从战略上重视发展与彼此的关系。中欧合作领域不断拓宽，全面战略伙伴关系内涵日益丰富，双方合作覆盖40 个领域。全方位、宽领域、多层次的中欧合作局面进一步成型。

一、2004 年：活跃和富有成果的一年

2004 年，中欧之间高层往来十分频繁，双方关系活跃，富有成果。中国国家主席胡锦涛、全国人大常委会委员长吴邦国、国务院总理温家宝、全国政协主席贾庆林、国务院副总理黄菊、中共中央政治局常委李长春等主要领导人访问了15 个欧盟成员国和欧盟总部。欧盟委员会主席普罗迪和其他 6 位委员以及欧盟

共同外交与安全政策高级代表索拉纳分别访华。密切的高层接触，为中欧关系的深入发展注入了新的动力，促进了双方各领域合作。

2月10—11日，中欧在北京举行了政策文件研讨会，欧盟委员会对外关系总司副总司长朱安让率团参加。张业遂副外长到会致辞，西欧司副司长马克卿主持。中国政府20多个部委及有关部门的主管官员和欧盟委员会、理事会、欧盟成员国、即将入盟国及欧方驻华使节代表200余人与会。

5月6日，温家宝总理在欧盟扩大后不久即访问欧盟总部，会见了欧盟委员会主席普罗迪、欧盟理事会秘书长兼欧盟共同外交与安全政策高级代表索拉纳，双方就进一步充实和发展中欧全面战略伙伴关系深入交换了意见。温总理表示，中国支持欧盟一体化建设，愿意看到欧盟今后在欧洲和国际事务中发挥更积极的作用，对欧盟实现历史上最大规模的扩大表示祝贺。中欧关系在中国对外政策中占有重要位置，中方始终从战略高度看待和发展与欧盟的关系。为进一步推进中欧关系全面发展，中方建议加强中欧领导人对战略问题的讨论；扩大中欧经济技术合作；健全中欧合作的法律基础和保障机制；促进中欧之间的全面交往；完善及时有效处理分歧的协商机制。

普罗迪主席表示，对华政策是欧盟对外政策的重心，欧中关系已远远超出双方之间快速增长的经贸关系，双方关系不是短暂的，而是持久的。欧中作为战略伙伴将会对世界和平与稳定作出贡献。欧盟将采取实质性步骤，推动中欧全面战略伙伴关系的全面发展。欧盟将积极努力，争取早日解决中国完全市场经济地位问题。

会晤后，双方发表联合新闻公报，草签《中欧海关合作协定》并签署《中欧贸易政策对话框架性文件》、《中欧竞争政策对话框架性文件》、《中欧纺织品贸易对话机制》和《关于伽利略合作的联合声明》等多个双边合作文件。

访问期间，温总理出席了中欧经贸暨投资洽谈会并发表讲话。温总理指出，发展中欧全面战略伙伴关系，有其客观必然性和坚实基础。其一，国际形势发生了巨大而深刻的变化。和平与发展成为时代主题，这为中欧关系的长足发展提供了良好的国际环境。其二，中欧双方都坚持走自身特点的发展道路。双方不仅没有根本的利害冲突，而且利益的共同点越来越多。其三，中欧双方经济上有着很强的互补性。其四，中欧都有悠久的历史和灿烂的文明。其五，双方已积累了处理矛盾和消除分歧的经验。搞对话而不搞对抗，这既是双方关系成熟的体现，也为双方关系的进一步健康发展提供了保障。

温总理还说，中欧致力于发展全面战略伙伴关系，是中欧双方的共识。所谓"全面"，是指双方的合作全方位、宽领域、多层次，既包括经济、科技，也包括政治、文化；既有双边，也有多边；既有官方，也有民间。所谓"战略"，是指双方的合作具有全局性、长期性和稳定性，超越意识形态和社会制度的差异，不受一时一事的干扰。所谓"伙伴"，是指双方的合作是平等、互利、共赢的，在相互尊重、相互信任的基础上，求大同存小异，努力扩大双方的共同利益。中国同欧盟致力于发展这样一种新型关系，不仅符合中欧双方的利益，也有利于地区和世界的和平、稳定与发展。

10月，温家宝总理在越南河内出席第五次亚欧首脑会议期间，会见了欧盟委员会主席普罗迪以及英国、爱尔兰、西班牙、芬兰、瑞典、波兰、爱沙尼亚等欧盟成员国领导人，就双边关系及共同关心的国际问题交换了看法。

12月8日，第七次中欧领导人会晤在荷兰海牙举行，温家宝总理与荷兰首相鲍肯内德、欧盟委员会主席巴罗佐和欧盟理事会秘书长兼欧盟共同外交与安全政策高级代表索拉纳等举行了会晤并共同会见中外记者。温总理在会晤中强调，进一步扩大和深化中欧合作不仅对双方有利，也对世界有利；希望将中欧关系提升到更高水平。温总理就进一步提升中欧关系提出六点建议：（1）加强高层互访和战略对话；（2）建议欧方成立与中方对欧工作跨部门协调机制相对应的高级别对华关系小组；（3）扩大贸易和投资规模；（4）拓展在科技、环境、信息、交通以及能源等领域的研究与合作；（5）加强文化、教育交流，扩大人员往来；（6）积极探讨商签新一代伙伴合作协定。欧盟领导人表示，中欧战略伙伴关系正在走向成熟，中国已成为欧盟的主要合作伙伴之一。欧方重申继续坚定奉行一个中国政策，强调这一立场不会改变。双方领导人还一致表示将共同努力，加强双方在国际事务中的协调和合作，为维护世界和平和发展作出积极贡献。会晤后，双方共同发表了《第七次中欧领导人会晤联合声明》，签署了《中欧关于防扩散和军控问题的联合声明》和《和平利用核能研发合作协定》，正式签署《中欧海关合作协定》，续签《中欧科技合作协定》，签署"中欧信息社会项目"、"中欧经理交流与培训项目"和"中欧社会保障改革项目"及"Erasmus Mundus 中国窗口项目"等4个欧方对华援助项目协议。此外，温家宝总理还出席中欧工商峰会并发表了题为"深化中欧关系，加强全面合作"的演讲，与出席中欧第一次思想库圆桌会议的中欧专家和学者进行了座谈。

2004年起，欧盟机构主要领导人与中国驻欧盟使团团长建立起了良好关系。1月20日，欧盟委员会主席普罗迪夫妇应邀出席关呈远大使在官邸的宴请，这是欧盟委员会主席首次到中国驻欧盟大使官邸做客。宴会前，普罗迪主席和关大使一起接受了中央电视台记者的采访，同年2月11日，关呈远大使在官邸宴请欧盟理事会秘书长兼共同外交与安全政策高级代表索拉纳。自那以后直至2008年，每年中国春节前后，欧盟委员会主席、对外关系委员和欧盟理事会秘书长均应邀到关呈远大使官邸做客，并通过中央电视台和新华社向中国人民拜年。这种做法渐成传统，一方面体现了欧方领导人对中国的重视，另一方面，也为加强欧方领导人对中国的友好情谊、加深中欧双方的了解与互信起到了积极有益的促进作用。

2004 年对中欧经贸关系亦具有特殊意义。这一年，中欧贸易额由建交初期的 25 亿美元发展到 1 770 亿美元，增长了 70 多倍，欧盟首次成为中国第一大贸易伙伴。

二、2005 年：庆祝建交 30 周年

2005 年是中国与欧洲联盟建交 30 周年。双方以此为契机，努力充实中欧全面战略伙伴关系，积极推进双方的交流与合作。

双方高层往来密切。中国国家主席胡锦涛、国务院总理温家宝、中共中央政治局常委、中纪委书记吴官正、全国人大常委会副委员长何鲁丽、全国政协副主席周铁农、国务院副总理回良玉等主要领导人访问了 15 个欧盟国家。葡萄牙总统桑帕约、英国首相布莱尔等十位欧盟国家领导人分别访华。

3 月 16—17 日，李肇星外长访问欧盟总部，分别会见欧盟委员会主席巴罗佐、欧盟理事会秘书长兼共同外交与安全政策高级代表索拉纳及欧盟委员会对外关系委员瓦尔德纳。这是中国外长首次访问欧盟总部。5 月，欧盟"三驾马车"外长首度访华。温家宝总理、唐家璇国务委员分别会见到访的欧盟轮值主席国卢森堡副首相兼外交和移民问题大臣阿瑟伯恩、欧盟委员会对外关系委员瓦尔德纳及候任主席国英国外交大臣代表、英驻华大使韩魁发。李肇星外长与代表团举行会谈。

7 月，欧盟委员会主席巴罗佐首次正式访华，胡锦涛主席和温家宝总理分别与其会见、会谈，就中欧各领域合作充分交换意见。巴罗佐还访问了上海、澳门和香港，并在中国社会科学院和中欧国际工商学院发表演讲。

9 月 5 日，温家宝总理与欧盟轮值主席国英国首相布莱尔、欧盟委员会主席巴罗佐和欧盟理事会秘书长兼共同外交与安全政策高级代表索拉纳在北京举行了第八次中欧领导人会晤。双方对中欧关系 30 年的发展表示满意，一致认为应进一步推动双边关系、扩大合作领域、妥善解决彼此关切。会晤后，双方领导人共同出席了《关于新的中欧环境项目的声明》、《中欧能源交通战略对话谅解备忘录》、《中国劳动和社会保障部与欧盟委员会谅解备忘录》、《中华人民共和国政府与欧洲共同体及其成员国海运协定修改议定书》、北京首都机场扩建项目协议及贷款协议的签字仪式。双方还发表了《第八次中欧领导人会晤联合声明》和《中欧气候变化联合宣言》。

5 月，中国和欧盟隆重庆祝中欧建交 30 周年，为此举办了一系列庆祝活动。

温家宝总理和欧盟轮值主席国卢森堡首相容克、欧盟委员会主席巴罗佐，全国人大常委会委员长吴邦国和欧洲议会议长博雷利，李肇星外长和欧盟对外关系委员瓦尔德纳、欧盟理事会秘书长兼共同外交与安全政策高级代表索拉纳以及欧盟主席国卢森堡外交大臣阿瑟伯恩互致贺电。

李肇星外长举行庆祝中欧建交 30 周年招待会，唐家璇国务委员及首次来华访问的欧盟"三驾马车"外长出席。中国驻欧盟使团在布鲁塞尔举行庆祝招待会，中国驻欧盟使团团长关呈远大使和欧盟委员会信息社会和媒体委员雷丁分别致辞。双方在布鲁塞尔成功举办了"第二现实——中国当代摄影展"、"郎朗钢琴音乐会"、中国电影周等文化活动。中国外交部集邮协会发行了中欧建交 30 周年纪念封；中国社会科学院、欧洲之友等双方学术机构纷纷举办关于中欧关系的研讨会。

此外，中方出版中欧建交 30 周年纪念专集，温家宝总理、欧盟轮值主席国卢森堡首相容克和欧盟委员会主席巴罗佐分别题词，李肇星外长、欧盟理事会秘书长兼共同外交与安全政策高级代表索拉纳、卢森堡外交大臣阿瑟伯恩及欧盟委员会对外关系委员瓦尔德纳分别致辞，中国驻欧盟使团团长关呈远大使和欧盟委员会驻华代表团团长安博大使、外交部副部长张业遂、商务部副部长张志刚和科技部副部长尚勇等分别撰文，论述了中欧关系 30 年的发展变化及双方合作的现状和前景。

三、2006 年：稳步发展

2006 年，中欧全面战略伙伴关系稳定发展，双方合作继续拓展和深化。

这一年中，双方高层互访频繁，全国人大常委会委员长吴邦国、国务院总理温家宝、全国政协主席贾庆林等中国国家领导人访问了希腊、芬兰、英国、德国、立陶宛、爱沙尼亚等欧盟国家。斯洛文尼亚、瑞典、立陶宛、卢森堡、法国、塞浦路斯、希腊、芬兰、德国、意大利等 10 个欧盟国家元首或政府首脑先后访华。欧盟委员会贸易委员曼德尔森、信息社会与传媒委员雷丁、健康委员基普里亚务、能源委员皮耶巴尔格斯、内部市场和服务委员麦克里维、地区政策委员希布内尔等六位委员先后访华。

9 月，温家宝总理与欧盟轮值主席国芬兰总理万哈宁、欧盟委员会主席巴罗佐在芬兰首都赫尔辛基举行第九次中欧领导人会晤。双方领导人就深化中欧关系和共同关心的国际和地区问题深入交换了意见，达到了扩大共识、增进互信、推进中欧各领域务实合作的目的。双方发表了《第九次中欧领导人会晤联合声明》，并宣布正式启动商签中欧伙伴合作协定的谈判。会晤后，双方领导人共同出席了第三届中欧工商峰会开幕式。

第十章
中欧政治关系

255

10月24日，欧盟发表题为"更紧密的伙伴，增长中的责任"的对华政策新文件以及"欧盟与中国贸易和投资关系——竞争与合作"的工作文件。这是10年来欧盟发表的第六份对华政策文件，也是欧盟首次就中欧经济贸易和投资关系发表专门文件。文件指出，欧盟坚定承诺推动与中国全面战略伙伴关系走向成熟。为使之充分发展，伙伴关系必须平衡、互惠和互利。欧中伙伴关系正日益集中于处理全球性挑战，中国在有效应对这些问题方面发挥着关键作用。欧盟和中国负有重要国际承诺和责任。文件表示，非洲、能源安全、气候变化和保护环境是欧盟在实现可持续发展方面的优先考虑，也是欧盟与中国关系的重要组成部分；强调支持以开放市场、公平竞争、遵守规则为基础发展关系的战略；可以预见中国进出口和投资强劲增长势头还将继续，这对欧盟既是挑战也是机遇，挑战在于能否以可持续、可预见和平衡的方式来把握和深化这一关系；强调在欧中贸易投资关系中需要互惠。上述文件的出台，既体现了欧盟对中国的持续重视，同时也从一个侧面表明，随着中欧各自力量发展，欧盟对中国经济以及中欧经济关系正经历一个重新认识、评估和定位的阶段。这一时期，中欧经贸分歧和摩擦明显有所增多。

四、2007 年：战略借重与利益摩擦并重

随着中国和欧盟各自发展及全球化影响日益深入，中国与欧盟之间在国际事务中相互借重上升，磋商协调加强，与此同时，双方在经济贸易领域分歧和摩擦有所显现。

中国和欧盟保持频繁高层互访势头。国家主席胡锦涛、全国人大常委会委员长吴邦国、中共中央政治局常委吴官正、国务院副总理回良玉等国家领导人分别访问瑞典、荷兰、波兰、匈牙利、罗马尼亚、西班牙、塞浦路斯等欧盟国家。法国、德国、西班牙、葡萄牙、芬兰、匈牙利、斯洛文尼亚等多个欧盟国家元首或政府首脑先后访华。欧盟委员会副主席费尔豪伊根、欧盟委员会对外关系委员瓦尔德纳、贸易委员曼德尔森、信息社会与传媒委员雷丁、内部市场和服务委员麦克里维、消费者保护委员库内娃、竞争委员克鲁斯、健康委员基普里亚努、经济与货币事务委员阿尔穆尼亚、渔业和海洋事务委员伯格以及教育、培训、文化和青年委员菲戈先后访华。欧元集团主席、卢森堡首相兼财政大臣容克，欧洲中央银行行长特里谢和欧盟委员会经济与货币事务委员阿尔穆尼亚访华。

11月28日，国务院总理温家宝与欧盟轮值主席国葡萄牙总理索克拉特斯、欧盟委员会主席巴罗佐在北京举行第十次中欧领导人会晤。双方回顾了领导人会晤机制建立10年来中欧关系总体发展，并对双边关系的下一步发展进行了规划。双方一致同意，推动中欧全面战略伙伴关系不断向前发展。温总理说，过去十年

是中欧关系发展最快、互利合作成果丰硕的十年，中欧关系的广度和深度已达到前所未有的历史水平。双方走过了从建设性伙伴关系到全面战略伙伴关系的不平凡历程，实现了中欧关系跨越式发展；各种对话与磋商机制逐步完善，互信日益增强；战略伙伴关系的内涵不断充实，关注点已从双边向地区和多边扩展；经贸关系日趋密切，相互之间已发展成为最重要的贸易伙伴；全方位、宽领域、多层次的合作与交流快速发展，中欧关系的社会和民意基础日益牢固。

温总理还就进一步发展中欧关系提出五点建议：第一，保持高层密切交往，充分利用现有对话机制，及时就双边和全球性问题交换意见。第二，改善贸易结构，扩大贸易规模，妥善处理好双方贸易中出现的问题。中方将继续按照通行的国际经贸规划扩大市场准入。第三，本着积极和建设性态度，加快推进中欧伙伴合作协定谈判工作。第四，尽早制定科技合作共同计划和签署教育交流合作协定，落实文化对话与合作工作计划。第五，加强气候变化、能源、环保领域务实合作。

索克拉特斯表示，欧中关系十年来的发展可喜可贺。欧中战略伙伴关系有利于欧洲、有利于中国、有利于世界。中国是欧盟全球性伙伴，欧盟赞赏中国在解决朝鲜半岛核问题、伊朗核问题等重大国际地区问题上扮演的角色。欧中合作有助于全球性问题的解决，会使世界更和平、更安全。欧中经济关系非常成功。欧方希望双方能通过积极和建设性的方式寻求贸易平衡。欧盟致力于发展欧中战略伙伴关系，将努力推动关系不断迈上新台阶。

巴罗佐表示，欧中关系日益加深，双方政治、经济、教育、旅游等领域全面合作的规模和范围在欧中关系史上前所未有，双方经济关系相互依赖程度增加，欧方希望给欧中对话机制不断注入活力，通过共同努力解决双方的关切。

双方领导人同意于2008年3月底前成立副总理级的中欧经贸高层对话机制，讨论中欧贸易、投资和经济合作战略，协调双方在重点领域的项目与研究并制定规划。对话将涵盖影响到贸易不平衡的问题，包括有效市场准入、知识产权、环境、高技术和能源等，并审议中方关切，包括市场经济地位问题。双方还同意加强在宏观经济政策方面的合作。

胡锦涛主席会见了欧方领导人。温家宝总理与欧盟领导人出席了主题为"共庆辉煌、持续发展"的第四届中欧工商峰会闭幕式并发表演讲。会晤后，双方领导人共同出席了《欧洲投资银行对华气候变化框架贷款协议》、《中欧法学院项目联合声明》和《中欧商务管理培训项目联合声明》的签字仪式。中共中央政治局常委李克强会见了欧盟委员会主席巴罗佐。

温总理在讲话中着重就中欧经贸发展过程中出现的一些问题阐述了立场。关于中国对欧盟贸易顺差问题，温总理说，据中方统计，去年中国对欧盟顺差917

第十章 中欧政治关系

257

亿美元，欧方统计为 1 621 亿美元。出现这一状况的主要原因是国际分工的不同和双方经济比较优势所致。就整体贸易而言，中国虽然对欧、美顺差，但对日、韩、澳、东盟等则是逆差。就中欧贸易而言，中国货物贸易顺差，服务贸易却是逆差。中国市场是开放的，对所有贸易伙伴一视同仁，而且中国政府还将继续按照通行的国际经贸规则，扩大市场准入。此外，许多欧洲公司都在中国设立了生产组装基地，以供应全球市场。中国外贸出口总额的近 60% 来自于外资企业，因此，包括欧盟企业在内的外资企业是中欧贸易的最大受益者之一。温总理强调，中国不刻意追求顺差，希望贸易总体平衡。欧盟对华出口连续两年增速超过20%，远高于欧盟总出口 15% 的增速。2007 年 6 月，中欧双方还建立了扩大欧盟对华出口、改善贸易平衡状况对话机制。双方通过该对话机制，可以研究如何采取更加积极的贸易促进和便利化措施，进一步改善中欧贸易平衡状况。关于人民币汇率问题，温总理指出，近两年来，中国积极稳妥地推进完善人民币汇率形成机制的改革，取得较大的进展，人民币对美元升值 11.9%，对日元升值7.4%。中国是负责任的国家，人民币汇率的适度调整，保持了中国企业和中国经济的稳定，对周边国家经济的稳定也产生积极影响。中国和亚洲经济的稳定，有利于世界经济的稳定发展。中方愿在金融领域继续与欧盟进行交流与合作，并建立相应机制。

关于知识产权保护问题，温总理表示，中国政府对这个问题的态度和立场非常明确。近日，中欧双方签署了知识产权工作组会谈纪要，同时启动了知识产权保护二期项目。中欧海关还将签署谅解备忘录，加强知识产权执法合作。中方愿与欧盟一道努力，共同保护知识产权权利人的合法权益。

温总理还指出，中欧经济互补性强，合作潜力巨大。中欧应抓住机遇，推进中欧经贸合作取得更大发展。为此建议：（1）积极推进中欧伙伴合作协定经贸部分和完善 1985 年经贸协定谈判；（2）加强在世界贸易组织等多边经济组织中的合作；（3）促进高技术产品贸易和服务贸易发展；（4）扩大环保节能领域合作；（5）提高科研教育领域的合作水平。

索克拉特斯和巴罗佐在讲话中表示，欧中经贸关系发展强劲，促进了双方经济增长，给欧中人民带来了重要利益。欧洲需要中国，中国也需要欧洲。欧方将以乐观和建设性态度同中方寻找双方经贸关系平衡和可持续增长方式，同时加强在提高能源效率、发展清洁能源及应对气候变化等全球性问题方面的合作。中国是伟大的国家，是欧盟积极的利益攸关方，欧方对欧中关系未来充满信心。

2007 年，中欧伙伴合作协定（PCA）和 1985 年《中欧贸易与经济合作协定》谈判启动。1 月，欧盟对外关系委员瓦尔德纳访华期间与李肇星外长共同宣布，商签伙伴合作协定和完善 1985 年《中欧贸易与经济合作协定》实质性谈判正式启动。

5月，指导委员会首次会议在布鲁塞尔举行，中国外交部部长助理孔泉与欧盟委员会对外关系总司长兰达布鲁共同主持会议。双方就谈判指导原则、协定框架、谈判结构、方式和议题顺序等交换了意见并达成共识，形成会议纪要。双方同意设立三个层面的谈判机制，原则同意指导委员会每年举行2～3次会议，轮流在欧洲和中国举行。工作组和技术小组谈判可视情举行或通过视频或电话会议以及换文方式进行。会议再次确认 PCA 是中欧间最高层次的纲领性法律框架文件，将体现中欧关系的广度和深度，包括政治、经济、贸易投资、发展合作、科教文卫、环保、社会和司法、行政等各个领域。

11月，欧盟委员会对外关系总司副总司长马沙铎在北京与孔泉部长助理举行第二次指导委员会会议。期间，双方工作组举行了两轮磋商。

第五节　中欧政治磋商机制

中欧政治磋商机制始于 1983 年 4 月。双方原则决定，先由欧洲共同体部长理事会轮值主席国外交部政治司长至少每半年一次与中国大使进行正式磋商。在此基础上争取欧洲共同体主席国经常向中国大使通报欧洲共同体内外活动情况；中方在北京经常就重大国际问题和国内形势向欧洲共同体国家使节吹风，并逐步在联合国等国际会议场合，安排中外外长会晤。

第一次政治磋商是 1983 年 6 月 3 日，时任欧洲共同体主席国的联邦德国外交部第一政治司长与中国驻联邦德国大使安致远举行磋商。与此同时，中方开始向欧洲共同体十国驻华使节通报情况。1983 年 9 月和 11 月，钱其琛副外长两次向欧洲共同体十国使节通报了有关苏联副外长访华和中苏磋商的情况。

1983 年 9 月，吴学谦外长在联大开会期间会见了欧洲共同体委员会主席托恩和时任欧洲共同体主席国的希腊外长，双方建议定期举行部长级磋商。自1984 年至 1988 年底，双方进行了七次正式磋商，一次非正式会晤。一般上半年为司长级政治磋商，轮流在欧洲共同体主席国首都或北京举行。下半年一般在联大期间，中国外长和欧洲共同体现任主席国外长举行部长级会晤（欧洲共同体一般上任和下任主席国也参加，欧洲共同体委员会委员间或参加）。这期间，欧洲共同体驻华使节，经常由主席国驻华大使牵头举行工作晚宴，招待中方外交部长和副部长等，席间各国使节提出一些国际问题或与中国密切有关的问题，由中国外长回答。之后在相当一段时间内，中国外长每年会晤欧洲共同体驻华使节两次也几成惯例。

1989 年之后，中欧政治磋商机制一度中断。2002 年 6 月 10 日，欧盟轮值主席国西班牙外交大臣皮克致函唐家璇外长，确认中欧政治对话新协议的各项内容。次日，唐外长复函皮克外交大臣，确认中方同意上述协议内容。至此，双方以换函形式确认了中欧政治对话新协议。主要内容如下：

- 中国和欧盟国家元首或政府首脑举行年度会晤，在中国和欧盟轮流举行；
- 欧盟"三驾马车"外长同中国外长除在联大期间举行年度会晤外，可根据需要进行会晤；
- 欧盟"三驾马车"政治司长与中国同行举行年度会晤，在中国和欧盟轮流举行；
- 欧盟"三驾马车"亚太司长与中国同行就亚太问题举行年度会晤，在中国和欧盟轮流举行；
- 欧盟"三驾马车"同中国每年至少举行一次关于国际安全、军控、防扩散和武器出口控制问题的专家级会晤；
- 中国外长与欧盟国家驻北京大使每半年会晤一次；
- 欧盟轮值主席国外长同中国驻该国大使每半年会晤一次。

此外，双方同意继续进行人权讨论，包括通过欧盟"三驾马车"人权司长与中国同行每年两次在中国及欧盟轮流举行人权对话。

根据上述协议，中欧每年定期举行外长级、副外长级和地区及专业司长级等 7 个不同层次和类别的政治磋商，及时就重大国际和地区问题进行交流和沟通。

2003 年 6 月 30 日，中国外长李肇星与欧盟轮值主席国希腊外长帕潘德里欧、欧盟理事会秘书长及共同外交与安全政策高级代表索拉纳和欧盟委员会官员在希腊举行首次中欧外长会晤。主要就中欧关系、反恐、缅甸、防扩散、朝核、中东、伊拉克、阿富汗和印巴关系等问题交换了意见。欧方欢迎胡锦涛主席方便时访问欧盟总部。同年 7 月 23 日，李外长在出席第五届亚欧外长会议期间与欧盟轮值主席国意大利外长福拉蒂尼、欧盟委员会对外关系委员彭定康和下任主席国爱尔兰发展援助兼人权事务部长基特组成的欧盟"三驾马车"外长在印尼再次会晤。双方就即将各自发表的政策文件和双边关系及朝核、缅甸等问题交换了意见。2004 年 4 月 17 日，第三届亚欧外长会议期间，李外长同欧盟三驾马车外长在爱尔兰举行双边会晤。重点就双边关系、香港和解禁问题交换了意见。同年 7 月 1 日，李外长出席第 11 次东盟地区论坛外长会议期间，同欧盟理事会秘书长兼共同外交与安全政策高级代表索拉纳、欧盟委员会对外关系委员彭定康举行会谈。10 月 8 日，在越南河内第五次亚欧首脑会议期间，李外长同以荷兰外长博特为首的欧盟"三驾马车"外长举行双边会晤。2005 年 9 月，李外长在出席第 60 届联大会议期间同欧盟"三驾马车"外长英国外交大臣斯特劳、欧盟委员会对外关系委员瓦尔德纳和欧盟理事会秘书长索拉纳及奥地利外长普拉斯尼举行双边会晤。2006 年 2 月，李外长与欧盟"三驾马车"外长在维也纳举行会晤。7 月和 9 月，在吉隆坡举行的第 13 届东盟地区论坛外长会及纽约第 61 届联合国大会期间，李外长与索拉纳高级代表举行会晤。2007 年 5 月和 9 月，在德国汉堡第八届亚欧外长会议及纽约第 62 届联大期间，外交部长杨洁篪与欧盟"三驾马车"外长举行会晤或工作午餐。5 月和 8 月，在埃及沙姆沙伊赫举行的伊拉克问题国际会议及在菲律宾马尼拉举行的第 14 届东盟地区论坛外长会议期间，杨洁篪外长与索拉纳高级代表举行会晤。10 月和 12 月，杨洁篪外长先后两次应约与索拉纳通电话，就伊朗核问题交换意见。

此外，中国与欧盟之间还不定期举行以下政治对话和磋商：

1. 中欧战略对话

始于 2005 年，每年举行一次，迄今已举行三次。2005 年 12 月 20 日，中欧首次战略对话在英国首都伦敦举行。中国外交部副部长张业遂、英国外交国务大臣皮尔逊、欧盟理事会对外关系总司长库珀、欧盟委员会对外关系副总司长朱安让出席。2006 年 6 月，外交部副部长张业遂与以欧盟轮值主席国奥地利外交部国务秘书温克勒尔为首的欧盟"三驾马车"代表在北京举行第二轮中欧战略对话。2007 年 10 月 25 日，张业遂副部长在葡萄牙首都里斯本与以欧盟轮值主席国葡萄牙外交合作国务秘书克拉维尼奥为首的欧盟"三驾马车"代表举行第三轮中欧战略对话。

2. 中国副外长与欧盟政治安全委员会（PSC）大使集体对话

2004 年 3 月外交部副部长张业遂访问欧盟总部，与欧盟政治安全委员会举行首次对话。张副部长在发言中重点阐述了中国全面建设小康社会的发展战略和独立自主的和平外交政策，重点就台湾、解禁等问题做工作，并分别会见了欧盟理事会秘书长兼欧盟共同外交与安全政策高级代表索拉纳、欧盟委员会对外关系委员彭定康、欧盟理事会对外关系总司长库珀、欧盟委员会对外关系总司长兰达布鲁等。同年 10 月 15 日，张业遂副部长再次访问布鲁塞尔，同理事会政治安全委员会 25 国大使举行了第二次对话会议。与欧盟委员会对外关系总司长兰达布鲁举行工作磋商，出席副总司长朱安让举行的工作午餐。2007 年 10 月 23 日，张业遂副部长第三次访问欧盟总部，与欧盟政治安全委员会 27 国大使举行对话会，并与欧盟理事会秘书长兼共同外交与安全政策高级代表索拉纳、欧盟理事会对外关系总司长库珀以及欧盟委员会对外关系总司长兰达布鲁分别会见会谈。

3. 外交政策磋商

2003 年 1 月，外交部政研室主任崔天凯在布鲁塞尔与欧盟理事会对外关系总司长库珀和政策司长豪斯根进行首次中欧外交政策磋商，并会见了欧盟理事会秘书长兼共同外交与安全政策高级代表索拉纳。崔还会见了欧盟政治安全委员会（PSC）15 国大使。2004 年 6 月，外交部政研司副司长杨燕怡在布鲁塞尔与欧盟理事会政策规划司司长豪斯根、委员会对外关系总司首席顾问埃弗里举行中欧外交政策磋商，就地区问题、区域合作、大国关系等问题广泛交换了意见。2007 年 4 月，外交部政研司司长马朝旭在布鲁塞尔与欧盟理事会政策司司长施密特举行新一轮中欧外交政策磋商，并会见了欧盟理事会对外关系总司长库珀。期间，欧盟理事会政策司司长豪斯根、对外关系总司长库珀亦曾分别赴华与中国外交部政策司官员举行磋商和会谈。

4. 非洲问题磋商

2005 年 12 月，外交部非洲司司长许镜湖在布鲁塞尔同欧方举行首次非洲问题磋商，会见了欧盟委员会发展总司长曼塞韦尼。2007 年 6 月，中欧第二轮非洲问题司级磋商在北京举行。同月，中国政府非洲事务特别代表刘贵今大使出席在布鲁塞尔举行的欧中非三方研讨会。12 月，外交部非洲司长许镜湖率团应邀以观察员身份出席在里斯本举行的第二届欧非首脑会议。

5. 中亚问题磋商

2005 年 12 月，欧盟中亚事务特别代表库比什在北京同外交部欧亚司司长周力举行中亚事务磋商，并会见了上海合作组织秘书长张德广。2007 年 1 月和 2008 年 3 月，欧盟理事会中亚事务特别代表毛磊两次访华。

6. 中东问题磋商

2004 年 4 月 28 日，中欧在布鲁塞尔举行首次中东问题磋商。外交部亚非司司长翟隽同欧盟理事会、委员会政策司司长就中东海湾地区形势交换了看法。2007 年 4 月，中国中东问题特使孙必干访问欧盟。

除此之外，中国驻欧盟使团在布鲁塞尔与欧盟理事会政治安全委员会亦保持着较为密切的联系。2002 年 11 月，中国驻驻欧盟使团团长关呈远大使应约与欧盟理事会政治安全委员会（PSC）"三驾马车"大使共进工作午餐，就 PSC 同中方建立经常性联系等问题交换意见。PSC 主席丹麦常驻团大使奥维瓦德，下任主席希腊常驻团大使、欧盟理事会对外关系总司长库珀出席。这是驻欧盟使团首次与 PSC 接触。11 月 28 日，PSC 主席国丹麦常驻团大使奥维瓦德致函关呈远大使，正式确认欧方同意今后每半年欧盟政治安全委员会与中国驻欧盟使团大使举行一次非正式会晤。关大使复函确认。2003 年 6 月 26 日，关呈远大使应约与欧盟轮值主席国希腊常驻团政治事务大使巴拉斯卡布罗斯为首的欧盟政治安全委员会"三驾马车"举行对话。这是驻欧盟使团与欧盟政治安全委员会大使建立每半年举行一次会晤机制以来的首次对话。此后，中国驻欧盟使团与欧盟理事会政治安全委员会"三驾马车"大使之间举行不定期磋商或工作午餐。

第六节　中国与欧洲议会交往情况

一、中国全国人大与欧洲议会的交往

中国全国人大与欧洲议会的交往是中欧关系的重要组成部分。中国重视发展对欧洲议会的关系。中国《对欧盟政策文件》中明确提出"要增进中欧立法机构间的相互了解"，"欢迎并支持双方的立法机构在相互尊重、加深了解、求同存异、发展合作的基础上加强交流与对话。"中国全国人大与欧洲议会的交往经历了启动、发展、扩大和深化的过程。

（一）中欧议会领导人互访

1979年1月欧洲议会议长科隆博首次访华。1980年5月邓颖超副委员长率全国人大代表团访问欧洲议会，这是对科隆博访华的回访，也是全国人大领导人首次访问欧洲议会。中欧两个立法机构领导人的互访，启动了双边关系发展的进程。

1981年7月欧洲议会议长韦伊率欧洲议会代表团访华。1983年10月陈丕显副委员长率全国人大代表团访问欧洲议会。1984年7月丹克尔特议长率欧洲议会代表团访华。1988年7月欧洲议会普鲁姆议长率欧洲议会代表团访华。1988年12月陈慕华副委员长率全国人大代表团访问欧洲议会。1993年11月欧洲议会克莱普什议长率欧洲议会代表团访华。2006年7月欧洲议会议长何塞·博雷利率欧洲议会代表团访华。截至2007年底，欧方先后有6位议长访华，全国人大有3位副委员长率团访问过欧洲议会。

中欧双方议会领导人之间的高层互访，为中国全国人大和欧洲议会之间扩大往来、深化关系打下了良好的基础。

表10—1　　　　中欧议会交流简况（1979—2007年）

时间	团长	职务	主要内容	访问城市/国家
1979.1	科隆博	议长	欧洲议会代表团访华	北京
1980.5	邓颖超	副委员长	全国人大代表团访问欧洲议会、第1次议会间工作会晤	法国斯特拉斯堡
1981.7	韦伊	议长	欧洲议会代表团访华、第2次议会间工作会晤	北京
1983.10	陈丕显	副委员长	全国人大代表团访问欧洲议会、第3次议会间工作会晤	斯特拉斯堡
1984.7	丹克尔特	议长	欧洲议会代表团访华、第4次议会间工作会晤	北京

续前表

时间	团长	职务	主要内容	访问城市/国家
1985.10	曾涛	外委会副主任委员	全国人大代表团访问欧洲议会、第5次议会间工作会晤	斯特拉斯堡、意大利
1986.5	贝蒂扎	对华关系代表团团长	欧洲议会对华关系代表团访华、第6次议会间工作会晤	北京
1988.7	普鲁姆	议长	欧洲议会代表团访华、第7次议会间工作会晤	北京
1988.12	陈慕华	副委员长	全国人大代表团访问欧洲议会、第8次议会间工作会晤	英国、斯特拉斯堡
1991.9	贝蒂扎	对华关系代表团团长	欧洲议会对华关系代表团访华、第9次议会间工作会晤	北京、拉萨、成都、广州
1992.10	姚广	外委会副主任委员	全国人大代表团访问欧洲议会、第10次议会间工作会晤	斯特拉斯堡、西班牙、葡萄牙
1993.11	克莱普什	议长	欧洲议会代表团访华、第11次议会间工作会晤	北京、上海
1995.2	朱启祯	外委会副主任委员	全国人大代表团访问欧洲议会、第12次议会间工作会晤	斯特拉斯堡、比利时、希腊
1996.5	德卢卡	对华关系代表团团长	欧洲议会对华关系代表团访华、第13次议会间工作会晤	北京、西安
1997.4	朱启祯	外委会副主任委员	全国人大代表团访问欧洲议会、第14次议会间工作会晤	布鲁塞尔、奥地利
1998.6	加尔彤	对华关系代表团团长	欧洲议会对华关系代表团访华、第15次议会间工作会晤	北京、沈阳、大连、港澳
1999.12	李淑铮	外委会副主任委员	全国人大代表团访问欧洲议会、第16次议会间工作会晤	斯特拉斯堡、西班牙、葡萄牙
2000.10	加尔彤	对华关系代表团团长	欧洲议会对华关系代表团访华、第17次议会间工作会晤	北京、宜昌、贵阳、港澳
2001.9	李淑铮	外委会副主任委员	全国人大代表团访问欧洲议会、第18次议会间工作会晤	爱尔兰、苏格兰
2002.3	热地	西藏自治区人大常委会主任	西藏自治区人大代表团访问欧洲议会	布鲁塞尔
2002.7	普罗伊	对华关系代表团团长	欧洲议会对华关系代表团访华、第19次议会间工作会晤	北京、拉萨、日喀则
2003.11	王英凡	外委会副主任委员	全国人大代表团访问欧洲议会、第20次议会间工作会晤	布鲁塞尔、荷兰、意大利
2004.3	普罗伊	对华关系代表团团长	欧洲议会对华关系代表团访华、第21次议会间工作会晤	北京、上海、郑州

续前表

时间	团长	职务	主要内容	访问城市/国家
2005.4	吕聪敏	外委会副主任委员	全国人大代表团访问欧洲议会，介绍《反分裂国家法》情况	布鲁塞尔
2005.10	王英凡	外委会副主任委员	全国人大代表团访问欧洲议会、第22次议会间工作会晤	布鲁塞尔、捷克
2006.4	斯特克斯	对华关系代表团团长	欧洲议会对华关系代表团核心组访华	北京、西安、云南
2006.7	何塞·博雷利	议长	欧洲议会代表团访华	北京、西藏、上海
2006.10	王英凡	外委会副主任委员	全国人大—欧洲议会关系小组代表团访问欧洲议会	布鲁塞尔
2006.11	斯特克斯	对华关系代表团团长	欧洲议会对华关系代表团访华、第23次议会间工作会晤	北京、宜昌、武汉
2007.6	斯特克斯	对华关系代表团团长	欧洲议会对华关系代表团访华、第24次议会间工作会晤	北京、西藏
2007.9	王英凡	外委会副主任委员	全国人大—欧洲议会关系小组代表团访问欧洲，第25次工作会晤	
2007.12	徐显明	法律委员会委员	全国人大青年议员代表团访问欧洲	

（二）中欧议会间机制化交流

1981年欧洲议会成立对华关系代表团，成为欧洲议会负责发展对华关系的主要机构。欧洲议会对华关系代表团现有正式成员39人（另有39名候补成员），是欧洲议会内继对美关系代表团后的第二大代表团。1985年，在中欧建交十周年之际，全国人大成立了中国全国人大—欧洲议会友好小组。2003年后改名为中国全国人大—欧洲议会关系小组，成为中国全国人大负责发展对欧盟关系的对口机构。

两个相应对口机构，是中欧议会间进行机制化交流的主要载体。中国全国人大—欧洲议会友好小组和欧洲议会对华关系代表团从1980年至2007年共进行了25次工作会晤。自2006年起双方将隔年互访改为每年互访一次的定期交流机制。每年一来一往的机制性会晤交往，已成为中欧双方形式集中、议题广泛、对话和探讨、沟通和交流的重要平台，双方对共同感兴趣的双边和多边问题广泛、深入和开诚布公地交换意见，对消除误解、增信释疑、求同存异、增进友谊、深化关系、扩大合作起到了积极的作用。

在欧盟新条约通过后，欧洲议会在欧盟对内和对外事务中将拥有更多的发言权。在中欧全面战略伙伴关系良好发展的大背景下，中国全国人大和欧洲议会的交往面临着新的机遇，有着广阔的前景。

二、中国共产党与欧洲议会党团的交往

中国共产党与欧洲各类政党的交往是中欧战略伙伴关系的重要组成部分。中国共产党主张本着超越意识形态差异、积极对话、谋求相互了解与合作的精神，在独立自主、完全平等、互相尊重、互不干涉内部事务原则的基础上，与欧洲各类政党、地区性政党以及欧洲议会党团发展友好关系。

截至目前，中国共产党已与欧洲议会 7 个党团中的 6 个党团，即人民党党团、社会党党团、自由党党团、民族欧洲联盟党团、绿党党团和左翼联盟党团均建立了不同形式的交往，其中与人民党党团和社会党党团基本形成了定期交往机制。通过交往与对话，加强了欧洲议会党团对中国内外政策和改革开放成果的了解，对推动中欧关系健康稳定发展起到了积极作用。

1996 年 9 月，社会党党团副主席科拉亚尼应中共中央对外联络部邀请率团访华，开创了欧洲议会与中国共产党交往的先例。2000 年 5 月，人民党党团副主席费尔赞率团访华，这是人民党党团首次应中国共产党邀请派团访华。2001 年 4 月至 5 月，民族欧洲联盟党团副主席考林斯、社会党党团副主席巴隆、左翼联盟党团主席乌尔茨分别率团访华。2002 年 5 月，人民党党团第二次派团访华。同年，绿党党团应中国国际交流协会邀请派团访华。2004 年 4 月，人民党党团第三次派团访华。2005 年 3 月，自由党党团主席华生首次应中国共产党邀请访华。2006 年 2 月、4 月和 5 月，社会党党团主席舒尔茨、左翼联盟党团主席乌尔茨和人民党党团主席波特林分别应中国共产党邀请率团访华。同年 5 月，民族欧洲联盟党团主席穆斯卡迪尼应中国国际交流协会邀请访华。2007 年 8 月，绿党党团主席弗拉索尼首次应中国共产党邀请率团访华。

多年以来，应欧洲议会党团的邀请，中共中央对外联络部领导同志多次率团访问欧洲议会，并与各党团进行广泛接触，就共同关心的问题进行深入对话，使中国共产党保持了与欧洲议会各党团经常性的交流与对话。2001 年 4 月，中联部部长戴秉国应人民党党团邀请率中共代表团访问欧洲议会，这是中国共产党代表团首次访问欧洲议会。2005 年 1 月，中联部部长王家瑞再次应人民党党团邀请访问欧洲议会。此外，中联部副部长张志军先后于 2003 年 11 月、2006 年 3 月和 2007 年 11 月访问欧洲议会。2006 年 9 月，中央外事工作领导小组办公室副主任裘援平应社会党党团邀请访问欧洲议会，并参加了该党团组织的中国问题研讨会。

第十一章

中欧经贸关系

中欧经贸关系是中欧全面战略伙伴关系的重要基础。长期以来，在中欧领导人的高度重视和直接关怀下，在双方经贸部门的积极努力和有效推动下，中欧经贸关系总体保持持续快速发展，合作不断深化，领域不断拓宽，机制不断健全，取得了互利共赢的结果。

第一节　中欧经贸关系的法律基础

中国与欧洲共同体 1975 年建立外交关系，1978 年签署《贸易协定》。这是中欧之间第一个经贸领域的协定。根据该协定，中欧相互给予最惠国待遇，并决定建立中国－欧洲共同体贸易混合委员会机制（即目前的中欧经贸混委会机制）。1985 年，中国对外经济贸易部与欧盟委员会第一总司分别代表中国政府和欧洲共同体理事会签署《中欧贸易与经济合作协定》（以下简称 1985 年协定），以取代 1978 年协定。

1985 年协定共有 18 个条款，吸收了 1978 年协定中最惠国待遇、保障措施、价格、贸易平衡等条款，增加了经济、工业和技术合作条款，涉及贸易、投资、工业、农业、科技、能源、交通、环保、矿产、金融、发展合作等众多领域，并对中国与欧洲共同体以及中国与欧洲共同体成员国的双重关系作出了明确界定。

1985 年协定作为现行有效的中欧政府间协定，是最为全面的一份基础性法律文件，在双边经贸关系中具有重要地位和作用。具体表现在以下两个方面：

（1）协定明确规定，欧洲共同体给予中国最惠国待遇。在当时的历史条件下，这是中欧关系中一个很大的进步和提升。

（2）协定明确规定，建立正部级中欧经贸混委会机制。双方定期回顾和评价中欧经贸关系的发展情况，及时发现并探讨解决存在的问题，对下一步发展方向提出指导性意见。在各相关部门、行业协会和企业的积极支持和参与下，中欧双方迄今已成功召开 22 次经贸混委会，对促进中欧经贸关系健康稳定持续发展起到了不可或缺的作用。

二十多年的实践证明，1985 年协定及其项下的中欧经贸混委会及诸多工作组等机制，为扩大中欧贸易、深化双边合作、促进中欧经济发展、改善人民生活作出了重要贡献，同时对深化中欧整体关系起到了重要作用。其重要性和有效性得到了中欧双方领导人的充分认可。

进入新世纪以来，中欧经贸关系继续快速发展，其中双边贸易额翻了一番。1985 年协定已经不能全面反映中欧经贸关系发展的广度和深度。双方共同认为有必要完善过去的协定。

完善 1985 年协定是 2006 年中欧领导人在第九次会晤期间作出的重要决定。双方工作层经过 12 轮技术磋商，确定了关于完善 1985 年协定的谈判职责范围。在此基础上，2007 年 6 月第 22 届中欧经贸混委会期间，中国商务部部长薄熙来与欧盟委员会贸易委员曼德尔森共同决定正式启动完善 1985 年协定的谈判。

目前，更新 1985 年协定谈判已进入实质性阶段。中欧双方都希望本着友好协商的精神，尽快推进和完成谈判，早日签署新的协定，对中欧经贸合作作出长远规划，为双方企业创造稳定、可预见的法律基础。

第二节　中欧经贸合作机制

自 1985 年建立中欧经贸混委会以来，双边经贸合作机制不断丰富和完善，对推动中欧经贸关系持续稳定快速发展，及时解决出现的经贸问题发挥了重要作用。

一、中欧领导人会晤

1998 年 1 月，在第二届亚欧首脑会议前夕，中欧商定建立双方领导人定期会晤机制，旨在讨论中欧间重大问题，包括经贸议题，规划双边关系未来发展方向。同年 4 月，在第二届亚欧首脑会议期间，中国国务院总理朱镕基同欧盟轮值主席国英国首相布莱尔、欧盟委员会主席桑特在伦敦举行首次会晤。至今，中欧已举行了 10 次领导人会晤。中欧领导人会晤覆盖领域广泛，经贸合作是其中最重要的一项内容。中欧领导人会晤对评估、规划和指导双边经贸合作发挥了重大作用。

二、中欧经贸高层对话

2007 年 11 月，在温家宝总理与欧盟轮值主席国葡萄牙总理索克拉特斯、欧盟委员会主席巴罗佐举行的第十次中欧领导人会晤期间，双方同意于 2008 年 3

月底前成立中欧副总理级经贸高层对话机制，讨论中欧贸易、投资和经济合作战略，协调双方在重点领域的项目并研究和制定规划。该对话将涵盖贸易不平衡问题，包括有效市场准入、知识产权、环境、高技术和能源等，以找到具体的途径促进贸易平衡发展。对话还将讨论中方关切，包括市场经济地位问题。由中国商务部长和欧盟委员会贸易委员筹备这一机制及其议程。目前，中欧双方正在积极筹备首次对话。

三、中欧经贸混委会

中欧经贸混委会是根据1985年协定而设立的部长级定期会晤机制。混委会的任务是：（1）监督和审研本协定的执行，回顾已完成的各项合作行动；（2）研究本协定实施中可能出现的各种问题；（3）研究可能阻碍缔约双方贸易和经济合作发展的问题；（4）研究发展贸易及经济合作的方法和新的可能性；（5）在共同感兴趣的领域内提出有助于实现本协定目标的各种建议。

混委会每年轮流在北京和布鲁塞尔举行会议。缔约一方提出并经双方同意，可根据中欧经贸关系的发展与变化举行特别会议。混委会主席由双方轮流担任。双方认为必要时，混委会可设工作小组，以协助其工作。自1985年到2007年，中欧经贸混委会共举行22次。为配合混委会的工作，双方还先后设立了经贸工作组、科技工作组、信息社会对话工作组、能源工作组、环境工作组等专门小组。每次混委会和工作组会议都为解决双方关切及具体问题发挥了重要作用。

2007年6月，第22届中欧经贸混委会在布鲁塞尔召开。中国商务部长薄熙来与欧盟委员会对外关系委员瓦尔德纳、贸易委员曼德尔森共同主持会议。双方就中欧经贸关系中相关议题坦诚、广泛、深入地交换了意见，达成了12项共识，主要涉及以下方面：

（1）关于启动完善1985年《中欧贸易与经济合作协定》谈判。双方达成共识，决定尽快启动实质性谈判。

（2）关于中欧贸易不平衡问题。双方同意尽快启动混委会项下高技术贸易工作组的工作，促进中欧高技术贸易。双方还同意建立扩大欧盟对华出口、改善贸易平衡状况的副部长级对话机制。

（3）关于纺织品贸易。双方确认将恪守2005年《中欧纺织品贸易谅解备忘录》，如期实现双边纺织品贸易自由化，并继续在该领域保持对话与合作，维护双边纺织品贸易平稳健康发展。

（4）关于中国钢材对欧出口。双方对该领域业已开展的对话与磋商表示欢迎，同意于6月底或7月初举行第二次非正式对话，讨论该领域最新发展。

（5）关于中国禽肉对欧出口。欧方确认将向成员国提出中国输欧熟制禽肉解禁的建议，争取尽快恢复正常贸易。

（6）关于中国市场经济地位。欧方表示，欧盟注意到中国已经取得的成就，已在更新后的中国市场经济地位评估报告中予以体现。欧方承诺以建设性态度与中方就此开展工作。

（7）双方同意尽快建立中欧经贸合作网站，为中欧企业加强信息交流与合作创造免费的信息服务平台。

此外，针对欧方在知识产权保护、金融信息服务、电信增值服务、原材料供应等方面关注，中方向欧方阐述了立场，表示双方工作层应继续开展沟通和信息交流。

四、其他机制

中国商务部、农业部等部门还与欧方相关部门建立了多个专业政策对话机制，作为混委会机制的补充，主要包括：

（1）能源合作。早在1994年，中欧就建立了能源对话。讨论题目包括能源政策、发展战略、能源市场变化、供应安全与可持续发展。2004年3月4日，中国科技部与欧盟委员会交通与能源总司签署了《清洁煤行动计划》及《能源效率与可持续能源工业合作行动计划》的职权范围。

（2）贸易政策对话。该对话涉及具有战略利益的多双边经贸议题，如多哈回合谈判、区域一体化及双边重要经贸议题。2004年6月，中欧举行首次对话，2006年7月举行了第二次对话。

（3）知识产权对话。2003年10月，中欧决定建立知识产权对话，讨论该领域的合作，并解决相关问题。迄今已举行了三次。

（4）竞争政策对话。2004年5月，中欧双方同意建立中欧竞争政策对话，旨在加强在竞争政策领域欧盟对华技术和能力建设支持，建立符合中国实际情况下的竞争政策体系。迄今已举行了四次。

此外，中欧之间还建立了贸易平衡、能源政策、财金政策、食品安全与动植物检验检疫、农业、环境、信息社会、海关合作、消费品安全、民航、海运、规制与产业政策、科技等对话机制。

第三节　中欧经贸合作基本情况

一、中欧货物贸易情况

自建交以来，特别是近10年来，中欧货物贸易快速发展。中欧货物贸易具

有以下特点:

(1) 规模大。据中方统计,从 2004 年开始,欧盟已连续 4 年成为中国第一大贸易伙伴,并于 2006 年超过美国成为我国第一大出口市场。欧方统计显示,中国也已成为欧盟第二大贸易伙伴,2006 年超过美国成为欧盟第一大进口来源地。

(2) 增速快。据中方统计,2007 年,中欧贸易额 3 561.5 亿美元,比上一年增长 27.0%。其中,我对欧出口 2 451.9 亿美元,增长 29.2%;我从欧进口 1 109.6 亿美元,增长 22.4%;中方顺差 1 342.3 亿美元,增长 46.4%。2007 年中欧双边贸易额为 1997 年的 8.3 倍,是 1975 年建交时的 147.8 倍。十年间,中欧贸易额年均增幅达到 23.5%,既高于同期中国对外贸易年均增幅,也高于同期中美与中日增幅。

(3) 占比高。2007 年中欧贸易额占中国对外贸易总额的 16.4%,比 1997 年提高 3.2 个百分点,与中美、中日贸易额占比分别下降形成对比。

(4) 互补性强。中欧经济结构不同,贸易商品各有优势。欧盟优势主要集中于高科技含量、高附加值和资本密集型产品,如飞机、汽车、精密仪器等;而中国优势主要集中于传统劳动密集型产品。以 2006 年为例,中国对欧出口前 10 类的产品分别是电脑和办公设备、电信音响电视设备、纺织品服装、杂项制品、电子机械、一般用途机械、鞋类、家具、钢铁产品、道路交通工具;欧盟对华出口前 10 类产品分别是电子机械、用于特定产业的机械设备、一般用途机械、道路交通工具、其他交通工具、航天航空设备、金属矿产品和废金属、金属加工机械、钢铁产品、电信音响电视设备。

(5) 互惠性突出。根据欧盟相关政策文件,2001—2005 年,中国对欧出口产品降低了欧元区通胀率 0.2 个百分点。同时,欧盟是中国仅次于美国的第二大进口来源地。2000—2005 年,欧盟对中国出口增长了一倍以上,远高于欧盟对其他贸易伙伴的出口增速。按中国从欧盟进口量推算,仅 2005 年就为欧盟创造了近 150 万个就业岗位。同样,中国对欧盟市场出口的持续快速发展,带动了国内经济增长和劳动就业;而从欧盟引进的设备和技术又加快了国内产业升级、技术进步和管理创新。

(6) 发展潜力大。中国和欧盟同属世界上最重要的经济体。中国不断成长的大市场对欧盟意味着巨大商机。欧盟委员会最新研究报告预测,到 2010 年中,我国中等收入人群将达 1.5 亿人;高档商品市场年均增长 12%,可达到 1 万亿欧元。而欧盟高科技产品、服务业、技术等方面的优势,以及欧盟东扩所带来的市场扩大和统一,也将给中国带来更多机遇。

二、中欧服务贸易情况

中欧服务贸易规模相对较小,但发展迅速,正成为双边经贸合作新的增长点。中欧双方在众多服务部门各具优势，具有很强的互补性。随着经济全球化的不断深入，以及服务业在全球贸易与经济中比重的不断扩大，双方发挥各自比较优势，加深合作的潜力巨大。

（一）中欧服务贸易现状

中欧服务贸易具有以下特征：

一是规模快速扩大。据欧方统计，2006年，中欧服务贸易达到240.8亿欧元，同上年增长9.8%。目前，中国已成为欧盟第五大服务贸易伙伴，欧盟是中国第三大伙伴和最大服务进口来源地。同时，欧盟对华服务业投资初具规模。2005年欧盟在华服务贸易领域新设立企业952家，合同外资金额30.36亿美元，实际投资金额11.27亿美元，占欧盟当年对华投资总额的22%。

二是领域不断扩展。目前已从传统的运输、旅游部门发展到通信、建筑、金融、保险、信息、专有权使用、咨询、广告、电影等众多领域。

三是双边合作不断深化。中欧在金融、教育、文化、能源、环境、科学技术、通讯、信息社会、海运等领域均建立了年度政府间对话机制。在中欧经贸混委会下还设立了服务贸易工作组。这些机制有力地促进了中欧服务贸易的快速发展。

（二）中欧服务业优势互补，发展潜力巨大

目前，欧盟服务业占其经济总量的75%以上，中国也占其经济总量的40%以上。双方在服务贸易方面具有各自的优势领域，呈现很强的互补性。

1. 欧盟服务业特点

欧盟服务贸易规模大，发展程度高，在多个重要服务部门具有明显优势。

服务业是欧盟最重要和最活跃的经济部门，对外服务贸易历年保持顺差。据欧方统计，2006年欧盟服务业出口10 414亿欧元，进口9 396亿欧元，顺差1 018亿欧元，是世界最大的服务贸易方，占全球服务贸易总额30%。欧盟对华服务贸易出口128亿欧元，进口113亿欧元，顺差14亿欧元。其中，英国、德国、法国是最重要的服务贸易大国，占欧盟服务贸易总额的29.2%。

根据2000年"里斯本战略"的精神，欧盟对内消除壁垒，建立完善的服务贸易管理体制，对外倡导全球服务贸易自由化，不断提高服务业众多部门的竞争力，巩固了其服务业优势地位。当前，在商业、电信、建筑、分销、环境、金融、运输、旅游等多个服务部门，欧盟成员国拥有众多大型跨国企业和先进的技术经验，在国际市场上具有较强竞争力。

2. 中国服务业特点

相比欧盟在服务贸易领域具有的比较优势，中国总体上处于相对劣势。但中国经济发展迅速，服务业规模不断扩大，服务贸易全面发展的格局已初步形成，在某些部门也形成了比较优势。中国人口众多，拥有大量素质高、成本低的劳动力，在自然人移动（GATS模式四）方面具有很强的竞争力。据中方统计，2006年中国派出各类劳务人员35.1万人。截至2006年底，累计派出各类劳务人员382万人，主要分布于制造业、建筑业、农、林、牧、渔业和交通运输业等。虽然目前世界各国尚未就自然人移动的统计方法达成一致，但根据WTO秘书处统计，2002年自然人移动仅占全球服务贸易的1%。目前，由于其成员国经济水平不一以及社会、文化模式等原因，欧盟在WTO自然人移动方面也未做实质性开放承诺，仍保留着种种限制。但随着服务贸易自由化的推进，中国在该领域的发展优势和潜力将逐步得到发挥。

从主要服务部门情况看，2006年，中国旅游顺差96.3亿美元，同比增长27.7%。高附加值的计算机和信息服务顺差大幅增加，为12.2亿美元，增幅达4.6倍。其他商业服务顺差84.3亿美元，增长12.5%。而根据中国对外投资统计，2006年中国非金融类服务贸易领域对外直接投资前三位分别是租赁和商务服务、交通运输仓储和邮政、批发和零售。其中第二大行业交通运输仓储和邮政业，对外投资13.76亿美元，占当年服务贸易领域对外投资总额的12.1%，同比增长138.5%。由此可以看出，中国具有相对优势的服务部门包括旅游、其他商业服务、计算机、交通运输等。

（三）中欧服务贸易发展前景

在经济全球化深入发展的有力推动下，服务贸易发展日益成为各国关注和竞争的焦点，发展程度已成为衡量一个国家综合国力的重要指标。中欧在服务业领域合作的重要性与日俱增，既充满着机遇，也面临挑战。随着全球服务贸易自由化进程的深入，中欧服务贸易必将继续快速发展。

凭借其服务领域的优势，欧盟高度重视通过贸易政策工具，消除第三国市场壁垒，扩大市场准入。中国市场是其重点开拓的市场之一。2006年10月，欧盟委员会发布《全球化的欧洲》政策文件与首份对华经贸政策文件，2007年4月又发布新的《市场准入战略》，都希望中国消除服务领域，尤其是"商业存在"方面的非关税壁垒。鉴于服务业本身的复杂特性，如何把握相互开放进度，实现互利互惠的市场开放以促进服务业的进一步发展，成为中欧经贸关系中的一大课题。迄今，中欧双方都将大力发展服务贸易、促进服务业市场开放作为主要政策目标之一。欧盟致力于推进服务贸易自由化，并在WTO的服务业谈判中，在金融保险、特许经营等多个部门作出了积极的出价。中国作为发展中成员，不但在加入WTO过程中作出了较高水平的承诺，在约160个服务业部门（WTO分类）中开放了100多个，还将在入世过渡期结束之后继续保持和扩大服务业领域的对外开放。随着双边经贸关系的不断发展，中欧在服务领域的合作与开放必将继续扩大。

三、中欧双向投资

中欧投资合作是中欧经贸关系中的重要组成部分，也是平衡双边经贸利益的一大支点。欧盟既是外商投资的主要目的地，又是世界上主要对外投资方。按欧盟统计局统计，2005年欧盟共吸引外商直接投资941亿欧元，远高于世界上其他主要发达经济体（美国171亿欧元、加拿大75.8亿欧元、日本61.6亿欧元）。同时，据欧方统计，截至2005年底，在欧盟的外商直接投资存量（实际投资额减去汇回母国的盈利）为17 448亿欧元，这一数据也远高于其他主要经济体（美国7 691.7亿欧元，日本895亿欧元，加拿大748亿欧元）。

欧盟吸引外商直接投资的方式比较灵活。除了第一产业（农业、渔业）和第二产业（制造业）之外，服务业等第三产业对外资的开放度较高。除了设厂控股等直接投资外，金融类的间接投资方式也比较灵活开放。外资可以在欧盟成员国证券市场上市，可以在欧盟大企业参股，也可以通过投资债券、股市、期货、金融衍生品市场等方式进行间接投资。

欧盟对外国主权财富基金持比较开放的态度。欧盟委员会巴罗佐主席多次表示，外国主权财富基金在欧盟的投资符合欧盟的利益，欧盟不应当对此采取保护主义的立场。

（一）欧盟对华投资情况

长期以来，欧盟一直是中国重要的外资（FDI）来源地。据中方统计，2007年欧盟在华非金融类直接投资新增项目2 384个，占中国新增项目总数的6.3%；实际投资额38.4亿美元，占中国全年实际利用外资总额的5.13%。截至2007年12月底，欧盟在华非金融类直接投资项目数28 221个，实际投资金额572.36亿美元，在我利用外资最多的国家和地区中排名第四位。

欧盟对华投资的领域主要集中在制造业、服务业和矿业。制造业投资集中于石化、金属、机械制品、汽车、食品加工、办公设备、电脑；服务业投资集中于其他商业服务、金融中介、运输和通信、零售与批发；矿业投资主要是油气开采。

1. 欧盟对华投资特点

一是欧盟投资项目技术含量较高。自20世纪90年代初以来，一直是中国技术引进的第一大来源地，与欧盟企业对华投资的带动密不可分。

二是欧盟对华投资单个项目金额较大，项目以独资为主。欧洲许多国际知名大企业在华投资建厂，如诺基亚、西门子、菲力普、大众汽车、空客等。

三是欧盟在华投资获利丰厚。据欧盟中国商会的调查，超过93%的在华企业表示盈利。2006年欧盟企业在华销售额达到2 066亿美元，高于当年中国对欧出口总额和贸易顺差。据欧方资料显示，2001—2004年欧盟在华投资回报率高出其全球平均水平约2个百分点。

2. 欧盟企业的优势与机遇

据欧盟《中欧2006—2010贸易投资关系》报告分析，目前欧盟产业的优势是全面而牢固的，尤其在高附加值领域拥有明显优势。在服务业，欧盟企业的优势正不断得到增强。欧盟企业具有竞争优势的行业和领域有创新和研发、设计、市场营销和品牌、服务（售后服务、个性化服务）、企业管理机制、高质量的商品与服务、金融（主要是跨国公司）、电信等。

欧盟企业的机遇包括以下四个方面：

一是中国迅速成长的市场所带来的机遇。欧方文件显示，中国高端市场在可预见的未来将继续保持世界最重要新兴市场的地位，年均增长率12%，2010年市场规模预计1万亿欧元；中国服务业年均增长率将达到14%，超过其他行业的增速，预计2010年服务业市场规模将达5 000亿欧元（不含银行业）。

二是消费模式改变所带来的机遇。城市化、人口老龄化都将影响到欧盟企业的市场战略。欧方预测，随着中国中产阶级人数的快速增加，以消费为导向的高端服务业将有广阔的市场前景。

三是价格竞争带来的机遇。欧盟企业可以采取双重战略：一方面通过在华投资设厂，利用中国廉价生产要素降低成本；另一方面利用自身设计、质量、服务方面的优势扩大中国高端市场的份额。欧盟汽车业就是一个成功的范例。

四是环保和节能要求所带来的机遇。在"十一五规划"中，中国确定了可持续发展的目标，包括提高能源利用率、促进环保和再生能源投资等。这对欧盟的材料、工程、建筑、机械、化工、汽车、信息通讯等行业都是潜在的商机。欧方预测，到2010年，仅中国环保技术和服务的市场规模就将超过980亿欧元。

（二）中国对欧盟直接投资情况

1. 总况

欧盟2006年人均GDP高达2.3万欧元，GDP总和超过美国。欧盟政局稳定，法律健全，可预见性强，具有完善的现代化基础设施。近年来，中国国内一批具有实力的大企业已经开始在欧盟主要成员国投资。例如TCL收购了法国汤姆森公司的电视机部分及阿尔卡特的手机部分；华为积极打入比利时、西班牙等国的通讯设备市场并在法国设立西欧总部；中远集团在比利时安特卫普港口斥1亿多美元巨资收购集装箱码头；海尔、春兰等大型家电企业也纷纷在欧盟投资设厂、建立仓储中心以及售后服务中心等。

据中方统计，2006年中国对欧盟非金融类直接投资1.29亿美元。截至2006年底，中国在欧盟非金融类直接投资存量为12.75亿美元。其中，中国企业对欧盟投资存量最多的成员国依次是德国（4.7亿美元）、英国（2.02亿美元）、西班牙（1.37亿美元）和波兰（8 718万美元）（见表11—1）。中国投资的主要领域是商务服务、批发与零售、金融、仓储、房地产、信息和计算机等。

据欧盟统计局数字，2002—2006年，中国对欧盟非金融类直接投资金额分别为33亿欧元、52亿欧元、96亿欧元、67亿欧元和70亿欧元，但其中包括香港特区对欧盟的直接投资。

表11—1　　　　2005—2006年中国对欧盟非金融类直接投资流量和存量表　　单位：万美元

国家（地区）	流量		存量	
	2005年	2006年	2005年末	2006年末
奥地利	——	4	7	32
比利时	——	13	234	267
保加利亚	172	——	299	474
塞浦路斯	——	——	106	106
捷克	——	910	138	1 467
丹麦	1 079	—5 891	9 659	3 648
爱沙尼亚	——	——	126	126
芬兰	——	——	90	93
法国	609	560	3 382	4 488
德国	12 847	7 672	26 835	47 203
希腊	——	——	35	35
匈牙利	65	37	281	5 365
爱尔兰	——	2 529	4	2 530
意大利	746	763	2 160	7 441
拉脱维亚	——	——	161	231
立陶宛	——	——	393	393
卢森堡	——	——	——	——
马耳他	——	10	137	197
荷兰	384	531	1 495	2 043
波兰	13	——	1 239	8 718
葡萄牙	——	——	——	20
罗马尼亚	287	963	3 943	6 563
斯洛伐克	——	——	10	10
斯洛文尼亚	——	——	12	140
西班牙	147	730	13 012	13 672
瑞典	100	530	2 246	2 002
英国	2 478	3 512	10 797	20 187
合计	18 954	12 873	76 801	127 451

资料来源：商务部《2007年中国对外直接投资报告》。

2．中国对欧盟投资特点及未来机遇

中国对欧盟投资尚处于起步阶段：项目平均投资规模小；投资国家集中于德国、法国、英国和意大利等少数成员国；投资领域以服务贸易为主，但近年来对制造业投资有所发展；投资方式以新建企业为主，近年来开始采用并购方式投资。

中国对欧盟投资有利因素包括：欧盟经济缓慢复苏，对外直接投资将日趋活跃；中国加快实施"走出去"战略，欧盟正在成为重要投资目标地之一；欧盟东扩后，统一的大市场给中国企业带来更多投资机会。不利因素包括：欧盟东扩的投资转移效应正在显现；欧盟内部存在投资壁垒，"大门开、小门关"现象明显；中国绝大部分企业整体竞争力相对欧盟企业而言，尚有差距。

四、技术贸易合作

中欧技术贸易合作是中欧经贸合作的重要领域。欧盟是中国重要的技术引进来源地，多年来保持中国最大的技术供应方地位，从欧盟的技术进口金额接近中国从美国及日本的进口之和。

（一）中欧技术合作情况

据中方统计，2007年，中国从欧盟引进技术2 603项，合同金额达到91亿美元。截至2007年底，中国累计从欧盟引进26 711项，合同金额1 097.6亿美元。特别是自2003年以来，中国从欧盟引进技术规模保持逐年增长态势（详见表11—2）。

表11—2　　　　　　　2003—2007年中国自欧盟技术引进年度统计　　　单位：万美元

年份	合同数量	合同金额	技术费	金额占比	金额同比
2003	1 779	337 602	209 377.6	25.1	—33.3
2004	2 194	551 311	280 869.5	39.8	63.3
2005	2 512	906 848	421 640.0	47.6	64.5
2006	2 597	866 118	457 645.4	39.3	—4.5
2007	2 603	910 085	597 198.8	35.8	5.1

数据来源：中国商务部。

中国从欧盟技术引进主要集中在黑色金属冶炼及压延加工、铁路运输、电子及通信设备制造、交通运输设备制造、电力、蒸汽、热力及其供应等行业。此外，在制药、信息技术和电信等高技术领域，欧盟企业对华技术研发性投资也逐年增多。按合同金额，中国自欧盟引进技术的主要成员国依次为德国、法国、瑞典、芬兰、英国、意大利、荷兰、奥地利、丹麦、比利时。

（二）重点技术引进项目

近年来，中国从欧盟引进了大量先进技术及产品。主要包括：2004年6月，

国家电网公司同瑞典 ABB 电力技术有限公司签订了金额约 3.2 亿欧元的二峡—上海±500kV 直流输电工程交流站设备采购和技术服务合同。

2005 年 9 月，中国石油独山子石化公司同德国林德工程公司签订了金额约 1.4 亿美元的 100 万吨乙烯设计转让和工程采购服务合同。

2006 年 6 月，上海磁浮交通工程技术研究中心与德国森克虏伯磁浮公司签订了金额约 1.1 亿美元的磁浮专有技术特许权使用许可合同。

2007 年 11 月，中国广东核电集团有限公司与法国阿海珐核电公司签订了金额约 3.4 亿欧元的台山核电项目 1—2 号机组核岛技术转让和核燃料技术转让合同。

（三）中欧技术合作发展潜力

欧盟是世界上最重要的科学成果出产地，年度专利申请量居世界前列，年度高科技专利申请量占世界总量近 30%，仅次于美国。加大从欧盟的技术引进，有利于推动中国产业技术更新换代及加快提高创新起点和水平，符合中国创新型国家建设的需要，而且可以对缓解中欧贸易不平衡发挥积极作用。

促进和扩大高科技出口，符合欧盟自身发展利益，有利于其在激烈的国际竞争中继续保持和充分发挥自身的比较优势。欧方报告指出，高技术类产品出口已成为欧盟许多成员国出口中的重要组成部分。2001—2004 年，欧盟（25 国）高技术产品出口占全球高技术产品出口总量的 20% 以上，居全球首位。自 2001 年以来，欧盟在高科技贸易领域保持着顺差，并且呈不断增加之势。2005 年欧盟高科技产品出口顺差高达 2 688 亿欧元，有力地带动了成员国国民经济发展和就业增长。

五、中欧产品安全合作

经济全球化和贸易自由化需要不断加强在产品安全领域的国际交流与合作。中国和欧盟分别作为世界消费品的主要供应方和需求方，双方都认识到在消费品安全领域加强合作的必要性和重要性。2006 年，中欧双方签署了《关于消费品安全交流与合作的谅解备忘录》，并确定了关于加强中欧玩具安全合作的行动指南。这是欧盟首次与主要贸易伙伴在消费品安全方面签署的专项合作协议。根据该协议，中欧将在消费品安全领域加强信息和技术交流，通过积极的沟通和协调妥善解决发生的问题，通过共同的行动来保证产品的质量和安全，从而促进双边贸易健康持续快速发展。

自协议签署以来，双方的合作取得了积极的成果。欧盟在 2007 年下半年对现行消费品安全保护机制进行了"盘点评估"活动，认为：（1）中国是欧盟第一大进口市场和第一大贸易伙伴，在消费者保护领域加强与中国的合作是保证产品安全的关键，符合双方的利益。（2）中国产品安全工作的显著进展清楚地表明中国政府对待产品安全是严肃的、高度负责任的。中国质检总局与欧盟委员会的合作，特别是在快速信息交换系统（RAPEX）中国产品问题处理方面的合作是积极的、富有建设性的。（3）中国正在 RAPEX 的基础上致力于建立自己的国家通报系统，表明中国愿意投入力量不断提高出口消费品的安全性，同时为其他国家建立类似的信息交换系统作出了榜样。

2008 年，中欧双方根据合作新进展，继续完善并重新签署合作备忘录。欧盟希望与中国继续进行建设性的对话，继续开展产品安全合作，并提出下一步拟开展的合作领域，主要包括：为中国国家质检总局拟建立的国家通报系统提供技术支持；在质检总局协助下，在"中欧贸易项目"下开展中国产品安全管理机制研究；根据"中欧玩具安全合作指南"，结合《玩具安全指令》的修改情况以及玩具供应链评估结果，开展相应的交流、培训等技术支持活动；鉴于不安全产品在产品供应链中的追溯性极其重要，中欧双方都希望对此优先开展研究，以便采取有效应对措施。

六、中欧知识产权合作

中欧双方高度关注知识产权问题。双方一直坚持通过对话与合作的方式解决知识产权领域出现的问题，建立了中欧知识产权对话机制及该机制下的中欧知识产权工作组会议。

（一）中欧知识产权对话

中欧知识产权对话为正司级对话。其依据为 1992 年 6 月 30 日中欧双方签订的有关保护知识产权的会谈纪要，以及 2003 年 10 月 30 日中欧共同签署的《建立中欧知识产权对话机制的协议》。该对话构筑了中欧双方在知识产权方面进行交流的新平台，其讨论范围覆盖所有与知识产权保护相关的双边及多边事项。

中欧知识产权对话形式包括水平对话和部门对话。

1. 水平对话

由双方所有知识产权相关部门参加，双方牵头单位分别为中国商务部和欧盟委员会贸易总司。水平对话议题广泛，主要包括：

（1）制度性事项：就中欧知识产权保护在地方一级的合作、机构间的合作、制度改革、人力和财政资源等方面交流经验。

（2）水平立法事项：就中欧相关立法进程交换信息，交流经验。

（3）水平执法事项：就中欧中央和地方的海关、公安、行政和司法机构的知识产权保护情况，通报最新进展，交流执法与司法经验，讨论如何与其他国家就打击假冒产品出口问题进行合作。

（4）提高消费者和知识产权权利人的知识产权保护意识。

2. 部门对话

针对每个知识产权部门进行，具体议题由双方商议。每次知识产权对话在全体会议之后，参会人员都分为两个组，即商标、版权和地理标志组和专利、设计和保护创新组，就相关领域进行集中讨论。

目前，中欧已经进行了三次知识产权对话。

（二）中欧知识产权工作组

2005年7月在举行中欧第二次贸易政策对话时，双方决定在中欧知识产权对话机制下举行中欧知识产权工作组会议。

中欧知识产权工作组具体建构如下：

（1）向中欧知识产权对话会议报告工作情况，并在每年举行的对话会议休会期间举行2次会议。必要时，可视具体情形另行召开工作组会议。

（2）中国商务部和欧盟委员会贸易总司负责知识产权工作组的协调工作。每次会议的议程由双方共同协商确定。参会人员可包括双方政府官员（包括各知识产权部门及其他相关机构官员）、知识产权专家（包括顾问、学者、从业者）或者知识产权权利人。目前，中欧知识产权工作组在北京共举行了4次会议，时间分别为2005年10月、2006年6月、2006年11月和2007年9月。

中欧知识产权对话机制及该机制下的中欧知识产权工作组会议，为双方在知识产权领域加强合作、交流信息、互通有无、解决问题起到了良好的促进作用。双方在地理标识、版权、司法等领域进行了深入、具体的合作，成效显著。知识产权对话使欧方更多更好地了解了中国在知识产权保护方面的法律、法规和执法情况，通过与中方的交流与合作共同推进了知识产权保护水平的提高。

七、中欧竞争政策合作

目前，中欧在竞争政策方面保持着密切的合作关系。中欧竞争政策合作的主要形式为年度中欧竞争政策对话机制。

（一）竞争政策对话机制的建立

2001年9月，中欧领导人会晤发表的联合声明指出，竞争政策应当作为中欧进一步加强对话的领域之一。2003年11月，欧盟竞争事务委员蒙蒂（Monti）访华，双方签署《中欧竞争政策会谈纪要》，原则同意建立对话机制，此间蒙蒂拜会中国国务院副总理吴仪并就中欧经贸关系和竞争政策合作交换了意见。2004年5月，温总理访欧期间，商务部长薄熙来和欧盟委员会竞争委员蒙蒂签署《中欧竞争政策对话框架协议》，决定在中欧之间建立一个竞争政策方面相互交流与合作的机制，以增进对各自竞争政策、立法和相关事务的理解与认识，促进中欧在竞争政策和法律领域的交流与合作。

（二）竞争政策对话进展情况

2004 年 5 月，中欧举行第一次竞争政策对话，双方就竞争政策与法律相关问题进行了交流。欧方介绍了欧盟竞争法的历史发展和 2004 年 5 月 1 日起实施的欧盟竞争法最新改革成果。中方介绍了中国现行立法中有关竞争的法律规定和中国《反垄断法》起草进展情况。双方通过政策交流，加深了相互理解，并就中欧竞争政策对话下的合作计划进行了探讨。

2005 年 4 月，第二次中欧竞争政策对话暨中欧竞争政策研讨会在北京举行。双方围绕竞争政策对经济发展的促进作用，如何制定竞争政策，竞争政策与贸易政策、产业政策及垄断行业管制的关系，制止国际卡特尔，制止滥用市场支配地位以及企业并购控制等议题进行了交流和讨论。

2006 年 6 月，第三次中欧竞争政策对话举行。双方一致认为，竞争政策对话有利于进一步加强中欧在竞争政策领域的交流与合作，对促进各自在竞争政策领域的立法和执法具有重要意义。双方一致同意，继续开展对话活动，并逐步扩大对话领域，丰富活动内容，进一步增强双方在竞争政策领域的理解与信任，促进中欧经济贸易关系进一步发展，促进中欧经济的共同繁荣。

2007 年 9 月，第四次中欧竞争政策对话在北京举行。此次对话恰逢中国全国人大常委会审议通过《反垄断法》。双方就竞争立法及执法机构问题、竞争法配套法律法规的设计与起草、企业合并中的问题及中欧竞争政策对话下一步工作等议题进行了交流和讨论。

此外，中欧贸易项目也经常组织竞争政策的研讨会、座谈会和实地考察等活动，积极支持竞争领域的双边合作。中欧竞争政策合作已成为双边合作的一大亮点，并被列为完善 1985 年中欧经贸合作协定的谈判议题之一。

八、发展援助

（一）总体情况

欧盟是对华最大援助方之一。欧盟对华援助的主要目标是，帮助中国融入世界经贸体系，支持中国的社会转型，并扩大欧盟在中国的影响。自 1984 年欧盟开始向中国提供技术援助以来，共支持 67 个项目，累计援助金额 6.5 亿欧元。截至 2007 年，已完成项目 52 个，金额 4.2 亿欧元；正在执行项目 15 个，金额 2.3 亿欧元。项目涉及农业、环保、能源、教育、卫生、贸易、司法、政府治理等众多领域。

（二）国别战略文件

1. 2002—2006 年

2001 年，欧盟发表了对华发展合作《国别战略文件》（2002—2006 年），将支持中国经济与社会改革、促进可持续发展与环境保护、完善政府管理与法治定为三大优先领域。根据该文件，欧盟计划向中国提供 2.5 亿欧元的无偿援助。实际上，欧方对中国援助金额并未达到预期，5 年间援助金额仅为 1.43 亿欧元，支持合作项目 12 个。

该战略的实施分为两个阶段。第一阶段为 2002—2004 年。根据《国别指导性计划》（2002—2004 年），欧盟计划对华提供 1.5 亿欧元的无偿援助，具体项目包括"支持中国参与世界贸易体系"、"信息社会"、"社会保障改革"、"中欧经理交流与培训"、"伊拉斯谟·蒙杜斯中国窗口"、"生物多样性保护"、"流域综合管理"等。第二阶段为 2005—2006 年。根据《国别指导性计划》（2005—2006年），欧盟计划对华提供 1 亿欧元的无偿援助，双方在知识产权合作、治理能力建设、支持对话和交流、伊拉斯谟计划（Erasmus Program）高等教育四个领域开展合作。具体项目包括"中欧知识产权二期合作"、"中欧法治与公民社会"、"中欧法学院"和"中欧经理人员交流培训"等。

2. 2007—2013 年

2007 年，欧盟发表新的对华发展合作《国别战略文件》（2007—2013 年）。根据该文件，欧方将在 5 年间向中国提供 2.24 亿欧元的无偿援助。优先领域包括：促进中欧关系的发展，包括支持贸易、民用航空、金融服务、社会保障及行业政策等领域的对话与合作；帮助中国应对国际社会普遍关注的环境、能源和气候变化等全球性挑战；支持中国的人力资源开发，包括加强高等教育领域的交流与合作。

欧盟在《国别战略文件》中表示，中国的可持续发展以及向稳定、繁荣、开放国家的转型，对欧盟具有非常重要的经济和政治利益。中欧发展合作计划是实现欧盟利益、加强中欧关系的重要机制性保障。随着中国经济快速发展和综合国力的不断增强，中国已从单纯接受援助开始转变为对外提供发展援助，并在很多政策领域成为欧盟的战略伙伴。包括欧盟在内的很多经济体都在谋求与中国之间的协调与合作。在中欧发展合作机制框架下，欧盟将努力寻求与中国的合作，并将非洲列为双方合作的重点。

（三）项目设立与启动程序

项目设立与启动包括如下步骤：先由《国别战略文件》和《国别指导性计划》确定优先合作领域；欧方派遣专家小组赴华就具体领域中的合作项目进行需求调查；经欧盟总部批准后，再派遣设计小组赴华与中方主管部门共同设计合作项目，作出初步预算方案，并形成项目技术与管理规则；经欧盟总部批准后，双方商签项目财政协议；协议签署后，欧方将通过公开招标方式选择欧方技术支持机构。与此同时，中方须按照协议规定，履行中方承诺，包括安排项目执行办公室、指派中方项目主任、准备项目启动等。

（四）项目管理模式

为适应全球政治和经济形势变化，近年来欧盟逐步调整其对外援助政策，也相应改变项目管理模式，逐渐形成了集中管理和分权管理两种管理模式。集中管理模式项目分为两类：一类为欧盟总部或欧盟委员会驻华代表团直接负责，中方工作仅限于政策咨询，并不负责具体执行和管理（如"中欧伊拉斯谟•蒙杜斯"计划）；另一类为欧方牵头成立项目指导委员会，中方（商务部）作为主席单位共同参与项目管理，其他参与方作为观察员加入项目指导委员会（如中欧生物多样性项目）。分权管理模式为，中方（商务部）与中方项目牵头单位共同成立项目指导委员会，欧方作为观察员参加指导委员会；在项目实施过程中，中方牵头单位负责组建项目执行办公室，任命项目主任，欧方不再指派项目主任，只派遣长期专家组长，协助项目主任工作，为项目提供咨询服务。

（五）发展趋势

1. 援助资金"由多到少"

2007—2013年，欧盟对华援助金额为2.24亿欧元，比前一个五年计划减少0.26亿欧元。随着中国经济快速增长，欧盟对华援助资金很可能继续减少。

2. 援助项目"由硬到软"

初期的欧盟对华发展援助以面向基层的综合扶贫开发为主，集中在农业和工业技术改造领域，其中硬件设施建设占有很大比重。近年来，欧盟发布一系列新的对华发展合作政策文件，将援助重心由硬件建设逐步向软件建设转变，更加重视包括促进双方对话与合作、高等教育交流、高级人才培养等领域。

3. 资金分配"由散到聚"

为提高援助资金使用效率，并降低项目管理难度，欧方逐步减少援助项目数量，集中有限资金，针对重点项目加大支持力度，扩大援助项目的影响力。

4. 双方关系"由单方援助到平等合作"

随着中国综合国力不断提升，欧盟认为中国在发展援助中的角色定位已发生改变，由欧盟单纯的援助对象变成众多领域的合作伙伴，欧盟对中国不再是"援助"，而应是"合作"。近年来，欧盟不断加大对中国的工作力度，试图说服中国加入国际援助多边体系，或在对包括非洲国家在内的第三方援助中加强与中国的信息沟通与合作。

5. 中方出资"由少到多"

欧方援助资金将更多用于支持欧方专家的费用及出国考察、培训等在欧洲发生的相关费用；参与项目的中方人员费用、国内培训、研讨会、项目执行办公室租用及办公设施配备等费用都由中方解决。

专题十三

欧盟对华贸易救济措施

一、欧盟对华贸易救济措施总体情况

欧盟是世界上使用贸易救济措施最多的地区之一，同时也是最早对中国产品发起贸易救济调查的地区。自 1979 年对华发起首起（糖精钠）反倾销立案调查至 2007 年底，欧盟共对中国发起 136 起贸易救济案件调查，涉案金额约 90 亿美元。其中，反倾销立案调查 133 起，占所有贸易救济立案量的 97.8％；一般保障措施 2 起，占 1.5％；特保措施 1 起，占 0.7％。欧盟对中国发起贸易救济立案调查的数量及金额，分别占世界各国对中国发起贸易救济立案调查总量及金额的 14.8％和 35％左右，在世界各国对华发起贸易救济立案调查量的排名中居第二位，仅次于美国（143 起）。

自 2001 年中国加入 WTO 至 2007 年底，欧盟共对中国发起贸易救济立案调查 45 起，占各国对华立案总数的 11％；涉案金额约为 41 亿美元，占各国对华贸易救济案件总涉案金额的 31％。

尤其自 2004 年以来，欧盟对中国贸易救济立案一直居高不下。2004 年欧盟对中国发起贸易救济调查 9 起，涉案金额 5.7 亿美元。2005 年欧盟对中国发起贸易救济调查 9 起，涉案金额超过 9 亿美元。2006 年欧盟对中国发起 12 起反倾销案，创历史最高纪录。2007 年，欧盟在 1—8 月份无一起立案的情况下，9—12 月连续对中国发起 6 起反倾销调查，涉案金额 15 亿美元。

从近几年情况看，欧盟对中国贸易救济立案中大要案增多。例如，化纤布反倾销涉案金额达 3.16 亿美元，皮鞋反倾销案 7.6 亿美元，塑料袋反倾销案 3.1 亿美元，钢铁紧固件反倾销案 5.3 亿美元。

二、欧盟对华贸易救济措施发展趋势

随着中欧经贸关系的持续快速发展，双边贸易和投资联系更加紧密。很多欧盟企业将其生产基地移至中国，并将生产的最终产品部分返销欧盟市场，与此同时，中国价廉物美的产品也给欧盟零售商和消费者带来了实惠。因此，欧盟对华贸易救济措施不仅对中国企业产生影响，同时也会触及欧盟在华投资企业、欧盟下游用户、进口商、零售商、消费者的利益。欧盟内部在对中国产品采取贸易救济措施上正出现越来越大的分歧。

例如，在 2005 年欧盟对华皮鞋反倾销案中，欧盟制鞋产业和零售业针锋相对，互不相让。制鞋产业认为中国"倾销"产品危及欧盟制鞋产业的生存，零售业则表示消费者将最终为欧盟对华皮鞋反倾销措施付出代价。成员国政府也意见不一。以意大利、西班牙等国为代表的保护主义国家坚决要求对中国皮鞋征收反倾销税，而以英国、北欧国家为代表的自由贸易国家则强烈反对限制进口中国皮鞋。面对各方不同利益诉求，欧盟最终以对中国皮鞋征收2年（通常为5年）的反倾销税作为妥协方案。

又如，2007年欧盟对华节能灯反倾销日落复审案，再次出现了同样的争论。作为原案件申诉方之一的荷兰飞利浦公司，因其主要生产基地已移至中国，强烈要求欧盟委员会如期终止到期的对华节能灯反倾销措施，而留在盟内生产的德国欧司朗公司则强烈要求继续征收反倾销税。成员国分别支持一方，到最后才达成妥协，将原有措施再延期一年。

以上两起案件因其典型性在盟内引起了广泛关注和激烈争论。欧盟媒体认为，在对华贸易救济措施上的争论，加剧了欧盟内部的"分裂"。

三、欧盟贸易救济措施绿皮书

为加强欧盟在贸易救济措施方面的一致性和行动力，有效维护欧盟利益，2006年12月6日，在贸易委员曼德尔森的积极推动下，欧盟委员会发表了题为《经济全球化背景下变化中的欧盟贸易救济措施》的绿皮书。绿皮书的核心是在经济全球化不断发展与加深、欧盟与第三国贸易与投资显著增加、欧盟东扩后成员国利益调和难度增大的新情况下，对欧盟现行贸易救济政策及实践进行反思和调整。

绿皮书就全球化经济中贸易救济措施的作用、贸易救济调查中欧盟不同利益的衡量、贸易救济调查的发起与进行、贸易救济措施的形式与时限、贸易救济调查透明度、贸易救济调查机构、公开评论邀请等7个方面共提出了32个问题。主要集中在贸易救济调查中如何更全面考虑共同体利益、如何提高调查透明度以及在采取措施的形式与时限上增加灵活性等方面，同时也就如何运用保障措施和反补贴措施、如何对转型经济国家进行反补贴调查、产业代表性标准、微量测试门槛、复审等技术性问题发起讨论。

绿皮书发布后，在盟内引起了广泛和热烈的讨论。几乎所有成员国政府和欧盟产业、进口商、零售商及消费者组织都针对上述问题发表了评论意见。总体看，代表欧盟产业利益、要求使用贸易救济措施的呼声占据优势。此外，第三国政府和相关利益方也提交了评论意见。

在公众评论的基础上，2007年11月，欧盟委员会就贸易救济政策的改进提出了建议草案，供成员国讨论。但由于成员国对草案内容存在较大分歧，很多意见认为并无必要修改现有措施与做法，欧盟委员会已决定暂时搁置对贸易救济法规的修改。

中欧纺织品贸易

纺织品贸易是中欧贸易的重要组成部分，也是中国最具出口竞争力的领域之一。2006 年，中欧贸易额为 2 500 亿欧元，其中纺织品贸易达 260 亿欧元，占总量 10% 以上。其中，中国对欧纺织品出口 252.2 亿欧元，从欧盟进口 8.01 亿欧元，实现对欧顺差 244 亿欧元。中国成为欧盟纺织品和服装的最大进口来源地。2005 年全球配额取消后，欧盟担心自中国进口的纺织品和服装大幅增长，随即启动特限程序，对中国输欧纺织品进行调查。通过友好磋商，中欧双方决定共同实施对双边纺织品服装贸易的有序管理，成功化解了潜在问题，保障了纺织品贸易的平稳发展。

一、背景

1. WTO《纺织品与服装协定》

在 WTO 乌拉圭回合谈判中，《纺织品与服装协定》（Agreement on Textiles and Clothing，ATC）是广大发展中国家经过长期斗争取得的最重要的成果之一。根据该协定，全球纺织品服装贸易在 10 年过渡期中（1995—2005 年）分四阶段逐步取消配额，自 2005 年 1 月 1 日起最终实现纺织品和服装贸易的自由化。欧盟作为主要设限方，也分阶段取消了配额限制。

2. 中国享受一体化成果后，出口出现较快增长

2002 年以前，中国尚未加入 WTO，无权享受第一和第二阶段取消纺织品和服装配额的成果。2001 年 12 月 11 日正式加入 WTO 后，中国自 2002 年 1 月 1 日起开始享受纺织品和服装贸易前三阶段一体化的成果，欧盟也因此取消了针对中国的 21 个类别的纺织品服装配额。但由于欧盟在 10 年过渡期中将 70% 的配额保留到一体化时限的最后一刻才取消，导致中国纺织品出口在配额结束后巨大的潜力得以释放，出现了较快增长。当 2005 年初全部纺织品配额取消后，中国输欧纺织品服装的部分产品出现了激增。根据欧盟进口监控系统 SIGL 统计，中国出口欧盟产品中有 16 个类别超过警戒水平，其中第 5 类羊毛衫增幅高达 534%，第 6 类男裤增幅达 413%。

二、中欧就纺织品服装贸易进行磋商

1. 中国加入 WTO 报告书第 242 段

在中国加入 WTO 谈判过程中，为保证纺织品贸易的平稳和可预见的发展，中国与其他 WTO 成员在平等协商的基础上就《中国加入工作组报告书》第 242 段内容达成一致。该段规定，在 2008 年 12 月 31 日之前，"如一 WTO 成员认为《纺织品与服装协定》所涵盖的原产于中国的纺织品和服装产品自《WTO 协定》

生效之日起，由于市场扰乱，威胁阻碍这些产品贸易的有序发展，则该成员可请求与中国进行磋商，以期减轻或避免此市场扰乱。""在收到磋商请求后，中国同意将对这些磋商所涉及的提出磋商请求成员的一个或多个列表的纺织品或纺织制成品的装运货物，控制在不超过提出磋商请求的当月前的最近 14 个月中前 12 个月进入该成员数量的 7.5% 的水平"，也就是说当中国纺织品出口激增，并导致损害另一世贸组织成员的产业时，该成员可以对来自中国的纺织品进口采取数量限制措施。

2. 欧盟发起特限调查

为了适应 2005 年 1 月 1 日纺织品一体化的到来，特别是为了应对后配额时代可能出现的中国对欧纺织品出口的激增，欧盟提前修订了欧盟纺织品的基础性法规，加入了有关纺织品特限的条款，将"242 段"转化为欧盟内部法律。根据该法规，欧盟委员会设立了针对中国纺织品的"单一预先监控体系"，实行自动进口许可证制度，产品范围覆盖了 2005 年起取消配额的 42 个产品类别中的 30 多个，囊括了所有敏感产品，作为实施特限措施的技术准备。

2005 年初中国输欧纺织品出现较大幅度增长后，欧盟委员会即于当年 4 月 6 日出台《欧盟对华纺织品特别行动指南》，设定了中国纺织品出口预警区间和增长率，并作出调查、非正式磋商、正式磋商等程序性规定。4 月 29 日，欧盟官方公报发布通知，决定依据 242 条款对中国自即日起正式对 9 类产品进行设限调查，并开始与中国政府的非正式磋商。所有涉案纺织品服装金额达 14.7 亿欧元（约合 20 亿美元）。

在经过多次技术层接触后，欧盟贸易委员曼德尔森于 6 月初来华与中方磋商。6 月 11 日，中欧双方在上海经过长达 10 小时的艰苦谈判，终于就纺织品问题达成协议。中国商务部部长薄熙来与欧盟委员会贸易委员曼德尔森签署了《中华人民共和国商务部与欧盟委员会关于中国部分输欧纺织品和服装的谅解备忘录》，规定对套头衫、裤子等 10 类中国输欧纺织品服装进行数量限制，每年增长率为 8%～12.5%，至 2007 年底结束。备忘录的签订与实施，比较圆满地化解了中欧纺织品贸易摩擦，为之后的中欧纺织品贸易创造了可预见的环境，达到了"双赢"的目的。

3. 中国纺织品"卡关"

由于双方内部立法程序限制，从 6 月 11 日签署备忘录到 7 月 20 日实施监管之间存在一个多月的"管理空当期"。这段时间内，中国 10 类产品均可自由进入欧盟，不需要申领许可证。双方贸易商为规避之后实施的数量监管，在套头衫、裤子和女式衬衫三类产品上出现了抢关出口的情况。以套头衫为例，据欧盟统计，在 2005 年 1—4 月自由贸易状况下，欧盟从中国共进口 8 000 万件；而在一个多月的管理空当期内，欧盟监测数据显示，其进口许可证发放量达到 1.2 亿件，相当于前四个月进口总量的 150%。

贸易商抢关出口导致 2005 年双方协议配额在空当期被快速用尽。按中方统计，6 月 11 日至 8 月 7 日中国向欧盟出运裤子 5 514 万件，占协议量近 53%，而欧方统计的进口许可证发放数量为 1 亿件，已经达到全年的协议量。因此，超过协议量的货物在出运并到达欧盟港口后无法取得进口许可证清关，导致大量货物滞港，造成"卡关危机"。

因此，曼德尔森贸易委员 9 月初再度赴华磋商。中欧双方在北京经过两天一夜的谈判，就解决部分中国纺织品滞留欧盟海关问题达成一致。薄熙来部长与曼德尔森委员本着友好合作的精神签署了《关于对〈中华人民共和国商务部与欧盟委员会关于中国部分输欧纺织品和服装的谅解备忘录〉采取过渡性灵活措施的磋商纪要》，解决了卡关货物的放行问题。

4. 配额到期后的纺织品贸易

根据 2005 年备忘录，中欧纺织品贸易数量限制于 2007 年底到期。从 2007 年上半年开始，欧盟部分成员国和产业界要求 2008 年开始继续对华设限的呼声甚嚣尘上。双方再度面临如何实现贸易平稳有序增长的问题。在 2007 年 6 月举行的第 22 届中欧经贸混委会上，经做工作，欧盟明确表示将恪守备忘录，如期实现中欧纺织品贸易自由化。根据中欧经贸混委会达成的有关共识，双方于 9 月 28 日就建立"双边监控系统"达成一致，在取消所有输欧纺织品数量限制的前提下，将备忘录中涉及的其中 8 类纺织品纳入"双边监控系统"，实行为期一年的出口许可，不设数量限制。该系统的目的是对贸易数据进行实时监控，避免再度发生 2005 年初的大幅增长。目前，该双边监控系统运行良好。

三、未来展望

纺织业是中国重要的传统产业，涉及到 1 900 万人的直接就业。同时，欧盟成员国中意大利、西班牙等也保留大量的纺织服装产业，拥有众多产业工人。这使得纺织业成为中欧经贸关系中非常重要和敏感的领域。在经济全球化的背景下，欧盟纺织业改造重组远未完成，在与中国产品的竞争中处于劣势。由于关系到就业问题，欧盟在未来很长一段时间内仍会采取各种方法来保护纺织业这一夕阳产业。要实现 WTO 所确立的纺织品一体化的目标，还有很长的路要走。

双方合作管理纺织品贸易的三年多时间，是中欧互为重要贸易伙伴的时期。自 2005 年以来，中欧在处理贸易激增、谈判并签署备忘录、解决货物卡关以及建立双边监控体系等问题上，始终坚持双边磋商、友好合作的原则，在顶住贸易保护主义压力的同时，通盘考虑各方面利益，成功化解了各种问题和危机。通过妥善处理纺织品问题，中欧双方增进了互信，证明了对话与合作是解决问题的最有效方式。

我们可以相信，只有双方继续秉着对话与合作的原则，通过友好协商解决问题，中欧纺织品贸易将会迎来新的发展期并实现互利共赢。

第十二章

中欧科技合作

第一节 中欧科技合作概况

一、合作简史

中欧科技合作始于 20 世纪 80 年代初。1981 年 4 月，欧洲共同体能源总司长卡邦蒂尔应国家科委邀请率团访华，揭开了中欧科技合作与交流的序幕。1985 年 10 月，国家科委和欧洲共同体研究总司在北京联合举办"中欧新技术革命研讨会"。这次具有战略意义的政策研讨会标志着中欧科技合作的全面展开。

1985 年，中国与欧洲共同体签订了贸易经济技术合作协定。为实施该协定，经贸部和欧洲共同体对外关系总司牵头成立了中欧贸易和经济合作混合委员会。混委会先后设立了经贸、科技、能源、环境、工业、信息等六个工作小组。国家科委作为中国国际科技合作的归口部门，负责组织、规划、指导和协调中欧科技领域的合作。

中欧科技合作发展迅速，主要集中在能源、生物、环境、信息等领域。20 世纪 90 年代在国家科委主管的科技合作领域又先后成立了科研、能源、信息通信三个工作组，负责协调和指导有关领域的合作与交流。1991 年中欧在北京成立了中欧生物技术中心，负责协调和管理生物领域的合作与交流。

1996 年 7 月，欧盟将我国列为"新兴经济国家"之一。这是欧盟对中国在世界政治、经济、科技发展格局中的新定位。从此，欧盟第四研发框架计划（FP4）开始对我国开放。中国在继续执行欧盟在华实施的各类合作项目的同时，开始参与欧盟框架计划内的项目。截至当时，双方共同执行 200 多个项目，2 000 多位官员和科技人员进行了互访和交流，建立了良好的合作关系并取得了丰硕的成果。中欧科技合作经历了逐渐扩充、规范、完善、成熟的发展过程。合作形式从最初的人员交流与培训发展到后来的专题研讨、技术示范、联合研究和战略对话等。

1998 年 12 月，《中华人民共和国政府和欧洲共同体科技合作协定》在布鲁塞尔正式签署。《协定》确定欧盟向中国开放其研发框架计划，中国向欧盟开放相应的科技计划；双方合作研究产生的发明、发现和成果归双方共有。欧盟研发框架计划成为国际上第一个向中国开放的大型科研计划，成为中欧科技合作的重要平台。双方执行协议的机构分别为欧盟委员会研究总司和中国科技部国际合作司。双方建立了科技指导委员会对话机制，这是中欧科技合作中最高级别的会议（副部级），负责制定中欧科技合作的方针政策、确定合作方式、选定合作领域和项目、指导和协调双方的科技合作。中欧科技指导委员会每年召开一次会议，至今共召开了 6 次会议。第六次会议于 2007 年 11 月在北京召开，会议对中欧科技合作的成果进行了评估，对设立联合招标合作新机制进行了深入探讨，拟选择双方共同的优先领域，采取联合招标、联合评审、联合确定和共同支持合作项目的方式深化中欧科技合作，初步确定能源、环境、医疗卫生和生物技术为首批试点领域。

随着中欧科技合作与交流的深入发展，2004 年 12 月，《中华人民共和国和欧洲共同体科技合作协定》在第七次中欧领导人会晤期间续签。协定的续签扩展了双方科技合作的范围和形式，为我国在高技术研究和基础研究领域与欧洲国家进行高水平的合作提供了新的平台。协定有效期为 5 年，2009 年底将再次续签，双方正在探讨为协定注入新的活力。

为了使中欧科技合作与交流向纵深发展，科技部及有关部委积极开拓中欧在各领域的合作与交流。自 2002 年起，科技部、交通部、国防科工委、建设部、卫生部、信息产业部、环保总局、质检总局、食品药品监督管理局、国家林业局、中科院、航天集团、北京市、上海市等部门和地区共 60 多个科技团组访欧。主要合作涉及交通、海运、建筑、中医药、信息、电子、环境、能源、气变、林业、纳米技术、材料、造船、航天、数字奥运、智能交通、人员培训等诸多领域。近年来，中欧开展了伽利略卫星导航系统和 ITER 等大型项目的合作，特别是我国参加欧盟框架计划项目十分踊跃，大大提升了中欧科技合作的质量和水平。中欧科技合作已成为中欧战略合作伙伴关系的重要组成部分。

二、中欧科技合作成果

自 1981 年中欧开展科技合作与交流以来，中欧科技合作机制日趋完善，合作规模稳步扩大，合作内容不断丰富，合作成效显著。中欧科技合作的不断巩固与发展为双方科技界创造了良好的交流与合作环境，扩大了双方科研人员的往来与了解，集成了中欧的科技资源，取得了丰硕的科研成果，促进了中欧政治、经济和贸易关系的发展。

中欧在能源技术、管理和政策方面进行了广泛的合作与交流，为我国制定能源战略、能源发展政策提供了借鉴；在信息技术、智能交通、移动通讯、农业、生物技术、医学等诸多领域的合作取得了明显的经济和社会效益。中欧在伽利略计划、核聚变、氢能、空间、信息技术等高技术领域及环境、能源和气变等全球热点问题上的合作对中欧未来科技发展将产生深远影响。

纵观20多年的中欧科技合作，显著特点归纳如下：

一是合作项目起点高，成果多。合作领域主要集中在能源、环境、生物、空间、材料、信息等高科技领域。至2007年底，中欧间开展的科技合作项目累计约600项，其中70%集中在上述领域，有力地推动了双方高科技的进步与发展。

二是示范项目多，执行周期长。双方的科技合作有力地促进了工业合作和贸易往来。据不完全统计，欧盟仅对中欧合作的技术示范项目资助就达1 800多万欧元。

三是项目规模大，技术含量高。中欧伽利略计划合作是双方在高技术领域的战略合作项目；ITER计划是国际间高技术领域合作的典范，将对未来能源产生革命性的影响。

在二十多年的中欧科技合作中，双方组织了各种类型的活动，执行了许多重点项目，例如：

1. 中欧科技战略高层论坛

中国科技部和欧盟委员会于2005年5月在北京联合举办中欧科技战略高层论坛。双方在未来的科技合作方针和战略上达成了一致，从而进一步推动了正在快速发展的战略伙伴关系。双方还签署了建立以知识为基础的战略伙伴关系的联合声明。

2. 中欧科技年

2006年10月以"携手创新，互利共赢"为主题的中欧科技年在欧盟总部隆重启动。双方以中国第十一个五年规划和欧盟第七研发框架计划（FP7）启动为契机，共同或分别举办各类学术交流研讨会、论坛、科技会展等形式的活动40余项，既展示了中欧科技合作的成果，又进一步密切了中欧科技人员的联系。科技年闭幕式于2007年11月在葡萄牙首都里斯本举行，中欧葡三方与会领导人对中欧科技年取得的成果给予了积极的评价。

3. 大陈岛分散能源系统示范项目

欧盟发展总司无偿提供450万欧元，资助我浙江省在大陈岛建立了一个有风能、太阳能、潮汐能和生物质能的综合性新能源和可再生能源示范基地。

4. 中国天然气资源开发项目

中国石油天然气总公司和欧洲联合利益集团利用欧盟提供的技术和280万欧

元在我国陕甘宁盆地为中心地区勘探并开展合作。

5. 富春江流域水情自动测报系统项目

该项目是在富春江流域采用超声波无线电通讯技术和计算技术建立了一个实时水情自动测报系统，以便改善该流域的防洪抗洪能力，增加富春江电厂的发电能力。

6. 移动通信系统测试中心项目

双方在移动通信系统创立的中欧移动通信测试中心为欧洲移动通信制式迅速进入中国市场起到了重要作用。欧方为该项目提供了 550 万欧元。

7. 中国西北部厚层黄土滑坡研究项目

双方专家经过大量的野外实地考察、试验和研究，采用了法国 SPOT 卫星图像和人工降雨模拟，取得了首次揭示出斜坡地耕种对黄土滑坡稳定性的影响等多项研究成果。

8. 水灾分析和决策支持的数据融合项目

水灾分析和决策支持的数据融合项目开发了一套用于长期防洪工作的、集成了数据处理和管理的高技术的决策支持系统。

经过二十多年的磨合与发展，中欧科技合作已进入一个崭新的阶段，欧盟已成为中国最大的技术来源地和最重要的科技合作伙伴。从总体上看，中欧科技合作的基础比较牢固，有利条件较多，互利性较强，合作空间广阔，合作潜力巨大。随着欧盟框架计划对外合作机制的不断完善，欧盟把与我科技合作全部纳入框架计划，中国参与框架计划的项目数量大大增加。

虽然中欧科技合作成果显著，但总的看来，这些合作项目是围绕欧盟的计划在运作，其合作并不能完全与中国重大研发计划或重点研发项目相结合。因此我们必须探求新的合作机制，以结合双方重点，开展平等互利的科技合作。

第二节　中欧重大合作计划及相关领域合作

一、参与欧盟研发框架计划合作

1995 年欧盟开始实施第四框架计划（FP4）。继欧盟把中国定格为新兴经济国家之后，其框架计划对中国开放，成为国外第一个对中国开放的科研计划。

2001 年 6 月，中国—欧盟科技合作促进办公室在北京成立。中欧办自成立以来，在国内外联合或独立组织各类框架计划研讨会、宣讲会、活动日等上百项活动，为我国科研人员参与框架计划的合作作出了积极的努力。

2002 年 11 月，中国百人代表团赴布鲁塞尔参加 FP6 启动大会。

多年来，双方还组织了移动通信、材料、纳米技术、航空、科学与社会、可再生能源等专题研讨会，并与意大利、奥地利、法国、希腊等国联合举办促进欧盟框架下合作的研讨会。

中方参与 FP4 项目 53 个，参与 FP5 项目 82 个，参与 FP6 项目 205 个。合作项目涉及信息技术、能源、材料、航空航天、交通、生命科学、农业、环境和自然资源等领域，其中信息领域的合作项目最多。中国约有 400 个科研小组或科研机构参与了 FP6 的合作，成为第三国参与欧盟框架计划项目最多和最踊跃的国家。

2007 年是 FP7 的开局之年。在 42 项首轮招标中，中国科研人员积极参与递交的项目申请书已超过 300 个。在递交标书数量上，中国作为第三国参与 FP7 项目数量继续处于首位。

二、中欧伽利略计划合作

伽利略计划是欧盟和欧空局 2001 年 3 月共同启动的民用全球卫星导航定位系统。2001 年 6 月，朱镕基总理会见欧盟委员会副主席德帕拉休女士时表示，中国欢迎伽利略计划，有兴趣以平等伙伴身份全程参加伽利略计划，中方坚持权利和义务的平衡。双方于 2003 年 5 月开始正式谈判，2003 年 10 月在第六次中盟领导人会晤期间，双方在北京正式签署了《中华人民共和国和欧洲共同体及其成员国关于全球卫星导航系统（伽利略计划）合作协定》。为实施协定，科技部为中方牵头单位，负责协调国内对伽利略的合作，欧盟委员会能源与交通总司为欧方牵头单位，负责协调伽利略计划的实施和对外合作。2003 年 9 月，双方在北京成立"伽利略卫星导航培训合作中心"，为伽利略计划合作培养人才。2004 年 10 月中国国家遥感中心和伽利略计划联合体（GJU）签署了关于伽利略计划合作协议。2005 年，根据合作需要和双方协议，我国派出 3 名工作人员参与 GJU 的管理工作，2006 年底完成使命。

迄今为止，伽利略计划是中欧间最大的科技合作项目。根据合作协定，中国将参加该计划包括卫星制造、发射、地面站建设、应用产品开发、标准制定等全过程工作。中国承诺投入 2 亿欧元参与合作，其中用于研发阶段的 7 000 万欧元由政府承担。截至 2007 年底，双方已陆续签订 12 个项目合同，总额达 3 500 万欧元（有关费用从中国政府承诺的 7 000 万欧元中支付），12 个项目为：

- 搜救转发器采购项目（SART）
- 激光后向反射器采购项目（LRR）
- 伽利略中轨卫星地面接收站执行项目（MEOLUT）
- 外部地区完整性系统上行链路站射频前端项目（ULS-FE）

- 伽利略卫星激光测距服务采购项目（SLR）
- 伽利略搜救系统前向链路服务端到端验证项目（EEV）
- 电离层项目（IONO）
- 中国伽利略测试环境项目（CGTR）
- 中国渔业应用项目（FAS）
- 伽利略系统奥运会示范项目（GOGD）
- 基于位置的服务项目（LBS）
- 伽利略中国早期服务项目（EGSICO）

上述项目涵盖了伽利略系统的空间段、地面段、和用户段三个组成部分，总体执行顺利，其中 1 个（EGSICO）已经完成并交付欧方，其他项目正在执行中。

2006 年底，随着伽利略计划的不断推进，欧盟与拟合作的有关工业企业的纷争逐渐显现，双方在一些关键问题上分歧很大，最主要的是企业对未来收益缺乏信心，协议迟迟未签署，致使伽利略计划研发进展受阻，原计划的 PPP 开发模式不得不调整，2008 年开始布星运营的计划也不得不延迟，造成中方在参与伽利略计划合作中的困难局面。

2006 年 6 月，欧盟决定终止与工业界的谈判并提出由欧盟出全资建设伽利略系统。2007 年 11 月底，欧盟财政部长理事会批准了欧盟委员会关于由欧盟承担伽利略计划实施阶段的全部费用的建议，并批准了该计划 2008 年度 9．4 亿欧元的预算。欧盟交通部长理事会随后通过了关于建造伽利略系统、特别是其有关采购和管理的有关决议。2007 年 12 月，欧洲议会最终批准了伽利略计划经费的配备方案。伽利略计划走出困境。

由于伽利略计划实施模式的改变，中国参与伽利略计划的合作方式也必相应调整。欧盟委员会正在重新制定中国及第三国参与伽利略计划合作的机制，中欧关于伽利略计划合作的新一轮谈判即将开始。

中欧伽利略计划合作指导委员会第三次会议于 2007 年 7 月在布鲁塞尔召开，双方回顾并评估了中欧伽利略计划开发阶段的合作情况并确定第四次会议于 2008 年上半年在中国举行。

三、国际热核聚变实验堆计划（ITER）合作

ITER 计划是多国共同参与的大科学工程国际合作计划。2001 年完成最终设计报告，启动谈判。经过近五年的谈判，ITER 计划成员由最初的四方增加到七方（俄罗斯、美国、欧盟、日本、中国、韩国、印度）。实验堆的选址问题一度争论十分激烈，先后有法国、西班牙、日本、加拿大（后来退出）四方正式要求在本国建实验堆并且竞争非常激烈。经过充分的讨价还价和艰苦的谈判，合作各

方同意 ITER 总干事长由日本指派，欧盟承诺将自己承担任务的 10％外包给日本等附加条件，日本才放弃将实验堆建在本国的要求。2005 年 6 月合作各方代表在莫斯科签署协议，确定 ITER 计划实验堆设在法国卡达哈什（Cadarache）。中国作为 ITER 的重要成员，积极参与决策并始终支持试验堆设在法国。

2006 年 5 月，科技部代表中国政府与其他六方代表在布鲁塞尔欧盟总部草签了《国际热核聚变实验堆联合实施协定》。7 月，在法国卡达哈什举行的 ITER 第九次预备委员会会议上，参与合作的七方根据 ITER 总干事长池田要（Kaname Ikeda）的提议，通过了 ITER 计划最高管理层人选，确定了六名副总干事长的人选及分工。中方推荐的王绍祺被任命为副总干事长，负责人事和行政管理。至此，各项前期准备工作在卡达哈什逐渐展开。

2006 年 11 月，科技部长徐冠华代表中国政府与其他六方代表在法国爱丽舍宫正式签署《关于成立联合实施国际热核试验堆国际聚变能组织的协定》。除美国外，其他六方还签署了《联合实施国际热核试验堆项目国际热核试验堆国际聚变能组织特权与豁免协定》。ITER 计划的合作七方包括了全世界最主要的核国家。2007 年 10 月在法国卡达哈什成立了负责实施该计划。

ITER 计划是目前全球实施的规模最大、影响最深远的国际科研合作项目，世人也将其称之为“人造太阳”计划。整个项目需时 35 年，其中实验堆建造大约需要 10 年，实验运营大约需要 20 年，去活化拆除大约需要 5 年；项目经费总预算为 100 亿欧元，其中实验堆建造约需 50 亿欧元，实验堆的运行和去活化拆除约需 50 亿欧元。欧盟作为 ITER 计划的东道方，承担了计划总经费的 50％，其他五国各承担 10％的费用。2006 年 5 月印度加入，也须承担 10％的费用，其他国家都将自己承担的一小部分经费额度让与印度。中国在该计划中实际承担 100 亿人民币的份额，其中 50 亿用于建造实验堆（80％的份额将以实物部件形式提交），50 亿用于运营实验和去活化拆除。

ITER 将整个计划分成 96 个大采购包，有的采购包又被分成若干小包。我国承担的任务涉及了采购包的 12 个部分。从达成的制造任务分配协议看，中欧都将承担 ITER 计划磁体线圈的制造任务，包括环向场磁体和极向场磁体和线圈，中欧还分别承担了不同比例的大型包层第一壁模件以及输运车的制造任务。中国建造的 EAST 超导托卡马克的经验为 ITER 计划超导磁体的制造奠定了基础，中方在 ITER 计划建设中处于较强的技术优势，中欧间正在这方面加强合作。

2007 年 10 月 24 日《关于成立联合实施国际热核试验堆国际聚变组织的协定》和《联合实施国际热核试验堆项目国际热核试验堆国际聚变能组织特权与豁免协定》正式生效，ITER 计划国际组织正式诞生。2007 年 11 月底，合作各方代表和原子能委员会负责人会聚在法国的卡达哈什召开了 ITER 国际组织第一届

理事会会议。科技部程津培副部长率团出席了会议。随后,程副部长率团访问了
欧盟总部,与欧盟委员会研究总司就中欧在 ITER 计划方面以及在核聚变领域的
合作进行了磋商,双方正在商讨签署有关双边合作计划。欧方拟于 2008 年上半
年派团访华,就双方在核聚变领域的合作进行具体磋商。

四、能源合作

能源合作是中欧科技合作的先驱和最重要的合作领域之一,成效显著。自
1982 年以来,中欧联合在清华大学核能技术设计研究院和南京节能中心联合举
办了中欧节能和能源管理培训班,又在北京、南京、天津、杭州、上海、哈尔
滨、西安和重庆先后成立了八个能源培训中心。据统计约 5 000 人接受了煤燃烧
技术、核安全技术、节能技术和能源管理的培训。双方执行了能源政策研究和技
术可行性研究约 50 项、技术示范工程 2 项,举办各种类型的研讨会约 20 个。

中欧能源大会是中欧间开展能源领域合作的最重要平台。中欧第一次能源合
作大会于 1994 年在布鲁塞尔召开,2006 年在中国上海举办了第六次能源合作大
会,第七次中欧能源大会定于 2008 年底在布鲁塞尔召开。中欧能源大会每两年
举办一次,已成为中欧政府官员、企业家和科研人员在能源领域广泛对话和交流
的有效机制。

1996 年 10 月,双方签署了加强中欧能源合作的联合声明,设立了能源合作
工作组。科技部国际合作司和欧盟委员会能源与交通总司分别牵头,负责协调管
理双方在能源领域的合作与交流。第一次工作组会议于 1997 年 2 月在布鲁塞尔
召开,双方确定了工作机制和合作项目的申请、评审和确定等程序,讨论和制定
了 1997 年度双方在能源领域的合作交流计划。2005 年 3 月召开第七次能源工作
组会议,双方确定了洁净煤、能效与可再生能源两个合作计划。第八次能源工作
组会议定于 2008 年在北京召开。

自 1998 年中欧科技合作协定签署以来,参与欧盟框架计划能源项目的合作
也成为中欧能源合作的重要形式之一,中方参与 FP6 能源项目 28 个(其中包括
气变和生态项目)。2007 年 11 月,欧盟委员会研究总司能源司长率团访华,探
讨双方在能源领域的合作,特别是在 FP7 和原子能计划下有关核聚变和核裂变
方面的联合研发合作。2008 年 3 月双方在中国广州举办了气候变化和可再生能
源研讨会,继续探讨了在 FP7 和原子能计划下的能源合作。

2000 年 11 月,由科技部、外交部和国家原子能机构组成的中国代表团与欧
盟委员会代表团在北京举行了中欧和平利用核能非正式磋商会议。2003 年 6 月,
欧盟理事会授权欧盟委员会与中方就中欧政府和平利用核能协定开展谈判,并于
2003 年 7 月向中方提供了协定非正式文本草案。2004 年在荷兰海牙第七次中欧

第十二章
中欧科技合作

领导人会晤期间正式签署了《中华人民共和国与欧洲原子能共同体关于和平利用核能研发合作协定》，该协定是中国政府与欧洲原子能共同体签订的政府间协定，适用于欧盟所有成员国。协定内容包括核科研、核能开发、核安全、核技术应用、信息共享等合作领域。目前，中欧和平利用核能合作协定已正式生效，欧盟核科研领域的计划和项目对中国开放，将促进中国与欧洲在核科研及核工业领域的合作，双方开始探讨具体合作计划。

在能源领域合作中，较有显示度的项目都为我国带来了巨大的社会和经济效益，如大陈岛分散能源系统示范项目的实施为当地培养了一批技术人员并缓解了岛上电力紧张状况，加快了当地工、农、渔业生产的发展，提高了当地人民的物质生活水平，使岛上居民走上了脱贫致富的道路。该项目已进入工业合作阶段，中欧联合在杭州生产120千瓦风力发电机项目进展顺利。

中国天然气资源开发项目也是中欧科技合作史上的重要一笔。该项目是在中国北部的陕甘宁盆地为中心的地区，中欧联合开展勘探技术、钻井技术、气田开发方案、盆地模拟等研究活动。该项目合作非常成功，为我国的西气东输工程作出了重大贡献。

2002年中欧共同启动了"中欧能源环境项目"，计划总规模为4290万欧元，其中欧方投入2000万欧元，中方投入2290万欧元，该项目是中欧能源领域目前开展的最大合作项目，国家发改委为中方项目实施单位。项目分为综合能源政策制定、提高能源效率、扩大天然气应用和扩大可再生能源应用等4个主题并围绕政策研究、能力建设和技术转移3条主线。

中欧还开展了诸如中欧煤技术行动计划、煤炭零排放标准、在中国实施碳捕捉和碳储存、中欧能源效率和可再生能源行动计划等合作项目。2004年5月，欧盟代表团来华参加国际氢能大会，科技部与欧盟委员会研究总司签署了中欧氢能合作会谈纪要，双方的合作涉及氢能的研发、示范（氢能村、社区、燃料电池车）和交流。

2003年10月，中国在发表的首份对欧盟政策文件中，明确指出了能源合作的重点和目标：中国愿与欧盟保持和发展能源领域的技术合作和政策对话，在优化能源结构、清洁能源、可再生能源、提高能效和节能等领域加强互利互惠的技术合作和转移，促进共同发展，为全球环境保护和可持续发展作出贡献；加强能源发展政策和战略的沟通和经验交流，增进共识和在多边领域的合作，为中欧能源产业的合作和贸易创造良好环境。

2005年9月中欧领导人第八次峰会特别发表了气候变化和能源联合声明，倡议由国家发改委和欧盟委员会牵头组建"能源和交通运输中欧战略工作组"。工作组的任务是讨论、分析和比较中欧在能源和交通运输领域的中长期目标，制定安全、可持续的能源供应政策，确保可持续的、有利于环境和用户的交通运输政策。气候变化和能源联合声明还明确了双方在下述领域的合作：双方决定建立中欧气候变化和能源供应安全伙伴关系。伙伴关系将为双方开展合作和对话提供政治框架，连接技术开发、应用和转移、获取能源、经济发展、能源供应安全及气候变化。伙伴关系的重点是能源供应安全、提高能效、协调商品的技术标准，并通过务实合作实现低碳经济。

2007 年 11 月在北京召开的中欧领导人第十次峰会发表的联合声明中强调：中欧均认识到加强双边能源交流与合作的重要性，并一致同意采取切实措施，继续推进能源领域的互利务实合作。中欧双方将加强合作力度，确定于 2008 年在北京筹建"中欧清洁能源中心"，开展务实的节能减排和提高能效技术的研发和技术转移等方面的合作。

2008 年召开的第七次中欧能源合作大会和第八次能源工作组年度会议都是 2008 年中欧间在能源领域的重要活动。

五、气候变化

气候变化是目前国际上最热点问题之一，也是中欧间新开展的合作领域。2005 年发表的《中欧气候变化和能源联合声明》开启了双方在气变领域的合作与交流。双方决定建立中欧气候变化和能源供应安全伙伴关系并开展机制性对话。双方确定采取以下措施开展和加强在气变领域的交流与合作：

（1）伙伴关系将为双方开展合作和对话提供政治框架，连接技术开发、应用和转移、获取能源、经济发展、能源供应安全及气候变化。

（2）伙伴关系旨在提供一个政治框架，从而使欧盟和中国在上述领域内进一步开展政策对话和现实合作。

（3）通过伙伴关系将有助于加强欧盟委员会及欧盟成员国与中国在气候变化和能源方面合作的连续性，通过深化对生物层、生态层和能源生产间互动的认识，对环境进行可持续的管理。

（4）伙伴关系的后续行动显然是非常重要的，应在适当的层次进行落实。双方将进一步讨论建立相应的机制。

（5）在以市场为基础的政策工具方面建立合作机制，目的是交换使用这些工具（包括排放交易和京都协议清洁发展机制）的信息并促进其运用从而减少排放。合作将包括以下活动：

1）提高对清洁发展机制的认识并加强其在中国的实施；

2）在排放交易等以市场为基础的机制设计与实施方面交换信息；

3）在对以市场为基础的具体政策工具如排放交易进行成本效益评估方面分

　　4）在气候变化的负面效应和易受害领域的分析上分享专业技能；

　　5）在气候变化的社会与经济代价评估上分享专业技能；

　　6）在影响预测方面建立科学、技术和组织机构能力；

　　7）在政策工具方面交流经验以利于把气候变化因素纳入其他政策领域。

　　2006 年 2 月在上海签署的《中华人民共和国科学技术部和欧盟委员会关于通过二氧化碳捕获与埋存实现近零排放发电技术的合作谅解备忘录》上确定，中欧双方的研究机构应紧密合作，2008 年以前，探索该项技术在中国实施的可行性和可选方案，开发相关知识、专业技能和经验，为后续阶段的合作确定和准备适当的机制和手段。

　　中欧领导人第十次峰会发表的联合声明再次强调，高度重视气候变化问题，加强合作共同应对气候变化带来的严峻挑战。双方重申遵守对"联合国气候变化框架公约"和"京都议定书"的承诺，强调"共同但有区别的责任"和各自能开展双边合作。双方签署了欧洲投资银行向中国提供用于应对气候变化项目的 5 亿欧元框架贷款协议。欧盟近期出台了"2007—2010 年指导计划"，划拨 1.28 亿欧元用于支持行业对话、环境、能源和气候变化及人力资源等领域的合作。

　　《中欧气候变化和能源联合声明》和《中华人民共和国科学技术部和欧盟委员会关于通过二氧化碳捕获与埋存实现近零排放发电技术的合作谅解备忘录》构成了我国第一个关于二氧化碳捕捉与储存技术研发的国际合作协议，也标志着我国在该领域由国家主导和组织的创新研究工作正式起步。

　　为应对气候变化带来的严峻挑战，进一步加强国际合作与交流，中国成立了由国家发改委、科技部和国家环保总局组成的国家气候变化领导小组，领导和协调相关活动和国际合作。

　　由于中国和欧盟在气候变化领域的合作时间较短，有些合作方式和机制还在探讨和制定中。但是中欧在节能减排和气候变化领域合作的潜力是巨大的，只要双方作出积极的努力，建立有效机制，相信它将成为中欧科技合作的一个新亮点。

六、信息与通讯（信息社会）合作

　　中国与欧盟在信息与通讯领域的科技合作始于 20 世纪 80 年代。1984 年中国领导人访问欧洲共同体，双方同意在信息领域开展合作，国家科委与欧盟委员会信息总司建立了合作关系。二十多年来，双方保持着密切合作，成功执行了近 20 个技术合作和示范项目，举办和召开了多次技术研讨会和信息大会。在科技部和欧盟委员会信息总司的大力支持下，所实施的项目规模较大、示范性强、成果丰硕，多年来信息通讯一直是欧盟直接对华投入最大的科技合作领域。双方的合作机制不断完善，合作方式呈多样化，信息通讯合作一直是中欧科技合作的重点领域之一。

1997 年 6 月欧盟委员会主管信息和工业的委员班格曼访华，宋健国务委员与班格曼签署了联合声明。联合声明指出，鉴于信息与通讯领域合作的重要性，建议成立中欧信息通讯技术合作工作组，国家科委为中方牵头单位。1998 年 3 月，中欧信息通讯技术合作工作组在布鲁塞尔成立并举行了第一次会议。至此，信息领域的合作对话机制正式确立，科技部为中方组长，会同信息产业部、商务部、教育部、国务院信息化促进办公室与欧盟委员会信息社会总司为组长的欧方开展了富有成效的合作与交流。1999 年 5 月、2001 年 9 月分别举行了中欧信息工作组第二次、第三次会议。

2001 年，欧方提出参照欧盟与美国和日本的对话机制，提议将工作组更名为中欧信息社会对话和提高对话级别。中方工作组由科技部副部长任组长，信息产业部任副组长。2003 年 2 月，中欧信息社会对话工作组在布鲁塞尔举行了第一次会议，科技部马颂德副部长率团与会，商务部、信息产业部和国务院信息化领导小组参加。中欧信息工作组第三次会议于 2006 年 9 月在北京举行，第四次会议于 2008 年 4 月在布鲁塞尔召开。

2003 年 4 月"中国—欧盟数字奥运工作组"在北京正式成立，并举行了第一次会议。该工作组是根据科技部徐冠华部长和欧盟委员会利卡宁委员 2002 年 4 月签署的联合声明，由中国科技部和欧盟委员会联合发起成立的。作为中欧数字奥运合作的平台，工作组主要围绕 2008 北京奥运会对信息技术的需求，制定促进中欧数字奥运合作的战略、措施和行动，加强双方数字奥运的合作与交流，直接为北京 2008 年奥运会服务。第一次会议拟定 4 个重点合作领域：即信息通讯和信息服务、奥运建设中的信息技术应用、城市信息化发展、奥运气象保障。工作组第二次会议和中欧数字奥运合作信息日活动于 2003 年 11 月在布鲁塞尔举行，会议提出了 27 个合作意向，数字奥运战略规划项目列入 FP6。工作组第三次会议和中欧数字奥运研讨会于 2004 年 4 月在北京举行。

信息合作开展以来成果卓著，主要合作项目和活动如下：

1. 富春江流域水情自动测报系统项目

该项目在富春江流域采用超声波无线电通讯技术和计算机技术，建立一个实时水情自动测报系统，以改善该流域的防洪抗洪能力，增加富春江电厂的发电能力。该项目从 1988 年开始实施，1991 年系统试运行，1993 年试运行成功结束。该系统的预报及时准确，大大减少了洪灾损失，至今合计减少损失 17 亿元，电厂每年多发电 1 500 万千瓦小时。信息总司资助该项目 200 万欧元。

2. 移动通信系统测试中心项目

国际科技合作最重要的目的之一是为工业合作和贸易做先导，促进工业技术合作和贸易往来。中欧移动通信系统测试中心的工作为欧洲移动通讯制式迅速进入中国市场起到了决定性的作用，为双方带来了巨大的工业商机和经济回报。欧方为该项目提供 550 万欧元。

3. 水灾分析和决策支持的数据融合项目

水灾分析和决策支持的数据融合项目（ANFAS）开发了一套用于长期防洪工作的、集成了数据处理和管理的高技术的决策支持系统。系统的输出成果能帮助决策者通过分析防洪措施的效果来减少洪灾损失，并且开发一个基于网络的用于对洪水模拟结果进行虚拟仿真、分析、浏览、评估和对比的集成系统。包括遥感、水文数据、地理数据在内的多种数据来源将存入一个地理信息系统数据库，采用水利模型计算进行场景分析和洪水模拟。ANFAS 系统在中国的应用区域是长江流域中部的荆江地区，在欧洲的应用区域是斯洛伐克的瓦尔河和法国的卢瓦尔河。ANFAS 计划由欧盟和中国科技部共同资助 400 万欧元，由 4 个欧盟国家和中国的 13 个机构组成的团队执行，执行期为 2000 年 1 月至 2003 年 12 月。

4. 中欧信息通讯大会

1998 年 6 月在布鲁塞尔举行了规模宏大的中欧信息通讯大会，中方派出 50 多人的庞大代表团，双方对中欧在信息通讯领域的合作进行了广泛深入的探讨和交流。

5. 多极培训中心

完成了多极培训中心（北京中欧智能交通培训中心、天津信息通信技术培训中心和上海远程医疗培训中心）的建立和北京环线智能交通系统项目和中国科技工业园区联网项目的可行性研究。

6. 第三代移动通信

在第三代移动通信领域，1999 年 9 月，中欧双方在北京召开了研讨会，2000 年 11 月初中国第三代移动通信代表团访问了欧洲。2002 年 11 月在北京举办了中欧未来移动通信论坛，双方在该领域进行了密切的合作。

7. 中欧信息社会合作论坛

科技部、信产部和欧盟委员会信息社会总司 2002 年 4 月在北京联合举办了规模空前的中欧信息社会合作论坛，有 700 多名欧洲国家的代表、160 多家欧洲知名企业参会，研讨的主题涵盖信息技术及创新与中小企业合作等 15 个领域，出席大会逾千人，参观展览逾万人。它是迄今为止中欧科技合作规模最大的活动之一。中欧双方签署的《联合声明》明确了中欧在信息社会领域未来的合作重点。

8. 欧盟于 2003 年启动了 1 500 万欧元支持中国信息化建设项目的程序，项目方案侧重于电子政务和数字鸿沟领域，项目正在实施中。

9. 研发框架计划内的信息合作

根据中欧科技合作协定，中方参与 FP5 信息社会主题的项目共 13 个，参与 FP6 信息领域的项目达 49 个，是我国参与 FP6 项目总数的四分之一，也是双方在 FP6 中合作项目最多的领域。在 FP7 首轮招标中，我国参与投标的项目 60 多个，其中 12 个通过评标立项。

科技部、欧盟委员会信息社会和传媒总司 2006 年 1 月在北京就加强双方在高速网络基础设施及其重大应用领域的合作交换了意见。双方高度评价中欧在网络基础设施领域的合作，充分肯定了在高速互联方面取得的实质性进展，一致认为高速网络基础设施及其重大应用对中国和欧盟的经济和社会发展起到积极作用，并表示愿意建立中欧在此领域的战略合作关系，同意就以下课题重点推动合作：

（1）高速网络基础设施：

1）在中欧先进网络间建立带宽为 2.5Gbps～10Gbps 的直接高速互联；

2）提供第三层 IPV4 和 IPV6 服务；

3）提供第一层和第二层用户控制服务；

4）设立大型视频会议系统。

（2）文化遗产的技术辅助式学习和获取；建立中欧关于电子图书馆、音乐、艺术和博物馆的交流合作平台。

（3）航空和空间技术：数据传输和处理。

（4）先进网格技术、系统和服务，电子科学。

（5）面向新兴业务的新型网络架构合作研究及其规模试验。

双方正在商讨于 2008 年召开中欧信息工作组第四次会议，总结和规划双方在信息社会领域的合作。

七、交通运输

欧盟是中国最大贸易伙伴（2007 年双边贸易额逾 3 500 亿美元），中欧间的海运关系极为重要。2002 年 12 月，中国与欧盟签订《中欧海运协定》，为双方航运企业在对方开展业务活动提供了良好的法律环境和保障。中国政府 2003 年 10 月发表的首份对欧盟政策文件中确认：在《中欧海运协定》框架下建立中欧司局级定期对话机制，开展在海运及海事领域的合作，加强在国际海事组织（IMO）等机构中的协调配合；深化和扩大双方在内河航运政策、航运安全和船舶标准化等方面的交流，继续拓展公路领域的技术、管理合作与交流，加强公路运输立法的对话和交流。

2005 年 9 月，双方又签署了《中欧海运协定修改议定书》，将原海运协定扩大到适用于 2004 年入盟的 10 个新成员国。截至 2008 年 1 月，中欧海运协定已在所有签约方完成内部法律批准程序。双方商定于 2008 年 2 月底在北京召开中国—欧盟《中欧海运协定》生效的新闻发布会。

在《中欧海运协定》框架下，双方分别于 2003 年 11 月、2004 年 11 月、2006 年 6 月在上海、汉堡、上海分别举行了三次会议。2006 年在上海举行的第三次会议上，双方同意扩大合作领域，建立部长级对话机制，并就签署《中欧交通合作谅解备忘录》达成一致。第四次会议于 2007 年秋季在荷兰鹿特丹举行。

2007 年 9 月，交通部与欧盟委员会签署的《道路运输和内河合作备忘录》使得双方在交通领域的合作进一步扩大到道路运输和内河领域。

目前，中欧海运关系良好，中国中远集团、中海集团，丹麦马士基公司，法国达飞公司等中、欧大型航运企业都在对方设立了独资公司。

八、生物技术

生物技术是中欧合作重要的领域之一。在生物技术领域，合作成果显著。1991 年中欧在北京成立了中欧生物技术中心；1998 年中欧启动了为期 3 年的"中欧生物技术网计划"；2001 年 4 月开始执行"中欧生物技术合作节点计划"。自中欧开始围绕欧盟研发框架计划合作以来，中欧生物技术领域的合作也逐步纳入了框架计划。1991 年 11 月在北京成立了中国—欧洲共同体生物技术中心（CEBC）。其任务是：组织生物技术讨论会、组织专业人员培训、受国家科委和欧洲共同体委托负责管理和协调中欧间的生物合作研究计划、传播和交流生物技术信息等，中心在协调和管理中欧生物技术合作研究中发挥了重要作用。科技部下属中国生物技术发展中心（以下简称"生物中心"）负责 CEBC 的运营。

FP5 中专门设立了"欧盟与中国生物技术合作计划"。1998 年，中欧启动了为期三年的"中欧生物技术网计划"，2001 年 4 月开始执行"中欧生物技术合作节点计划"。通过这些计划的执行，中欧生物技术中心与欧盟委员会研究总司、欧洲分子生物学组织、欧洲生物技术联盟等机构建立了良好的合作关系，合作取得了较好的成果，其中包括促成了 50 多个合作项目，组织召开各类研讨会近 30次，双方的人员交流达 1 000 余名，对于提高我国生物技术研究的水平和人员素质起到了一定的推动作用。

SARS 研究合作是中欧生物合作的典型范例。2003 年春 SARS 爆发，欧方积极回应中方就 SARS 专题开展联合研究的呼吁，及时投入 1 500 万欧元专项经费支持中国开展 SARS 攻关。双方共确定并资助了 8 个合作项目，涉及 SARS 干预策略、未来 SARS 的预防、SARS 控制的有效性和适当性、SARS 诊断治疗、SARS 疫苗开发、SARS 传播特性和流行病学、SARS 传染的免疫预防和疗法、SARS 的诊断和抗病毒。中国医学科学院、军事医学科学院、北京大学、清华大学、复旦大学、中山大学、中科院病毒所、动物所、上海药物所、昆明动物所、北京基因组学所、国家人类基因组南方中心、北京疾病预防控制中心等机构参加了这些项目的合作研发，香港、台湾地区的研究机构也参加了部分研究活动。2004 年 4 月，欧盟委员会科研委员布斯甘访华时，双方高度评价在抗击"非典"中的合作精神，有关科研成果提高了人类对控制和预防此类传染性疾病的能力。

中欧在生物技术领域开展了多种形式的合作，2006—2007 年双方在中国和欧盟成员国举办过多次活动：如中欧生物技术企业论坛、中欧生物技术与医药企业对接会、欧洲生物技术对接大会和各类互访等多项活动，有力地促进了双方科研人员和企业界的接触和相互了解，为促进双边合作提供了机遇。

中国生物技术发展中心联合欧洲生物技术联盟（EFB）等单位共同申请并获得了 FP7 中的健康生物国际合作项目。该项目旨在推动中欧双方科学家互相参与对方科技计划（如 FP7 和 863 计划）并联合申请课题，跟踪和评估中欧健康生物的研究政策及合作模式，促进相关领域的成果转化和应用，完善中欧研究与开发合作网络。该项目是多年综合型项目，双方科研人员将在这个项目框架下开展多项活动。

九、中医药合作

科技部国际合作司发起的中医药国际科技合作计划得到欧方积极响应，中医药国际合作顺利起步。经过积极筹备，由科技部、意大利卫生部、欧盟委员会研究总司于 2007 年 6 月在罗马联合举办了中欧中医药大会。中欧双方共 400 多人出席了会议，其中中方 60 多人。与会者对中医防病、治病和得到西方社会的法律认可进行了深入的研讨并就中方提出的关于建立国际中医药产业联盟及中医药国际科技合作专家委员会等倡议后如何进一步推动中医药国际科技合作进行了有益的探讨。

2007 年 11 月，科技部联合卫生部、国家食品药品监督管理局、国家中医药管理局、国家知识产权局和世界卫生组织在北京共同举办了中医药国际合作大会。来自 41 个国家、地区和国际组织的代表和中医药研发及产业界近 500 名代表与会。大会成立了中医药国际科技合作专家委员会筹备组，筹备组由 73 位国内外中医药和产业界专家组成，中方委员 36 人（含港澳 4 人），外方 37 人（来自美国、法国、意大利、德国和日本等国）。会后发表的《北京宣言》建议，条件成熟时将分别创立中医药国际科技合作计划国际专家委员会和中医药国际科技合作计划国际理事会筹备委员会，促进中医药国际科技合作向更广泛、更深入、更具实效的方向发展。大会呼吁世界各国加大对中医药国际科技合作的支持力度，推动中医药为促进人类健康发挥更大的作用。欧盟成员国代表的积极参与，此次会议为今后中欧间在该领域的合作打下了良好的基础。

欧盟委员会已将与我开展中医药合作计划列入 FP7，并设专款给予资助。欧盟委员会研究总司与中科院协议确定 4 个课题的联合研发，欧方为此拨出 1 200 万欧元进行资助。

第十三章

中欧教育文化关系

第一节　概　述

中欧教育文化交流与合作是中欧全面战略伙伴关系的重要组成部分，也是促进这一伙伴关系持续发展的社会和人文基础，因而受到双方的高度重视。

2003年10月，中国政府发表《中国对欧盟政策文件》，表示"中国将以更加开放的姿态，巩固和深化与欧盟成员国在文化领域的交流与合作，逐步形成中国与欧盟、欧盟成员国及其地方政府，以及民间、商业等多层次、全方位的文化交流框架，为中欧人民相互了解对方优秀文化提供便利。"在教育领域，"加强和扩大各层次的交流，适时建立中欧教育合作磋商机制，强化在学历学位互认、留学生交流、语言教学、互换奖学金生、教师培训等方面的合作。"

2006年第九次中欧领导人会晤联合声明指出："加强教育领域的合作是促进中欧全面战略伙伴关系持续发展的社会和人文基础。中欧双方将在更深层次、更广领域开展教育合作，共同研究未来合作的机制和优先合作领域，并使合作制度化"。"双方领导人还认识到文化多样性对可持续发展的重要性，并欢迎联合国教科文组织《保护和促进文化表现形式多样性公约》。双方领导人支持中国与欧盟成员国之间增加文化交流与往来，特别是鼓励表演团体和艺术家之间的互访，以加强中欧文化界的联系。"2007年第十次中欧领导人会晤联合声明，突出强调了中欧在教育和文化领域建立政策对话机制的重要性，并且对中欧教育和文化合作的方针和活动方式作了更加明确具体的表述。

高层互访对发展中欧教育文化合作发挥了积极的推动作用。2001年10月，教育部长陈至立首次访问欧盟总部。2003年10月，欧盟委员会教育文化委员雷丁首次访华，同文化部长孙家正签署了中欧文化合作联合声明。2005年10月，教育部长周济访问欧盟总部。同月，文化部副部长常克仁率团访问欧盟总部并出席了中欧建交30周年庆祝活动。2007年10月，欧盟委员会教育文化委员费格尔访华，分别同周济部长和孙家正部长签署了中欧教育合作联合声明和中欧文化合作联合声明，为发展中欧教育文化合作关系掀开了新的一页。

第二节　中欧教育交流与合作

一、欧盟对华合作项目

（一）中欧国际工商学院

中欧国际工商学院（China Europe International Business School，CEIBS）由中国政府和欧盟共同创办，是中欧教育合作的第一个重要项目。

1994 年 2 月，中国政府与欧盟签署了关于组建中欧国际工商学院的备忘录。同年 9—10 月，欧盟委员会副主席布里坦和外经贸部部长吴仪分别代表欧盟和中国政府签署办学财务协议。11 月，中欧国际工商学院在上海成立，上海交通大学和欧洲管理发展基金会共同签署办学协议。

根据协议，中欧国际工商学院是一所专门培养国际化高级管理人才的非营利性教育机构，享有完全独立的办学自主权。该院的办学宗旨是：为中国培养立足本土、面向世界、适应全球经济一体化趋势、具有参与国际合作与国际竞争能力的高级经营管理人才，为中国经济发展服务，并促进中国经济融入世界经济。

该院开设全英语教学的全日制工商管理硕士课程（MBA）和高级管理人员工商管理硕士课程（EMBA），以及高层经理培训课程，是中国工商管理教育的先驱。学院恪守"认真、创新、追求卓越"的校训，以国际化为特色，坚持高质量办学。自 2001 年起，该院连年跻身全球商学院 100 强，亚洲前 3 名。2004 年 3 月，该院成为中国大陆首家获得国际质量认证系统 EQUIS 认证证书的商学院。

欧方于 2001 年发起了进一步支持中欧国际工商学院的第二期项目，为期 5 年（2001—2006 年），投入资金 2 875 万欧元，主要用于：扶持学院的欧洲管理方；设立 3 个外国高级学者职位；捐助设立 8 个用于吸引优秀青年教师的专项基金；对学生给予支持（奖学金、实习，交流机会）；基础设施建设。

（二）中欧高等教育合作项目

中欧高等教育合作项目是中欧教育合作另一具有重要意义的项目，其总体目标是提升中国学者对欧洲研究的兴趣和理解，改善中国欧洲问题研究机构和队伍的工作条件，推动中国的欧洲问题研究。1996 年 5 月，外经贸部副部长孙振宇和欧盟委员会副主席布里坦签署中欧高等教育合作项目的官方协议和文件。该项目为期 4 年（1997—2001 年），于 1997 年 3 月正式启动，活动经费总额为 975 万欧元，全部由欧盟委员会提供；中方则以人力和实物方式配套投入，主要用于该项目的人工费用和办公开支。

根据协议，该项目每年资助中方 120 位学者访问欧洲，从事为期一个月或一年的进修学习或实地研究；对中国高校和中国社会科学院建立欧洲问题研究中心提供资助；资助中国高校与欧方的合作科研项目和课程开发项目；赞助有关欧洲问题的研讨会和国际会议等。该项目共资助 452 位中方学者赴欧进修或研究，在高校和研究机构共建立或加强 14 个欧洲研究中心，批准 142 合作研究项目和 36 个课程开发项目，召开了 36 次国际性或全国性学术会议，有 40 位著名的欧洲学者访华并参加学术活动。此外，参与该项目的中国学者共发表 70 余部学术专著和 400 余篇高水平学术论文和研究报告。

中欧高等教育合作项目是新中国成立以来高等教育系统人文社会科学领域规模最大的国际交流与合作项目，整合了各高校的欧洲问题研究力量，建立了地区性和全国性欧洲问题研究网络，拓宽了中欧学者之间的联系渠道。该项目在中方和欧方分别组织的项目执行情况和成果评估中均获很高评价。

（三）中欧青年经理培训项目

该总体目标是通过人力资源培训大力推动中欧经贸合作的发展，具体目标是选派优秀欧洲青年经理来华学习汉语和中国商业文化，培养熟悉中国国情和语言文化、善于同中国打交道的欧洲企业家。

该项目为期 5 年（1998—2003 年），欧盟方面总投入 1 164.5 万欧元，中方由中国国际贸易促进会（CCPIT）负责具体执行。中欧双方于 1997 年 10 月签署财政协议，并于 1998 年 6 月开始实施，首批欧洲青年经理于 1999 年 3 月来华开始接受培训。培训的主要方式包括：汉语强化训练——基础扎实者的 A 组历时 4 个月，初学者的 B 组历时 12 个月；举办专题讲习班、研讨会，开展公司调研；在欧洲公司的驻华机构内实习（首批 7 个月，第二批 3 个月）。

共有 162 名来自欧洲各国的年轻职业经理人接受了项目培训，普遍认为该项目非常实用，通过培训达到了预期目标。该项目受训者中大多数人目前仍在中国工作，或同中国进行合作。

（四）中欧工业职业教育培训项目

中欧工业职业教育培训项目由欧盟和中方共同开发，其总体目标是通过培训提高在华中欧合资企业员工的素质，提高企业在中国市场的竞争能力，同时通过培训中国教师来改变培训理念和方法，促进中国工业职业教育发展。

该项目为期 5 年（2000—2004 年），欧方投入资金 1 510 万欧元，湖北省政府提供了相当于 380 万欧元的配套资金。双方共同设立项目管理办公室，前期由湖北省商务厅监督执行，后由于具体执行单位省外贸学校与省工业职业学院合并成立了武汉科技学院，项目改由省教育厅为主监督执行。

第十三章
中欧教育文化关系

该项目立足湖北、面向全国，培训活动根据欧洲先进的职业教育理念设计，根据不同地区中欧合资与独资企业的需求来确定培训对象、目标、内容和方法。培训注重"立竿见影"式的实用技能的传授，培训课程涵盖广，涉及团队建设、成本意识、解决问题的技巧、健康与安全、环境保护等课程。

该项目取得了丰硕的结果。项目管理办公室在全国 9 个省份实施了 41 个培训子项目，内容涉及人力资源管理、生产管理、质量管理、设备维护、项目管理、市场营销、采购和物流。400 多家中欧合资企业参加了培训，其中不乏全球知名的跨国集团公司如 ABB、阿尔斯通、圣戈班、西门子、标致—雪铁龙东风、联合利华等，培训员工 3 200 余人，培训师资 126 人。评估结果显示，所有派员参加培训的合资企业都对项目持认可的态度；53％的公司肯定培训使其竞争力得到提升；93％的公司称其员工在受训后工作态度、合作意识及工作质量得到极大改善；所有参加培训的企业都表示继续派员参加培训。

为了延续并扩大该项目的成果，也为了进一步促进中国职业教育的发展，经欧盟委员会和国家商务部同意，2005 年初在武汉科技学院成立了"中欧国际职业教育培训中心"（CEVTC）。中心成立的第一年内，就在全国的 11 个省市提供了多场公开课、内训课程和论坛，参加培训和论坛的企业超过 300 家。中心不仅在培训资源匮乏的中、西部地区开展活动，培训资源丰富的上海、广州、厦门等城市也成为该中心的培训市场。

（五）中欧甘肃基础教育项目

中欧甘肃基础教育项目是中国政府与欧盟委员会合作在甘肃省实施的教育扶贫项目，其总体目标是支持帮助甘肃推进基础教育改革并在贫困地区全面实施九年义务教育。项目覆盖甘肃东部地区的 41 个国家级贫困县，欧盟资助 1 500 万欧元，中方（甘肃省人民政府）投入相当于 200 万欧元的人民币，主要用于通过开展农村教师培训（如改善教师的学习环境，增加培训设备，提高教师的素质和工作效率，改进教师的教学态度和行为等）提高小学生学习的主动性、教与学的质量。同时，改善一些学校的办学条件。该项目为期 5 年（2001—2006 年），于 2001 年 10 月在兰州启动，2006 年 11 月结束。

为确保项目的顺利实施，成立了由欧盟委员会驻华代表团、国家商务部和教育部组成的指导委员会。甘肃省项目办由省商务厅、教育厅和欧方择定的德国 GZT 公司组成，实行中欧双主任制，欧方提供技术支持。

该项目以教师在职培训为龙头，主要开展了以下活动：（1）创立适合农村中小学教师继续教育的学习型组织；（2）开发编写培训教材；（3）建立教师学习支持系统；（4）制定教师专业发展计划；（5）开展校本培训。

该项目取得以下主要成果：439 名小学教师和 1 210 名初中教师的学历培训；

686 个教师学习资源中心的建设；790 名技术支持人员和 1 675 名学习支持人员的培训；686 名校长培训者的培训；72 000 名教师和 8 900 名校长进行校本培训；22 000 单人套课桌凳和 686 所学校的图书资料的配备；市、县两级项目办 102 台计算机及其配套设备的装配；项目需求监测的调研和用户服务数据库的建设工作；累计资助了 77 825 人次的贫困学生。

该项目在试点县取得的成果和经验已经在其他地区进行推广。

（六）"亚洲连接计划"（中国窗口）

自 2002 年"亚洲连接计划"实施以来，中国高等教育机构积极参与有关计划。截至 2005 年，欧盟共收到 984 项项目建议书，批准 156 项。其中，126 项活动已经签署合同并进入实施过程，58 个中国高等教育机构作为参加者参与项目活动，7 所高等教育机构作为项目的牵头单位参与项目。欧盟仅为"中国窗口"提供项目资金就高达近 4 000 万欧元。

（七）"伊拉斯谟计划"（中国窗口）

为促进和落实"博洛尼亚进程"，欧盟委员会于 2003 年发起新的伊拉斯谟高等教育交流计划（Erasmus Mundus Programme）。该计划定位在硕士层次的高等教育交流，通过建立 100 个跨大学的"欧洲硕士专业"点和提供近上万个奖学金和访问学者名额的方法，吸引更多外国教师和学生在欧洲的大学学习，加强欧盟成员国大学之间的学术联系，提高欧洲高等教育的质量和竞争力，扩大欧洲高等教育在世界上的影响。该项目既面向欧洲学生，也面向第三国（欧洲以外）的留学生和访问学者。该计划第一阶段为期 4 年（2004—2008 年），总预算为 2.3 亿欧元。

为了争夺亚洲人力资源市场，欧盟在 2005—2007 年期间增设"亚洲窗口"，并额外增加预算 5 600 万欧元。"亚洲窗口"有 5 个，其中 4 个定向为中国、印度、泰国和马来西亚 4 国开放，另一个面向亚洲其余国家。"中国窗口"作为试验项目，为期 3 年，专项预算为 900 万欧元。其间，欧盟成员国高等院校共招收 450 名中国硕士生和 85 名青年访问学者，并和中国高等院校建立起合作伙伴关系项目。

（八）中欧欧洲研究中心项目

中欧欧洲研究中心项目由中欧双方共同发起，目的是通过加强欧洲与中国高等院校和科研机构之间的交流，进一步推动中国的欧洲研究，以巩固和深化对欧盟和欧洲事务的了解和理解。该项目为期 4 年（2004＋2008 年），欧方投入资金 1 107.2 万欧元，中方由中国社会科学院欧洲问题研究所负责项目协调。欧盟委员会主席普罗迪于 2004 年 4 月 14 日在中国社会科学院正式启动了该项目。

根据双方协议，欧盟对中国现有欧洲研究中心的可持续发展提供人力资源发展、课程开发、机构建设等方面的支持；对在南京和西北地区建立和发展两个新的欧洲研究中心提供协助；并在图书馆建设、举办圆桌会议、区域及国际会议、加强校友会和数据库、扶持中国欧盟研究学会等方面提供资助。

中国高等院校和科研机构 15 个已有欧洲研究中心于 2005 年 12 月获得该项目资助，2 个新建的欧洲研究中心也于 2006 年 8 月得到资助。欧方向中国社会科学院图书馆和复旦大学图书馆赞助的书刊及电子杂志已经到位。2005 年 5 月，欧盟委员会驻华代表团和中国欧洲研究学会合作，成功地组织了庆祝中欧建交 30 周年征文竞赛。

（九）中欧经理人交流培训项目

中欧经理人交流培训项目于 2004 年发起，其总体目标是通过中欧双方在人力资源开发方面的合作，支持中国的改革进程并增进中欧之间的相互理解，帮助提高中国企业和非营利部门提高管理水平和跨文化交流能力，以促进中欧合作持续发展。该项目为期 4 年（2006—2010 年），欧方投入资金 2 300 万欧元，双方于 2004 年 12 月签署项目财务协议，2006 年 7 月正式启动，由中国国际贸易促进会负责执行。

该项目的目标群体为中国和欧洲的企业家和经理人，活动内容与方式主要为：（1）培训中国经理人：为 200 名中国经理人提供为期 6 周的培训，在欧洲著名商学院进行，之后在欧洲公司或机构工作实习；（2）加强与本项目有关的中国高校和机构的能力建设，提高商业汉语教学能力和项目管理技巧；（3）为 200 名欧洲经理人提供为期 7 周的培训，到中国企业或非营利机构学习交流，并在中国的商务环境中实习 3 个月；（4）为增强参与项目的机构和个人的跨文化交流能力与技巧，为每批参训经理人在出发前提供为期 3 周的跨文化交流培训。该项目计划到 2010 年为中欧双方培养各 200 名既精通对方语言又熟悉对方商业文化惯例的管理人才。

（十）中欧法学院

中欧法学院是继中欧国际工商学院后又一中外合作办学实体。该项目的总体目标是，开展欧洲法、国际法及比较法的教学与研究，加强中国专业法律教育，特别是帮助中国法律专业人士加强对欧洲法律体系、立法、最佳实践以及国际法和比较法的了解和认识，帮助妇女、少数民族和贫困人口接受特别的法律教育及专业培训，帮助欧洲法律界人士了解中国的法律体系和司法实践。2007 年 1 月 17 日，欧盟委员会对外关系委员瓦尔德纳和商务部副部长易小准分别代表欧盟和中国政府签署了创建中欧法学院的财务协议。根据协议，欧方将投入资金 1 820 万欧元用于学院的建设，中方也将提供不同形式的资助，如学院的基础设施建设、中方教师工资等。

按双方约定，欧盟先以招标方式在欧盟成员国中遴选中欧高校联合体作为中欧法学院的举办单位。经过欧盟委托的独立评审机构审查批准，以德国汉堡大学、法国罗伯特·舒曼大学、西班牙马德里自治大学、比利时鲁汶大学、意大利博洛尼亚大学、瑞典隆德大学、匈牙利布达佩斯大学、英国伦敦国王学院和中国政法大学、清华大学、中国国家检察官学院组成的中欧高校联合体最终赢得中欧法学院的举办权。中国政法大学将代表中欧高校联合体向教育部提出举办中欧法学院的申请。

根据《中外合作办学管理条例》，中欧法学院将设在一所中国大学内，由中欧双方共同组成管理委员会。学院将面向中国和国际学生开展欧洲法、国际法和比较法的硕士学位教育，计划最初招收 100 名学生，在办学实践中逐步增加招生人数；并面向律师、法官、检察官开展职业培训。

二、中国对欧盟合作项目

（一）中国政府奖学金"欧盟窗口"项目

为进一步推动中欧教育交流与合作，2006 年 10 月，中方在中欧领导人第九次会晤之际宣布，中国政府决定从 2007 年起实施为期 5 年的中国政府奖学金"欧盟窗口"项目（即中欧学生交流奖学金项目），每年向欧盟提供 100 个中国政府奖学金，用于资助欧盟国家大学生来华学习汉语和中国文化。

2007 年 3 月，中国驻欧盟使团隆重举行该项目启动仪式，关呈远大使在致辞中表示，作为第九次中欧领导人会晤的成果之一，中欧学生交流奖学金项目是进一步深化中欧教育交流的具体行动，标志着中欧教育合作又上了一个新的台阶。德国（时任欧盟理事会主席国）、比利时、拉脱维亚、马耳他等欧盟成员国常驻欧盟使团大使、欧盟委员会教育文化总司长代表以及布鲁塞尔教育界和新闻界人士出席仪式。

该项目得到许多欧盟成员国政府主管部门和有关高校的关注和支持，欧洲青年学生反响热烈、报名踊跃，2007—2008 年度 100 名奖学金生的招生和录取工作顺利完成，2008—2009 年度招生已经开始。

（二）中欧语言交流"欧盟窗口"项目

2007 年 11 月，中欧领导人在北京举行第十次会晤，中方宣布将启动新的中欧语言交流"欧盟窗口"项目，以进一步加强对欧盟国家汉语教学的支持。该项目为期 5 年，从 2008 年起，每年为欧盟国家培训 25 名汉语教师；每年为欧盟国家提供 20 名"汉语桥"硕士课程奖学金；每年邀请 100 名欧盟国家中小学校长和教育官员访华 10 天，增进他们对中国语言文化的了解。

该项目于 2008 年春季在布鲁塞尔正式启动。

第三节　中欧文化合作与交流

一、中欧大型文化交流活动

（一）庆祝中欧建交 30 周年文化交流活动

2005 年，为庆祝中欧建交 30 周年，双方合作在布鲁塞尔举办了三场大型文化交流活动，在各界人士中引起热烈反响。

1.《第二现实》中国当代摄影展览

2005 年 10 月至 12 月，中国驻欧盟使团分别与欧盟对外关系总司和欧盟经社理事会合作，在欧盟委员会总部和欧盟经社理事会举行了《第二现实》中国当代摄影展览。这是中国展览首次在欧盟委员会和经社理事会总部举办。欧盟委员会对外关系总司长兰达布鲁、中国驻欧盟使团团长关呈远大使、专程来出席此次活动的中央美术学院副院长范迪安共同剪彩。

2. 郎朗钢琴独奏音乐会

2005 年 10 月 16 日晚，中国驻欧盟使团在布鲁塞尔皇家音乐学院举行了世界著名中国青年钢琴家"郎朗钢琴独奏音乐会"和酒会，欧盟委员会教育文化总司长范德帕斯，比利时王室成员和政府官员，部分驻欧盟、驻比使节，新闻媒体等各界人士约 600 人出席。文化部副部长常克仁率领中国政府文化代表团出席。

3. 中国电影节

2005 年 11 月，中国驻欧盟使团、欧中视听传播中心和布鲁塞尔市埃弗尔区文化中心联合举办中国电影节。电影节期间，放映了 11 部专题纪录片，同时举办了书法、太极拳、武术、传统绘画、民族器乐和烹饪表演。

（二）在欧盟总部举办中国电影周

2006 年春节和端午节期间，中国驻欧盟使团和欧盟委员会对外关系总司合作，在欧盟委员会总部举办了两次中国电影周。

（三）"和谐中国：追求与梦想"摄影图片展览

2007 年 1 月至 2 月，中国驻欧盟使团与欧盟委员会在欧盟委员会总部联合举办"和谐中国：追求与梦想"摄影图片展览。来自欧盟委员会、欧盟理事会、欧洲议会、部分驻欧盟使节、欧洲民间团体、华人华侨、中外记者等 200 人出席开幕式，中国驻欧盟使团团长关呈远大使和欧盟委员会对外关系总司长兰达布鲁分别致辞并剪彩。

（四）2007 年上海世界夏季特奥会推介会

为迎接 2007 年上海世界夏季特殊奥林匹克运动会，中国驻欧盟使团、中国驻比利时使馆与国际特奥会欧洲分会和比利时分会于 2007 年 3 月在驻欧盟使团联合举行推介会。欧盟各机构官员，欧洲议会议员，部分驻比、驻欧盟使节，欧洲残疾人论坛，国际红十字会等民间团体代表，以及部分比利时特奥运动员代表、媒体记者等各界人士约 300 人出席。中国驻欧盟使团团长关呈远大使、中国驻比利时大使章启月、国际特奥会主席蒂姆·施莱弗、欧盟委员会对外关系总司亚洲司长詹慕朗和特奥运动员代表先后致词。

二、欧盟对华文化合作项目

作为与非欧盟国家文化合作的特别行动之一，欧盟委员会于 2007 年 8 月 2 日公布了面向中国的文化合作项目招标文件。这是欧盟委员会首次开启对华文化合作项目。

2007—2009 年，欧盟委员会将支持欧盟国家与中国开展 5 个文化合作项目，总预算额为 90 万欧元，每个项目的资助额最多为 18 万欧元，要求每个项目的合作方必须投入等额经费。按欧盟有关规定，项目的申请者须为欧盟国家合法的公共或私立文化组织；每个项目须由来自 3 个不同欧盟国家的合作伙伴（partner）共同提出，还须至少 1 个来自中国的同样性质的文化组织作为协作伙伴（associate partner）参与；每个项目至少一半活动须在华举行。

第十四章

中欧海关合作

第一节 欧盟税务和海关同盟总司概况

一、机构与职责

欧盟税务与海关同盟总司（TAXUD）为目前欧盟委员会36个总司之一。该总司下设5个司：协调及规划司、国际事务及税则事务司、海关政策司、间接税及税收管理司、分析及税收政策。总司高层领导包括总司长1人，总司长助理1人，内部审计长1人，总司约有350人。现任总司长为罗伯特·韦吕（Robert Verrue）。

该总司的主要职责是制定并提出欧盟税务及海关领域的政策，确保欧盟理事会和欧洲议会通过的欧盟税务和海关方面法律法规及各项措施的准确实施。包括以下几个方面：

（1）简化税务及海关领域的行政法规和手续并促进现代化；

（2）协助各成员国正确运用欧盟税务及海关的法律法规，监督指导各成员国正确转换和应用税务及海关法律法规；

（3）管理并保护欧盟统一的外部边境，打击非法贸易，增强国际供应链的安全；

（4）建立一致、现代、简化的增值税体系；

（5）以企业税和资本收入为重点，逐步实施统一的直接税战略，以限制因各成员国税收体系不同而造成的扭曲；

（6）从国际层面提高透明度，加强信息交换，确保税收、海关和欧盟贸易政策、发展援助及"大欧洲"目标之间的一致性；

（7）提高待入盟国运用海关及税收法律法规的能力；

（8）协助成员国打击瞒骗及逃税行为。

二、欧盟海关政策重点

进入 21 世纪尤其是美国"9·11"事件后，欧盟海关面临新的挑战，即如何在实施必要的监管及保护欧盟公众健康和安全的同时，保证贸易的顺畅流动。欧盟的海关及税收政策服务于欧盟整体发展战略，为提高欧盟竞争力、保护公民安全、保障可持续发展创造条件。欧盟海关现代化建设着重于建立"电子海关"和修订并促进欧盟海关法典的现代化，以此达到加强欧盟外部边境的安全和促进贸易便利的双重目的。同时，欧盟海关也把打击假冒侵权列为政策重点。为实施上述政策目标，欧盟海关总司制定了"海关 2007"和"海关 2013"战略规划。

（一）欧洲共同体海关法典的修订

2003 年 7 月 25 日，欧盟委员会向欧盟理事会提交了欧洲共同体海关法典修正案草案。后经欧洲议会审议并修改。2004 年 11 月 29 日，欧盟信息技术应用理事会通过了对该修正案草案的共同立场文件，标志着欧盟海关法典修正案获得通过。2005 年 5 月 4 日，欧盟宪报公布关于海关法典修正案的条例（Regulation NO. 648/2005）。其后，修正案于 2005 年 5 月 11 日正式生效。2006 年 12 月 26 日，欧盟关于该修正案的实施细则也正式生效（Regulation NO. 1875/2006）。

欧盟修订海关法典的目的，一是加强对欧盟对外边境的安全管理，二是便利合法贸易。海关法典修订案的核心内容是规定各成员国海关对进、出欧盟关境的货物统一实施：（1）抵/离港前电子预申报制度，即欧盟的进出口人必须在货物进入或离开欧盟关境之前向海关预先申报。自 2009 年 7 月 1 日起，欧盟将施行这一强制性规定。（2）"经认证的经济运营者"（Authorised Economic Operator, AEO）管理制度，即对符合欧盟海关法规定标准的诚信企业，由海关授予其 AEO 资格，并为其提供贸易便利。一个成员国海关授予的 AEO 资格，其他成员国海关予以承认。关于 AEO 制度的法规自 2008 年 1 月 1 日起正式生效。（3）共同风险管理制度，即建立欧盟统一的风险甄别标准、信息交换和监管机制。海关法典修正案并为欧盟实施无纸通关和成员国海关之间及海关与其他执法部门之间进行电子数据交换提供了法律基础。自 2007 年初，欧盟成员国海关开始运用共同的风险管理制度，以加强风险管理为基础的海关监管。该风险管理系统至 2009 年将全部实现计算机化。

（二）欧盟海关的战略规划

"海关 2007 年规划"是欧盟海关 2003—2007 年的行动计划，旨在建立欧盟一体化的电子海关平台，促进贸易便利、打击商业瞒骗，保护欧盟及其民众的财政及安全利益，并根据新的保护健康和环境政策，增强海关相应职能。

2006 年 4 月，欧盟委员会通过了"海关 2013 规划"，这是欧盟海关 2008—

2013 年的行动计划，旨在提高欧盟整体海关效能，保护外部边境，确保各成员国海关协调互动，统一高效地履行职责。"海关 2013 规划"涵盖两个方面，一是建立并完善跨欧盟的计算机联网系统，二是通过共同研讨、开发及互访建立海关官员间的合作文化。

（三）打击假冒侵权

打击假冒侵权、保护知识产权是欧盟的重要关切，也是欧盟海关的监管重点。2004 年 7 月 1 日生效的欧盟新法规为海关加大打击假冒侵权行为的力度提供了法律工具。欧盟税务和海关同盟总司建立了知识产权统计制度，要求各成员国按年报送查获假冒侵权案件的数据，据以进行定量定性分析和采取必要行动。据欧方统计，2004 年欧盟海关在对外边境查获假冒侵权案件 22 311 起，查扣货品 1 亿多件，查获数量是 1998 年的 10 倍。2005 年查获假冒侵权案件约 26 000 起，查扣货品 7 500 万件。2006 年查获假冒侵权案件 37 334 起，查扣货品近 1.3 亿件。

第二节　中欧海关的交往与合作

中欧海关合作是中欧经贸关系的重要组成部分。随着中国改革开放进程的加快和中欧经贸关系的快速发展，中欧海关合作不断加强与深化。

1985 年，中国和欧盟海关合作被纳入中国和欧盟贸易和经济合作的整体框架。

1987 年，欧盟税务与海关同盟总司高级代表团应海关总署的邀请访华，与时任海关总署署长戴杰签署了双边合作换文。自此，中国海关与欧盟税务与海关同盟总司建立起正式合作关系。1991 年，欧盟税务与海关同盟总司高级代表团应邀访华，与中国海关总署签署中欧海关第二个合作换文。此后，中国海关和欧盟海关通过高层互访、专家讲学、考察访问等多种形式进行交流与合作，内容涉及保税监管、电子数据交换、原产地规则、外部审计、知识产权边境保护、欧盟海关法、商业瞒骗、缉毒和海关估价等海关业务领域。

1997 年，欧盟委员会得到代表欧洲共同体与中国进行双边海关协定谈判的授权。同年 10 月，时任海关总署署长钱冠林应邀访问欧盟，与欧盟税务与海关同盟总司就拟议中的中欧海关合作与行政互助协定问题进行了讨论。1998 年 1 月，欧方向中方提供了协定文本草案。2000 年 11 月，海关总署牟新生署长在欧盟委员会总部会见了欧盟税务与海关同盟总司司长范·登·阿比勒，就进一步发展双方良好合作关系和恢复协议磋商等问题交换了意见。

2003 年 6 月，牟新生署长在赴比利时参加世界海关组织（WCO）年会期间前往会见了时任欧盟委员会内部市场及税务与海关同盟事务委员伯克斯坦。双方强调中欧互为对方重要市场，随着中欧双边贸易不断发展，有必要进一步加强双方的海关合作，并申明了早日签署中欧海关行政互助协定的共同意愿。

2004 年 5 月 6 日，牟新生署长在温家宝总理访问欧盟期间，代表中国政府与欧盟代表草签了《中华人民共和国政府与欧洲共同体关于海关事务的合作与行政互助协定》（以下简称《中欧海关协定》）。温家宝总理出席了草签仪式。

2004 年 12 月 8 日，在中欧领导人第七次会晤期间，海关总署副署长盛光祖代表中国政府与欧盟部长理事会主席、荷兰外交大臣博特和欧盟税务与海关同盟总司长韦吕共同签署了《中欧海关协定》，温家宝总理和欧盟委员会巴罗佐出席了签字仪式。

2005 年 4 月 1 日，《中欧海关协定》正式生效。该协定的签署与生效，为中欧双方在职权范围内进行海关行政互助合作提供了法律框架。在此框架下，双方建立了高层对话机制和工作层磋商机制，就彼此关切的重要问题及时沟通、研究解决。协定生效以来，中欧海关在贸易安全与便利、知识产权边境保护、打击香烟走私、反商业瞒骗、中欧海关协定执行机制等重点领域开展了务实有效的合作。

2005 年 5 月，欧盟税务与海关同盟总司长致函中国海关总署署长，建议中欧海关合作开展中欧"安全智能贸易航线试点计划"，即选择中国和欧盟的有关港口建立亚欧间安全便利的智能化海运贸易运输链，旨在确保安全的前提下，提高正常货物的通关效率，降低企业的通关成本。欧方认为与中国海关开展试点计划，不仅便利贸易、保障物流安全、互利双方经贸，而且有助于深化中欧双边关系，可成为欧盟与中国互惠合作的典范。中国海关积极回应欧方建议。牟新生署长函复欧方，表示中国海关同意就开展试点计划合作的可行性与欧方进行磋商。双方其后成立了指导小组和专家组，研究确定试点计划的具体方案、操作规程、相关技术标准和解决方案。

2005 年 11 月，欧盟税务与海关同盟事务委员拉斯洛·科瓦奇应邀率团访华。访问期间，科瓦奇委员拜会了吴仪副总理，与牟新生署长共同主持了中欧联合海关合作委员会第一次会议，确定了会议的议事规则、双方合作的主要领域和原则等框架性问题，宣布了中国与欧盟海关正式建立双边高层对话磋商机制。

2006 年 9 月，牟新生署长应邀率团访问欧盟，与科瓦奇委员共同出席了中欧联合海关合作委员会第二次会议。双方回顾了中欧海关双边合作的情况，就执行《中欧海关协定》、中欧贸易安全航线试点计划以及深化知识产权边境保护合作等彼此关切的热点问题交换了意见，对继续深化双边合作达成了共识。牟新生

第十四章 中欧海关合作

署长与科瓦奇委员共同签署了《中华人民共和国海关总署和欧盟委员会海关当局会议纪要》，同意开展由中国、英国、荷兰和欧盟委员会海关当局共同参与的安全智能贸易航线试点计划，作为双方旨在实现互惠互利和相互认可对方安全措施的长期合作的开端。中国海关、英国海关、荷兰海关和欧盟委员会海关当局签署了《关于启动中欧贸易安全智能航线试点计划的联合共识》。这意味着，中欧海关将针对海运集装箱运输进行贸易安全试点合作，通过海关之间及海关与企业之间的合作，在互惠互利的基础上交换有关数据信息，加强共同风险分析，建立统一的安全标准，实现对海运集装箱货物的全程监控，逐步探索实现双方海关监管标准的相互认可，从而对经过认证的企业快速放行。这项合作计划将对中欧之间的海上供应链安全与便利产生重要影响。

2007年11月，经过双方一年多的积极准备，中欧安全智能贸易航线试点计划在中国深圳港、英国菲利克斯托港和荷兰鹿特丹港之间正式实施。这是落实世界海关组织（WCO）《全球贸易供应链安全与便利标准框架》的示范性项目，受到国际海关界和商界的热切关注。目前试点进展顺利。

2008年1月，中欧联合海关合作委员会第三次会议在北京召开。牟新生署长与科瓦奇委员共同出席了会议开幕式，并进行了双边会晤。双方就进一步深化双方海关合作达成5点共识：（1）贯彻落实第十次中欧领导人会晤联合声明，深入推进中欧海关务实合作，特别是中欧安全智能贸易航线试点计划和知识产权海关保护合作。（2）探讨补充和完善《中欧海关协定》的具体措施，使其能够反映中欧海关合作的新情况、新发展，更好地满足双方的合作需求。（3）建立中欧海关行政互助合作工作小组，促进《中欧海关协定》的执行工作。（4）加快于2008年完成中国与欧盟关于知识产权海关执法合作行动计划的谈签工作。（5）加强中欧海关在AEO（经认证的经营者）的经验共享和专家互访，以推动实现双方未来的AEO互认。

附录一　中欧关系大事记

（1975—2008 年）

1975 年 5 月 4—11 日，欧洲经济共同体委员会副主席索姆斯访华。5 月 6 日中国外交部长乔冠华与索会谈，双方就中国与欧洲经济共同体建立正式关系及中国政府向欧洲经济共同体派驻代表达成一致。这一天成为中国与欧共体建交日。

1975 年 9 月，中国驻比利时大使李连璧先后向欧共体部长理事会主席意大利外长鲁莫尔和欧共体委员会主席奥托利递交了委任书，兼任中国驻欧洲经济共同体使团团长，成为中国驻欧洲经济共同体的首任正式常驻代表。

1978 年 4 月，中国外贸部长李强访问欧洲共同体总部。在布鲁塞尔正式签署中欧贸易协定。

1978 年 9 月，欧共体委员会副主席哈费尔坎普率团访华，系双方建交后欧共体第一个正式访华的高级代表团。

1979 年 1 月，欧洲议会议长科隆博访华，成为首位访华的欧洲议会议长。

1979 年 2 月，欧共体委员会主席詹金斯访华，成为首位访华的欧共体委员会主席。

1979 年 7 月，首次中欧经贸混委会在京举行。欧共体决定给予中国最惠国待遇。

1980 年 6 月，中国全国人大常委会副委员长邓颖超访问欧洲议会。

1981 年 7 月，欧洲议会议长西蒙娜·韦伊女士访华。

1983 年 4 月，中欧建立定期政治磋商制度，由欧共体主席国外交部政治司长与中国驻该国大使每半年举行一次。

1983 年 11 月，欧共体委员会主席托恩访华。双方宣布中国与欧洲煤钢共同体和欧洲原子能共同体建立正式关系。

1984 年 4 月，中国外交部长吴学谦与欧共体主席国法国外长谢松等在巴黎举行首次中欧外长级政治磋商。

1984 年 6 月，中国国务院总理赵紫阳访问欧共体委员会。这是中国总理首次访问欧共体总部。

1984 年 6 月，欧洲议会议长丹克尔访华。

1984 年 9 月，欧共体委员会副主席哈费尔坎普访华，中国经贸部长陈慕华与其举行首次中欧经贸部长级磋商。双方草签了中欧贸易和经济合作协定。

1985 年 5 月，中国与欧洲经济共同体贸易和经济合作协定在布鲁塞尔正式签署。

1986 年 5 月，中国国务委员兼外交部长吴学谦访问欧共体总部。

1986 年 7 月，欧共体委员会主席德洛尔访华。

1988 年 7 月 8—15 日，欧洲议会议长普卢姆访华。

1988 年 10 月，欧共体委员会驻华代表团正式开馆，杜侠都大使成为首任团长。

1989 年 6 月，欧共体决定冻结对华关系，并实施包括军售禁令在内的一系列制裁措施。中欧关系受到严重损害。

1990 年 10 月，欧共体决定取消除军售禁令以外的绝大部分对华制裁措施。此后，中欧高层互访和各领域合作逐步恢复。

1992 年 3 月，中国国务委员兼外交部长钱其琛访问欧共体总部。

1993 年 10 月，欧洲议会议长克莱普什访华。

1994 年 6 月 7 日，中方向欧共体主席国希腊递交确认中国与欧盟政治对话事宜的复函及非文件。6 月 16 日，欧方确认双方政治对话机制正式启动。

1995 年 7 月，欧盟委员会通过旨在全面发展欧盟与中国关系的《中国—欧盟关系长期政策文件》。

1995 年 10 月，中国外经贸部部长吴仪访问欧盟总部。

1995 年 10 月，中国国务委员兼国家科委主任宋健访问欧盟总部。

1996 年 5 月，欧盟委员会副主席布里坦应钱其琛副总理兼外长邀请访华。

1996 年 11 月，欧盟委员会发表《欧盟对华新战略》。

1997 年 10 月，中国海关总署署长钱冠林访问欧盟委员会。

1998 年 3 月，欧盟委员会通过了《与中国建立全面伙伴关系》的对华政策文件。

1998 年 4 月，第一次中欧领导人会晤在伦敦举行。双方决定建立面向 21 世纪的长期稳定的建设性伙伴关系。

1998 年 4 月，中欧首次军控和防扩散磋商在日内瓦举行。

1998 年 10 月，欧盟委员会主席桑特访华。

1998 年 12 月，中欧科技合作协定在布鲁塞尔签署。

1999 年 12 月 21 日，第二次中欧领导人会晤在北京举行。

2000 年 7 月，中国国务院总理朱镕基访问欧盟总部。

2000 年 10 月，第三次中欧领导人会晤在北京举行。

2001 年 5 月，欧盟委员会通过《欧盟对华战略：1998 年文件执行情况及进一步加强欧盟政策的措施》。

2001 年 9 月，第四次中欧领导人会晤在布鲁塞尔举行。双方决定建立中欧全面伙伴关系。

2002 年 3 月，欧盟委员会对外关系委员彭定康访华。

2002 年 6 月，中欧以换函形式重签政治对话协议。

2002 年 9 月，第五次中欧领导人会晤在哥本哈根举行。

2003 年 6 月，中国外交部长李肇星在雅典与以欧盟主席国希腊外长帕潘德里欧为首的欧盟"三驾马车"外长举行中欧外长会晤。

2003 年 10 月 13 日，中国发表首份对欧盟政策文件。同日，欧盟也发表了第五份对华政策文件。

2003 年 10 月，第六次中欧领导人会晤在北京举行，双方决定发展中欧全面战略伙伴关系，签署中欧伽利略计划合作协议和中欧关于建立工业政策对话机制框架协议，并草签了中欧旅游目的地国地位谅解备忘录。

2003 年 12 月，中国成立高级别对欧盟工作跨部门协调机制。唐家璇国务委员任组长。2005 年 5 月，欧方确认，由欧盟"三驾马车"外长作为对华关系协调机制的负责人。

2004 年 2 月，中欧在京共同举办中欧政策文件研讨会，双方以中国首份对欧盟政策文件和欧盟第五份对华政策文件为基础，共同探讨了如何加强双方在各领域的合作并提出了一系列具体措施。

2004 年 3 月，欧盟理事会秘书长兼欧盟共同外交与安全政策高级代表索拉纳访华。

2004 年 4 月，欧盟委员会科研委员布斯甘访华。双方签署了加强中欧科技合作的联合声明。

2004 年 4 月，欧盟委员会主席普罗迪访华。

2004 年 5 月 5—6 日，中国国务院总理温家宝访问欧盟总部。

2004 年 12 月，第七次中欧领导人会晤在荷兰海牙举行。双方签署并发表了《中欧防扩散和军控联合声明》，签署了《和平利用核能研发合作协定》和《中欧海关合作协定》，续签了《中欧科技合作协定》及一些发展合作项目协定。

2005 年 3 月，李肇星外长访问欧盟总部。

2005 年 5 月 6 日，全国人大常委会委员长吴邦国、国务院总理温家宝分别与欧洲议会议长博雷利、欧盟轮值主席国卢森堡首相容克及欧盟委员会主席巴罗佐互致贺电、贺信，热烈庆祝中国同欧盟建交 30 周年。外交部长李肇星也

分别与欧盟轮值主席国卢森堡外交大臣阿瑟伯恩、欧盟理事会秘书长兼欧盟共同外交与安全政策高级代表索拉纳及欧盟委员会对外关系委员瓦尔德纳互致贺电、贺信。

2005年5月11—12日，欧盟"三驾马车"外长，欧盟轮值主席国卢森堡外交大臣阿瑟伯恩、欧盟委员会对外关系委员瓦尔德纳和候任主席国英国外交大臣代表访华。这是欧盟"三驾马车"外长首次正式访华。访华期间，欧盟"三驾马车"外长还出席了李肇星外长举行的庆祝中欧建交30周年招待会。

2005年7月，欧盟委员会主席巴罗佐访华。

2005年9月5日，第八次中欧领导人会晤在京举行。双方发表《第八次中欧领导人会晤联合声明》和《中欧气候变化联合宣言》，并签署了关于在交通运输、环境保护、空间开发、北京首都机场建设等领域开展合作的文件。

2005年10月，应中国经社理事会邀请，欧盟经社委员会主席西格蒙率团访华。

2005年10月，中纪委副书记刘希荣率团访问欧盟总部。

2005年11月，财政部副部长王军率团访问欧盟总部。

2005年12月，中欧首次战略对话在伦敦举行。

2006年2月，中欧外长会晤在奥地利维也纳举行。

2006年3月，中欧首次能源交通战略对话在布鲁塞尔举行。

2006年5月，国台办主任陈云林率团访问欧盟总部。

2006年6月，中欧第二轮战略对话在北京举行。

2006年7月，欧洲议会议长博雷利访华。

2006年9月9日，第九次中欧领导人会晤在芬兰赫尔辛基举行，温家宝总理同芬兰总理万哈宁、欧委会主席巴罗佐举行会谈。双方发表了《第九次中欧领导人会晤联合声明》。

2006年10月，欧委会通过题为"更紧密的伙伴、更大责任"的对华政策新文件、题为"竞争与伙伴关系：中欧贸易与投资政策"的工作文件以及2007—2013年对港澳政策文件。

2007年1月，欧盟对外关系委员瓦尔德纳访华。

2007年4月，欧委会副主席费尔霍伊根访华。

2007年5月，中欧伙伴合作协定及完善1985年贸易和经济合作协定谈判指导委员会首次会议在布鲁塞尔举行。

2007年6月，欧盟经社委员会主席迪米特里亚迪斯访华，与中国经社理事会主席王忠禹共同主持中欧首次圆桌会议。

2007年9月，国台办主任陈云林率团访问欧盟总部。

2007 年 10 月，欧委会教育文化委员费格尔访华，双方签署了中欧教育、文化合作联合声明。

2007 年 11 月 28 日，第十次中欧领导人会晤在京举行。欧盟轮值主席国葡萄牙总理苏格拉底、欧委会主席巴罗佐出席。双方发表了《第十次中欧领导人会晤联合声明》，同意建立副总理级的中欧经贸高层对话机制。

2008 年 4 月，中欧启动经贸高层对话。全国人大常委会副委员长路甬祥指出，中欧发展关系需要遵循三大原则。

2008 年 7 月 1 日，法国接任欧盟轮值主席国。

2008 年 11 月 13 日，法国总统萨科奇称将在访问波兰期间，与达赖会面。

2008 年 11 月 14 日，中国外交部发言人秦刚就萨科奇宣布将与达赖见面回答记者提问时表示，中国坚决反对外国领导人同达赖进行任何形式的接触。

2008 年 11 月 26 日，中国外交部发言人秦刚宣布中国推迟举行第十一次中欧领导人会晤。

2008 年 12 月 2 日，中国外交部发言人刘建超就中法关系等答记者问，希望法方采取切实措施，为中欧领导人会晤创造合适的气氛和条件。同时表示，中方高度重视中欧、中法关系及各领域互利合作，认为双方应继续对双边关系采取正确的态度，推动双方各领域合作健康、稳定向前发展。

附录二　中国对欧盟政策文件

(2003 年 10 月 13 日)

前　言

世纪之初，国际形势发生深刻变化。世界多极化和经济全球化趋势继续曲折发展，和平与发展仍是时代主题。世界还很不安宁，人类仍面临诸多严峻挑战，但维护世界和平，促进发展，加强合作，事关各国人民的福祉，是各国人民的共同愿望和追求，是不可阻挡的历史潮流。

中国致力于全面建设小康社会，希望营造良好的国际环境。中国将一如既往奉行独立自主的和平外交政策，同世界各国一道，在和平共处五项原则基础上，推动建立公正合理的国际政治经济新秩序，尊重世界的多样性，促进国际关系民主化，维护世界和平，谋求共同发展。

欧盟是世界上一支重要力量。中国政府赞赏欧盟及其成员国重视发展对华关系。中国政府首次制订对欧盟政策文件，旨在昭示中国对欧盟的政策目标，规划今后 5 年的合作领域和相关措施，加强同欧盟的全面合作，推动中欧关系长期稳定发展。

第一部分　欧盟的地位与作用

欧盟的诞生和发展是战后具有深远影响的事件。自 1952 年欧洲煤钢共同体建立以来，欧盟历经关税同盟、统一大市场、经货联盟等发展阶段，其外交、防务及社会各领域的联合均取得进展，欧元成功流通，统一司法区正在形成。欧盟已成为当今世界一体化程度最高、综合实力雄厚的国家联合体，经济总量和贸易总额分别占全球 25％和 35％，人均收入和对外投资居世界前列。

2004 年，欧盟将扩至 25 国。一个囊括东西欧、面积 400 万平方公里、人口4. 5 亿、国内生产总值逾 10 万亿美元的新欧盟行将出现。

欧盟的发展尽管仍面临诸多困难和挑战，但其一体化进程已不可逆转，未来欧盟将在地区和国际事务中发挥越来越重要作用。

第二部分　中国对欧盟政策

　　中国重视欧盟在地区和国际事务中的作用和影响。历史证明，1975 年中国与欧洲经济共同体建立外交关系符合双方的利益。中欧关系有过波折，但总体发展良好并日趋成熟，已步入全面健康发展的轨道。1998 年，中欧领导人年度会晤机制起步。2001 年，中欧建立全面伙伴关系。双方在政治、经贸、科技、文教等领域的磋商日益密切，合作成果显著。中欧关系处于历史最好时期。

　　中欧之间不存在根本利害冲突，互不构成威胁。由于历史文化传统、政治制度和经济发展阶段的差异，中欧在某些问题上存在不同看法和分歧是正常的。只要本着平等和相互尊重的精神妥善处理，分歧不会成为中欧发展互信互利关系的障碍。

　　中欧之间的共同点远远超过分歧。中欧都主张国际关系民主化，主张加强联合国作用，反对国际恐怖主义，主张消除贫困，保护环境，实现可持续发展；中欧各具经济优势，互补性强，欧盟经济发达，技术先进，资金雄厚，中国经济持续增长，市场广大，劳动力资源丰富，双方经贸和技术合作前景广阔；中欧各有悠久历史和灿烂文明，都主张加强文化交流，相互借鉴。中欧在政治经济文化方面的共识与互动构成中欧关系不断发展的坚实基础。

　　加强与不断发展中欧关系是中国外交政策的重要组成部分。中国致力于构筑中欧长期稳定的全面伙伴关系。中国对欧盟的政策目标是：

- 互尊互信，求同存异，促进政治关系健康稳定发展，共同维护世界和平与稳定。
- 互利互惠，平等协商，深化经贸合作，推动共同发展。
- 互鉴互荣，取长补短，扩大人文交流，促进东西方文化的和谐与进步。

第三部分　加强中欧各领域合作

一、政治方面

（一）加强高层交往与政治对话

- 以多种方式保持双方高层的密切接触与及时沟通。
- 发挥中欧领导人年度会晤功能，充实内涵，注重实效，加强协调。
- 认真执行中欧政治对话协议，不断完善和加强各级别的定期和不定期磋商机制。

● 深化同欧盟各成员国，包括新成员国的关系，维护中欧总体关系的稳定性和连续性。

（二）恪守一个中国原则

一个中国原则是中欧关系政治基础的重要组成部分。妥善处理台湾问题关系到中欧关系的稳定发展。中方赞赏欧盟及其成员国恪守一个中国的原则，希望欧方始终尊重中方在台湾问题上的重大关切，警惕台湾当局制造"两个中国"、"一中一台"的图谋，慎重处理涉台问题：

● 不允许台政要以任何借口赴欧盟及成员国活动，不与台当局进行任何具有官方性质的接触与往来。

● 不支持台加入只有主权国家参加的国际组织。台以"台湾、澎湖、金门、马祖单独关税区"（简称"中国台北"）名义加入世界贸易组织不意味台湾作为中国一部分的地位有任何改变，与台交往应严格限制在非官方和民间范畴。

● 不售台武器和可用于军事目的的设备、物资及技术。

（三）鼓励港、澳与欧盟合作

中国中央政府支持和鼓励香港特别行政区和澳门特别行政区按照"一国两制"方针和基本法的规定在平等互利基础上发展与欧盟的友好合作关系。

（四）推动欧盟了解西藏

中国鼓励欧方各界人士到西藏访问；欢迎欧盟及其成员国在尊重中国法律、法规的前提下为西藏经济、文教和社会发展提供支持，开展合作；要求欧方不与所谓"西藏流亡政府"接触，不为达赖集团的分裂活动提供便利。

（五）继续开展人权对话

中欧在人权问题上有共识，但也存在分歧。中方赞赏欧盟坚持对话、不搞对抗的立场，愿在平等和相互尊重基础上同欧盟继续开展人权对话、交流与合作，互通信息，增进了解，深化包括经社文权利、弱势群体权利保障在内的合作。

（六）加强国际合作

● 就重大国际和地区热点问题加强磋商与协调。

● 加强中欧在联合国合作，共同维护联合国权威；推动联合国在保障世界和平，促进经济与社会发展，特别是在帮助发展中国家消除贫困、改善全球环境、禁毒等领域发挥主导作用，并支持联合国改革。

● 推动亚欧合作进程。中欧共同努力，使亚欧会议成为洲际平等合作的典范、东西方文明交流的渠道和建立国际政治经济新秩序的推动力量。

● 共同打击恐怖主义。中欧都是恐怖主义的受害者，都反对一切形式的恐怖主义，也反对将恐怖主义与特定国家、民族或宗教挂钩，中欧应在反恐方面保持密切接触与合作。

● 共同维护国际军控、裁军与防扩散体系，在相互尊重的基础上加强磋商与协调；在防扩散出口控制领域和防止外空武器化及外空军备竞赛等方面加强交流与合作；共同为解决杀伤人员地雷、战争遗留爆炸物等问题作出贡献；加强在履行国际军控条约方面的合作。

（七）增进中欧立法机构间的相互了解

中国全国人民代表大会与欧盟成员国议会及欧洲议会的关系是中欧关系的重要组成部分。中国政府欢迎并支持双方立法机构在相互尊重、加深了解、求同存异、发展合作的基础上加强交流与对话。

（八）增加中欧政党往来

中国政府愿意看到欧盟各主要政党、议会党团及区域性政党组织在独立自主、完全平等、互相尊重、互不干涉内部事务的原则基础上同中国共产党增加交往与合作。

二、经济方面

（一）经贸合作

中国致力于发展中欧富有活力和长期稳定的经贸合作关系，并期待欧盟成为中国最大贸易与投资伙伴：

● 发挥经贸混委会机制作用，加强经贸监管政策对话；适时考虑更新《中欧贸易与经济合作协定》；运用 WTO 规则，妥善解决不合理限制及技术性壁垒，放宽高技术出口限制，发挥技贸合作的巨大潜力；尽早给予中国"完全市场经济地位"，减少并消除对华反倾销及有关歧视性政策和做法，慎用"特保措施"；合理补偿因欧盟扩大对中方经贸利益的减损。

● 加强中欧在世界贸易组织新一轮谈判中的协调与合作，共同推动谈判获得成功。

● 加强投资对话，推动建立双边投资促进机构，积极引导双方企业相互投资，扩大中小企业合作；开展加工贸易、承包工程和各种劳务合作，鼓励跨国经营和国际化生产。

● 欢迎欧盟增加对华发展援助，特别是在环保、扶贫、卫生保健、教育等领域的援助。同时也欢迎在加强人力资源培训尤其是对中国中西部的人员培训、中国参与多边贸易体制的能力建设等方面发挥作用。

● 加强在质量监督检验检疫领域的合作，建立磋商机制，在维护安全、卫生、健康、环保的原则下，及时解决影响双方产品市场准入的问题。

● 加强海关合作，适时签署中欧海关协定。

（二）金融合作

建立健全中欧金融高层对话机制，扩大中欧央行间的政策交流，深化在防范金融危机、反恐融资和反洗钱方面的合作。中方欢迎欧盟成员国银行拓展对华业务，希望妥善解决中国金融机构在欧盟的市场准入问题。

中方将依照保险法规及入世承诺，积极审核欧盟成员国保险机构来华营业申请，完善监管法规体系。

加强证券立法、市场监管、投资运作合作，鼓励更多的欧盟成员国证券经营机构、基金管理机构以及其他机构投资者进入中国市场，也鼓励中国证券经营机构在条件成熟时进入欧盟证券市场，同时积极支持中国企业进入欧盟证券市场融资。

（三）农业合作

加强中欧在农业生产、农产品加工技术、可持续发展等方面的交流，发挥农业工作组会议机制的作用，推动双方农业科研机构、院校和企业间的合作。鼓励欧盟企业积极参与中国中西部农业开发，向农业高新技术、农产品深加工、农业基础设施建设等领域投资。

（四）环保合作

加强中欧在环保领域的沟通与合作，启动中欧环境部长对话机制，制定环境保护合作框架文件，探讨建立环境合作信息网络，加强双方在环境立法与管理、气候变化、生物多样性保护、生物安全管理以及贸易与环境等问题上的合作，并共同推动落实约翰内斯堡可持续发展世界首脑会议后续行动。鼓励民间环保组织的交流；鼓励欧方企业通过平等竞争更多进入中国环保市场。

（五）信息技术合作

欢迎欧盟参与中国信息化建设。加强中欧信息社会对话工作组机制，开展信息社会战略、政策法规的交流与对话，积极促进信息产品贸易和产业技术合作，鼓励扩大知识产权、技术标准的交流。促进在"数字奥运"领域的合作。

（六）能源合作

扩大中欧在能源结构、清洁能源、可再生能源、提高能效和节能等领域的合作，促进能源发展政策交流，办好中欧能源合作大会，加强能源工作组机制，推动能源技术培训和示范项目合作，促进技术的推广和转移。

（七）交通合作

在《中欧海运协定》框架下建立中欧定期会晤机制，开展在海运及海事领域的合作，加强在国际海事组织（IMO）等国际组织中的协调配合；深化和扩大双方在内河航运政策、航运安全和船舶标准化等方面的交流，继续拓展在公路领域的技术、管理合作与交流，加强公路运输立法的对话与交流。

深化中欧在民用航空领域的交流，加强企业间生产、技术、管理和培训合作。

三、科、教、文、卫等方面

（一）科技合作

在互利互惠、成果共享、保护知识产权的原则基础上，推动中欧科技合作：加强双方共性技术和重大技术装备的联合开发与合作，鼓励中国机构参加欧盟科技框架计划；在平等互利和权利与义务平衡的前提下参加"伽利略"计划，加强在国际大科学领域的合作；充分发挥中欧科技合作指导委员会的作用，办好中欧科技与创新政策论坛；鼓励双方科技中介机构的合作和科技人力资源的流动和培训，支持中欧企业参与科技合作。

（二）文化交流

中国将以更加开放的姿态，巩固和深化与欧盟成员国在文化领域的交流与合作，逐步形成中国与欧盟、欧盟成员国及其地方政府，以及民间、商业等多层次、全方位的文化交流框架，为中欧人民相互了解对方优秀文化提供便利。

中国将逐步在欧盟成员国首都及欧盟总部布鲁塞尔建立中国文化中心，也欢迎欧方根据对等、互利原则，在北京设文化中心；鼓励中欧共同举办高水平的文化交流活动，开拓文化产业合作的新模式；探讨建立中欧文化合作磋商机制和共同举办"中欧文化论坛"。

（三）教育合作

加强和扩大各层次的交流，适时建立中欧教育合作磋商机制，强化在学历学位互认、留学生交流、语言教学、互换奖学金生、教师培训等方面的合作，办好中欧国际工商管理学院，培养更多高层次人才。相互鼓励和支持语言教学。

（四）卫生医疗合作

加强在卫生领域的合作，特别是就非典型肺炎（SARS）、艾滋病等重大疾病相互借鉴预防与控制经验；积极开展临床诊断和治疗、流行病调查、分析和监测、实验室检测、医药和疫苗科研开发，以及卫生人员培训等方面的交流；探索建立发生突发性公共卫生应急事件相互通报信息、提供技术支持的机制。

（五）新闻交流

促进中欧新闻界的交流与合作，鼓励双方传媒加强相互了解，全面、客观报道对方情况。加强中欧间政府相关部门的联系和沟通，交流政府新闻发布工作及处理好政府同传媒关系的做法和经验。

（六）人员往来

鼓励中欧人员往来和民间团体交往，愿本着平等和互惠互利的原则，就开放欧盟国家为中国公民出境旅游目的地国事宜尽早达成协议。

加强和扩大中欧领事合作，通过协商尽早解决中国公民赴欧申请入境签证难及入境受阻等问题，维护公民合法权益，保障中欧人员的正常往来。

反对非法移民和偷渡活动，严格执法，打击违法犯罪。中欧双方应加强协商与配合，妥善处理由此引发的遣返等问题。

四、社会、司法、行政方面

（一）劳动和社会保障合作

加强中欧在移民就业与移民工人劳动权益领域的合作，扩大在国际劳工事务中的协调。商签中欧双边社会保险协定，落实中欧社会保障合作项目，扩大在各类社会保险方面的交流。

（二）司法交流

在平等和相互尊重的基础上，继续进行中欧法律与司法合作项目并拓展相关合作领域，扩大在司法改革等重点领域的交流，探讨在打击跨国犯罪等方面的司法合作。加强中欧法律监督领域的经验交流，研究建立中欧高级司法官员年度会议制度。

（三）警务合作

建立并加强与欧盟机构、欧洲警察组织（EUROPOL）的交流，拓展与欧盟成员国执法部门的实质性合作，在双方法律框架下加强协查办案和情报交流。共同支持并积极参与联合国维和等行动。

（四）行政合作

在转变政府职能、深化人事制度改革方面交流经验，探讨建立中欧人事行政合作机制，就公务员制度建设和人才资源开发开展交流。

五、军事方面

保持中欧高层军事交往，逐步完善和发展战略安全磋商机制，扩大军队专业团组交流，增加军官培训和防务研讨交流。

欧盟应早日解除对华军售禁令，为拓宽中欧军工军技合作扫清障碍。